西南史地

第二辑

重庆市地理学会历史地理专业委员会 编
西 南 大 学 历 史 地 理 研 究 所

四川出版集团 巴蜀书社

Contents
目录

学术论坛

硕博论坛

区县论坛

书评

学术论坛

XUESHULUNTAN

巴国迁都阆中考

蒋晓春 余小洪
（西华师范大学历史文化学院 南充 637009）
（四川大学历史文化学院 成都 610064）

对巴史稍有涉猎的人都知道《华阳国志·巴志》中的一段话：“巴子时虽都江州，或治垫江，或治平都，后治阆中。”[1]对于这段文献，学术界并未深究，往往简单地理解为巴国为楚所逼，不得不多次迁都，最终定都阆中。如童恩正先生指出：“巴国的都城由丰都、涪陵、重庆、合川、而至阆中的不断迁徙，也就是楚不断进迫的结果。”[2]笔者认为，这个看法有一定道理，但不够全面。因为楚国进逼只能导致巴国向西退避，而不能很好地解释巴国为何在迁都时忽东忽西，并且最终落户阆中而不是其他地方。除此以外，迁都阆中的时间、路线等问题也有待探讨。有鉴于此，本文拟在前人研究基础上对巴国迁都阆中的相关史实进行初步讨论，不当之处，敬请方家指正。

一、巴国迁都阆中前的形势

（一）巴楚关系

为使读者更清楚地了解本文观点，下面简略梳理巴楚关系的脉络。

公元前611年，楚联巴、秦灭庸[3]，巴分得鱼邑（今重庆奉节一带）。此后巴楚和睦，互为姻亲。

公元前477年，“巴人伐楚，围鄾……三月，楚公孙宁、吴由于、薳固败巴师于鄾”[4]。自此巴无力与楚抗衡，不得不将统治中心西移。

公元前377年（楚肃王四年），“蜀伐楚，取兹方，于是楚为扞关以拒之”[5]。关于

[1] [晋]常璩著，任乃强校注：《华阳国志校补图注》，上海古籍出版社，2007年，第27页。
[2] 童恩正：《古代的巴蜀》，四川人民出版社，1979年，第27页。
[3] 杨伯峻：《春秋左传注》（文公十六年），中华书局，1995年，第617页。
[4] 杨伯峻：《春秋左传注》（哀公十六年），中华书局，1995年，第1713页。
[5] [汉]司马迁：《史记·楚世家》，中华书局，1959年，第1720页。

蜀伐楚之事，学术界颇多争议，一般理解为蜀、楚之间有巴，当是巴、蜀联兵伐楚[1]。赵炳清则认为此时巴楚关系和睦，所谓蜀伐楚即蜀伐巴，因蜀国的军事行动威胁到楚国安全，楚挥兵反击，在兹方打败蜀军，重新夺回盐水，并在盐水附近筑关设防[2]。联系到另一条相关文献："周之季世，巴国有乱。将军蔓子请师于楚，许以三城，楚王救巴。"[3]赵炳清认为，正是蜀伐巴，导致巴请师于楚。对此笔者表示赞同，同时笔者认为，之所以把蜀伐巴记为蜀伐楚，一是当时巴国实力衰微，依附于楚国；二是蜀越过孱弱的巴国后，兵锋继续前指，直至千里之外的兹方，达到了楚国腹地，以至于主要战事是与楚国进行的。

此次战争最大的受害者是巴，不仅遭到蜀国的讨伐，事后还可能因巴蔓子诳楚而遭到楚国的报复。虽然文献对报复之事没有明确记载，但考古发现提供了线索。忠县崖脚战国中期楚墓的发现证实楚军曾占据忠县一带，远远超过了此前楚国的西界[4]。

《史记·秦本纪》载："（秦）孝公元年，楚自汉中，南有巴、黔中。"[5]而张守节《正义》云：楚"南有巴渝，过江南有黔中、巴郡也"。不论是理解为"巴的黔中"还是"巴和黔中"，都已表明此时楚已占据大片本属于巴国的领土。上述忠县半边街楚墓等一系列考古材料都表明楚国的势力已经达到巴国腹地忠县一带[6]。战国中后期，楚国的势力甚至可能覆盖了渠江流域，因为渠江中游地区的广安曾有"楚城"的别称。如唐代诗人崔涂在游览了广安肖溪镇的冲相寺后写下《春游冲相寺》一诗："水流花谢本无情，道尽东风过楚城。蝴蝶梦中家万里，杜鹃枝上月三更。故园书动经年绝，华发青催满镜生。自是欲归归不得，五湖烟景有谁争。"[7]而在渠江流域流传的春申君故里传说似乎也证明了这一点[8]。由此可见，在公元前361年左右，楚国已经占据了从汉中以南至忠县、云阳、涪陵等地了，实际上已经截断巴国从小江（彭溪河）向西撤退至嘉陵江流域的路。

（二）巴蜀关系

史籍中对春秋战国时期的巴蜀关系记载不多，学术界的研究也较少，但文献中还是有

[1] 持此种看法的学者较多，如童恩正就说："按照我们的意见，由于春秋后期蜀的统治者已经是巴族，那么在某些情况下两国采取联合行动，是完全可能的。"（见氏著《古代的巴蜀》，四川人民出版社，1979年，第25页。）管维良说："因巴蜀上层人物同族，且蜀国强于巴国，故太史公略巴而只书蜀。"（见氏著《巴族史》，天地出版社，1996年，第58页。）

[2] 赵炳清：《略论巴蔓子》，李禹阶主编《三峡考古与多学科研究》，重庆出版社，2007年，第329-338页。

[3] [晋]常璩著，任乃强校注：《华阳国志校补图注》，上海古籍出版社，2007年，第11页。

[4] 北京大学考古文博学院三峡考古队、重庆市忠县文物管理所：《忠县崖脚墓地发掘报告》，重庆市文物局、重庆市移民局编《重庆库区考古报告集》（1998卷），第729页。

[5] [汉]司马迁：《史记·秦本纪》，中华书局，1959年，第202页。

[6] 白九江：《从三峡地区的考古发现看楚文化的西进》，《江汉考古》2006年第1期。

[7] 崔涂：《渠州冲相寺》，《全蜀艺文志》卷一四，文渊阁四库全书本。

[8] 彭邦本：《荆楚文化西渐与川东春申君故里传说》，楚简楚文化与先秦历史文化国际学术研讨会提交论文，2011年10月。

一些踪迹可寻。

《华阳国志》在提到巴与苴好、蜀怒而伐苴时，《巴志》说“巴蜀世战争”[1]，《蜀志》相应记为“巴与蜀仇”[2]。可见巴蜀两国积怨甚深。以理揆之，当时各国之间的深仇大恨不外乎争夺领土之事。巴蜀领土之争在文献中也有一些线索。

《华阳国志·蜀志》：“后有王曰杜宇……七国称王，杜宇称帝，号曰望帝，更名蒲卑。自以功德高诸王。乃以褒斜为前门，熊耳、灵关为后户，玉垒、峨眉为城郭，江、潜、绵、洛为池泽。”[3]其中的“七国”，学界多认为有误，任乃强指出乃“巴国”之误，甚是，否则就无法理解此句。其中的潜水，有指为渠江者，但渠江距其他三条水太远（均川西一带），于情于理皆不合。任乃强认为是广元东北嘉陵江的一条支流。并说“广元，汉葭萌县地，在周秦世与汉中皆属蜀，故常氏举之”。杜宇之后，卢帝曾“攻秦至雍”[4]，“周显王之世，蜀王有褒汉之地”[5]。周显王之世即公元前368–前321年。由此可见，从广元以迄汉中曾长期是蜀国的势力范围。

在长江流域，蜀伐巴至兹方的事实说明，蜀是沿长江一线向东进攻的。换言之，蜀的军事实力已达距离江州不远的长江沿线。

广元以南、长江以北的巴蜀分界线在文献中也有线索。《太平寰宇记》卷一三六引李膺《益州记》：“昔巴、蜀争界，久而不决。汉高帝八年，一朝密雾，石为之裂，今犹如之。自上及下，破处直若引绳焉，于是州界始判。”“青石山在合州西二百四十里”[6]，大致在蓬溪县境内[7]，已在涪江之东。文献所记巴蜀争界的事虽然发生在西汉初年，但这个分界的结果既然是巴和蜀都能接受的，也就意味着多年以来巴蜀之界大体就在此处。由此可见，巴蜀的界线大体从广元至绵阳沿涪江以下至遂宁一带，因涪江在合川注入嘉陵江，故蜀国的南界应靠近合川和江州。这就意味着，蜀国的东界相当靠近巴国，实际上已将巴国向西迁徙之路堵死。

由此可见，在蜀、楚两国的夹击下，巴国的统治范围已大为缩小，仅仅保留了以江州为中心的长江一线，处于岌岌可危的境地，随时可能被蜀和楚占据。巴国为自保和收复失地曾东奔西突，先是退避江州，然后是垫江，后又东突到平都，皆因实力不济难以久长。《华阳国志》所记的忽东忽西的迁都历史正是当时巴国在夹缝中生存形势的真实体现。面对咄咄逼人的蜀、楚两国，最后的拓疆努力已宣告失败，为保存力量，唯一的出路在于逃离两国势力之间的夹缝，另寻安身立命之所。

---

[1] [晋]常璩著，任乃强校注：《华阳国志校补图注》，上海古籍出版社，2007年，第11页。
[2] [晋]常璩著，任乃强校注：《华阳国志校补图注》，上海古籍出版社，2007年，第126页。
[3] [晋]常璩著，任乃强校注：《华阳国志校补图注》，上海古籍出版社，2007年，第118页。
[4] [晋]常璩著，任乃强校注：《华阳国志校补图注》，上海古籍出版社，2007年，第122页。
[5] [晋]常璩著，任乃强校注：《华阳国志校补图注》，上海古籍出版社，2007年，第123页。
[6] [明]李贤、彭时等：《明一统志》卷六九，中国基本古籍库，第2254页。
[7] 邓少琴：《梁李膺<益州记>辑存》，《邓少琴西南民族史地论集》（下），巴蜀书社，2001年，第590页。

东、西两面均已被敌国控制，巴国要迁徙唯有在南、北两个方向选择。江州以南为地势崎岖、交通不便、人生地不熟的蛮荒之地。江州以北有嘉陵江，沿大江大河迁徙是巴国的传统，而且巴国曾一度迁都嘉陵江边的垫江，对这一带比较熟悉。因此就当时形势而言，巴国沿嘉陵江北上是最好的选择。

如前所述，在公元前377年，蜀可以轻松地伐巴至楚，而前361年楚又占据了巴的大片国土。可见在这16年间，巴国的处境多么尴尬，巴国迁都阆中的时间就应当在此之间。孙华先生认为在公元前362年[1]，可备一说。

二、阆中之于巴的吸引力

巴国之所以迁都阆中，除躲避楚、蜀两国夹击之外，也还有阆中自身的一些因素对巴国而言具有相当的吸引力。

（一）优越的战略位置

阆中虽偏居川北，但水陆交通便利，进可攻、退可守，自古是兵家必争的战略要地[2]。其北有秦岭、大巴山形成天然屏障阻挡北方强国的入侵（主要指秦），甚至可以逆嘉陵江而上威胁秦、楚。向东过渠江、翻越华蓥山重新争夺三峡地区。向南可沿嘉陵江而下到达巴国故都垫江和江州。

另外，值得一提的是，阆中西面与蜀国疆域之间有大片空隙。根据多年的考古调查和发掘，嘉陵江以西至成都平原之间几乎没有春秋至战国中期的墓葬和遗址发现，一般都是汉代地层下直接叠压新石器时代地层或生土层，可见当时这一大片地区人烟稀少，甚至是无人区。故而定居于此的巴国不必担心世仇之敌蜀国的攻击。阆中以北的广元一带虽为蜀统治，但毕竟距离蜀的统治中心较远，蜀也难以据此对盘踞于阆中的巴国构成大的威胁。后来的事实也证明了巴国迁都阆中的明智选择。蜀王封其弟于广元，本意是帮其镇守北方边境，但“苴侯私亲与巴”，为此惹恼蜀王，“蜀王伐苴，苴侯奔巴”[3]。蜀王征伐的是苴侯，而不是巴，大概也有从蜀到巴（阆中）交通不便的原因。

就微观地形地貌而言，阆中本身也是一个易守难攻之处。它四面环山，三面环水，仅南面有一缺口与外界相通，便于军事防守。

---

[1] 孙华：《楚国灭巴考》，《贵州社会科学》1984年第6期。

[2] 今人常用《舆地纪胜》、《方舆胜览》等古籍中的“前控六路之师，后据巴蜀之粟，左通荆襄之财，右出秦陇之马”来形容阆中的区位优势，但这显然是一个误解，联系原文上下文可知所指为汉中。

[3] [晋]常璩著，任乃强校注：《华阳国志校补图注》，上海古籍出版社，2007年，第11页。

（二）丰富的自然资源

对于一个政权而言，迁都是大事，需要综合衡量各方面的因素。因此，除了政治、军事上的考虑外，自然资源也是一个值得重视的问题。

1.渔猎资源

巴人长期生活在不宜农耕的峡江地区，维持生计主要靠渔猎和盐业生产。在湖北清江香炉石、秭归县朝天嘴和重庆忠县哨棚嘴遗址商周时期的地层中都发现了鱼骨或捕鱼用的网坠等遗物[1]。这些都是先秦时期峡江地区从事渔业的实物例证。

阆中地处嘉陵江畔，有“彭池大泽，名山灵台”[2]，具备渔猎经济所需的自然条件。秦昭襄王时白虎为害，自黔、蜀、巴、汉患之。阆中土著秦精和朐忍人合制白竹弩射杀白虎之事就说明阆中猎人捕猎技巧高超，名声甚至可达数百里外的朐忍一带。

2.盐业资源

关于巴人与盐业的关系，学术界的看法基本一致：盐业是巴国的经济之源，立国之本，巴国一直在试图控制峡江地区的盐业资源，其迁徙、兴亡均与盐业资源的得失息息相关。任乃强先生说：“综合巴族历史兴衰、起灭之变，都是与巴东盐泉分不开的。”[3]任老这句话大体不错，只是“巴东”这个限制词可以去掉。巴人与盐的关系如此密切，以至于有学者认为盐巴之得名亦因巴人所产之盐[4]。阆中一带同样拥有丰富的易于开采的盐业资源，这对于巴国而言无疑具有极强的吸引力。这一点向为学界忽略，故需多费些笔墨论述。

四川盆地是盐矿富集地，南充地区也是一个大盐盆。“川中古隆起地区为刚性基底，其周边以深大断裂或超覆关系与相邻单元相接，作为一个完整的块体，它具有较其他地块大得多的稳定性。在这种区域性的相对平稳的构造背景下，川中地区在早中三叠世发生持续沉降，形成以南充为中心的碳酸盐台坪上最大的蒸发岩成盐盆地。”[5]南充以北的阆中也位于这个大盐盆之内，而且是浅层盐矿[6]。

虽然现在的文献材料中没有阆中在先秦时期开采盐矿的记载，但汉代这里已经有了大量盐井是无疑问的。《华阳国志·巴志》：“南充国县，和帝时置，有盐井。”[7]左思

[1] 孙华、曾宪龙：《尖底陶杯与花边陶釜——兼说峡江地区先秦时期的鱼盐业》，《中国盐业考古》第一辑，第310页。

[2] [晋]常璩著，任乃强校注：《华阳国志校补图注》，上海古籍出版社，2007年，第46页。

[3] 转引自白九江：《巴盐与盐巴——三峡古代盐业》，重庆出版社，2007年，第54页。

[4] 白九江：《巴盐与盐巴——三峡古代盐业》，重庆出版社，2007年，第14页。

[5] 马开义、姜枚、林传律：《川东北地区深浅层地质构造与盐盆分布关系的研究》，《中国地质科学院矿床地质研究所所刊》1988年 第1号。

[6] 马开义、姜枚、林传律：《川东北地区深浅层地质构造与盐盆分布关系的研究》，《中国地质科学院矿床地质研究所所刊》1988年第1号。

[7] [晋]常璩著，任乃强校注：《华阳国志校补图注》，上海古籍出版社，2007年，第46页。

《蜀都赋》说蜀地“家有盐泉之井”，贾逵注曰“巴西充国县有盐井数十”[1]。《太平御览》卷一六七引《益州记》载：“南充县西有大昆井，即古之盐井也”。按：充国县，西汉初置，献帝初平四年析置南充国县，原充国县即为西充国县。充国县秦时属阆中，治今阆中县西六十里的木兰乡[2]。由此可见，在今天的阆中、南部一带的盐矿开采在汉代时即已十分兴盛，产量巨大。此后阆南盐场仍然风光十足。阆中地区“至唐时，已建有新井、新政两个盐区”[3]。明嘉靖时，“盐课惟阆中、南部有之……南部设福兴等六井，盐课司二邑。阆中九井……南部一百一十井”[4]。清代南阆盐场更是闻名川内外[5]。“自乾隆二十四年以后陆续增开，现存盐井四十四眼……阆中县，盐井中井一眼，下下井七眼。南部县，盐井上井九眼，中井二十九眼，中下井一眼，下井一百四十九眼，下下井一眼。自乾隆元年以后陆续开造，又增井二百五十六眼。”[6]由此可见，从汉至清嘉陵江流域的盐业生产活动一直较为繁荣。

值得注意的是，虽然先秦时期四川盆地没有盐业生产的文献记载，但不能据此认为当时没有盐业生产活动。峡江地区、川西地区（邛崃、蒲江等地）关于盐业生产的记载也是始于汉代，但是考古材料证明在先秦时期已有盐业生产活动。

根据三峡地区的考古发现，先秦时期的制盐器具有大口花边缸、尖底缸、尖底杯、船形杯、花边陶釜等。白九江认为“船形杯与尖底杯都是制作盐锭的器具，但两者制作盐锭时的受热方式不一样，可能代表当时两种技术途径。尖底杯是插在有较强余温的草木灰中（或置于填有草木灰的孔洞上）制盐锭，而船形杯是在盐灶上制作盐锭”[7]。经检测：“中坝遗址西周时期花边陶釜内壁沉淀物和自贡汉代制盐遗址及云阳现代盐厂的沉淀物具有基本相同的物相，表明花边陶釜在当时是制盐工具。……结合考古发掘资料，推断这种花边陶釜应为当时的煮盐工具。”[8]

包括阆中在内的嘉陵江中游地区已经出土了大量可能用于制盐的陶器。阆中城区的兰家坝遗址出土了尖底器、缸等陶器，南充市淄佛寺遗址有锯齿状花边陶缸、尖底器等陶器[9]。原报告认为主要是新石器时期遗址，但据笔者研究认为，“主体应当是夏商周时

---

[1] [汉魏]贾逵：《文选注》卷四，中国基本古籍库。
[2] [晋]常璩著，刘琳校注：《华阳国志校注》，巴蜀书社，1984年，第94-95页。
[3] 吴佩林、邓勇：《清代四川南部县井盐业概论——以〈清代四川南部县衙门档案〉为中心的考察》，《盐业史研究》2008年第1期。
[4] [明]杨思震等纂修：《嘉靖重修保宁府志》，第160-161页。
[5] 四川南充盐业志编纂委员会：《南充盐业志·概述》，四川人民出版社，1991年，第3页。
[6] [清]黎学锦等纂修：《道光保宁府志》卷二一，第550-555页。
[7] 白九江：《尖底杯在古代制盐工艺流程中的功能研究》，《盐业史研究》2010年第2期。
[8] 朱继平、王昌燧等：《长江三峡早期井盐开发的初步探讨》，《中国科学技术大学学报》第33卷4期。
[9] 重庆市博物馆：《四川嘉陵江中下游新石器时代遗址调查》，《考古》1983年第6期。

期"[1]。阆中县坪上遗址商周文化层中"陶器多尖底……器形主要为尖底器，缸等"[2]。阆中彭城坝遗址"发现了一批商周时期的陶器，特别是尖底和高柄陶器"[3]。特别是宣汉罗家坝遗址1999年发现新石器晚期遗物中有花边口沿罐（缸）2件，东周时期M1有一花边圜底釜（M1：2，原报告称之为鼓腹罐），发掘者认为年代当在战国中期偏早阶段[4]。罗家坝2003年发现花边折沿罐1件，以及少量尖底器[5]。根据上述考古发现，考虑到当地盐业资源以及汉代以后盐业生产情况，我们有理由推测阆中一带在先秦时期已经有了盐业生产。

（三）族群基础

据《华阳国志·巴志》记载，巴国统治下的族群成分复杂，大致"有濮、賨、苴、共、奴、獽、夷、蜑之蛮"[6]，其中今天的云阳一带土著为朐忍夷。

《华阳国志·巴志》中有一段朐忍夷射虎的精彩故事："秦昭襄王时，白虎为害，自黔、蜀、巴、汉患之。秦王乃重募国中：'有能杀虎者邑万家，金帛称之。'于是朐忍夷廖仲、药何、射虎秦精等乃作白竹弩于高楼上，射虎，中头三节。……故世号白虎复夷，一曰板楯蛮。"《后汉书·南蛮西南夷传》也记载了该故事，所不同的是《后汉书》明确指出射杀白虎的为阆中人："时有阆中夷人，能作白竹之弩，乃登楼射杀白虎。"任乃强先生推测，是朐忍夷民廖仲、药何联合阆中秦精射虎[7]。《后汉书·南蛮西南夷传》接着说："至高祖为汉王，发夷人还伐之秦。秦地既定，乃遣还巴中，复其渠帅罗、朴、督、鄂、度、夕、龚七姓，不输租赋，余户乃岁入賨钱，口四十。世号为板楯蛮夷。"可见板楯蛮到汉代时也称賨人。阆中亦有賨人，《华阳国志·巴志》说："阆中有渝水，賨民多居水左右。"则阆中之民与朐忍之民同族，先秦称板楯蛮，汉世则称賨民。

朐忍一带盐泉众多，为巴国倚重之地，在云阳李家坝和开县余家坝发现的大规模巴国墓地可证此地曾为巴国统治。从朐忍溯小江而上，即达开县境内，翻过华蓥山就是渠江流域，因此朐忍与阆中距离并不遥远，路途也不甚艰险，两地土著族属相同并不奇怪。相同的族属为巴国迁都阆中提供了难得的族群基础。

---

[1] 蒋晓春、白九江、赵炳清：《川东北地区新石器时代考古学文化初探》，《西华大学学报》（哲社版）2008年第3期。

[2] 孙智彬：《1989年四川主要考古发现概述》，《四川文物》1990年第2期。

[3] 陈卫东、周科华：《嘉陵江流域考古取得重要收获》，《中国文物报》2006年3月22日。

[4] 四川省文物考古研究院等：《四川宣汉罗家坝遗址1999年度发掘简报》，《四川文物》2009年第4期。

[5] 四川省文物考古研究所等：《四川宣汉罗家坝遗址2003年发掘简报》，《文物》2004年第9期。

[6] [晋]常璩著，任乃强校注：《华阳国志校补图注》，上海古籍出版社，2007年，第5页。

[7] [晋]常璩著，任乃强校注：《华阳国志校补图注》，上海古籍出版社，2007年，第15页。

四、结语

通过上文的分析，我们可以大致复原巴国迁都阆中的历史。公元前377–前361年间，在蜀、楚的夹击下，巴国已经十分衰弱，统治范围日渐缩小至江州一带。在多次拓疆无果的情况下，巴国看中了阆中的有利地理位置、自然资源以及土著族属，毅然选择逆嘉陵江而上并最终定都阆中。事实证明，这个选择是当时唯一正确的决定。到阆中后，巴国通过修好与邻近的苴国关系而获得了暂时的和平，得以苟延残喘数十年直至公元前316年最终为秦所灭。

巴郡政区沿革史述论

——兼论郡名流变与巴人的关系[1]

朱圣钟

（西南大学历史地理研究所 重庆 400715）

巴郡因巴人而得名，作为对巴地和巴人进行直接控制的行政区，巴郡政区的形成、分解到最后消失是一个漫长的过程，而这个变化过程，政区的变动、巴郡（州）名称的变化与居住于当地的巴人的变徙有一定的关系。

关于巴郡政区的历史变迁过程，邓子琴等《重庆简史和沿革》[2]、董其祥《重庆地理沿革简志》[3]、余楚修、管维良《重庆建置沿革》[4]、蓝勇等编著《巴渝历史沿革》[5]、蒲孝荣《四川政区沿革与治地今释》[6]等论著从长时段角度对川东、重庆一带历史时期政区沿革情况进行过或详细或简略的梳理，但对巴郡政区的历史变迁及其与巴人的关系问题未作专门讨论。笔者拟对巴郡政区的演变过程进行探究，并对巴郡政区变动、巴郡名称变化与巴人关系问题进行尝试性讨论，借以求教于方家。

一、战国末期巴郡政区的形成

巴郡政区的设置大致应该在战国时期。具体到巴郡最早出现的时间，目前学术界主要有两类不同的观点：一是认为巴郡的出现始于楚国占领巴地之时；一是认为巴郡出现于秦占领巴地之时。

认为巴郡出现于楚国占领巴地之时的，主要以张正明[7]、杨光华[8]等人为代表，他们认为楚占领巴地之后，曾设置巴郡进行管理。在战国末期，随着楚国的西进，巴国东部部

---

[1]基金项目：国家社科基金一般项目“中国古代巴人分布迁徙及其与环境的关系研究”。项目编号：07BZS037。项目主持人：朱圣钟。

[2] 邓子琴等编著：《重庆简史和沿革》，重庆出版社，1982年。

[3] 董其祥：《重庆地理沿革简志》，《董其祥历史与考古文集》，重庆出版社，2005年。

[4] 余楚修、管维良主编：《重庆建置沿革》，重庆出版社，1998年。

[5] 蓝勇等编著：《巴渝历史沿革》，重庆出版社，2004年。

[6] 蒲孝荣：《四川政区沿革与治地今释》，四川人民出版社，1986年。

[7] 张正明：《楚史》，湖北教育出版社，1995年，第305、315页。

[8] 杨光华：《楚国设置巴郡考》，《中国历史地理论丛》2007年第4辑。

分疆域曾沦为楚国的领地，这已为大多数学者所认可。不过关于楚对占领的巴地的管理，却并非只有设巴郡管理一种观点。其他观点还有：一是说楚分封巴人首领为王，派监管理，实行以巴治巴的羁縻统治[1]；一说楚通过封楚族人于巴地来控制巴国部族[2]；一说楚将占领的巴地分别划归巫郡、黔中郡管辖[3]。应该说上述几种观点皆有所据，都有一定的道理。不过不管楚对巴地占领区采取了何种管理方式，楚在巴地应该有行政管理和政区的划分，这种行政管理和政区划分，对后来秦巴郡的行政管理和行政区划设置应该有直接影响。

秦灭巴后在原巴国之地设置巴郡。常璩在《华阳国志》中载“周赧王元年……置巴郡”[4]，周赧王元年即公元前314年，说明秦巴郡的设置是在公元前314年。公元前314年设置的巴郡包括哪些地域呢？这还要从秦灭巴国之前，巴国的疆域说起。根据史书记载，秦灭巴是在周慎王五年，即公元前316年，当时“蜀王伐苴侯，苴侯奔巴，巴为求救于秦。秦惠文王遣张仪、司马错救苴、巴，遂伐蜀，灭之。仪贪巴、苴之富，因取巴，执王以归”[5]，那么公元前316年前巴国的疆域包括哪些地方呢？要弄清这个问题，首先要弄清当时楚所占据的巴地的范围。

楚对巴地的占领经历了一个由东向西逐步推进的过程。在战国末期，“巴楚数相攻伐”[6]，在巴、楚的争战中，巴国势弱，楚国不断西进，致使巴国的很多土地沦为楚国的疆域。至秦孝公元年（前361），已是“楚自汉中，南有巴、黔中”[7]，这里的“巴”、“黔中”，实际上就是公元前361年前后楚在巴地的占领区。“黔中”即后来秦所建立的黔中郡之地，其地域大致在长江三峡以南的地区，大致包括今鄂西南、渝东南、湘西北和黔东北的部分地区；而此时的“巴”，大致包括江州（治今重庆市渝中区）以东的区域，《华阳国志·巴志》记载“巴楚数相攻伐，故置扞关、阳关及沔关”，扞关在今重庆市奉节县东，阳关在今重庆市长寿区东南黄草峡北，从关隘的位置来看，阳关很可能是当时巴国为了抵御楚国西进设置的最后一道关隘。后来伴随着楚人的继续西进，遂而占据江州，巴国王族被迫北迁阆中，因此就有了巴子“后治阆中”的记载[8]，这个“后”字，也说明了巴国都城最后其实是在阆中。迁都阆中之于巴王来说，其实是无奈之举，目的是为了躲避楚国的攻击。巴王迁都阆中之后，楚对巴的征战并没有停止，到楚威王之时（前339—

[1] 高至喜：《楚人在湖南的活动遗迹概述》，《文物》1980年第10期；孙华：《四川盆地的青铜时代》，科学出版社，2000年，第371页；何浩：《周初的监国制与战国时的楚监巴》，《历史知识》1989年第6期。

[2] 周集云：《巴族史探微》，四川省社会科学院出版社，1986年，第122—125页。

[3] 刘蓬春：《战国秦蜀楚巴对汉中、黔中的争夺》，《成都大学学报》1998年第1期；赵炳清：《略论峡江地区盐卤资源与楚西进置郡的关系》，《三峡大学学报》2005年第5期。

[4]《华阳国志》卷三《蜀志》。

[5]《华阳国志》卷一《巴志》。

[6]《华阳国志》卷一《巴志》。

[7]《史记》卷五《秦本纪》。

[8]《华阳国志》卷一《巴志》。

前329年），“使将军庄跻将兵循江上，略巴、黔中以西”[1]，楚派大将庄跻循川江西上，攻占了巴国东起江州（治今重庆市渝中区），西至僰道（治今四川省宜宾市）的沿江一带的领土，这也就是前文所说的“略巴、黔中以西”所涉及的巴国疆土。因此至楚威王之时，楚所控制的巴地范围大致包括涪江下游、渠江流域、泸州以东的长江流域、乌江流域[2]。

有了对公元前316年前楚所据巴地地域范围以及巴国迁都阆中等史实的认识，则基本可以断定，公元前316年秦所灭的巴国其实只是原巴国以阆中为中心的一部分地域，即只是相当于战国中前期巴国疆域的西北隅。秦灭巴以后，是“执王以归”，即将巴王掳至秦都咸阳，而在以阆中为中心的板楯蛮巴地，秦王与板楯蛮订立盟约：“秦犯夷，输黄龙一双，夷犯秦，输清酒一钟。”[3]两年以后，即公元前314年，又在阆中巴地设置巴郡，对巴地进行羁縻统治。

秦在占领以阆中为中心的巴地之后，兵锋继续向楚所占据的巴地挺进。到秦昭襄王时，秦对楚所据巴地发动了两次较大规模的征伐：一次是昭襄王二十七年（前280）“使司马错发陇西，因蜀攻楚黔中，拔之”，这次征伐占领了部分楚占据的巴地，其地域应该包括今重庆市以西川江沿线，也包括自重庆以东至今涪陵沿线的巴地，甚至沿乌江南下，占据渝东南、黔东北、鄂西南、湘西北的部分地区，并据此设置黔中郡。为加强对巴地的控制，秦还将巴郡的郡治从阆中南迁至江州。一次是昭襄王三十年（前277）“蜀守若伐楚，取巫郡，及江南为黔中郡”[4]，楚之巫郡治地大致为秦汉时南郡之巫县，其治地在今重庆市巫山县。经过这次战争，秦攻占今重庆涪陵以东长江沿线楚所占据的巴地，并置枳、朐忍、鱼复等县，隶属巴郡，而鱼复以东地区则划属南郡管辖。通过这两次战争，秦最终完全控制了沿江地带乃至峡江以南的巴地，至此，才形成秦代完整意义上的巴郡。

因此从总体上说，秦巴郡政区的形成，应该是经历了三个阶段，即公元前314年的初创，公元前280年前后完整巴郡政区的逐渐成形，到公元前277年前后巴郡完整政区形成。秦巴郡的设置与巴郡政区的形成是一个历史过程，不是一朝一夕完成的[5]。

秦的巴郡，其最终疆域范围其实与战国中前期巴国疆域差不多，“其地东至鱼复，西至僰道，北接汉中，南极黔、涪”[6]。鱼复为今重庆奉节县；僰道为四川宜宾市；黔指楚、秦之黔中郡，包括今湖南西北部及与重庆、贵州邻近的地区；涪指汉代涪陵县、后来的涪陵郡。巴国的地域范围大致包括嘉陵江、涪江之间以至泸州一带，东至奉节，北抵米仓山、大巴山南坡，南至贵州思南一带[7]。

---

[1]《史记》卷一一六《西南夷列传》。
[2] 杨光华：《楚国设置巴郡考》，《中国历史地理论丛》2007年第4辑。
[3]《后汉书》卷八六《南蛮西南夷列传》。
[4]《史记》卷五《秦本纪》。
[5] 朱圣钟：《论秦巴郡政区的形成》，《铜仁学院学报》2010年第1期。
[6]《华阳国志》卷一《巴志》。
[7] [晋]常璩撰，刘琳校注：《华阳国志校注》，巴蜀书社，1984年，第25页。

居住于巴郡地域内的人们共同体，总称为巴人，此时巴人演变为一个地域人们共同体概念，其内部还有“濮、賨、苴、共、奴、獽、夷、蜑”等部族[1]，但他们都是巴人共同体之一部分。

二、秦汉时期相对稳定的巴郡

秦朝的巴郡实际上是延续了公元前277年所形成的秦国巴郡的政区，因此其范围也与秦国的巴郡一致。

关于秦巴郡，还牵涉到另一个问题，即秦巴郡的辖县问题，目前这个问题在学术界还存在一定的争议[2]。关于秦巴郡辖县问题，笔者撰有《秦巴郡辖县考》一文，对秦巴郡辖县进行详细考证，否定了将葭萌、夜郎、鳖、且兰、平夷、郁鄢、符、临江、充国、涪陵、安汉认定为秦巴郡辖县的说法，肯定了将江州、垫江、鱼复、朐忍、阆中、枳、宕渠等县认定为秦巴郡的观点，认为秦巴郡仅辖有江州、阆中、鱼复、朐忍、垫江、宕渠、江阳、枳等8县，而郡治则设在江州[3]。

西汉时仍设置有巴郡，其下辖有江州、临江、枳、阆中、垫江、朐忍、安汉、宕渠、鱼复、充国、涪陵11县，郡治江州[4]。与秦朝的巴郡相比，西汉时的巴郡辖县有所增省。

秦朝巴郡所辖江阳县，到西汉时已不属于巴郡，政区调整后，江阳县被划入新设置的犍为郡[5]。江阳县是何时划入犍为郡的呢？据《元和郡县图志》泸州条下载“秦并天下，为巴郡地，武帝分置犍为郡，今州即犍为郡之江阳、符二县之地”[6]，《太平寰宇记》泸州条下载“秦为巴郡，汉为犍为郡之江阳、符二县”[7]，则江阳县是在西汉武帝时期分

---

[1] [晋]常璩撰，刘琳校注：《华阳国志校注》，巴蜀书社，1984年，第9页。

[2] 史念海先生《秦县考》（《禹贡半月刊》第7卷第6、7合期，1937年）中列有江州、枳、朐忍3县，李晓杰先生《战国秦县新考》（《历史地理》第22辑，上海人民出版社，2007年，第58-82页）中提到江州、鱼复、阆中、枳4县，邓子琴先生等编著的《重庆简史和沿革》（重庆出版社，1982年，第60页）、董其祥先生《重庆地理沿革简志》（《董其祥历史与考古文集》，重庆出版社，2005年）、蒲孝荣先生《四川政区沿革与治地今释》（四川人民出版社，1986年，第4页）中列有江州、垫江、阆中、枳、朐忍等5县，谭其骧先生《中国历史地图集》第二册（地图出版社，1982年，第11—12页）、张全明、张翼之先生《中国历史地理论纲》（华中师范大学出版社，1996年，第95页）列有江州、阆中、安汉、枳县、朐忍等5县，管维良先生《巴族史》（天地出版社，1996年，第103-104页）列有江州、垫江、鱼腹、朐忍、阆中、枳等6县，马非百先生《秦集史》（中华书局，1982年，第608-609页）列有江州、垫江、鱼复、朐忍、阆中、枳、宕渠等7县，余楚修、管维良先生《重庆建置沿革》（重庆出版社，1998年，第4页）、蓝勇先生等《巴渝历史沿革》（重庆出版社，2004年，第24页）中列江州、垫江、阆中、枳、朐忍、鱼复、宕渠、江阳、符等9县，罗开玉先生《四川通史》第二册（四川大学出版社，1993年，第6-7页）列江州、阆中、垫江、鱼复、朐忍、枳、宕渠、江阳、符、夜郎、鳖、且兰等12县，尤中先生《中国西南民族地区沿革史》（民族出版社，2005年，第71-73、86-87页）列有江州、临江、枳、阆中、垫江、朐忍、宕渠、鱼复、充国、涪陵、安汉、江阳、符、葭萌等14县，还将夜郎、鳖、平夷、郁鄢等县也纳入巴郡辖区。

[3] 朱圣钟：《秦巴郡辖县考》，《三峡论坛》2012年第1期。

[4] 《汉书》卷二八《地理志上》。

[5] 《汉书》卷二八《地理志上》。

[6] 《元和郡县图志》卷三四。

[7] 《太平寰宇记》卷八八。

巴、蜀置犍为郡之时划入犍为郡的。据《汉书·地理志》的记载，犍为郡的设置时间是在汉武帝建元六年，即公元前135年，江阳县划入犍为郡也是在这一年。根据文献记载，江阳县辖区大致相当于现在四川省泸州市辖区，江阳县从巴郡划出后，西汉巴郡的西南部地域较秦巴郡有所萎缩。

西汉时，在原秦巴郡政区设置的基础上，又增设了4个县，即临江、安汉、充国和涪陵县。

关于临江县，《宋书》[1]、《太平寰宇记》[2]、《尚书类纂》[3]载为“汉旧县”，《旧唐书》[4]、《资治通鉴》[5]、《禹贡锥指》[6]则载为“汉县”，《明一统志》[7]、《大清一统志》[8]、雍正《四川通志》[9]则载为“汉置临江县”。所有文献均表明临江县为汉代所置，前引部分学者将临江县视为秦县是很不合适的。关于临江县的设置时间，谯周《三巴记》载“后汉初平六年立”[10]，考汉献帝初平年号，只有四年，即公元190—193年，因此谯周临江县为后汉初平六年设置的说法不可信。又据《汉书·地理志》巴郡条下载有临江县，则临江县应该是西汉时设置的。

关于安汉县，《汉书·地理志》、《后汉书·郡国志》巴郡中均有记载，但没有提到该县的始置年代。《旧唐书》果州南充县条载“汉安汉县”[11]，《太平寰宇记》南充县条载“本汉安汉县地”[12]，《舆地广记》南充县条载“本二汉安汉县”[13]，《大清一统志》、雍正《四川通志》安汉故城条均载“汉置”[14]，从这些文献记载来看，安汉县的设置也是在汉代，《汉书·地理志》巴郡辖载有安汉县，则安汉县的设置时间也当在西汉时期。

关于充国县，《汉书·地理志》巴郡下载有充国县，但《后汉书·郡国志》巴郡条下载“永元二年分阆中置”，“永元”为东汉和帝的年号，永元二年即公元90年，如此，则充国县设置时间应该是在东汉时期。《汉书》与《后汉书》中关于充国县设置时间的记载相互抵牾。另据《旧唐书》阆州南部县条下载“后汉分阆中置充国县”[15]，《蜀中广记》

[1]《宋书》卷三八《州郡志》。
[2]《太平寰宇记》卷一四九。
[3]《尚书类纂》卷四。
[4]《旧唐书》卷三九《地理志》。
[5]《资治通鉴》卷四二。
[6]《禹贡锥指》卷一四。
[7]《明一统志》卷六九。
[8]《大清一统志》卷三一六。
[9] 雍正《四川通志》卷二。
[10]《蜀中广记》卷一九引谯周《三巴记》。
[11]《旧唐书》卷四一《地理志》。
[12]《太平寰宇记》卷八六《果州》。
[13]《舆地广记》卷三一。
[14]《大清一统志》卷三〇〇；雍正《四川通志》卷二六。
[15]《旧唐书》卷四一《地理志》。

载“充国，汉永元二年分阆中置”[1]，则似乎充国县的设置时间在东汉时期。充国县的设置究竟在何时，其他文献记述均很简略，大多笼统地说“汉置充国县”、或“汉县”，充国县之设确乎始于汉代。不过考虑到《汉书》成书时间比《后汉书》早，根据距离西汉时代的远近来看，《汉书》的史料的可信度应该要高一些，如此，则应将充国县的始设时间定在西汉为宜。

关于涪陵县，《汉书·地理志》、《后汉书·郡国志》巴郡中均有记载，但都没有提到该县的始置年代。《元和郡县图志》黔州条下载“本汉涪陵县理”[2]，同书涪陵县条下载“本汉旧县”[3]，《舆地广记》载为“汉旧县”[4]，《大清一统志》涪陵故城条载“汉置”[5]，雍正《四川通志》涪陵故城条载“西汉置”[6]，所有的文献均明述涪陵县最早为汉代设置。具体在汉代何时设置的呢？《太平寰宇记》涪州条载“汉武帝于此置涪陵县”[7]，则涪陵县大致是在西汉武帝时期设置的。

东汉时仍设有巴郡，其下辖有江州、宕渠、朐忍、阆中、鱼复、临江、枳、涪陵、垫江、安汉、平都、充国、宣汉、汉昌等14县，郡治江州[8]。与西汉巴郡相比，巴郡郡级政区范围没有变化，但县级政区则有所增益，增设了平都、宣汉、汉昌3县。

关于平都县，《后汉书·郡国志》平都县下李贤注文载“《巴记》曰：和帝分枳置”，则平都县地原属枳县，东汉和帝之时分枳县的北部区域设置了平都县。

关于宣汉县，《后汉书·郡国志》宣汉县条下李贤注文载“《巴汉记》曰：和帝分宕渠之东置”，则宣汉县地原为宕渠县之东部辖区，东汉和帝之时分其地置宣汉县。

关于汉昌县，《后汉书·郡国志》汉昌县条下载“永元中置”，其下李贤载“《巴记》曰：分宕渠之北而置之”，《华阳国志·巴志》载汉昌县“和帝时置”，汉昌县地原为宕渠县的北部辖区，永元为东汉和帝的年号，则汉昌县的设置时间也是在东汉和帝之时。

不过，根据文献的记载，巴郡辖区内除了上述各县外，到了东汉后期，还增设了几个县级政区，根据谯周《三巴记》记载，东汉灵帝时，又分涪陵县置永宁县，东汉灵帝以后，巴郡又辖有永宁县；汉献帝初平四年，又分充国县置南充国县[9]，故东汉末年巴郡又辖有南充国县。是则至东汉末年巴郡实际上辖有16个县级政区。

总体而言，秦两汉时期巴郡郡级政区相对稳定，除汉武帝时期将江阳县划归犍为郡

---

[1]《蜀中广记》卷二七。
[2]《元和郡县图志》卷三〇。
[3]《元和郡县图志》卷三一。
[4]《舆地广记》卷三三。
[5]《大清一统志》卷三一七。
[6] 雍正《四川通志》卷二六。
[7]《太平寰宇记》卷一二〇。
[8] [南朝宋]范晔撰，[唐]李贤等注：《后汉书》，中华书局，1965年，第3507页。
[9] [南朝宋]范晔撰，[唐]李贤等注：《后汉书》，中华书局，1965年，第3507、3508页。

外，大多数时间里郡级政区再无变化。而巴郡辖县数量却在逐渐增加，由秦朝的8个，到西汉的11个，再到东汉时的14个，东汉末年的16个，县级政区数量在持续增加。行政区数量的增加，表明朝廷对巴地巴人的行政控制在日益强化。从秦两汉时期增置县级政区分布来看，在秦县基础上，所增县级政区中安汉、充国、宣汉、汉昌、南充国等5县均位于嘉陵江及其支流一带，平都县位于峡江地带，涪陵、永宁则位于乌江下游一带，从这些新设置的县的分布来看，嘉陵江及其支流增设县级政区明显比其他区域要多，这说明两汉时期中央王朝对巴地开发重点在嘉陵江及其支流一带。

秦汉时代，居于巴郡辖区内的主体居民仍为巴人，只是在称谓上较此前有些变化，巴郡南郡的部分巴人按照地域命名为“巴郡南郡蛮”，这部分巴人中多为廪君巴人之后裔；而嘉陵江以东、长江以北的区域内，则有被称之为“板楯蛮”的巴人分布，他们或被称之为白虎复夷[1]。由于在西汉武帝时期巴郡西南部江阳县一带割属犍为郡，因此后世文献中所称“巴人”就不再包括这部分人们共同体。这一时期，巴郡的巴人，在行政上享受羁縻政策所带来的优惠，“不输租赋”，“岁入賨钱，口四十”[2]，一定程度上保持着巴人这一人们共同体的族群特性。不过此时部分巴人已日渐汉化，如王莽时“板楯蛮”有任文公、任文孙父子二人，其命名方式中有汉族命名系统的成分，却又与汉族命名方式有别，这种半賨半汉的名字是巴人汉化不彻底的一个例证[3]。

三、三国两晋南北朝隋时期巴郡的分化与调整

三国两晋南北朝时期，巴郡政区发生了很大的变化，无论是郡级政区，还是县级政区的设置都与秦两汉时期有了很大不同。

早在东汉末年，一些有识之士就已经认识到巴郡地域广大、人口众多，难以有效地进行管理的问题，其中以但望为代表，他在桓帝永兴二年（154）提出《分巴疏》，在这个上疏中就谈到：“（巴郡）境界南北四千，东西五千，周万余里，属县十四。盐铁五官，各有丞史。户四十六万四千七百八十，口百八十七万五千五百三十五。远县去郡二百至千五百里，乡亭去县或三四百或及千里。土界遐远，令、尉不能穷诘奸凶。时有贼发，督邮追案，十日乃到。贼已远逃，踪迹绝灭。罪录逮捕证验、文书诘讯，即从春至冬，不能究讫。绳宪未加，或遇德令。是以贼盗公行，奸宄不绝。”“给吏休谒，往还数千。闭囚须报，或有弹劾，动便历年。吏坐逾科，恐失冬节。侵疑先死。如当移传，不能待报，辄自刑戮。或长吏忿怒，冤枉弱民，欲赴诉郡官，每惮还往。太守行桑农，不到四县；刺史

---

[1] 朱圣钟：《秦汉时期巴人的分布与迁徙》，《重庆社会科学》2010年第1期。
[2] [南朝宋]范晔撰，[唐]李贤等注：《后汉书》，中华书局，1965年，第2842页。
[3] 朱圣钟：《巴人源于古羌人说质疑——兼与彭官章先生等人商榷》，《西南大学学报》（社会科学版）2009年第5期。

行部，不到十县。”

由于存在诸多弊端，但望提出的解决方案就是分巴而治，具体措施为：“敢欲分为二郡：一治临江，一治安汉。”[1]

客观地讲，但望的《分巴疏》对巴郡存在的各种弊端认识还是比较中肯的，分巴之议也是具有远见卓识的。但是这份上疏却没有引起朝廷的重视，因此分巴之议被搁置下来。但但望的这份上疏却为后来分巴而治开了舆论先河，为后来巴郡政区分化调整提供了理论依据。

到了汉献帝初平元年（190）巴郡一分为三[2]，当时刘璋代其父刘焉为益州牧后，“以垫江以上为巴郡……治安汉；以江州至临江为永宁郡，朐忍至鱼复为涪陵郡”[3]，这里的垫江治地在今重庆合川区，安汉在今四川南充市，江州即今重庆渝中区，临江在今重庆忠县东，朐忍在今重庆云阳县万户驿，鱼复在今重庆奉节县。到建安六年（121），刘璋又改永宁郡为巴郡，以固陵郡为巴东郡，改原巴郡为巴西郡；同时以原涪陵县分置丹兴、汉发（葭）县，隶属于新增设的巴东蜀国都尉，后改巴东属国都尉为涪陵郡[4]。至此，秦汉以来的巴郡一分为四：巴郡、巴东郡、巴西郡、巴东属国都尉（涪陵郡）。东汉末年尽管政区有所变动，郡名都保留了巴的名称。

三国蜀汉之初，即汉献帝建安二十年（215），曹魏灭了盘踞汉中的张鲁后，“巴七姓夷王朴胡、賨邑侯杜濩举巴夷賨民来附，于是分巴郡，以胡为巴东太守，濩为巴西太守，皆封列侯”[5]，这次曹魏分巴，实际上只是延续了刘璋的政区分割。曹魏占据巴东、巴西二郡后不久，刘备“令张飞进兵宕渠，与郃等战于瓦口，破郃等，郃收兵还南郑”[6]，蜀汉收复巴地，此后曹魏也曾再次派兵南下伐蜀[7]，但整个蜀汉时期，原巴郡之地几乎都是处于蜀汉政权掌控之中。

三国蜀汉政权时期，刘备据蜀之后，曾以巴西郡所辖之宣汉、宕渠置宕渠郡，不久郡废[8]，至蜀汉后主刘禅延熙年间，又分巴西郡之宕渠、宣汉、汉昌三县置宕渠郡，九年之

[1]《华阳国志》卷一《巴志》。

[2] 关于分巴的时间，《晋书·地理志》梁州条下载“献帝初平六年，以临江县属永宁郡”，中华书局《晋书》校勘记对“初平六年”进行勘误，汉献帝初平年号只有四年，六年有误；又《晋书·地理志》益州条下载“献帝初平元年，刘璋分巴郡立永宁郡”，则刘璋分巴当在汉献帝初平元年。《宋书·州郡志》荆州巴东公相条下引谯周《巴记》“初平六年，荆州帐下司马赵韪建议分巴郡诸县安汉以下为永宁郡”，则赵韪建议分巴当是在初平元年。《华阳国志·巴志》原作“初平元年”，刘琳先生《华阳国志校注》修订本（成都时代出版社，2007年）根据刘璋代其父刘焉为益州牧、赵韪为征东中郎将的时间是在兴平元年，推断赵韪向刘璋建议分巴是在兴平元年，而不是初平元年。从《晋书·地理志》益州条、《宋书·州郡志》、《华阳国志》的记载来看，分巴的时间似应在初平元年。

[3]《华阳国志》卷一《巴志》。

[4]《华阳国志》卷一《巴志》；《宋书》卷三七《州郡志》。

[5]《三国志》卷一《魏书·武帝纪》。

[6]《三国志》卷三二《蜀书·先主传》。

[7]《晋书》卷一《宣帝纪》载，魏明帝太和四年（230）司马懿伐蜀，“自西城斫山开道，水陆并进，溯沔而上，至于朐忍，拔其新丰县”。

[8]《太平寰宇记》卷一三六。

后郡又废[1]。纵观蜀汉时期原巴郡地区政区设置情况，较长时期内有巴郡、巴西郡、巴东郡、涪陵郡等4郡，短期内又有宕渠郡的设置，因此蜀汉时期，原巴郡之地，郡级政区最多之时有巴郡、巴西郡、巴东郡、涪陵郡、宕渠郡5郡。在分置的郡级政区中，以“巴”为名的郡三个，而涪陵郡、宕渠郡则失“巴”名。

蜀汉时期巴地各郡的辖县中，巴郡辖有江州、枳、临江、平都、垫江、乐城、常安等7县，其中江州、枳、临江、平都、垫江等为旧县，乐城、常安为新设，此二县在《后汉书》中无记载，《华阳国志》巴郡下列有此二县，故此二县设置时间应为汉末刘璋之时或蜀汉前期，其中乐城县在蜀汉延熙十七年（254）政区调整之时撤销建制，平都县也在延熙年间省入临江县[2]。

巴东郡辖有鱼复、朐忍、汉丰、南浦4县。其中鱼复、朐忍为旧县，汉丰县为汉献帝建安二十一年（216）刘备分朐忍县北部所设，初属固陵郡[3]。南浦县，《华阳国志·巴志》载“晋初立”，则南浦县始设于晋初。但《宋书·州郡志》巴东郡下载“刘禅建兴八年十月，益州牧阎宇表改羊渠立”，《舆地广记》载“南浦，本阳曲，蜀建兴八年更名，属巴东郡”[4]，《方舆胜览》万州条下载“蜀后主立南浦郡（县），属巴东”[5]，考蜀汉时无南浦郡，但当时设有巴东郡，则此处“郡”当为“县”之误，又《御批历代通鉴辑览》载“南浦，蜀汉县”[6]，以上诸家文献均载南浦县设于蜀汉之时，则是蜀汉之时巴东郡确有南浦县的设置，《华阳国志·巴志》说南浦县为晋初置有失妥当。

巴西郡的辖县，《华阳国志》载有阆中、南充国、安汉、宕渠、汉昌、宣汉6县，西充国县失于记载。蜀汉巴西郡辖县中应还包括西充国县，据谯周《三巴记》载，东汉和帝之时分充国县置南充国县，但原充国县建制并未撤销，到蜀汉之时，充国县因其位置靠西，故而称西充国县；又据《三国志》记载谯周“巴西西充国人也”[7]，说明蜀汉政权巴西郡确有西充国县建制。因此蜀汉时期巴西郡辖县应包括阆中、西充国、南充国、安汉、宕渠、汉昌、宣汉7县。

涪陵郡辖有涪陵、丹兴、汉平、万宁、汉发（汉葭）、汉复6县。其中涪陵为汉旧县，万宁为东汉灵帝之时增设，初名永宁，蜀汉时更名万宁[8]。丹兴县，《宋书》载为汉献帝建安六年（201）刘璋所设[9]，蜀汉时丹兴县仍保留建制。汉平县为蜀汉后主延熙十三年（250）所置[10]。汉发县，《宋书》载“建安六年，刘璋……以涪陵县分立丹兴、汉葭二

[1] [晋]常璩撰，刘琳校注：《华阳国志校注》（修订本），成都时代出版社，2007年，第45页。
[2]《华阳国志》卷一《巴志》。
[3]《太平寰宇记》卷一三七。
[4]《舆地广记》卷三三《夔州路·万州》。
[5]《方舆胜览》卷五九《万州》。
[6]《御批历代通鉴辑览》卷五七。
[7]《三国志》卷四二《蜀书·谯周传》。
[8]《太平寰宇记》卷一二〇《涪州》。
[9]《宋书》卷三七《州郡志》。
[10] 朱圣钟：《蜀汉汉平县治考察》，《中国人文田野》第四辑，巴蜀书社，2011年，第138-143页。

县，立巴东属国都尉，后为涪陵郡”[1]，《华阳国志》载“涪陵谢本白璋，求以丹兴、汉发二县为郡。初以为巴东属国，后遂为涪陵郡”[2]，这两条材料所记除了“汉葭”与“汉发”县名不同外，其他均一致，有学者推测，汉葭与汉发应为同一县，只是置县时称汉发，后改为汉葭[3]，而在《三国志》中有“汉葭县长郭纯”的记载[4]，时间在吴景帝永安六年（263），这个时间已是三国末期，这在一定程度上说明“汉葭”是后来名称。汉复县，《华阳国志》无载，但据《太平寰宇记》涪州条下载蜀汉“增立汉复县”[5]，则蜀汉时有汉复县的设置。

宕渠郡辖县有宕渠、汉昌、宣汉3县，此三县均为汉旧县，原本属巴西郡，蜀汉时曾属宕渠郡管辖，宕渠郡废后，上述三县仍隶属于巴西郡。

蜀汉时期原巴郡之地经过政区调整，政区最多时共有5郡21县。

两晋时期，朝廷在原巴郡之地设置有巴郡、巴东郡、巴西郡、涪陵郡4郡，晋武帝泰始三年（267），分益州置梁州，州治汉中，原巴郡之地隶属梁州[6]。

巴郡下辖江州、垫江、临江、枳4县，与蜀汉时期巴郡辖县相比，县级政区比蜀汉巴郡辖县少了3个，即平都、乐城、常安。其中平都、乐城2县早在蜀汉后主刘禅延熙年间就已裁撤[7]，常安县废止时间史籍无考，但据《晋书·地理志》巴郡无常安县记载，则可能是晋初撤销了常安县建制。

巴东郡的辖县，《晋书·地理志》载有鱼复、朐忍、南浦3县，较蜀汉巴东郡少了汉丰县。蒲孝荣《四川政区沿革与治地今释》将汉丰县列为巴东郡辖县[8]，恐误，《晋书·地理志》巴东郡未载汉丰县即为明证。但据《宋书·州郡志》载“《太康地志》巴东有汉昌县”，并由此推测汉昌或为旧汉丰[9]，则是两晋时期曾设置有汉昌县，《晋书·地理志》漏载了汉昌县，如此，两晋时期巴东郡实则辖有鱼复、朐忍、南浦、汉昌4县。

巴西郡辖县据《晋书·地理志》载有阆中、西充国、苍溪、岐愜、南充国、汉昌、宕渠、安汉、平州9县，与蜀汉巴西郡相比，县级政区多了3个，其中阆中、西充国、南充国、汉昌、宕渠、安汉等为蜀汉旧县，而苍溪、岐愜、平州3县则为新设之县。苍溪县，原为汉阆中县地，“晋分置苍溪县，属巴西郡”[10]。岐愜县，文献少有记载，故其置县始末无考，不过既然《晋书·地理志》巴西郡下载有此县，则该县或为晋代增置。平州县，《宋书·州郡志》记载“晋武帝太康元年，以野民归化立”，则平州县始置于晋武帝时。

---

[1]《宋书》卷三七《州郡志》。
[2]《华阳国志》卷一《巴志》。
[3][晋]常璩撰，刘琳校注：《华阳国志校注》（修订本），成都时代出版社，2007年，第40页。
[4]《三国志》卷六〇《吴书钟离牧传》。
[5]《太平寰宇记》卷一二〇《涪州》。
[6]《晋书》卷一四《地理志》。
[7]《华阳国志》卷一《巴志》。
[8]蒲孝荣：《四川政区沿革与治地今释》，四川人民出版社，1986年，第41页。
[9]《宋书》卷三七《州郡志》。
[10]《明一统志》卷八六《保宁府》。

又据《晋书·地理志》载，在西晋桓温平蜀之后，“置益昌、晋兴二县属巴西郡”，则西晋时巴西郡又增设有益昌、晋兴2县，因此西晋巴西郡实际辖有阆中、西充国、苍溪、岐愜、南充国、汉昌、宕渠、安汉、平州、益昌、晋兴11县，龚煦春《四川郡县志》所载也为11县，只是该书将“晋兴”县误写为晋昌[1]，殊为不妥。蒲孝荣《四川政区沿革与治地今释》中巴西郡辖县漏载益昌、晋兴2县。

涪陵郡下辖汉复、涪陵、汉平、汉葭、万宁5县。上述各县均属蜀汉旧县，与蜀汉时期不同的是，丹兴县建制撤销。据《太平寰宇记》载“晋《太康地理记》，省丹兴县，郡移理汉复”[2]，其撤销时间应该在晋武帝太康年间或其以前，即在西晋初年。西晋末年永嘉之乱后，“地没蛮夷，经二百五十六年，至宇文周保定四年”[3]，涪陵郡地永嘉之乱后为少数民族占据，涪陵郡及所属各县政区建制随之失去实际意义。

南朝刘宋时期，政区设置与调整渐趋纷繁，具体到原巴郡地区，也有类似情况。汉晋时期的巴郡、巴西郡、巴东郡仍然存在，同时又新增一些郡县，如巴渠郡、北巴西郡、南宕渠郡、南新巴郡等，而涪陵郡为少数民族占据无郡县设置。原巴郡之地各郡县又分属荆州、梁州、益州管辖，其中巴郡、巴西郡、南新巴郡、南宕渠郡属益州，巴东郡属荆州，北巴西郡、巴渠郡属梁州。

益州所属巴郡下辖江州、临江、垫江、枳4县，各县设置与两晋时期相同。巴西郡下辖阆中、西充国、南充国、安汉、汉昌、晋兴、平州、怀归、益昌9县，辖县数量与两晋时期相同。其中阆中、西充国、南充国、安汉、汉昌、平州、晋兴、益昌等为晋旧县，晋之苍溪、宕渠、岐愜等县不见于刘宋时期，而晋兴、怀归、益昌3县则为刘宋新设。苍溪县在宋元嘉八年（431）省入汉昌县[4]，宕渠县划入增设之南宕渠郡[5]，岐愜不见于《宋书·州郡志》，则可能至刘宋之时县已裁撤。怀归县《宋书·州郡志》载巴西郡辖此县，史书对怀归县多语焉不详，则怀归县当为刘宋时新立。

南新巴郡，多“流寓民，文帝元嘉十二年于剑南立”[6]，是则南新巴郡为侨置郡县，主要为安置迁居剑南流民而设置，其下辖新巴、晋城、晋安、汉昌、桓陵、绥归6县，其中前5县为晋哀帝、安帝时设置，绥归可能为刘宋时新设。南新巴郡虽有巴名，但已与巴人无涉。

南宕渠郡，“本南中民，蜀立……本属梁州，元嘉十六年度”[7]，则南宕渠郡是为安置南中移民而设置，其地原为蜀汉宕渠郡，本属梁州，南朝刘宋时政区调整，改隶益州，辖有宕渠、汉兴、宣汉、安康4县。其中宕渠、宣汉为汉晋时旧县，汉兴县两晋时隶属兴

[1] 龚煦春：《四川郡县志》，成都古籍书店，1983年，第51-52页。
[2]《太平寰宇记》卷一二〇《涪州》。
[3]《元和郡县图志》卷三〇《江南道六·黔州》。
[4]《大清一统志》卷二九八《保宁府》。
[5]《宋书》卷三八《州郡志》。
[6]《宋书》卷三八《州郡志》。
[7]《宋书》卷三八《州郡志》。

古郡，刘宋时改属南宕渠郡，安康县，《宋书·州郡志》载为“新置”[1]，则安康县置于刘宋之时。南宕渠郡虽为原巴地，但其地已多南中夷民，已非从前之巴人聚居区。

荆州所属巴东郡下辖鱼复、朐忍、新浦、南浦、汉丰、巴渠、黾阳7县。其中鱼复、朐忍、南浦为两晋时期旧县，新浦、汉丰、巴渠、黾阳等县为新设。新浦县，《宋书》载为“新立”，巴渠县、黾阳县不见于《永初郡国志》，则说明在宋武帝永初年间（420-422）还未设此二县，其设置时间当在刘宋永初以后，汉丰县，据《宋书·州郡志》所载，可能为晋汉昌县改置。

梁州所属北巴西郡为晋末所置，《永初郡国志》载北巴西郡辖有阆中、汉昌二县，而《宋书·州郡志》还载有安汉、南国、西国、平周、宋昌（宋寿）等县，则刘宋之时北巴西郡辖有阆中、汉昌、安汉、南国、西国、平周、宋昌（寿）7县。巴渠郡为刘宋时新置，辖有新设之宣汉、始兴、巴渠、东关、始安、下蒲、晋兴7县。

从刘宋时期原巴郡地区政区设置与管理来看，郡县置废更迭频繁，县与郡间隶属关系较为混乱，甚至史书记载也是模棱两可，出现不同郡所辖县同名的情况。这种情况与晋末南朝时期郡县的设置及其行政隶属关系混乱的总体形势有关，巴地出现的同名县分属不同郡的现象，是当时时代特征的缩影。

南朝萧齐时期，原巴郡之地分属益州、梁州和巴州，与刘宋时期略有不同，其中益州辖有巴西郡、西宕渠郡、东宕渠獠郡，梁州辖有北巴西郡、巴渠郡、南宕渠郡，巴州辖有巴郡、巴东郡、涪陵郡等地。

益州所属巴西郡辖有阆中、安汉、西充国、南充国、汉昌、平州、益昌、晋兴、东关9县。与刘宋时期巴西郡相比，萧齐时期巴西郡少了怀归县，多了东关县，其他各县则相同。怀归县，《南齐书·州郡志》中无记载，则当是该县在萧齐时期废止，东关县刘宋时巴渠郡辖有此县，萧齐时巴西郡、西宕渠郡下亦辖有东关县，可能在萧齐时东关县为益州巴西郡、西宕渠郡和梁州巴渠郡共管之县，这种情况在南北朝时期也是较为常见的。西宕渠郡在《宋书·州郡志》中无载，却见于《南齐书·州郡志》，说明西宕渠郡为萧齐时新设，西宕渠郡下辖有宕渠、宣汉、汉初、东关4县。东宕渠獠郡不见于《宋书·州郡志》，却出现在《南齐书·州郡志》中，则东宕渠獠郡当为萧齐时新设，从其郡名中的“獠”字可知，该郡为侨置郡县，当是就来自南中的“獠”夷而设置的，其下辖有宕渠、平州、汉初3县。

梁州所属北巴西郡辖有阆中、安汉、宋寿、南国、西国、平周、汉昌7县，情况与刘宋北巴西郡相同。巴渠郡辖有宣汉、晋兴、始兴、巴渠、东关、始安、下蒲7县，政区设置与刘宋一样。南宕渠郡原属益州，萧齐时期改属梁州，其下辖有宕渠、汉安、宣汉、宋康4县，其中宕渠、宣汉为刘宋时旧县，刘宋之汉兴不见于萧齐之南宕渠郡，但该郡下有

[1]《宋书》卷三七《州郡志》。

汉安县，或宋之汉兴即萧齐之汉安，宋康县则为萧齐时增设。

巴州所属巴郡刘宋时属益州，萧齐建元二年（480）分益州巴郡、荆州巴东郡、建平郡设巴州，巴郡隶属巴州[1]，辖有江州、枳、垫江、临江4县，与刘宋巴郡辖县一样。巴东郡辖有鱼复、朐忍、南浦、聂阳、巴渠、新浦、汉丰7县，所辖县与刘宋时大体相同，惟刘宋时有黽阳，萧齐时有聂阳，二者当为同一个县，前后名称不同。涪陵郡刘宋时无郡县设置，萧齐时复其郡县，萧齐设巴州后，将涪陵郡划入巴州管辖，涪陵郡下辖有汉平、涪陵、汉玫3县，据《元和郡县图志》及《太平寰宇记》等记载，自刘宋永嘉之后以至于宇文周保定四年（564），其间256年的时间里，涪陵郡一直为“蛮夷”所据，萧齐不可能在原涪陵郡之地设郡置县，涪陵郡及其所辖3县或为侨置郡县。

经过南北朝时期政区设置与管理的混乱时期，隋王朝吸取教训，拨繁从简，调整此前的州、郡、县三级政区为郡（州）、县二级政区进行管理。而在原巴郡地区，隋设置的郡级政区计有巴郡、巴西郡、巴东郡、涪陵郡、黔安郡、宕渠郡、通川郡、清化郡等8郡[2]。

巴郡在南梁时期曾改名为楚州，隋开皇初年更名为渝州，到隋大业初年又复巴郡旧名，下辖巴、江津、涪陵3县。巴县原为江州县地，后周时废枳、垫江二县入江州县，至隋更名为巴县。江津原为江州县地，西魏置江阳县，隋开皇年间更县名为江津。涪陵县原为涪陵郡汉平县，隋开皇年间改名为涪陵。

巴西郡在南朝梁时曾分置南梁州、北巴州，西魏时置隆州，隋大业初复置为巴西郡，下辖阆内、苍溪、南充、相如、西水、晋城、奉国、仪陇、大寅9县。阆内县即原巴西郡所辖阆中旧县。苍溪县为原巴西郡所辖之汉昌县，隋开皇末年改名苍溪。南充为原安汉县，隋开皇年间更名南充。相如、西水、奉国、仪陇、大寅均为南朝梁所置县，隋仍其旧。晋城为原西充国县，西魏时更名为晋城，隋沿用其名。

巴东郡在南朝梁时改为信州，后周置总管府，隋大业初复置为巴东郡，下辖人复、云安、南浦、梁山、大昌、巫山、秭归、巴东、新浦、盛山、临江、武宁、石城、务川14县。人复即鱼复旧县，西魏时改名人复县。云安即朐忍旧县，后周改名云安。南浦县后周时置安乡县，隋开皇年间更名南浦。梁山县为西魏所置，隋因而不改。大昌县后周时设为永昌郡，后更县名为大昌。巫山县旧曾置建平郡，隋废郡为县，名巫山县。秭归县后周置长宁县，隋开皇年间更名为秭归。巴东县原名归乡县，后周时改名乐乡，隋开皇末年改为巴东县。新浦县在后周时为周安郡，隋开皇年间郡废，改为新浦县。盛山县在南朝梁时为汉丰县，西魏改为永宁县，隋开皇末年更名为盛山。临江县在梁时为临江郡，后周改置临州，隋大业初年州废，改为临江县。武宁县在后周时曾置为南州、南都郡、源阳县，后改郡为怀德，改县为武宁，隋开皇年间州废改县，县名仍为武宁。石城县隋开皇初年曾于其地置庸州，大业初年州废改县，为石城县。务川县为隋开皇末年所置。较之南朝萧齐时期

[1]《南齐书》卷一五《州郡志》。
[2]《隋书》卷二九《地理志》。

巴东郡的政区，其东部、东南部疆域有所扩大，秭归、巫山、巴东、石城、务川等县原本不属于巴东郡的辖区，隋时这些区域都纳入到了巴东郡，使其政区范围扩大。

涪陵郡在西魏时曾置为合州，隋开皇末年改为涪州，大业初年复置为涪陵郡，下辖石镜、汉初、赤水3县。石镜县原为垫江县，西魏时置为垫江郡石镜县，隋垫江郡废，石镜县隶属涪陵郡。汉初县为梁、西魏时旧县。赤水县为隋开皇年间新设置县。

黔安郡后周时曾置为黔州，隋时改为黔安郡。下辖彭水、涪川2县。彭水、涪川均为隋开皇年间设置县。

宕渠郡在南朝梁时曾置为渠州，隋大业初改为宕渠郡，下辖流江、宝城、鄰水、宕渠、咸安、垫江等6县。流江县为后魏时所设县，此后沿用至隋。宝城县旧为始安县，隋开皇年间更名为宝城。鄰水县在梁时置为鄰州鄰水县，后魏改鄰州为鄰山郡，隋开皇年间废郡存县，隶属于宕渠郡。宕渠、垫江均为梁时设置的县，沿用至隋。咸安在梁时置为绥安县，隋开皇年间更名为咸安县。

通川郡在南朝梁时曾置为万州，西魏时改为通州，至隋大业初年置为铜川郡，下辖通川、三岗、石鼓、东乡、宣汉、西流、万世7县。通川县南梁时为石城县，并置有东关郡，隋开皇初年废东关郡，大业初年改县名为通川县并置通川郡。三岗县始置于南梁时期。石鼓、东乡二县均始置于西魏时期。宣汉县为宋、齐旧县。西流县始置于后魏时期，西魏时改名为西流。万世县始置于后周时期。

清化郡在后魏正始年间曾置大谷郡，延昌年间改置巴州，至隋大业三年改巴州为清化郡[1]，下辖化成、曾口、清化、盘道、永穆、归仁、始宁、其章、恩阳、长池、符阳、白石、安固、伏虞14县[2]。化成县在梁为梁广县，后周始改县名为化成。曾口县为梁时旧县。清化县在梁普通六年置伏强县，至隋开皇七年始改县名为清化。盘道县梁普通六年置难江县，后魏恭帝三年改难江为盘道。永穆县在梁时为永康县，至隋开皇十八年改县名为永穆。归仁县在梁时为平州县，后周时改名为同昌，隋开皇年间改县名为归仁。始宁、其章二县均置于梁普通六年。恩阳县在梁普通六年置为义阳县，至隋开皇十八年改县名为恩阳。长池县在后周时置为曲细县，隋开皇末年始改县名为长池。符阳县在正始年间始置，隋开皇年间属集州，大业二年改属巴州（即清化郡）[3]。白石县始置于后魏废帝时期，隋开皇三年县属集州，大业三年改属巴州[4]。安固县始置于梁大同元年，隋开皇年间属蓬州，大业年间改属巴州[5]。伏虞县在梁大同年间置为宣汉县，隋开皇十八年改县名为伏虞，属蓬州，大业三年州废属清化郡[6]。

---

[1]《太平寰宇记》卷一三九《巴州》。
[2]《隋书》卷二九《地理志》。
[3]《太平寰宇记》卷一四〇《壁州》。
[4]《太平寰宇记》卷一四〇《壁州》。
[5]《太平寰宇记》卷一三九《蓬州》。
[6]《太平寰宇记》卷一三九《蓬州》。

从隋代政区来看，原巴郡地区郡（州）一级政区已增加到8个，县级政区数量增加到37个，郡、县级政区的数量都在增加，各级政区的地域范围却在缩小，政区的名称也多有变易，这说明朝廷对巴地的控制力度是越来越大。

与政区及名称变化相对应的是，巴地巴人也在持续地发生着变化。居住于原巴郡的巴人持续汉化，很多巴人中的望族完全接受汉文化的洗礼，其巴人的烙印日渐淡漠，其中的佼佼者甚至得到中央王朝的赏识，得到入朝或异地为官的机会，这在一定程度上强化了巴人对汉文化的认同，加速了巴人的汉化。一部分巴地望族举家迁至外地，如后来建立成汉政权的李氏先祖，本为巴人，后北迁至氐羌聚居地，遂有“巴氐”之名[1]，后南迁入蜀建朝立国。一部分巴人因政治原因被迁至外地，如蜀汉年间邓芝平定涪陵夷叛乱后，为削弱巴人大姓在地方的势力而强制性地将徐、蔺、谢、范等大姓5000家西迁入蜀[2]，成汉时依青城山而居的范贤即是此次移民的后裔。一部分巴人因军事原因被迁至外地，如晋初驻扎于冯翊莲勺的“连弩士”[3]也是从巴地涪陵郡征调而去。同时，原居于南中之地的“獠”人也在南北朝时期北迁至巴地，如南朝刘宋朝时益州所辖有南宕渠郡，“本南中民”[4]，而到萧齐政权时期，又置有东宕渠獠郡，郡的设置也是因迁居宕渠之地的“獠人”而设置的。外迁巴人和外来移民，使本就日益汉化的巴地巴人在地域人们共同体的特性上日益淡化，由此而来的结果是，朝廷在为巴地新设郡级政区命名时，“巴”这一彰显巴人特性的名词逐渐退出历史舞台。

四、唐朝初年巴郡政区的消亡

到了唐初的武德年间，巴郡作为地方政区的名称消失了，巴郡作为地方政区退出历史舞台，相应地，原巴郡地区的政区也有调整。

唐代初年政区调整以后，原巴郡地区计有渝州、阆州、夔州、合州、黔州、渠州、通州、巴州、开州、万州、忠州、果州、蓬州、壁州14个州级政区，各州所辖县级政区也与隋代有所不同。

渝州原为隋之巴郡（渝州），唐初为渝州，下辖巴、江津、万寿、南平4县，其中巴、江津为隋旧县，万寿县为武德三年分江津县置万春县，两年后改为万寿县，南平为贞观四年分巴县所置[5]。

阆州原为隋巴西郡，唐武德元年改为隆州，辖有阆中、南部、苍溪、南充、相如、西水、三城、奉国、仪陇、大寅10县，同年又增设新井、思恭2县，武德四年以南充、相如

[1]［唐］房玄龄等撰：《晋书》卷一二〇《李特载记》，中华书局，1974年，第3022页。
[2]［晋］常璩撰，刘琳校注：《华阳国志校注》（修订本），成都时代出版社，2007年，第37页。
[3]［晋］常璩撰，刘琳校注：《华阳国志校注》（修订本），成都时代出版社，2007年，第37页。
[4]《宋书》卷三八《州郡志》。
[5]《元和郡县图志》卷三三《剑南道·渝州》。

改属果州，仪陇、大寅改属蓬州，并增置新政县，武德七年省思恭入阆中县，先天元年改隆州为阆州[1]。唐开元以前阆州下辖阆中、南部、苍溪、西水、三城、奉国、新井、新政8县。

夔州原为隋巴东郡，武德元年改为信州，辖有人复、巫山、云安、南浦、梁山、大昌、武宁7县，武德二年以武宁、南浦、梁山改属浦州，改信州为夔州，武德八年浦州之南浦、梁山还属夔州。武德九年又以南浦、梁山改属浦州[2]。唐开元以前夔州下辖奉节、巫山、云安、大昌4县。奉节县即隋之人复县，至唐贞观二十三年改名奉节，巫山、大昌、云安均为隋巴东郡之旧县。

合州原为隋之涪陵郡，唐武德元年改为合州，下辖石镜、汉初、赤水3县，武德三年增置新明县[3]。唐开元以前合州下辖石镜、新明、汉初、赤水4县，其中石镜、汉初、赤水为隋旧县，新明为唐新置县。

黔州原为隋之黔安郡，唐武德元年改为黔州，领彭水、都上、石城3县，武德二年增置盈隆、洪杜、相永、万资4县，四年以相永、万资置费州，以都上分置夷州[4]。唐开元以前黔州下辖彭水、石城、洪杜、盈隆4县。彭水、石城为隋之旧县，洪杜县地原为彭水、石城二县，武德二年析置洪杜县，盈隆县为武德二年新置县，先天元年改县名为盈川[5]。

渠州原为隋之当渠郡，唐武德元年改为渠州，下辖流江、賨城、宕渠、咸安、潾水、垫江6县，同年改赛城为始安，随后又分置赛城、义兴、丰乐3县，并将宕渠、咸安二县划属蓬州，分潾水、垫江、潾山、盐泉4县置潾州，武德三年潾水又还属渠州，武德八年省兴义、丰乐、赛城三县，同时废潾州，潾山县划属渠州[6]。唐开元以前渠州下辖流江、始安、潾水、潾山4县。其中流江、潾水二县为隋旧县，始安县为原赛城县，潾山县置于唐武德元年，原属潾州，武德八年改属渠州。

通州原为隋之通川郡，唐武德元年改为通州，下辖通川、宣汉、三冈、石鼓、东乡5县，同年以宣汉改属南并州，武德二年增置新宁、思来2县，三年以东乡县划属南石州，同时置通川总管府，辖通、开、蓬、渠、万、南并、南石、南潾8州，通州辖通川、三冈、石鼓、新宁、思来5县，武德八年废南石州，其所辖东乡县还属通州，贞观元年废南并州，宣汉县还属通州，省思来县入通川县，废万州，以其所属永穆县划属通州[7]。唐开元以前，通州下辖通川、宣汉、三岗、石鼓、东乡、新宁、永穆7县。其中通川、宣汉、三冈、石鼓、东乡、永穆等县为隋旧县，新宁县为武德二年分通川县所置。

巴州原为隋之清化郡，唐武德元年改为巴州，辖有化成、清化、曾口、盘道、永穆、

[1]《旧唐书》卷四一《地理志》。
[2]《旧唐书》卷三九《地理志》。
[3]《旧唐书》卷三九《地理志》。
[4]《旧唐书》卷四〇《地理志》。
[5]《太平寰宇记》卷一二〇《黔州》。
[6]《旧唐书》卷三九《地理志》。
[7]《旧唐书》卷三九《地理志》。

归仁、始宁、奇章、安固、伏虞、恩阳、白石、符阳、长池14县，武德元年以符阳、长池、白石改属集州，以安固、伏虞改属蓬州，清化改属静州，武德二年将归仁、永穆划入万州，贞观元年废万州后，归仁县还属巴州。唐开元以前巴州辖有化城、曾口、盘道、归仁、始宁、奇章、恩阳7县。

开州原为隋巴东郡之盛山县，隋以宁二年置万州，巴东郡之新浦、通川郡之万世、西流3县划属万州，唐武德元年改万州为开州，贞观初年西流县省入盛山县[1]。唐开元以前开州下辖盛山、新浦、万世3县。

万州原为隋之巴东郡地，唐武德二年分信州之武宁、南浦、梁山置南浦州，八年废南浦州，以南浦、梁山还属夔州，武宁属临州，同年复立浦州，仍领南浦、武宁、梁山3县。贞观八年改浦州为万州，下辖武宁、南浦、梁山3县。

忠州原为隋巴东郡之临江县，隋义宁二年置临州，并分置丰都县，唐武德二年分浦州之武宁县地置南宾县，分临江县置清水县，武德八年浦州之武宁县划属临州，九年废潾州后其原辖之垫江县划入临州，贞观八年改临州为忠州[2]。唐开元以前忠州下辖临江、丰都、南宾、垫江、清水5县。

果州原为隋巴西郡之南充县，唐武德四年析隆州之南充、相如2县置果州，并增置西充、郎池2县，开耀元年析南充县置流溪县，万岁通天二年分南充、相如二县置岳池县[3]。唐开元以前果州下南充、相如、流溪、西充、郎池、岳池6县。

蓬州为唐武德元年新置州，武德元年割巴州安固、伏虞，隆州仪陇、大寅，渠州宕渠、咸安6县置蓬州，久视元年分宕渠县置大竹县[4]。唐开元以前蓬州下辖安固、大寅、仪陇、伏虞、宕渠、咸安、大竹7县。

壁州为唐武德年间新置州，武德八年，分巴州始宁县置壁州和诺水县，又将集州之符阳、白石二县划属壁州，贞观元年广纳县划属壁州，八年符阳县又划属集州[5]。唐开元以前壁州下辖诺水、广纳、白石3县。

总体而言，唐代初年原巴郡治地州（郡）级政区调整主要表现在以下三个方面：一是以巴郡、巴西郡、巴东郡等以“巴”为名的地方政区名称变化。巴郡在唐初改为渝州，巴西郡改为阆州，巴东郡改为夔州，这样三“巴”并存局面自此消失。二是原巴郡属地政区的调整与变化。涪陵郡唐初改为合州，黔安郡改为黔州，宕渠郡改为渠州，通川郡改为通州，清化郡改为巴州。在改郡为州名称变更的同时，唐王朝将原巴东郡、巴西郡部分县级政区升格为州，如将隋巴东郡之盛山县升格为开州，南浦县升格为万州，临江县升格为忠州，原巴西郡之南充县升格为果州等，地方州一级政区地域范围较此前郡级政区缩小。三

[1]《旧唐书》卷三九《地理志》。
[2]《旧唐书》卷三九《地理志》。
[3]《旧唐书》卷四一《地理志》。
[4]《旧唐书》卷三九《地理志》。
[5]《旧唐书》卷三九《地理志》。

是分割邻州之地增设州级政区，如唐武德年间割巴州之安固、伏虞，隆州之仪陇、大寅，渠州之宕渠、咸安置蓬州，割巴州之始宁，集州之符阳、白石二县置壁州[1]。

经过唐代初年的政区调整，巴郡作为地方政区的名称彻底消失，原巴郡之地也分割为渝州、阆州、夔州、合州、黔州、渠州、通州、巴州、开州、万州、忠州、果州、蓬州、壁州14州之地，县级行政区则增加到69个，分别较隋代郡、县级政区数增加了6个和32个。与政区调整、变化相对应的是，至唐朝初年，巴郡之地的巴人逐渐融入当地的汉族人之中[2]。

五、余论

纵上所述，关于巴郡政区的历史变迁，大致可以得出以下几点认识：

（1）巴郡政区阶段性变化明显。巴郡政区的变化大致可分为以下四个时期，即战国末期为巴郡政区的形成时期，秦、东汉、西汉为巴郡政区的相对稳定时期，魏晋南北朝隋时期为巴郡政区分化调整时期，唐代前期为巴郡政区消失时期。

（2）从巴郡地区各级政区数量变化的总体趋势来看，各级政区数量越来越多。战国末期、秦、西汉、东汉巴郡郡级政区无数量变化，但县级政区数量有所增加，秦时（包含秦国）8个，西汉11个，东汉14个（末期16个）；三国蜀汉时原巴郡地区郡级政区最多时为5个，所辖县级政区总数为21个；两晋时期原巴郡地区郡级政区为4个，所辖县级政区最多时22个；南朝刘宋时郡级政区7个，下辖县级政区44个，南朝萧齐时期郡级政区9个，下辖县级政区49个；隋时原巴郡地区郡（州）级政区8个，下辖县级政区37个；唐代中期（开元年间）以前原巴郡地区州（级）政区14个，下辖县级政区69个。巴人聚居的原巴郡地区内，各级政区数量的增加，实际上是历代王朝对少数民族地区分而治之以达到大一统目的的一种行政措施，原巴郡地区巴人群体的消亡与历代王朝推行的这种分化瓦解、分而治之的同化政策也是密切相关的。

（3）巴郡政区在巴人分布区的意义上有由实入虚的变化历程，这具体体现在以“巴”字命名的郡级政区范围和名称的变化上。秦所建立的巴郡基本上还是以战国时期巴国疆域范围为基础，西汉武帝之时江阳县从巴郡中分割出去隶属犍为郡，巴郡的疆域发生了第一次分割，两汉时期巴郡郡级政区范围再未发生变化，秦、两汉时期巴郡郡级政区基本上还是实在意义上的巴人分布区；三国、两晋时期，原巴郡郡级政区再次分割，除巴、巴西、巴东三郡保留了“巴”名称之外，其他诸如涪陵郡、宕渠郡等已失“巴”名；到南朝时期，新设的一些郡级政区虽含有“巴”名，如巴渠郡、北巴西郡、南新巴郡等，但已与“巴人”没有太大的关系，大多为安置流民的侨置郡，而增设的宕渠郡、南宕渠、西宕

[1]《旧唐书》卷三〇——四一《地理志》。
[2] 张雄：《隋唐时期巴人的汉化趋势》，《中南民族学院学报》（哲社版）1999年第1期。

渠、东宕渠“獠”、涪陵等郡名中没有了“巴”的名称；此后，南梁以至于隋，巴郡、巴西郡、巴东郡等含“巴”名的政区也先后为渝州、隆州、信州等取代，尽管其间带“巴”名的郡改而复置，州郡改置频繁，州、郡名称互易，郡（州）级政区中“巴”为其他名称取代的趋势已非常明显了；到唐代初年，复改郡为州，原巴地所设州级政区中再无以“巴”命名的州，而这种状况，明显与唐初原巴地巴人的最终汉化密切相关。

蜀汉刘备脱险地石门山位置考

杨华 孙凡

（重庆师范大学三峡文化与社会发展研究院　重庆　400047）

公元222年夏，蜀汉刘备大军先后在猇亭、马鞍山与吴军作战失败后，马不停蹄地从长阳向西北长江北岸的秭归退逃而去，尔后又从秭归翻山越岭退逃到了奉节白帝城。而在此前，刘备险些被吴军生擒。事情是这样的，当时获得大胜的吴军尾随刘备乘胜追击，紧紧咬住刘备所部，而这时的刘备早已是威风扫尽，元气大伤，眼看刘备就要被吴军生擒，所幸天无绝人之路，刘备一路奔逃至石门山下，得因石门山这一天然绝险的地势摆脱了吴军的追杀，从而化险为夷。《三国志》中记载的“驿人自担烧铠断后，（备）仅得入白帝城”，指的就是这件事情和这个地方[1]。宋陆游在《入蜀记》中记载得更详细：（自）“舟中望石门关，仅通一人行，天下至险也。”[2]即是说从船上遥望石门关，山路险窄，只能一个人通行，是天下最险要的地方了。那么，这处救了刘备的天险之地“石门山”究竟在何地？本文将围绕这一问题进行探索。

在对有关文献史籍、志书相关内容进行梳理后，我们摘选出以下数例具有代表性的资料来进行介绍。

1. 据杨守敬、熊会贞疏《水经注疏》卷三十四记载：“江水又东经石门滩，滩北岸有山，山上合下开，洞达东西。沿江步路所由，刘备为陆逊所破，走径此门，追者甚急，备乃烧铠断道。孙桓为逊前驱，奋不顾命，斩上夔道，截其要径，备逾山越险，仅乃得免。”[3]此即是说，江水过了巴东以后，又向东流经石门滩，在滩的北岸有一个叫石门山（亦称石门关）的地方，当年刘备就是从这里退逃至奉节白帝城的。《注疏》在此对石门山的地势也进行了描述，但《注疏》中只是记述了石门山位于长江北岸，似在巴东以下，但没有说明石门山的具体位置。

2. 《宜昌府志》卷二《疆域志》（下）记载：石门山“在州西，山有石径，深若重门。汉昭烈初，为陆逊所破，走径此门，追者甚急，乃烧铠断道，然后得免。其下为石门

[1]《三国志·吴书·陆逊传》，中华书局，1982年，第1346页。

[2] 陈新译注：《宋人长江游记》（陆游《入蜀记》·范成大《吴船录》今译），春风文艺出版社，1987年，第175—176页。

[3] 杨守敬、熊会贞疏：《水经注疏》，江苏古籍出版社，1989年，第2835页。

滩”[1]。此记载较简单，只是说石门山（关）在州（指归州，即今秭归城关）的西边，山上有石道，在石门山的下边就是石门滩。

3. 臧励龢等编的《中国古今地名大辞典》载：石门滩“在湖北巴东县东三十五里，中有巨漩，《水经注》江水又东径石门滩”[2]。参照前面《水经注疏》、《宜昌府志》可知，石门滩当在石门山下的长江中，而依此辞典石门滩在巴东县（这里应该是指巴东县城关）东35里，这个35里的数字误差太大。据《巴东县志》及各类有关地图标示可知，整个巴东县境内的长江水流里程，即西起湖北巴东与四川（今重庆）巫山交界的边城溪河口算起，东到秭归县牛口为止，流程为38公里[3]。而西段边城溪河口至巴东县城关流程约29公里，东段从县城至牛口流程总共不到10公里，不知臧氏的这个“三十五里”从何测算而出。

4. 王国维在《水经注校》中注：“（江水又东径石门滩。滩北岸有山，山上合下开，洞达）东西，缘（江步路所由，刘备为陆逊破，是径）此门，追者甚急，备（乃烧铠断道。孙桓为陆逊前驱），奋不顾命，斩上夔道，截其（要径，备逾山越险），仅乃得免。”[4]此《注校》与前面杨氏《注疏》中记述的相似，皆认为“石门山”在石门滩的北岸。但石门滩（石门山）的位置究竟在巴东县境内还是秭归县境内，两书都没有具体说明。

5. 郑天挺主编的《中国历史大辞典》中解释：“石门山，在今湖北巴东县东北。山有石径，深若重门。蜀汉刘备为陆逊所破，走径此门，追者甚急，乃烧铠断道，逾山越险，得免，即此。”[5]意思是说石门山在湖北巴东县东北，这个东北方位应该是指的长江北岸。著者没有提到秭归，显然是说“石门山”在巴东境内了。

6. 藩新藻编著的《湖北省建制沿革志》中记（石门山）：“《三国会要》引《水经注》云：‘郡治，有石门山。孙桓追蜀先主于此。’按：江水径石门滩。此滩在刘备城西，实属巴东县境。”[6]从《沿革志》解释来看，著者引用了《水经注》中记载“石门滩”的位置来说明石门山当在刘备城西，而刘备城亦为秭归城，当年（蜀汉章武元年）刘备率军东下伐吴曾在秭归筑城以防吴师。言石门山在刘备城西是说得过去的，但藩氏后又强调实属巴东县境（还有其他学人持此说），从而否定了石门山在秭归县境内的说法。

7. 湖北省秭归县地名志办公室编纂的《秭归县地名志》中记录石门滩，（长江）“北岸上游牛口，山上石门，泄滩阻行，仅一栈道，为秭归西大门”[7]。这是说石门山在秭归县城西的长江北岸牛口处，此道仅一栈道，被称为秭归的西大门。《舆地纪胜》记曰：

[1] 宜昌市档案局、宜昌市档案馆：《宜昌府志·卷二·疆域志》，2002年版，第96页。
[2] 臧励龢等编：《中国古今地名大辞典》，商务印书馆香港分馆，1982年，第268页。
[3] 湖北省巴东县志编纂委员会：《巴东县志》，湖北科学技术出版社，1993年，第154页。
[4] 王国维校：《水经注校》，上海人民出版社，1984年，第1068页。
[5] 郑天挺等主编：《中国历史大辞典》（上），上海辞书出版社，2000年，第667页。
[6] 藩新藻编著：《湖北省建制沿革志》，湖北人民出版社，1988年，第242页。
[7] 湖北省秭归县地方志编纂委员会：《秭归县志》，中国大百科全书出版社，1991年，第49页。

“石门奇险处，乡人接以木梯，有警则砍断，不通行人。”又据《秭归县志》转引自《清同治五年归州政区图》标示，在长江北岸牛口东面有“石门”的地名[1]。

8. 台湾“三军大学”编著的《中国历代战争史话》中绘制的《猇亭之战经过图》标示，刘备大军在江南“马鞍山”再次遭到吴军重创，突围后渡过清江向西北长江边的“楚关”退逃，然后又从楚关沿长江南岸路线向奉节白帝城退逃。该图还在秭归西面的长江南岸标示出了“石门山”的位置。观察该图可知，刘备败逃路线在长江北岸的秭归、巴东、巫山、奉节一线并没有标示，而从吴军反攻和追击的路线看，吴军一直从马鞍山尾随蜀军刘备追击到了奉节白帝城东部；江北潘璋所部则从当阳至夷山，经信陵，过秭归（秭归北部），一直追击到了巫山。经过图将“石门山”标记在长江南岸，值得商榷。

归纳上述文献史籍及地方史志记载情况，诸家对“石门山”位置的认识大致有如下几种意见。

A. 多数著者看法是，石门山的位置当在长江北岸。

B. 对石门山到底是在巴东还是秭归有分歧。

C. 有学者认为石门山位于长江南岸的巴东境内。

对于A说法，在前第一例《水经注疏》卷三十四中已有明显记载：“江水又东径石门滩，滩北岸有山，山上合下开，洞达东西。”所谓“滩北岸有山”指的就是石门山。又王国维《水经注校》也与前面《水经注疏》记载相似。如此看来，在最初的无名氏撰《水经》中就已经有了“石门山”在石门滩北岸的记录。从地名的演绎和关联来看，正是因为先有了“石门山”的地名，之后才有了其山下长江中的所谓“巨漩”石门滩得名的由来。据历史地理学研究者段熙仲先生考证，《水经》成书年代“可能在（公元）二二三年大水灾之后……（公元）二二六年左右”[2]。也就是说，此《水经》成书年代就是在刘备猇亭之战失败后的第二年（刘备病卒的年代），或是以后的几年里。由此可见，最初无名氏《水经》中记载“石门滩”的史料是可信的。后来的郦氏《水经注》，杨氏、熊氏《水经注疏》，王氏《水经注校》皆从其说。一些地方志中也多有“石门山”位于长江北岸的记载。据此，我们认为石门山的位置在长江北岸说理由是充分的。

对于B说法，如果石门山位于长江北岸已经考订，那么，石门山到底是在巴东境内，还是在秭归境内？不少文献史籍及辞典多记录石门山在巴东县东北，有的还具体指出是在“巴东县东三十五里”，更有学者锁定石门山“实属巴东县境”。如上述第3例臧氏在《中国古今地名大辞典》中记载的石门滩在“湖北巴东县东三十五里”。这个“三十五里”的里程，前面已言及，与实际距离不符。假若说这个“三十五里”的里程是从巴东县城算起的话，其距离早已超出了巴东县境，已进入秭归县境了。至于说自巴东县城向东至秭归牛口的里程又是多少呢？为了加深我们对这一问题的印象，这里有必要作一下交待：

---

[1] 湖北省秭归县地方志编纂委员会：《秭归县志》，中国大百科全书出版社，1991年，第49页。
[2] 杨世灿、熊茂洽注补：《水经注疏·三峡注补》，湖北人民出版社，1992年，第16页。

据《巴东县志》记载，清代曾在（秭归）牛口设有驿铺，“牛口铺，在县城东20里（长）江北岸”[1]。这个里程数据再清楚不过了，其与各类地图上测绘标记的距离也大致相符。假若我们再来计算一下，从牛口再沿长江北岸往东行约15里的话，与前面的20里两者相加正好是35里，而这个大致距离为35里的地方也确实有一座石门山，山下江中就是历史上各类典册所说的“石门滩”。对这个石门山的具体位置，《清同治五年归州政区图》中明显标记“石门山”（亦称上石门），其在牛口东，泄滩西[2]，这倒是与前面记述“巴东县东北三十五里”的距离大致相符。如果说“巴东县东北三十五里”这个里程数据无误，那么，毫无疑问，石门山“实属巴东县境”的说法就肯定错了。看来在没有翔实材料证实的情况下，说石门山在巴东县境内是不会令人信服的。

在秭归县境内说，较多的地方志材料中有记述，如第7例《秭归县地名志》中记载，石门滩“北岸上游牛口，山上石门”。这个石门被秭归人民称为出入秭归的“西大门”。而这个牛口，自古以来一直隶属秭归管辖。《清同治五年归州政区图》中明显标记“石门”（称上石门）在牛口东、泄滩西的位置。除上述各类文献史籍、地方志中多有石门山位置在秭归县境内的记载外，我们还可以从古代诗人在秭归写作的诗词中找到一些线索。如宋代王十朋在秭归停留时曾有“石门观峡水，东注疾如飞”[3]的诗句；清代茹敦和在路过秭归时也留下诗句：“下有千仞江，上有千仞壁。石栈盘山腰，错趾不盈尺。飞瀑如乱麻，溅我衣屦湿。迤逦至石门，石势犹怪绝。支离两老翁，欹斜各凝立。江声自震撼，终古无似跌。”[4]形象生动的诗句不啻为之佐证。

还要补充说明的是，20世纪70年代末，为配合“长江葛洲坝水利枢纽工程”建设，由湖北省宜昌博物馆、秭归县屈原纪念馆联合组成的一支10多人的文物考察队，对东自宜昌西陵峡口，西至秭归牛口的长江沿岸进行了为期两个月的文物调查工作[5]。笔者不仅参加了此次文物调查工作，而且对归州至牛口的长江北岸陆路亲自走过。调查时自然也目睹了“石门山”的奇特景观，并了解到石门山被所在地老百姓称为“八斗”的形象叫法。遗憾的是，当时只是对长江两岸的文物进行调查，对石门山没有作文字记录。但勿庸质疑，石门山位置在秭归县境内的说法应是符合事实的。

对于C说法，主要是台湾“三军大学”编纂的《中国历代战争史话》将“石门山”标记在长江南岸，持这一看法的学者不多。该书这一标示也没有文字解释，无法查证编纂者是依据什么史料来标示的。从该书文字记载分析，首先是当初刘备东征时“（备）见江南方面进军顺利，乃自秭归南渡，将其大军缘山截岭分立营数十屯，以达于猇亭（宜都县

[1] 湖北省巴东县志编纂委员会：《巴东县志》，湖北科学技术出版社，1993年，第181页

[2] 湖北省秭归县地方志编纂委员会：《秭归县志》，中国大百科全书出版社，1991年，第49页。

[3] 湖北省秭归县地方志编纂委员会：《秭归县志》，中国大百科全书出版社，1991年，第555页。

[4] 湖北省秭归县地方志编纂委员会：《秭归县志》，中国大百科全书出版社，1991年，第559页。

[5] 宜昌博物馆编著：《辛勤耕耘》，科学出版社，2002年，第463页。

西、长阳县东南）”[1]。再从《经过图》中还可明显观察到，当时刘备率水陆大军（除水军顺江而下外）东征伐吴的路线是从江北（陆路）进入秭归的。从《三国志》中的记载还可知，当时刘备东征伐吴时，为了便于联络、保证军需供给等，特在这条陆路的主要关口设有连营营寨和驿站。再据《秭归县志》、《巴东县志》记载，由江北从秭归陆路至巴东、巫山，这是古代一条重要的陆路交通线，其行程路线是从归州城向西，沿长江北岸经何家湾、泄滩、石门、牛口，再经寅宾桥（秭归与巴东交界处）、东瀼口、西瀼口、观音堂、火峰、界岭，然后进入巫山县境[2]。明清（甚至更早）时期，在上述地点多设有驿站、驿铺，故此道又称为驿道。而江南方面不见有蜀陆军进攻的路线标示。既然刘备大军东征伐吴时走的是江北陆路，那么，刘备所部对白帝城至秭归的这条陆路交通线应该是驾轻就熟的。然而，这里值得我们大家深思的是，按照《经过图》中所示，刘备所部在“猇亭”、“马鞍山”作战失败后退逃到了长江边，不渡江去秭归沿着他当初伐吴时曾率大军走过的江北陆路，反而走江南陆路这条对他来说毫无把握、又不熟悉的路线向奉节白帝城方向退逃。难道刘备戎马一生，身经百战，时被曹魏人称为“谋欲以威武自强”的当世枭雄，到了最为关键的时刻，反而连这点起码的道理也不明白了吗？鉴于此，我们认为：石门山不仅不在江南，而且刘备在战败逃离马鞍山后压根就没有从江南路线走，这就更不用说石门山在巴东县境内之江南了。

综上所述，在有了确凿证据的情况下，我们考证蜀汉刘备脱险地“石门山”就在长江北岸的湖北秭归西泄滩与牛口之间，即今俗名叫“八斗”的地方，应是令人信服的。正是因为石门山地势奇险，“乡人接以木梯，有警则砍断，不通行人”，又“仅通一人行，天至险也”。故尽管吴军“奋不顾命”、穷追不舍，但在秭归石门山这独路一条的险道处，却遭到了蜀汉刘备随机应变的“烧铠断道”之术的阻击，使吴军追兵隔火受阻，这才拉开了追击蜀汉刘备的距离，备“仅乃得免”。真没有想到的是，在吴蜀大战即将结束、蜀主刘备就要被生擒的时候，吴军同样也遭到了“火阵”的暗算。

总之，对石门山的具体位置，尽管《三国志》中没能说明，裴注对此也未作解释，更多的史籍、志书记载也是含糊其辞，语焉不详；更可惜的是，如今又因修筑举世闻名的“三峡水利枢纽工程”，那昔日屹立在长江北岸的奇险之地秭归石门山也早已被淹没在长江中，无法露出“庐山真面目”了，但只要我们潜心对各类文献史籍中的有关记载去逐句、逐字地认真分析，反复核查，并亲自到实地去作些调查，尤其是结合地方志有关资料进行多方面的研究，应该是可以找到一些证据和线索的。相信通过我们的辛勤努力，过去历史上遗留下来的一些疑惑不清的问题必将一个个被破译。

---

[1] 台湾“三军大学”编著：《中国历代战争史话》（附图三三），军事译文出版社，1987年。
[2] 湖北省巴东县志编纂委员会：《巴东县志》，湖北科学技术出版社，1993年，第154页。

吴、晋、唐初及宋代兴山县治考证

孙琳 马剑

（西南大学历史文化学院民族学院 重庆 400715）

兴山县地处湖北省西部，居长江三峡中之香溪流域，自三国孙吴置县起，历代建置裁抑，颇为频繁。《嘉庆重修一统志》卷二七三《宜昌府·建置沿革》“兴山县”条叙兴山置废较为详妥，不具引，兹据其并参以正史及历代志书略述之。其本为汉秭归县地，三国孙吴永安三年（260）置兴山县，属建平郡。晋或南朝宋时省。唐武德三年（620），复置，属归州。宋熙宁五年（1072）降为镇，省入秭归县；元祐元年（1086）复为县。元因之。明正统七年（1442）又省入巴东县；成化七年（1471）复置，未几又废；弘治二年（1489）再置为县。清因之不改。

兴山县的废置虽较频繁，然沿革脉络尚属清晰，后世并无多少异议。但关于其历代县治处所则有较大分歧。《嘉庆重修一统志》卷二七三《宜昌府·古迹》“兴山故城”条曰：

《旧唐书·地理志》“归州”：“兴山，武德三年，分秭归县置。旧治高阳城，贞观十七年，移治太清镇，天授二年，移治古夔子城。”……《宋史·地理志》“归州·兴山”：“开宝元年，移治昭君院。端拱二年，又徙香溪北。”《县志》：“宋末，县令郭永忠迁今治。”

其所引《旧唐书》与《宋史》均无误，今人争论的焦点主要集中在孙吴置县后至唐贞观十七年之前及宋末的县治究竟在何处。

先来看宋末兴山县治于何处的问题。有学者将《太平寰宇记》、《舆地纪胜》与《大明一统名胜志》、《读史方舆纪要》中所记载的归州至兴山里程作了对比，前者比后者多五里，故认为北宋端拱二年（989）迁至香溪北的兴山县治与宋末、明清时期的兴山县治是相近的，在今高阳镇北附近[1]。毫无疑问，作者是在承认宋末兴山县治有所迁移的情况下作出这一推断的。但笔者认为，峡区水陆道路崎岖曲折，加之以宋、明里制的不同，五里之差实不足为据。此外，方志中所谓宋末迁治之说当属编志者之谬误，乃是端拱二年迁

[1] 杨光华：《吴晋唐初兴山县治》，蓝勇主编《长江三峡历史地理》，四川人民出版社，2003年，第379—380页。

治的误传。所言之“宋末”当非北宋末，因南宋后期成书的《舆地纪胜》与《方舆胜览》中并没有提及此事。也不可能是南宋末，因元、明两代方志、史籍中亦未言之；且为应对与蒙元的战争，当时长江中上游不少治所城市皆去平就险，构筑起一套山城防御体系，兴山县城当也不会例外，绝不会因“睹山川险要及士民疾苦”而迁于“罗镜山下”[1]较平旷之处。就笔者之有限阅读，宋、元、明诸方志、史籍中均无宋末迁治之说，而最早记载其事的当是清代康熙或乾隆间所修的《兴山县志》[2]。康熙三年任兴山知县的胥遇主持修撰县志时，兴山县“烽燧络绎，岁无宁日，士之守一经、抱一帙者，咸归灰烬……即鸿章巨典，荡无一存。惟是邑之变迁，民数之聚散，父老犹能言之”[3]。在无图籍以资参考，多靠耆老口耳相传的情况下，将“端拱”误为“端平”（南宋末理宗年号）并非没有可能，以为端拱二年迁治香溪北某地后，宋末才迁往罗镜山下，以致有宋末迁治之说。事实上，《兴山县志》的后继撰写者已注意到这一问题，并作了纠正。光绪《兴山县志》卷二〇《名宦传》叙郭永忠政绩后有按语曰：

《宋史·地理志》：“端拱二年，徙治香溪北。”《方舆纪要》：“香溪北即今治。”此则郭永忠迁县治为端拱二年事。旧老谓宋末迁今治，误。

并相应增记郭永忠之任职时间为“端拱中”[4]。此前世之误，后世正之，得其宜也。

再来考察吴、晋、唐初的兴山县治在何处的问题，今人对此分歧颇大，其中亦涉及对高阳城的定位。兹先罗列相关史料于下：

《旧唐书》卷三九《地理志》“归州”条：“归州……（武德）三年，分秭归置兴山县，治白帝城。”

同卷“兴山”条云：“兴山，武德三年，分秭归县置，旧治高阳城。贞观十七年，移治太清镇，天授二年，移治古夔子城。”

《太平寰宇记》卷一四八《归州》“秭归县”条：“（唐武德）三年，分秭归置兴山县，治白帝城。”

既言“治白帝城”，又曰“旧治高阳城”，两相抵牾；加之兴山县与白帝城相去颇远，且与白帝城所属之奉节县并不接壤，故后人多以其“治白帝城”之语为史家之误，或不取，如《嘉庆重修一统志》卷二七三《宜昌府·古迹》“兴山故城”条仅言“旧治高阳城”；或两说均书之而存其疑，诸如《舆地纪胜》曰：“‘治白帝城’。又云‘旧治高阳城’。”[5]今之学者则认为“‘治白帝城’当改为‘治高阳城’”[6]。依笔者之见，史家之

---

[1]《嘉庆重修一统志》卷二七三《宜昌府·名宦》“郭永忠”条。

[2] 光绪《兴山县志》卷十九《艺文志》中著录有康熙《兴山县志》六卷及乾隆《兴山县志》六卷，当即为上引《嘉庆重修一统志》中所指之“县志”。

[3] 光绪《兴山县志》卷十九《艺文志》引康熙《兴山县志》之《序》。

[4] 此前之雍正《湖广通志》、《嘉庆重修一统志》在叙郭永忠宦绩时均未言其任职时间。

[5] [宋]王象之原著，李勇先校点：《舆地纪胜》卷七四《归州·县沿革》“兴山县”条，四川大学出版社，2005年，第2611页。

[6] 朱圣钟：《〈旧唐书·地理志〉正误一则》，《中国历史地理论丛》2000年第1期。

误解固然存在，但其误却有所本，并非毫无来由。盖因其上游之夔州相传为春秋时夔子国地，唐初武德二年又改信州曰夔州，“复夔之号”，治于白帝城一带[1]。事实上，历代确实多有将白帝城和古夔子城均称为“夔城”者，如唐代齐己《送周秀游峡》：“又向夔城去，知难动旅魂。自非亡国客，何虑断肠猨？滟滪分高仞，瞿塘露浅痕。明年期此约，平稳到荆门。”[2]而《水经注疏》卷三四《江水二》则载：“江水又东南迳夔城南。城跨据川阜，周回一里百一十八步，西北皆枕深谷，东带乡溪，南侧大江”[3]，前者指白帝城，后者指古夔子城。《旧志》之撰著者或亦有所混淆，抑或因白帝城较为出名，欲以之代“夔城”之名，却反而致误。因此，笔者认为，《旧志》“归州”条所言“治白帝城”实为“治古夔子城”之误。即武德三年（620）开置的兴山县，治于古夔子城，贞观十七年（643）移治太清镇，其后武则天天授二年（691）之“移治”，实为“复治”古夔子城。古夔子城之地望，《太平寰宇记》卷一四八《归州》“夔子城”条云：“在（秭归）县东二十里。”《舆地纪胜》卷七四《归州》“兴山县”条引《元和郡县志》言“其城南枕江，西带山，东临香溪水”，即秭归县香溪镇。

如此，则似乎“古夔子城”即是“高阳城”，实则不然，这又涉及对《旧志》“兴山”条中所云“旧治高阳城”的理解问题。《旧志》“归州”条与“兴山”条前后相邻，不过数行之距，撰者当不会察觉不到所书县治的不一致。因此，颇疑其所言“旧治高阳城”乃是指三国吴时所设之兴山县治于高阳城，故称其为“旧治”。《舆地纪胜》卷七四《归州》“高阳城”条引《元和郡县志》云：“在兴山县西三里，城在山上，楚自以为高阳之裔，故有高阳城。”《元和郡县志》成书于宪宗元和年间，其时之县治迁回古夔子城已百余年。故高阳城当应在古夔子城之西三里山上[4]，两者非为一地。

《通典》、《旧志》均言兴山为分秭归置，而《太平寰宇记》卷一四八《归州》“兴山县”条曰：“本汉秭归县地。三国时，其地属吴，至景帝永安三年，分秭归县之北界立为兴山县。”其“北”字是就宋开宝元年移治香溪中游的昭君院后而言。《方舆胜览》卷五八《归州·山川》曰：“玉虚洞，在兴山县南五十里。”又陆游《入蜀记》卷四记其“泊舟兴山口”，并游览了“去江岸五里许”的玉虚洞。兴山口即是香溪口，乃香溪与长江交汇之处。由此可知，有宋一代，兴山县管辖着整个香溪流域，秭归的东、北两面与兴山接壤，这一县域范围当是沿自唐代。而兴山县失去香溪下游而初步形成今日之县域，仅

---

[1] 参见《旧唐书》卷三九“夔州”条、《全唐文》卷五四四《夔州都督府记》。严耕望先生已考证唐代夔州实治白帝城北之古赤岬城，但因两城相接，闾阎缭绕，已难严格区分，唐人以较为出名之白帝城含混书之。参阅严耕望：《唐代交通图考》第四卷《山剑滇黔区》，“中央研究院”历史语言研究所专刊之八十三，第1145—1146页。

[2] 中华书局编辑部点校：《全唐诗》（增订本）卷八四一，中华书局，1999年，第9561页。

[3] 杨守敬、熊会贞疏：《水经注疏》卷三四《江水二》，江苏古籍出版社，1989年，第2839页。

[4] 《中国历史地图集》第五册（谭其骧主编，地图出版社，1982年）亦将唐开元二十九年（741）的兴山县治定于古夔子城，但却将高阳城定在今丰邑坪。光绪《兴山县治》卷八《山志》记：“石门山东丰邑坪，高平宏敞，形胜为一邑最，即古高阳城，楚旧治也。”此说仅为作者猜测，不明其所据。

领有今兴山县峡口镇以上的香溪中上游地区，乃是明代之事。对长江三峡地区城镇城址的研究表明，唐时峡区内较大支流的河口均为治所所在：万县在苧溪口，云阳县城在汤溪口，巫山县城位于大宁河口，巴东县处东瀼溪口，秭归在干溪口。盖因西晋至隋唐时期，峡区内蛮僚猖獗，叛服无常，设治于河口，既可保证长江航道的安全，亦可加强对流域内少数民族的控制。故此，当时的兴山县治亦当不会舍香溪口之要害而反求诸其中上游。宋初，蛮僚等族与汉族的融合趋向完成，其患亦渐趋平定，同时，长江三峡地区开发日益向纵深发展[1]，乃是其县治迁往香溪中上游的大背景。

综上所考，唐初的兴山县治当在古夔子城，即今秭归县香溪镇；三国吴及西晋时的兴山县治在其西三里的高阳城。而宋初已将县治迁至香溪北，故并无宋末迁治之事。

---

[1] 蓝勇主编：《长江三峡历史地理》，第220页。

再论唐代西南地区荔枝分布北界
——与聂顺新商榷

周运中
（厦门大学历史系　厦门　361005）

《中国历史地理论丛》2011年第1期刊登了聂顺新的《再论唐代长江上游地区的荔枝分布北界及其与波动的关系》一文，该文认为唐代的成都、万州不是当时长江上游地区荔枝分布北界，又认为即使当时荔枝分布到了成都和万州（治今重庆市万州区），也不具有气候变化的指示意义。该文提出唐代长江上游地区荔枝分布北界是忠州（治今重庆市忠县）和涪州乐温县（治今重庆市长寿区），这两地荔枝分布是川江峡谷地区区域小气候作用的结果[1]。由于该文与竺可桢、蓝勇、郭声波等著名学者商榷，提出了个人新解，所以有必要对该文进行仔细检讨。笔者认为，该文错误很多，其新解不能成立。

一、唐诗解读错误与成都有无荔枝问题

唐代诗人张籍《成都曲》诗云："锦江近西烟水绿，新雨山头荔枝熟。"卢纶《送从舅成都县丞广归蜀》诗云："晚程椒瘴热，野饭荔枝阴。"蓝勇、郭声波先生引用二诗证明唐代成都有荔枝分布，聂顺新引用前人研究说张籍、卢纶未曾到过成都，所以"两人诗中的荔枝意象可以认为是唐代普通文人对于蜀地的地理想象"，进而认为两首诗不能证明唐代成都有荔枝。笔者认为张籍、卢纶是否仅是唐代的普通文人暂且不论，二人是否到过蜀地也可以再作研究，但是仅仅通过二人未至成都，就说唐代成都没有荔枝，这个说法也太武断了。因为每个人不可能到过世界所有地方，我们还是可以编写世界地理著作。甚至每个人都不可能到过中国所有地方，我们不还是可以研究中国地理吗？如果都要像这样吹毛求疵，那么中国历史学家全都要失业，因为我们不可能经历所有历史！其实卢纶既然是送舅舅归蜀，一定得知成都一带的情景，不可能胡乱铺陈。以唐代繁荣的社会形势，巴蜀以外的人要知晓成都出产荔枝，实在不是难事。

---

[1] 聂顺新：《再论唐代长江上游地区的荔枝分布北界及其与波动的关系》，《中国历史地理论丛》2011年第1期。

聂顺新引用前人研究成果说唐代成都诗人薛涛《忆荔枝》能够反映成都没有荔枝，其实薛涛原诗全文说："传闻象郡隔南荒，绛实丰肌不可忘。近有青衣连楚水，素浆还得类琼浆。"青衣是青衣江，这里说青衣江流域所产荔枝虽然不及岭南荔枝，但是也相差不远。这首诗丝毫不能说明当时成都没有荔枝，也许只是薛涛吃到的成都所产荔枝不及青衣江流域的荔枝而已，所以有此感叹。但是究竟怎样不及，一首诗是不能告诉我们的，所以我们只能存疑。青衣江流域的下游固然是嘉州（治今乐山市），但是其上游还经过雅州（治今雅安市）、眉州洪雅县（治今洪雅县西）等地，所以我们还是不能得知薛涛诗中的荔枝产自何地。聂文对薛涛之诗不加考证，把偌大的青衣江流域全部忽视了。

聂顺新称杜甫有两首诗描述荔枝，一是《宴戎州杨使君东楼》，一是《解闷十二首》之十，前一首从题目看是在戎州（治今宜宾市）所写，后一首从内容看是描述戎州荔枝。今按后一首确实是描述泸州（治今泸州市）、戎州荔枝，因为其中说："忆过泸戎摘荔枝，青枫隐映石逶迤。"但是前一首则不应该是在戎州，因为题目说是杜甫宴请戎州杨使君，如果是杜甫到了戎州，怎么可能是由杜甫这个客人来宴请主人呢？如果杜甫是在成都写成此诗，那么就是成都有荔枝的又一证据了。

聂顺新引用唐代诗人郑谷《将之泸郡旅次遂州遇裴晤员外谪居于此话旧凄凉因寄二首》诗句"今日重思锦城事，雪销花谢梦何殊。乱离未定身俱老，骚雅全休道甚孤。我拜师门更南去，荔枝春熟向渝泸"，聂氏说郑谷向住锦城成都，却须"荔枝春熟向渝泸"，说明唐代成都并无荔枝种植。其实这是对郑谷原诗的严重曲解，该诗是郑谷从成都经过遂州（治今遂宁市）向渝州（治今重庆市）、泸州的路上所写，所以最后一句点明旅行目的地，作者遂州路上看到荔枝成熟，并不能说明只有渝州、泸州才有荔枝。这首诗只能证明唐代遂州有荔枝成熟，不能说明成都没有荔枝。但是对于遂州有荔枝这一铁证，聂顺新居然只字不提，因为遂州的纬度和成都差不多，为了牵就唐代成都没有荔枝的新解，所以聂文不得不有意忽视这一点。但是有时连他自己都不能肯定，所以该文最后既说唐代成都没有荔枝，又说即使有又怎样，模棱两可，反映作者自己都没有什么结论，偏偏又列为"基本结论"的第1点和第2点。

二、白居易与万州荔枝问题

白居易任忠州刺史所作《荔枝图序》说："荔枝生巴、峡间。"蓝勇先生认为这句话反映荔枝分布于唐代川江两岸，并举白居易《题郡中荔枝诗十八韵兼寄万州杨八使君》为证。根据白居易的记载，蓝勇先生所论并无错误。白居易《题郡中荔枝诗十八韵兼寄万州杨八使君》全诗说："奇果标南土，芳林对北堂。素华春漠漠，丹实夏煌煌。叶捧低垂户，枝擎重压墙。始因风弄色，渐与日争光。夕讶条悬火，朝惊树点妆。深于红踯躅，大校白槟榔。星缀连心朵，珠排耀眼房。紫罗裁衬壳，白玉裹填瓤。早岁曾闻说，今朝始摘尝。嚼疑天上味，嗅异世间香。润胜莲生水，鲜逾橘得霜。燕脂掌中颗，甘露舌头浆。物少尤珍重，天高苦渺茫。已教生暑月，又使阻遐方。粹液灵难驻，妍姿嫩易伤。近南光景热，向北道路长。不得充王赋，无由寄帝乡。唯君堪掷赠，面白似潘郎。”聂顺新认为这个观点有问题，他说这首诗如此细致地描述荔枝，说明万州没有荔枝，否则白居易不必如此。而且万州如有荔枝，白居易不会说要寄荔枝给万州的杨八使君。聂顺新又举出《重寄荔枝与杨使君时闻杨使君欲种植故有落句》为证，该诗说：“摘来正带凌晨露，寄去须凭下水船。映我绯衫浑不见，对公银印最相鲜。香连翠叶真堪画，红透青笼实可怜。闻道万州方欲种，愁君得吃是何年？”

表面上看上面两则史料确实说明当时的万州没有荔枝，而忠州有荔枝，但是仔细分析则不然。因为万州、忠州距离很近，两地毗邻，所以万州杨八使君想种荔枝，说明该地无疑能种荔枝，如果不能种植，怎么会想到种植？其次，白居易的诗歌只能证明杨八使君要种荔枝，不能证明当时万州境内没人种荔枝，说不定万州种荔枝的人已有很多，所以杨八使君才想自己种植。万州多山，各地情况不一，比如《元和郡县图志》卷三十一戎州南溪县（治今宜宾市东）说：“平盖山，在县东三十里，多荔枝。”说明一县之内的各地荔枝分布也不一样，那么忠州以一州之大，怎么能用刺史一个人的情况来以点带面呢？在忠州、万州之间还有隶属万州的武宁县（治今万州区武陵镇），就在忠州界外。第三，白居易去世时，唐代还有60年时间，何以得知万州在唐代末年就没有荔枝呢？总之，白居易的作品也不能断定唐代的万州就没有荔枝种植。

《大唐传载》说：“白宾客居易云，忠州有荔枝一株，槐一株，自忠之南更无槐，自忠之北更无荔枝。”聂顺新又以此为据，其实我们不仅可以说这本书的作者佚名，笔记小说的可信度可能比诗文更差，难道忠州以南真的没有槐树吗？难道忠州真的只有一株荔枝吗？白居易《题郡中荔枝诗十八韵兼寄万州杨八使君》明明说忠州荔枝是：“芳林对北堂。”显然，至少在他的居所旁就有一片荔枝林，而不是一棵树。因此《大唐传载》的传闻之辞根本无足为凭，偏偏对于这种耳食之谈，聂文不置一词。

三、荔枝与气候问题

蓝勇先生曾经制作《唐代长江上游荔枝分布北界表》，他认为万州、忠州的荔枝品质和分布类型是不明的，成都的分布类型是生长分布型。这本来是蓝先生治学严谨的体现，但是聂顺新居然抓住这一点，认为万州的荔枝无法直接认定为具有气候指标意义，成都荔枝只能归入观赏分布型。聂顺新的结论似乎更加确凿，其实正是过犹不及。张籍《成都曲》诗云：“锦江近西烟水绿，新雨山头荔枝熟。”卢纶《送从舅成都县丞广归蜀》诗云：“晚程椒瘴热，野饭荔枝阴。”前者说荔枝是在山头，后者说荔枝在乡野。无独有偶，郑谷《将之泸郡旅次遂州遇裴晤员外谪居于此话旧凄凉因寄二首》诗云：“我拜师门更南去，荔枝春熟向渝泸”，这是在遂州的路上，这些都说明成都、遂州的荔枝不是达官贵人庭院里的观赏植物，而是乡间野陌的平常景象。而且成都的山野荔枝有树荫，遂州的荔枝很早就能成熟，怎么能说仅是观赏植物呢？

聂顺新说戎州下辖五县，只有僰道县（治今宜宾市）和南溪县产荔枝，查其所引《元和郡县图志》卷三十一戎州僰道县说：“出荔枝，一树可收一百五十斗。”南溪县说：“平盖山，在县东三十里，多荔枝。”显然，聂顺新在这里偷换概念，《元和郡县图志》只是说南溪县的平盖山多荔枝，不能说该县其他地方没有荔枝，更不能说戎州其他县没有荔枝。僰道县一棵荔枝树可以收获一百五十斗荔枝，说明产量非常高，聂顺新的文章中没有引用这句话的原文。显然，如果引用原文，对他的结论非常不利，因为僰道县能有如此高的产量，那么其北部一些地区即使产量不能达到僰道县的水平，也一定相当可观。我们只有看到了《元和郡县图志》僰道县的这一句原文，才能明白薛涛为什么说青衣江流域所产的荔枝也能称得上是素浆了！

聂顺新引用《四川气候图集》，说宜宾市以下的“盆地南部长江河谷区”是四川盆地气候区的一个亚区，年平均气温18℃-19℃，与同纬度地区相比是特殊情况，并非正常分布，因此该地区荔枝分布北界不具有气候指标意义。表面上看这个论证似乎有点道理，稍作推敲就会发现这是以今度古，循环论证。如果唐代气温普遍高于今天，不仅四川盆地东南部的长江河谷区气温比今天高，四川盆地西北部的气温也比今天高的话，那么荔枝分布北界就远远不止忠州、万州，而是自然而然地分布到遂州、嘉州、成都等地了。所以聂文这一段论证在逻辑上有很大漏洞，不能作为论据。

笔者并非西南史地专家，也不是历史自然地理专家，但是俗话说得好：“说有容易说无难。”由于古代历史资料不可能记载古代社会的方方面面，所以我们不能根据已有的一点史料就说古代某些地方一定没有什么事物，唐代的四川盆地出产荔枝的地方比上述一些地方还要多得多，只不过有限的史料没有记载到那些地区，或者还没有被我们发现。

如果我们的推断还伴随着对原文的曲解、误读和对史料的故意筛选，那么这个过程就更加危险。耳中犹记，去年秋天，中国历史地理学界德高望重的老前辈黄盛璋先生亲口对笔者说到他当年见过郭沫若、唐兰等先生能背古书，黄老接着说中国历史地理学建立在古代文献基础上，不读古书不行。也许老学者的话也不是论文，也不是不可商榷，但是黄老的话，放在当下，还是耐人深思。如果强求史料顺从新解，那么这种新文也许只是一时新闻，不仅没有什么价值，而且还有不少负面影响。

元明清时期麓川地区行政区划变迁及相关地名考论

杨长玉

（复旦大学历史地理研究中心　上海　200433）

元明清时期在滇西地区实行土司制度，设置与当地社会经济、文化等相适应的行政区划制度和军政合一的管理体系。在这650多年时间里，西南少数民族地区的行政区划及其相关地名经历了频繁的变更，探讨其演变的情况，分析其变化的背景、内涵，对于我们了解中央王朝的少数民族政策、中央与地方的权力消长关系以及中国西南边疆的形成，都具有重要意义。对于滇西的行政区划，云南有很多学者都做了深入的研究。方国瑜先生的《中国西南历史地理考释》考证了大部分历来有关云南历史地理的疑难问题，为西南历史地理的研究奠定了坚实的核心基础。在方国瑜先生的带领下，朱惠荣先生、尤中先生为《中国历史地图集》西南部分作了大量学术工作，形成了《西南历史地名考索》这样词条清晰的著作。目前，陆韧教授等学者承担了《中国历史地理信息系统》的云南部分，在《中国历史地图集》以朝代尺度进行研究的基础上，进一步将研究细化到年代尺度，在严肃而详细的考证中，深入探究边疆行政区划演变的内在原因，写出了如《元代西南边疆与麓川势力兴起的地缘政治》[1]这样一系列的文章，取得了丰硕的成果。其他相关论著还有很多，不一一列举。前辈们在研究滇西行政区划的过程中，更加注重政区沿革的表现，而对于政区变迁的背景及其内涵，则关注得较少。由于滇西地域广阔，行政区划变迁又相当复杂，笔者仅选取了“麓川地区”这一地理单元，通过对史料的分析与整合，来对其行政区划变迁及相关的背景、内涵以及在此过程中涉及的地名做一初步探讨。由于“麓川”这一概念所指区域在不同时代屡有变更，为了论述的方便，本文将元代的麓川、平缅两路和明朝麓川思氏势力所及的范围以及清代陇川宣抚司、遮放副宣抚司、猛卯安抚司所在地统称为“麓川地区”，其核心区域在今云南省西部德宏傣族景颇族自治州的陇川县、瑞丽市一带。

[1] 陆韧:《元代西南边疆与麓川势力兴起的地缘政治》，《中国边疆史地研究》2008年第3期。

一、元代麓川地区行政区划变迁及相关地名考论

宪宗三年（1253），蒙古挥兵南下，“世祖以皇弟总兵讨西南夷乌蛮、白蛮、鬼蛮诸国，以兀良合台总督军事”[1]。癸丑秋，大军入云南境，麽些部迎降，渡金沙江，入察罕章，灭大理政权。而后“分兵取附都善阐，转攻合剌章水城，屠之”[2]。于宪宗四年（1254）“平大理五城八府四郡，洎乌、白等蛮三十七部”[3]。继而征讨白夷等部落。

当时在大理西南，“兰沧江界其东，与缅地接其西”的范围内，有“土蛮”八种：“曰金齿，曰白夷，曰僰，曰峨昌，曰骠，曰缥，曰渠罗，曰比苏……俗呼金齿蛮。”[4]元初对金齿地区[5]采取了武力征讨和招降两种措施。一方面，紧锣密鼓地进行军事征服。至元五年（1268），元大将爱鲁“从云南征金齿诸部。蛮兵万人绝骠甸道，击之，斩首千余级，诸部震服”。骠甸在今云南境内的天马关外。“六年（1269），再入，定其租赋，平火不麻等二十四寨。”[6]至元七年（1270），征金齿、骠国五部未降者，破其二部，各部落三百余酋长降[7]。另一方面，不遗余力地对金齿地区的白夷部落进行招降。“中统二年（1261）八月戊戌，（元世祖忽必烈）敕以贺天爵为金齿等国安抚使，忽林伯副之，仍诏谕使安其民。”[8]“至元四年（1267）九月庚戌，遣云南王忽哥赤镇大理、鄯阐、茶罕章、赤秃哥儿、金齿等处，招抚谕吏民。”[9]恩威并施的措施带来了较大的成效，至元七年（1270）十二月，“金齿、骠国三部酋长阿匿福、力丁、阿匿爪献象马”[10]。金齿地区各族群部落都先后接受了元朝的统治。

在此过程中，金齿地区的行政区划制度和军政合一的管理体系也逐渐建立起来。“中统初，金齿白夷诸酋，各遣子弟朝贡，二年（1261）立安抚司以统之。”[11]至元八年（1271），“分金齿白夷为东西两路安抚使，十二年改西路为建宁路（安抚使），东路为镇康路（安抚使）”[12]。至元十五年（1278），“改两路安抚为宣抚（即建宁路宣抚司、镇康路宣抚司），立六路总管府”[13]。至元二十三年（1286），“罢两路宣抚司，并入大

---

[1]《元史》卷一二一《列传第八·兀良合台传》，中华书局，1976年，第2979页。
[2]《元史》卷一二一《列传第八·兀良合台传》，中华书局，1976年，第2979页。
[3]《元史》卷一二一《列传第八·兀良合台传》，中华书局，1976年，第2980页。
[4]《元史》卷六一《地理志四·云南诸路行中书省》，中华书局，1976年，第1482页。
[5]元代金齿地区通指怒江中游两岸和伊洛瓦底江上游两岸地带。
[6]《元史》卷一二二《列传第九·爱鲁传》，中华书局，1976年，第3012页。
[7]《经世大典·大理金齿》，方国瑜主编《云南史料丛刊》第五卷，云南大学出版社，1998年，第570页；方国瑜：《元代云南行省傣族编年》，《方国瑜文集》第三集，云南教育出版社，2003年，第47页。
[8]《元史》卷四《世祖纪一》，中华书局，1976年，第73页。
[9]《元史》卷六《世祖纪三》，中华书局，1976年，第116页。
[10]《经世大典·招补录》，方国瑜主编《云南史料丛刊》第三卷，云南大学出版社，1998年，第28页。
[11]《元史》卷六一《地理四·云南诸路行中书省》，中华书局，1976年，第1482页。
[12]《元史》卷六一《地理四·云南诸路行中书省》，中华书局，1976年，第1482页。
[13]《元史》卷六一《地理四·云南诸路行中书省》，中华书局，1976年，第1482页。

理、金齿等处宣抚司”[1]。金齿等处宣抚司下辖六路一睒：柔远路、茫施路、镇康路、镇西路、平缅路、麓川路、南睒[2]。这是“麓川”第一次在史籍上以一个正式的政区名出现，而此后直到明朝后期，元代平缅路、麓川路所在的地域范围都基本上是“麓川”的核心区域。

据史料记载，平缅路、麓川路正式归附元朝是在中统初。《元史·地理志》说：“平缅路……中统初内附。”“麓川路……中统初内附”[3]，又说：“中统初，金齿白夷诸酋，各遣子弟朝贡，二年（1261）立安抚司以统之。”[4]大背景是元初进云南、灭大理之后，大将兀良合台继续留镇，征讨大理周围没有降服的部落。“中统初”的时间概念不精确，据上引资料推测，平缅路归附元朝的时间当在1261年以前的“中统初”，不妨认为是在1260年。

平缅路正式设置于公元1276年，属金齿等处宣抚司。无领属。《元史·地理志》：“平缅路……中统初内附。至元十三年（1276），立为路，隶宣抚司。”[5]平缅路的地理位置及辖境，按照《元史·地理志》记载：“平缅路。北近柔远路。其地曰骠睒，曰罗必四庄，曰小沙摩弄，曰骠睒头，白夷居之。”[6]柔远路在今保山县、龙陵，则其地大致在今天的梁河县、陇川县一带。平缅路所辖地名，自东北向西南依次为：骠甸，在今云南省梁河县芒轩一带；罗必四庄，今梁河县西南的萝卜坝子芒东一带；小沙摩弄，在今云南省陇川县东北杉木笼；骠睒头，当在今陇川坝一带。据此，平缅路的地理范围包括今梁河县南部和陇川县全境。平缅路治所，据《明史·地理志》：“陇川宣抚司，本麓川平缅军民宣慰使司。正统六年（1441）废，九年（1444）九月改置，治陇把。元平缅路，在陇把东北……元麓川路在陇把南。”[7]陇把，今云南省陇川县陇把镇，为明代陇川宣抚司驻地。以地理位置看，元平缅路治当在今云南陇川县治城子镇，正在陇把镇东北[8]。

麓川路正式设置于公元1276年，属金齿等处宣抚司，无领属。《元史·地理志》：“麓川路，在茫施路东……中统初内附，至元十三年（1276）立为路，隶宣抚司。”[9]麓川路的地理位置及辖境，《元史·地理志》记载：“麓川路。在茫施路东。其地曰大布茫，曰睒头附赛，曰睒中弹吉，曰睒尾福禄培，皆白夷所居。中统初内附。至元十三年（1276），立为路，隶宣抚司。”[10]方国瑜先生认为“大布茫”就是《经世大典招捕

---

[1]《元史》卷六一《地理四·云南诸路行中书省》，中华书局，1976年，第1482页。

[2]《元史》卷六一《地理四·云南诸路行中书省》载“金齿六路一睒，岁赋金银各有差”，中华书局，1976年，第1483页。

[3]《元史》卷六一《地理四·云南诸路行中书省》，中华书局，1976年，第1483年。

[4]《元史》卷六一《地理四·云南诸路行中书省》，中华书局，1976年，第1482页。

[5]《元史》卷六一《地理四·云南诸路行中书省》，中华书局，1976年，第1483年。

[6]《元史》卷六一《地理四·云南诸路行中书省》，中华书局，1976年，第1483年。

[7]《明史》卷四六《地理七·云南》，中华书局，1974年，第1193页。

[8] 史为乐主编：《中国历史地名大辞典》“平缅路”条，中国社会科学出版社，2005年，第670页。

[9]《元史》卷六一《地理四·云南诸路行中书省》，中华书局，1976年，第1483页。

[10]《元史》卷六一《地理四·云南诸路行中书省》，中华书局，1976年，第1483页。

录·云南条》所载之"大都马"，《元史·爱鲁传》的"火不麻"，《新元史·缅国传》的"天部马"，由于"天"、"大"、"火"形近，"部"、"都"形近，"不"、"部"音近，因此古文传抄中出现多种写法[1]。傣文《麓川思氏谱牒》载有"达本城"，在勐卯西北，疑即"大布茫"，当时勐卯城在者兰，则大布茫在今天的瑞丽坝子[2]。余下"睒头附赛、睒中弹吉、睒尾福禄培"因资料奇缺尚无法考证其具体位置。据《明史·地理志》陇川宣抚司条载："元麓川路在陇把南，洪武十五年（1382）三月为府，未几府废。十七年（1384）八月为麓川平缅军民宣慰司治所，正统中，司废，曰平麓城，亦曰猛卯城，万历十二年（1584）置宣抚同知于此……又东南有遮放城，万历十二年置宣抚副使于此"[3]。那么，元代麓川路在勐卯地（即勐卯），勐卯地包括今云南省瑞丽市和已在缅甸境内的勐卯坝区。同时，麓川路还包含了遮放，大致在今天潞西县西部的遮放一带。所以元时麓川路在瑞丽江两岸，包有今瑞丽市及遮放地以及缅甸部分地区。麓川路的治所曾屡次迁移。据《麓川思氏谱牒》记载，约傣历六一八年（元宪宗六年，1256），罕芳居猛卯；傣历六七〇年（元至大元年，1308），罕将迁居元南乙，在猛卯西北隅；傣历七〇二年（元后至元六年，1340）思可发得位，后四年迁居者阑（今瑞丽江南岸、缅甸境内的姐兰）[4]。

元初的麓川路、平缅路，仅仅是隶于"金齿等处宣抚司"的"路"。从其地域范围和统属的部族来看，麓川路、平缅路是由几个相互邻近而又相对独立的白夷部落组成的，这说明元初的麓川地区并没有势力强大的白夷部落，它们仅仅是由几个小白夷部落松散组成的行政区划[5]。

但是随着元朝征讨、招降活动的日益推进，麓川势力也在逐步成长。陆韧教授认为，麓川势力的成长和元朝从至元十四年（1277）到大德七年（1303）进行的长达26年的征缅战争有着极其紧密的联系。首先，从时间上看，麓川势力是紧随着征缅战争的结束而逐渐强盛起来的；其次，从空间上看，征缅战争期间，麓川地区所包括的镇西、平缅、麓川三路在征缅战争中地域得到了整合，部落势力得到了联合，经济实力大大提升，为麓川势力的兴起创造了条件，而征缅战争以后又有了合适的政治条件。另外，元朝云南行省内部统治的"分域构隙"削弱了元朝对西南边疆的控制，给麓川势力的兴起提供了机会[6]。关于麓川势力如何兴起，《麓川思氏谱牒》有较为明确的记载，而《元史》中也有相应的记录。《麓川思氏谱牒》说："傣历五百一十八年，芳罕为猛卯大长，在位三十七年卒，

[1] 方国瑜：《中国西南历史地理考释》，中华书局，1987年，第998-1000页。
[2] 方国瑜：《中国西南历史地理考释》，中华书局，1987年，第1113页。
[3] 《明史》卷四六《地理七·云南》，中华书局，1974年，第1195—1196页。
[4] 方国瑜：《麓川思氏谱牒概说》，《云南史料丛刊》第四卷，云南大学出版社，1998年，第637-638页。
[5] 元初对大理金齿等地的招降、政区设治，详见陆韧：《元代西南边疆与麓川势力兴起的地缘政治》，《中国边疆史地研究》2008年第3期。
[6] 详见陆韧：《元代西南边疆与麓川势力兴起的地缘政治》，《中国边疆史地研究》2008年第3期。

罕好袭职。罕好者，芳罕之子也。罕好筑城于元南乙居之，其地在猛卯西北隅。至傣历五百九十年，子罕静法袭职。静法在位十二年卒，无子，文武大头目四人管理地方……四大头目因求英明之主，祷告天地，将放四匹骏马出城，视马所往且为下拜者，奉之为主。祷毕纵马，马绕城三匝而去，驰至一湖畔。有为人牧牛者名刹远，四马跪其前，大头目随至，趣候告以天命，将迎归招为婿，刹远欣然许之，任猛卯大长，然不肯至元南乙城，以其所居之蛮海为吉地，宜于建城也。猛卯居民迎奉刹远为主，建城于蛮海，时傣历六百〇二年也。”[1]据方国瑜先生考证，“傣历五百一十八年”少了一百年，应为“傣历六百一十八年”，即公元1256年，蒙古平定大理后的第三年。《元史》记载，元朝曾以大将兀良合台“征白夷等蛮”，“金齿内附”[2]，麓川统治者被灭，芳罕新起为猛卯首领。至元十五年（1278），元朝设麓川路，初任麓川路总管的应该是芳罕。芳罕以后罕好袭职，时正值征缅，元朝对麓川地区这一交通要道严加控制，罕好无所作为。罕好后，罕静袭职，约为1328年，罕静称“法”，“法”即王。《元史》卷三四《文宗纪三》载至顺元年（1330），“麓川土官来贡方物”，元朝“置麓川路军民总管府”。这并不是新置麓川路，而是确认罕静在麓川路的行政统治权，说明征缅战争结束后20余年中央王朝已将麓川路的全权交给土官罕静[3]。可见此时麓川已经具有相当的实力了。罕静死后，无子，由四大官员掌管政权，“求明主”，于是思可法（刹远）以一种颇具神话色彩的面貌出现，方国瑜先生考证这一时间应当是元顺帝至元六年（1340）。《麓川思氏谱牒》接着说：“刹远就职后，称思可法，其取意，思者，白虎也；可者，获也；法者，王也。刹远在湖畔牧牛时，擒获白虎，故以为号焉。思可法在位四年，筑城于者兰迁居之。又四年，声名大振，天朝及缅甸两路来攻，不能克，各退去，是时思可法年四十五岁。因天朝及缅甸攻者兰，失败退去，临近诸小国闻之，相率称臣纳贡者有：曼谷、景线、景老、整迈、整东、景洪、白古诸地。思可法年六十六岁之年，生肖属鼠，迁居达本城，在猛卯西北，为芳罕所建。”[4]《元史》第一次记载思可法是至正二年（1342）十二月，说“丙辰，赐云南行省参知政事不老三珠虎符，以兵讨死可伐”[5]。仅在思可法成为麓川主后两年。《元史》记载：“至正六年（1346）六月丁巳，诏以云南贼死可伐盗据一方，侵夺路甸，命亦秃浑为云南行省平章政事讨之。”“至正六年（1346）七月丁亥，降诏诏谕死可伐。”[6]并谕之曰：“朕诞膺景命，君临万邦，声教所通无间远迩，眷此西南之地，实我祖宗之抿。叛

[1] 方国瑜：《麓川思氏谱牒概说》，《云南史料丛刊》第四卷，云南大学出版社，1998年，第638页。

[2]《元史》卷六一《地理四》，中华书局，第1483页。

[3] 陆韧：《元代西南边疆与麓川势力兴起的地缘政治》，《中国边疆史地研究》2008年第3期。

[4] 方国瑜：《麓川思氏谱牒概说》，《云南史料丛刊》第四卷，云南大学出版社，1998年，第639页。

[5]《元史》卷四〇《顺帝纪三》，中华书局，第 865页。“死可伐”，是《元史》记载中对“思可法”的恶意音译。

[6]《元史》卷四一《顺帝纪四》，中华书局，1976年，第875页。

贼死可伐敢冒刑章，作为弗靖，侵掠境土，戕害至人，悯其狂愚，累加招谕，本贼执迷负固，罔有悛心。爰命将而出师，以恭行乎天讨，指其巢穴，取彼渠魁。尚虑诸路甸寨土官军民人等，或受制于凶徒相煽摇而构乱，原其初志，匪同出谋，既处威疑，遂还反侧，庸伸讯诰，俾亟来归。诏书到日，除死可伐不赦外，应有被死可伐胁从诖误之人纳款出降者，并免本罪，各安家业，元有官者悉仍其官，能生擒死可伐及杀获其首级者，具以名闻，优加赏赉升擢。其死可伐族属，能生擒杀获本贼者，命为本路土官，该载不尽事理，令总兵官议拟申闻施行，於戏！咸与惟新式布宽条而示信，自求多福，勉思后效以图功，咨尔远人体兹至意。"[1]公元1347年，麓川败退了元朝和缅甸的进攻，而邻近的政权纷纷来附。不难看出，此时思可法已经开始扩张势力，侵扰周围路、甸、寨土官，及于缅甸，元朝为统一大局，不得不兴兵讨伐。

在元军的冲击下，思可法有所惧惮，表面上遣使入朝，做出"奉正朔"的姿态，而私底下仍未放弃扩张。至正七年（1347）三月乙丑，"云南王孛罗来献死可伐之捷"[2]。"至正戊子（1348），麓川路土官思可法，数有事于邻境，诸路以状闻，乃命塔失把都鲁为帅讨之，不克而旋，遂乘胜并吞诸路而有之，乃罢土官，以各甸赏有功者，然惧再举伐之，于是遣其子满散入朝，以输情款，寝而不问，虽纳贡赋奉正朔，而服食器用之类，皆逾制度，元不能制，百夷之强始此。"[3]对于叛服无常而势力浸强的麓川，元朝不得不改变策略，至正十五年（1355）八月，"云南死可伐等降，令其子莽三以方物来贡，乃立平缅宣抚司"[4]。将麓川及其侵占的平缅路等地设为平缅宣抚司，这实际上是对麓川势力的一种妥协，其后果是，麓川、平缅地区连为一体，麓川势力内部整合完成，形成一个自成地理单元的强大地方势力，对抗中央王朝。平缅宣抚司（1355—1381年）隶于云南行省，领属不详。其治所、辖境史无确载，但至少应该包括麓川路和平缅路之地。

二、明代麓川地区行政区划变迁及相关地名考论

元末明初，在元代云南行省的范围内发展起三大势力：滇中、滇东控制在元宗室梁王手中，大理段氏盘踞滇西，怒江以西至伊洛瓦底江上游则成为麓川的势力范围。洪武十四年（1381）明朝取得平定云南的统一战争胜利不久，就面临着麓川势力扩张侵扰和西南边疆可能发生分裂的严重局面。

[1] 黄缙：《金华黄先生集》卷七《诏谕云南土官等诏》，此为黄缙为朝廷代笔之作。

[2]《元史》卷四一《顺帝纪四》，中华书局，1976年，第877页。

[3] 钱古训、李思聪：《百夷传》，转引自方国瑜主编《云南史料丛刊》第三卷，云南大学出版社，1998年，第38页。

[4]《元史》卷四四《顺帝纪七》，中华书局，第926页。《元史·百官志》作"平缅宣抚司"。方国瑜考证，当为"平缅宣慰司"。详见方国瑜：《元代云南行省傣族史料编年》，《云南史料丛刊》第三卷，云南大学出版社，1998年，第38页。

洪武十五年（1382）明朝在麓川地设平缅宣慰司和麓川府[1]。洪武十六年（1383）朝廷遣使与各将论麓川事。《太祖洪武实录》卷一五五载："洪武十六年（1383）六月己亥，遣使赍敕谕征南将军颍川侯傅友德、左副将军永昌侯蓝玉、右副将军西平侯沐英曰：近询知死可伐之地有三十六路，在故元时，皆设官守之，其地后为蛮人所专，已四十年，继又侵楚雄之西南远干、威远二府，梁王力不能制，终为蛮夷所有，以此观之，云南不可不备。边事机密，自宜审度，若死可伐不必备，大军可回也。"[2]洪武十七年（1384），麓川思伦发降，遣使入朝献方物，上元朝所授宣慰使司印，明朝于其地设平缅军民宣慰使司。不久，思伦发又遣使入贡，明朝改置麓川平缅军民宣慰使司，管辖麓川、平缅地区[3]。但麓川势力并没有就此臣服于朝廷，洪武十八年（1385）思伦发率众寇景东，并相继控制怒江以东的孟定、孟连、大侯（今云县）、湾甸、镇康，澜沧江以东的威远（今景谷）、镇沅、者乐（今镇沅县恩乐）等地，明朝发动"景东之役"，击退内侵的麓川军队。尔后为防范麓川，明朝连续三年向云南增兵，将麓川势力遏制于麓川、平缅一带（今云南陇川、瑞丽），暂时缓解边疆危机[4]。永乐、宣德年间麓川相对平静，根据《明史·云南土司传》统计，从永乐元年（1403）到宣德元年（1428），麓川思氏向明朝朝贡为七次，分别在永乐元年、五年、六年、七年、九年、十一年、二十年。这期间没有思氏"为叛"的记载。

经过多年的蛰伏和养精蓄锐，到明英宗正统初年麓川势力再一次强盛起来，对其周边地区构成强大的威胁。《明史》记载："任发袭为麓川宣慰，狡狯愈于父兄，差发金银，不以时纳，朝廷稍优容之。会缅甸之危，任发侵有其地，遂欲尽复其故地，称兵扰边，侵孟定府及湾甸等州，杀掠人民。而南甸知州刀贡罕亦奏麓川夺其所辖罗卜思庄等二百七十八村。""时任发兵愈横，犯景东，剽孟定，杀大侯知州刀奉汉等千余人，破孟赖诸寨，孟琏长官司诸处皆降之。"[5]边境各土司"助其凶暴，亲率蛮寇来侵金齿（今云南保山市地区）"[6]，西南边境线处于相当危急的状态，这自然引起了明朝统治集团的关注，麓川势力既不可挡，云南总兵官沐晟上奏朝廷"乞调大军剿之"[7]，由此引发了一场关于是否用兵麓川的大讨论[8]。讨论的结果，明朝于正统六年（1441）正月乙卯，"命定西伯蒋贵佩平蛮将军印，充总兵官，都督同知李安充左副总兵……行在兵部尚书兼大理寺

[1]《明史》卷四六《地理七·云南》，中华书局，1974年，第1193—1194页。

[2]《明太祖洪武实录》卷一五五，《明实录有关云南历史资料摘抄》，云南人民出版社，1959年，第54页。

[3]《明史》卷三一四《云南土司二》，中华书局，1974年，第8111页。

[4] 陆韧：《变迁与交融——明代云南汉族移民研究》，云南教育出版社，2001年，第13—25页。

[5]《明史》卷三一四《云南土司传·麓川》，中华书局，1974年，第8117页。

[6]《明英宗正统实录》卷四三，《明实录有关云南历史资料摘抄》，云南人民出版社，1959年，第550页。

[7]《明英宗正统实录》卷四三，《明实录有关云南历史资料摘抄》，云南人民出版社，1959年，第550页。

[8] 明正统间"三征麓川"的讨论，详见陆韧：《泛朝政化与史料运用的偏差对边疆史地研究的影响——以明代"三征麓川"的研究为例》，《中国边疆史地研究》2010年第1期。

卿王骥总督军务，统率大军征讨麓川叛寇思任发”[1]。拉开了三征麓川的序幕。从正统六年（1441）到十三年（1448），王骥三次出师，屡战屡捷，摧垮了麓川思氏的势力[2]。

明代“三征麓川”，结束了麓川势力在西南边疆称雄割据的状态，麓川残余势力被明朝限制在大金沙江（今伊洛瓦底江）以西。明朝在反对麓川势力扩张和征讨麓川的过程中，进行了一系列整合边疆、加强边疆控制和推动边疆社会经济发展的行政区划调整。麓川地区的行政区划，初为平缅宣慰司（1382—1383）、麓川府（1382—1383）；麓川势力最盛时设置麓川平缅军民宣慰司（1384—1440）；“三征麓川”过程中设陇川宣抚司（1444—1659）加以控制。现将各个行政区划分述如下。

平缅宣慰司（1382—1383），正式设置于洪武十五年（1382）闰三月，属云南布政司，领属不详。《明史·地理志》：“元平缅路，在陇把东北。洪武十五年（1382）闰三月置平缅宣慰使司”[3]。从承袭关系上看，平缅宣慰司的辖境与元平缅路（1276—1381年）同，为今云南省陇川县全境和梁河县南部；其治所也和平缅路治相同，在今云南陇川县治城子镇。

麓川府（1382—1383）的设置在洪武十五年（1382）三月，属云南布政使司，领属不详。《明史·地理志》：“元麓川路在陇把南，洪武十五年（1382）三月为府，未几府废。”[4]从承袭关系上看，麓川府辖境与元麓川路（1276—1381年）同，包括今云南瑞丽市、潞西县西部遮放及缅甸部分地区。其治所在猛卯，今云南瑞丽市西郊。《明史·地理志》：“元麓川路在陇把南……十七年（1384）八月为麓川平缅军民宣慰司治所。正统中，司废，曰平麓城，亦曰猛卯城。”[5]《永昌府志》载腾越厅辖下的猛卯安抚司条：“有上城，乃前明巡抚陈用宾所筑也。”[6]

麓川平缅军民宣慰司（1384—1440年），设置于洪武十七年（1384）八月甲午，属云南布政司。《明史·地理志》：“陇川宣抚司，本麓川平缅军民宣慰使司。……洪武十五年（1382）闰三月置平缅宣慰使司。三月又改路为府，未几府废。十七年（1384）八月丙子升司为平缅军民宣慰使司。甲午改麓川平缅军民宣慰使司，省麓川路入焉。”[7]又《明史·土司传》载洪武十七年（1384）八月，“伦发遣刀令孟献方物，并上元所授宣慰使司印。诏改平缅宣慰使为平缅军民宣慰使司……寻改平缅军民宣慰使司为麓川平缅军民宣慰使司。麓川与平缅连境，元时分置两路以统其所部，至是以伦发遣使贡，命兼统麓川之

---

[1] 《明英宗正统实录》卷七五，《明实录有关云南历史资料摘抄》，云南人民出版社，1959年，第586页。

[2] “三征麓川”之事迹，详见《明史》卷三一四《云南土司二》、《元史纪事本末·麓川之役》、《英宗实录》等记载。

[3] 《明史》卷四六《地理七·云南》，中华书局，1974年，第1193—1194页。

[4] 《明史》卷四六《地理七·云南》，中华书局，1974年，第1193—1194页。

[5] 《明史》卷四六《地理七·云南》，中华书局，1974年，第1193—1194页。

[6] 《永昌府志》卷三七《秩官志·土司》，《中国西南文献丛书》（第一编）卷三〇，兰州大学出版社，2004年，第200页。

[7] 《明史》卷四六《地理七·云南》，中华书局，1974年，第1193—1194页。

地”[1]。据此，洪武十七年（1384）八月置麓川平缅军民宣慰使司，平缅宣慰司、麓川府省入。麓川平缅军民宣慰使司的辖境，包括元代的麓川路和平缅路，约为今云南陇川县、瑞丽市、潞西县遮放及缅甸部分地；其治所与麓川府同，在猛卯，即今云南瑞丽市西郊。此次改置，实际上是麓川以其强盛的势力迫使朝廷向他让步，以行政区划的形式承认其核心区的范围。正统六年（1441），明朝举全国之力征讨麓川，将思任发击败并驱逐出其核心区，于是明朝运用行政区划手段废思任发宣慰使之职，并废麓川平缅军民宣慰司。《读史方舆纪要》：“明朝洪武十七年（1384）置麓川平缅军民宣慰使司，正统三年（1439）土酋思任发叛，六年（1441）讨平之，遂革宣慰司。”[2]《明史·地理志》所载同。

陇川宣抚司（1444—1659年），设置于正统九年（1444）九月己亥，隶于云南布政司，领属不详。《明史·地理志》：“陇川宣抚司，本麓川平缅军民宣慰使司。正统六年（1441）废，九年（1444）九月改置，治陇把。”[3]陇川宣抚司的辖境，为原麓川平缅军民宣慰使司辖地，约在今云南陇川县、瑞丽市、潞西县遮放地区及缅甸部分地区。《明史·地理志》：“陇川宣抚司……又东南有遮放城，万历十二年置宣抚副使于此。北有马鞍山。西北有大金沙江。又有麓川江，即陇川江，自南甸流入，与芒市分界，西南入于大金沙江。东北距布政司六十六程。”[4]《明一统志·云南布政司》记载：“陇川宣抚司，东至芒市长官司界，南至木邦宣慰司界，西至干崖宣抚司界，北至南甸宣抚司界。”[5]陇川宣抚司的治所在陇把，今云南陇川县西南14公里陇把镇。《永昌府志》载正统六年（1441）“兵部尚书王骥进征（麓川），大破之。十一年改麓川为陇川，设宣抚司于陇把，与南甸、干崖合为三宣，屏蔽永腾”[6]。本条记载的年代与《明史》记载有出入，此处暂且不论。陇川宣抚司是在王骥第二次征麓川取得重大胜利后设置的，这样就将麓川势力核心区域的行政区划从宣慰司降为宣抚司，更有利于控制。

三、清代麓川地区行政区划变迁及相关地名考论

公元1644年，清军入关。顺治十六年（1659）清军攻克云南，设官置吏，逐渐将其统治深入到边疆地区。

顺治十六年（1659）仍在明代陇川宣抚司地设置陇川宣抚司，隶于永昌府，并一度为腾越直隶厅的下属土司政区；领属不详。《清史稿·世祖本纪二》：顺治十六年春正月，

[1]《明史》卷三一四《云南土司二》，中华书局，1974年，第8111页。
[2] 顾祖禹：《读史方舆纪要》，中华书局，第5218页。
[3]《明史》卷四六《地理七·云南》，中华书局，1974年，第1193—1194页。
[4]《明史》卷四六《地理七·云南》，中华书局，1974年，第1193页。
[5] [明]李贤等撰：《明一统志·云南布政司》，方国瑜主编《云南史料丛刊》第七卷，云南大学出版社，2001年，第218页。
[6]《永昌府志》卷三七《秩官制·土司》，《中国西南文献丛书》（第一编）卷三〇，兰州大学出版社，2004年，第200页。

“庚子，多尼克云南，以捷闻”[1]。《清史稿·地理志》永昌府条载：“陇川宣抚司，隶腾越厅……明置麓川平缅军民宣抚司。正统十一年改置，治陇把，与干崖、南甸称为三宣抚，后入于缅。顺治初复置，隶腾越。土官多氏世袭。”[2]《腾越州志》载腾越厅：“其所控制，则南甸、干崖、陇川、盏达、猛卯、户撒、腊撒、遮放、芒市、潞江、耿马、孟艮、孟定、镇康、湾甸、孟琏共十六土司。所有土司，并原为金齿司地。”[3]陇川宣抚司本隶于永昌府，它属于腾越直隶厅的时间很短暂，在嘉庆二十五年至道光二年，之后又随着腾越厅降为散厅而重新隶于永昌府。《清史稿·地理志》载：“永昌府，明为军民府……顺治十六年，凤溪、施甸二长司省入。乾隆三十年削‘军民’字。三十五年置龙陵。嘉庆中，腾越升直隶厅。道光二年降……领厅二……宣抚司五……龙陵厅……腾越厅……陇川宣抚司。”又载：“腾越厅，明属永昌府。嘉庆二十五年升直隶厅。道光二年，降厅。光绪间开埠通商。”[4]

陇川宣抚司的辖境已缩小到今云南陇川县。首先，猛卯地（今瑞丽县境）脱离了陇川宣抚司，隶于永昌府。《清史稿·地理志》云南永昌府条记载：“猛卯安抚司，本木邦地，明析置蛮莫宣抚司。万历三十年改土酋长。顺治初复置。十六年改今名。土司思姓。”[5]《明史·地理志》陇川宣抚司载：“（洪武）十七年八月为麓川平缅军民宣慰司治所，正统中，司废，曰平麓城，亦曰猛卯城，万历十二年置宣抚同知于此。”[6]《道光云南志钞·土司志上》：“猛卯安抚司土官衎连，所治本麓川地，故平麓城也。明万历初，分陇川，副使多恭居遮放，同知多俺居猛卯……缅酋莽应里猖獗，多俺为其耳目，引之寇边，陇川宣抚多思顺患之，乃……击多俺……十二月，多俺纠众袭遮放，败还，不复归猛卯，投木邦……永昌同知漆文昌……斩之（多俺）。乃筑堡于猛卯，号平麓城。”此后陇川地曾一度为孟密头目思正占据，思正见杀于缅，立其弟思忠，但缅又夺地，思忠退居干崖之蛮洒寨。“会巡抚周嘉谟……筹于平麓城屯田，请以思忠安置猛卯开屯，改姓衎，名衎忠……授安抚司安抚使。”衎氏从此世袭，到清朝，“（衎）瑄投诚，仍授世职”[7]。其次，遮放（今潞西县遮放）也脱离了陇川宣抚司，改隶永昌府龙陵厅。《清史稿·地理志》永昌府：“龙陵厅，明猛弄司。乾隆三十五年置同知，徙驻。……南：遮放副宣抚司，本陇川宣抚司地，明万历十二年以多恭为副宣抚使，管遮放。今因之。”[8]如上述陇川宣抚司言，猛卯安抚司和遮放副宣抚司也曾一度于嘉庆二十五年至道光二年隶属

[1]《清史稿》卷五《世祖本纪二》，中华书局，1977年，第154页。

[2]《清史稿》卷七四《地理志·云南》，中华书局，1977年，第2332-2333页。

[3] 方国瑜：《中国西南历史地理考释》（下），中华书局，1987年，第854页。

[4]《清史稿》卷七四《地理志·云南》，中华书局，1977年，第2330页。

[5]《清史稿》卷七四《地理志·云南》，中华书局，1977年，第2333页。

[6]《明史》卷四六《地理七·云南》，中华书局，1974年，第1194页。

[7] 刘景毛点校：《道光云南志钞·土司志上》，云南省社会科学院文献研究所，1995年，第358页。

[8]《清史稿》卷七四《地理志二十一·云南》，中华书局，1977年，第2331页。

于腾越直隶厅。

清代陇川宣抚司，治所与明陇川宣抚司同，治陇把，今云南陇川县西南14公里陇把镇。

四、元明清时期麓川地区行政区划变迁的内涵

元明清时期麓川地区的行政区划经历了较为频繁的变迁，作为中国西南边疆重要的前沿阵地之一，麓川地区是中国领土中不可不引起重视的一部分；而作为中国西南少数民族集中的区域，麓川地区自元朝以来接受中央王朝的统治，与内地的联系逐渐紧密，跟之前的朝代相比不可同日而语。因此，在分析麓川地区行政区划变迁的内涵时，必须将其置于中央王朝的整体行政区划体系之下来考察。为便于分析，现将麓川地区在元明清时期的行政区划变迁概况列表如下：

元明清时期麓川地区行政区划沿革表

政区	隶于	领属	治所	辖境	相关背景
麓川路（1276—1381年）	金齿等处宣抚司（1276—1354年）；平缅宣抚司（1355—1381年）	无	猛卯（1276—1343年）；者阑（今姐勒，1344—1381年）	今瑞丽市和遮放地，以及缅甸部分地区。	元初招讨征服西南地区；后期麓川势力坐大，设平缅宣慰司以羁縻之。
平缅路（1276—1381年）			今云南陇川县治城子镇	今梁河县南部和陇川县全境。	
麓川府（1382—1384年）	云南布政司	无	今云南瑞丽市西郊	今瑞丽市和遮放地，以及缅甸部分地区。	明初克平云南。
平缅宣抚司（1382—1383年）			今云南陇川县治城子镇	今梁河县南部和陇川县全境。	
麓川平缅军民宣慰司（1384—1440年）	云南布政司	无	今云南瑞丽市西郊	今云南陇川县、瑞丽市、路西县遮放及缅甸部分地。	思伦发势力扩大，明被迫命其兼统麓川地。

续表：

陇川宣抚司（1444—1659年）	云南布政司	无	陇把（今云南陇川县西南14公里陇把镇）	今云南陇川县、瑞丽市、潞西县遮放及缅甸部分地。	王骥“二征麓川”告捷，降麓川宣慰司而设。
陇川宣抚司（1660—1912年）	永昌府（1660—1818年）；腾越厅（1819—1821年）；永昌府（1822—1912年）	无	陇把（今云南陇川县西南14公里陇把镇）	今云南省陇川县。	清加强边疆控制举措。

政区层次级数的变化是地方行政制度变迁的核心之一。政区层级演变的过程集中体现了中央集权与地方分权之间此消彼长的关系[1]。元朝的行政区划层级有两个基本特点，一是层级多，二是层级之间存在复式的统辖关系。元朝在内地的行政区划大致情况是：设行省隶于中央，行省辖路，路辖府，府辖州，州辖县，除此以外，还有以路辖州或辖州再辖县，或以路辖县，以府辖县等多种形式[2]。而在边疆少数民族地区，元朝开始实行土司制度，设达鲁花赤与土官共治，土司机构包括宣慰司、宣抚司、安抚司、招讨司等。宣慰司是宣慰使司的简称，始于唐而盛于元，元代宣慰司在不同的阶段有不同的级别和职能，大体上，中统年间的宣慰司具“监司”性质；至元元年至十年的宣慰司是处理军政事务的临时机构，作为行中书省的补充而设置；至元十五年以后的宣慰司是行省等属下的分治机构[3]。本文中所涉及的宣慰司均属于第三种，即行省等属下的分治机构。《元史·百官志》说：“宣慰司，掌军民之务，分道以总郡县，行省政令则布于下，郡县有请则为达于省，有边陲军旅之事，则兼都元帅府，其次止为元帅府。其在远服，又有招讨、安抚、宣抚等使，品秩员数，各有差等。”[4]由此看来，设在边疆地区的各土司之间并没有明确的上下级隶属关系，但是根据各土司官员的品级，大概可以看出它们各自受重视的程度。据《元史·百官志》记载，宣慰使司及与它同级的宣慰司都元帅府、宣慰司兼管军万户府，秩从二品；宣抚司、安抚司、招讨司秩正三品[5]。他如土路、土府等，本文暂不论及。

元朝在麓川地区设置麓川路、平缅路。公元1276年—1354年两路隶于金齿等处宣抚

[1] 周振鹤：《中央地方关系史的一个侧面——中国历代地方政府层级变迁的分析》，《周振鹤自选集》，广西师范大学出版社，1999年，第71页。

[2] 周振鹤：《中央地方关系史的一个侧面——中国历代地方政府层级变迁的分析》，《周振鹤自选集》，广西师范大学出版社，1999年，第84页。

[3] 周振鹤主编，李治安、薛磊著：《中国行政区划通史·元代卷》，复旦大学出版社，2009年，第4-9页。

[4] 《元史》卷九一《百官志七》，中华书局，1976年，第2308页。

[5] 《元史》卷九一《百官志七》，中华书局，1976年，第2309-2310页。《新元史》卷六二《百官志八》记招讨司秩正五品，此处采用《元史》的说法。

司，1355年—1381年隶于平缅宣抚司。而金齿等处宣抚司隶于云南行省金齿等处宣慰司都元帅府。与内地行政区划相参照，云南行省是高层政区，金齿等处宣慰司都元帅府相当于统县政区，金齿等处宣抚司相当于县级政区，则麓川路、平缅路相当于县辖政区。改隶平缅宣抚司后，地位有所上升，而其县辖政区的性质未变。

明朝在元朝的基础上增加了高层政区的数量，相应地减少了行政区划的层级。设立两京十三布政使司，改元朝的路为府，隶于布政司；将州分为直隶于布政司的州和隶于府的州两层；仍设县隶于府或州。虽然以布政使司作为第一级地方行政区划，但是实际上最高一级的地方权力分散在都指挥使司、布政使司和按察使司手中。在边疆地区，明朝也实行土司制度，且明朝的土司制度比元朝的要成熟得多，较为完备，土司机构有：宣慰使司、宣抚司、安抚司、招讨司、长官司、蛮夷长官司、军民府、土州、土县，此外还有都司卫所。明朝相同土司机构官员的品级有所下降：《明史·职官一》载："宣慰司，俱从三品（元朝宣慰司从二品）……宣抚司，俱从四品（元正三品）……招讨司、安抚司，俱从五品（元正三品）。"[1]可见同样的土司名目，在明朝地位就不及元朝。

明洪武十五年（1382）设麓川府和平缅宣慰司，十七年（1384）设平缅军民宣慰使司，不久改为麓川、平缅宣慰使司，隶于云南省都指挥使司，属云南布政使司辖区。明代宣慰使司级别相当于统县政区，其长官秩从三品。麓川、平缅宣慰使司于正统六年（1441）废，正统九年（1444）立陇川宣抚司，隶于云南布政司，论级别仍是统县政区，但其长官秩从四品，说明其地位已经大不如前。

到了清朝，行政区划体系又回到三级制。康熙时将明朝的十五省析置为十八省，雍正间进一步将行政区划层级调整为省—府—县三级，与府同级的有直隶州和直隶厅，与县同级的有散州和散厅。清代土司制度基本上沿袭明朝旧制，土司名目和层级都没有明显的改变。只是清代土司的承袭办法比明代更加严格和规范，体现了中央政府对土司控制的逐步严密[2]。清顺治年间设陇川宣抚司，隶于云南省永昌府[3]，相当于县级政区；陇川宣抚司曾一度隶于腾越直隶厅，仍类似于县级政区。

综合上面的分析不难看出，麓川地区的政区地位，在明朝最高，元朝次之，清朝再次之。究其原因，元代招降金齿百夷各部落，麓川地区初降，麓川路和平缅路还是由几个相互邻近而分散的白夷部落组成，势力还很薄弱，中央政府设金齿等处宣抚司以统之。但

[1]《明史》卷七二《职官一》，中华书局，1974年，第1747页。

[2] 元明清时期政区层级和土司制度，详见周振鹤：《中国地方行政制度史》，上海人民出版社，2005年，第74—79页、第382—387页。

[3] 清代的统县政区有府、直隶州与直隶厅。府的长官为知府，首都所在府的长官则称府尹，与明代相同。府的佐贰有同知、通判、推官等。推官后来省去。知府一人，同知、通判无定员。下属有经历、照磨、司狱各司。知府总一府政事，同知、通判分掌粮、盐、督捕、江海防务、河工、水利、清军理事等事务。又，裁省推官以后，同知、通判多被派遣到府境内分防，久之，其分防地逐渐形成府以下的一种新的行政单位，称为厅。另外，在边陲少数民族地区不宜设置州县者，也设厅，而由同知或通判主领其事。厅有散厅与直隶厅之别。散厅等同于县，直隶厅与直隶州一样，直属于省，但很少有直辖县者。参见周振鹤：《中国地方行政制度史》，上海人民出版社，2005年，第194—195页。

是随着元朝征缅战争的推进，麓川势力不断成长，到元末中央政府也不能坐视其侵夺周围路甸的行为，于是派兵征讨，但遭到挫折，后来不得不退一步，以麓川及其吞并的平缅等地设平缅宣抚司，此时它的地位就提高了。明朝初年迫于麓川的压力，对其政区设置屡次更改，先是洪武十五年（1382）设平缅宣慰司和麓川府；洪武十七年思伦发降，于其地设平缅军民宣慰使司；而不久思伦发又遣使入贡，明朝改置麓川平缅军民宣慰使司，管辖麓川、平缅地区。这实际上是明中央政府在强大的麓川势力步步进逼之下，最终以行政区划的形式承认了麓川势力核心区的范围，麓川势力处于"巅峰时段"，地位自然也很高。麓川势力因此更加有恃无恐，终于引发了"三征麓川"，在征讨麓川的过程中，中央政府取得了决定性的优势，于是在公元1444年将麓川势力的核心区从宣慰司降为宣抚司以便于控制，设陇川宣抚司，地位降低。清代仍设陇川宣抚司，但此时的陇川宣抚司已经是永昌府下辖的众多土司之一。雍正、乾隆年间大力推行的"改土归流"，似未及麓川地区，《清史稿》载："其土官衔号，曰宣慰司，曰宣抚司，曰招讨司，曰安抚司，曰长官司。以劳绩之多寡，分尊卑之等差……今之土司未改流者……（云南）宣抚使五……曰陇川……副宣抚使二曰遮放……安抚使三……曰猛卯。"[1]尽管如此，麓川地区也已经处于中央政府牢牢的控制之中，"凡宣慰、宣抚、长官等司之承袭隶兵部，土府、土州之承袭隶吏部。凡土司贡赋，或比年一贡，或三年一贡，各因其土产，谷米、牛马、皮、布，皆折以银，而会计于户部。"[2]不仅土司承袭要通过兵部，且其贡赋的缴纳也规范了许多。因此，清代陇川宣抚司、遮放副宣抚司、猛卯安抚司的地位也就降低了。

从政区辖地范围来看，元代麓川路、平缅路（1276—1381年）辖境相当于今瑞丽市、潞西县遮放、梁河县南部、陇川县全境和缅甸部分地区。明麓川平缅军民宣慰司（1384—1440年）及陇川宣抚司（1444—1659年）地域范围相当于今云南陇川县、瑞丽市、畹町市、潞西县遮放及缅甸部分地；清陇川宣抚司辖境只相当于今云南省陇川县。麓川地区的政区辖境从元朝到清朝呈现逐渐缩小的态势，而政区本身受朝廷的控制越来越紧，这也是国家加强中央集权的重要表现。

结语

元明清时期麓川地区行政区划的调整和演变，一方面与中央王朝的整个政治、经济、军事管理体系都有密切联系，它作为整体行政区划系统中的一个必要环节而存在，不可或缺；另一方面，边疆的重大历史事件及边疆危机，都会影响到行政区划的设置及调整，麓川地区在明初势力坐大，胁迫明朝以行政区划形式来确认其核心地理范围，从而设置麓川平缅军民宣慰使司就是一例。同时，地方行政区划调整也与其自身的社会经济、文化发展

[1]《清史稿》卷五一二《土司传一》，中华书局，1977年，第14206页。
[2]《清史稿》卷五一二《土司传一》，中华书局，1977年，第14207页。

程度息息相关，中央王朝也总是考虑各种因素，“因地制宜”，建立起与其发展程度相适应的政区制度。另外，麓川地区在元明清时期的行政区划演变过程，实际上也是中国西南边疆逐渐形成过程中重要的一环，今天中缅边境线就是在此基础上，综合后来各种因素逐渐形成的。

河湖水患与明代云南若干政区治所的迁徙

陈庆江

（云南大学人文学院历史系　昆明　650091）

作为政区的统治中心，治所的稳定与否对于政区的行政统治，尤其是治所城镇的兴衰演变，无疑会产生十分重要的影响。而治所的地理环境对于治所自身的稳定与否又往往具有很大的制约作用。治所的地理环境包括诸要素，水是诸要素中的一个重要因子，它内在地制约着治所的发展历程。为满足供水需求，历代政区治所中濒湖临流的很多。但或因选址时对其地理环境的认识不甚充分、科学而导致治所位置不恰当，或未能对治所周围水体进行必要而适时有效的治理，历史上往往出现治所因遭水患而发生迁徙的现象。明代，云南有若干政区治所即因河湖水患而导致城池范围的局部变动或整体迁徙，其中几个治所的迁徙还不只一次。它们的迁徙，在明代云南政区治所的发展历程中颇具典型意义，探究其迁徙情形，有利于深入认识政区治所生存发展与水环境的关系，总结经验教训，为今天的城镇建设提供借鉴。

一

明代云南的政区治所，因湖泽水患而导致城池范围局部变动或整体迁徙的，府、县两级都有。府级政区治所有云南府治、陆凉卫治，县级政区治所有江川县治。

（一）云南府城池范围的变动

昆明城元朝时已是全省的统治中心，称中庆城，筑有城池。至明代称云南府城，以府治兼作省治，明统治云南之始的洪武十五年（1382），它又改筑了城池。但具体考察元明两代城池的范围，则既有叠合的部分，又有伸缩变动的部分。元中庆城的城池范围，北面所至是较为清楚的。元支渭兴《重修五华寺记》说：至元十四年（1277），“忽哥赤云南王、平章赛典赤公及都凹麻师，为保国安民之计，于中庆城北隅高阜之上创建五华大殿，扁曰悯忠寺”[1]。寺所在之地明初称悯忠山，景泰《云南图经志书》说寺在山之巅[2]。此山后改五华山，相沿至今。另外，元延祐年间，李源道所撰《创修圆通寺记》中说：“滇城之北陬一里许，有岩曰盘坤”，“下且衍，可广可栖，有寺曰圆通”[3]。由以上记载可知，中庆城北面大约到今五华山山脊稍北一线。其南面所至，方国瑜先生认为“过金碧路，又经巡津街，过东寺街，接西城垣”[4]；李孝友先生《昆明风物志》所附《南诏大理元明期间昆明建城沿革示意图》中，中庆城南至东、西寺塔以南；《昆明市志长编》谓中庆城“南端为土桥”[5]。其东面近盘龙江，西面大约在今福照街至鸡鸣桥一线。明云南府城以五华山及其以南一片区域为中心，其城垣东面近盘龙江，大体为今青年路一线，南面在今南屏街至近日公园一线，西面经今东风西路、小西门至师大附中门口附近，北面为今云南大学熙苑至物理馆、三十中门口、圆通山北侧一线。

显然，明云南府城较之于元中庆城南面有较大退缩，而北面却有较大扩展，将圆通山、翠湖及翠湖以西以北都包纳进了城内。为什么会发生如此改动呢？除当时的城池建设思想、城池防御需要等因素外，地理因素起着重要作用，具体一点说，这种变动很大程度上乃是由这座城池的水环境所致。从大的区位上讲，城池建在滇池北岸宽阔的坝子中，背靠巍峨雄峻的蛇山，面向茫茫数百里滇池，东面地势开阔，西面是宽广的草海水域，位置是很理想的。但是，元明时滇池水位比现在高，水域比现在宽广：《昆明市水利志》按有关资料推算出元时滇池的平常水位为1888.5米[6]；据方国瑜先生研究，元初及其以前一段时间，滇池水位汛期常达1890米以上[7]；朱惠荣先生提出：“那时翠湖与滇池连在一起，成为巨大的滇池水域的一部分。”[8]元中庆城从五华山往南，地势逐渐倾斜，南半城池内的不少地方海拔低于1890米，雨季易遭滇池水患乃属必然。文献记载明确反映了这一点：公元1254年元兵攻昆明城（时称押赤城），那时“城际滇池，三面皆水，既险且坚”[9]；元初赛典赤治滇，“昆明池口塞，水及城市，大田废弃，正途壅底”[10]，故而命张立道主持开挖海口以泄湖水；《元史·张立道传》叙述张立道治理滇池的背景时说，“滇池环五百余里，夏潦暴至，必冒城郭”。虽然具体情形文献缺载，但可以肯定，元中庆城在其存在的时期中是遭受过一些水灾的。因此，明代重筑城池时就放弃了元城地势低矮的南半部而向北拓展，这既可避水患，同时也使城池地域达到一定规模以满足各种用地要求。另外，五华山、圆通山、祖遍山实际上是一个地理单元，三山相连，高低错落，城池包纳整

[1] 转引自方国瑜主编:《云南史料丛刊》第三卷，云南大学出版社，1998年，第296页。
[2] 景泰《云南图经志书》卷一《云南府·寺观》。
[3] 转引自《云南史料丛刊》第三卷，第298页。
[4] 方国瑜：《建大德桥碑记概说》，《云南史料丛刊》第三卷，第283页。
[5] 昆明市志编纂委员会编：《昆明市志长编》卷二《古代·二》，1984年。
[6]《昆明市水利志》，云南人民出版社，1997年，第400页。
[7] 方国瑜：《滇池水域的变迁》，《滇史论丛》第一辑，上海人民出版社，1982年。
[8] 朱惠荣：《云南大学校址三题》，《思想战线》1984年第1期。
[9]《元史·兀良合台传》。
[10] 赵子元：《新纂云南通志》卷九二《赛平章德政碑》。

个地理单元，就占据了滇池与蛇山间的制高点，有居高临下、控驭四方的气势，不仅符合那个时代据险以守的城池建造思想，而且多样的地形使省、府治所的规划布局有更充分的余地。

（二）陆凉卫治的迁徙

明沿元置陆凉州，又于洪武末置陆凉卫，只是州、卫不同治。清康熙间裁卫，迁州治于原卫治，即今陆良县城中枢镇。那么，卫治是否一开始即在此处呢？关于它的位置，景泰《云南图经志书》说“在州（指陆凉州——引者）治西南二十五里江北乡”[1]。乾隆《陆良州志》载有卤昌城，谓其在“治之城南桥外，古名江北乡”[2]。据此可知，陆凉卫治曾在卤昌城。但正德《云南志》及后此志书中卤昌城皆列入“古迹”。这说明卫治发生了迁徙。其实，景泰《云南图经志书》成书时卫治也已发生迁徙，其所说为明初的情形。明人谭龙《重修城隍庙碑记》[3]中说：“大明洪武三十一年（1398），云南宾服，卤昌旧郡置卫曰六凉，引中涎泽水为固，筑土居之，实今之旧城也。永乐丁亥（即永乐五年，1407），有司请筑今城。”乾隆《陆良州志》也说：卫城初“建址南涧之南，易卤昌之名曰六凉”，“永乐五年（1407），徙于南涧之北，即今址也”[4]。“卤昌”后作“鲁昌”，今编《陆良县志》“文物胜迹”载有“鲁昌古城址”，其“在县城南门外，南大桥外面”，“地当中原泽（即中涎泽——引者）入南盘江之阎芳河与南盘江两流之间，北、西、南三面环水”，“其城垣因防水患之需，大都保存，北部沿南盘江岸植柳护堤，有旧城烟柳之誉称”，“1978年开挖南盘江新河道，直穿旧城”[5]。今中枢镇南1.5公里处名旧城，旧城东面略偏南1公里多处仍称鲁昌，明初的陆凉卫治即在今旧城一带。

卫治迁徙的原因，现存明代各志书皆无记载，清乾隆时所修《陆良州志》笼统地说“缘水患”[6]。具体考察卫治所处位置，便知水患是不可避免的。正德《云南志》谓：卤昌城位于“中涎泽尾，水绕城郭”[7]。中涎泽今已不存，但明代各志书中皆有记载，为南盘江流至陆凉州境潴聚所成，支汊纵横，一片汪洋，南涧自西北往东南汇入其中，卫治位于河、泽交汇处的西面。定址于此，本是为“引中涎泽水为固”，但同时也就带来了潜在的危险。所形成的“水绕城郭”之势，若是城郭地势较高而水体位置低，城郭自然不易受水的威胁，但实际情形并非如此，由今天那一带的地貌状况可以看出，当时城郭的地势不会高出湖泽水面太多。此种情况下，一遇洪涝，城郭自会遭冲淹。卫治定址于此仅十年就

[1] 景泰《云南图经志书》卷二《曲靖军民府·陆凉州》。
[2] 乾隆《陆良州志》卷五《杂志·古迹》。
[3] 乾隆《陆良州志》卷六《艺文》。
[4] 乾隆《陆良州志》卷二《建置·城池》。
[5]《陆良县志》第二十四编《文化》第三章《文物·胜迹》，上海科学普及出版社，1991年。
[6] 乾隆《陆良州志》卷二《建置·城池》。
[7] 正德《云南志》卷九《曲靖军民府·古迹》。

被迫迁徙，可以想见其水患的潜在威胁是很大的，永乐五年（1407）所遭水患大概较为严重，而且这之前很可能也遭受过水患。新迁卫治与旧治相距不远，只是迁到了南涧的北面，但地势较高而且较为开阔，不像旧治那样低而逼隘，因而水患问题就此得到了根本性的解决。

（三）江川县治的迁徙

明代江川县治原位于星云湖北，明末发生迁徙。《明史·地理志》载：江川县治崇祯七年（1634）“迁于旧江川驿”。《滇云历年传》载：“（崇祯）七年甲戌（1634），迁江川县城。”[1]迁于旧江川驿的县治稳定到1950年，即今江川县治大街镇东北16公里的江城镇，它处滇中通往滇南的交通要道上，自明初起即设驿站。崇祯间迁治后，原县治所在地称旧城或古城，康熙《江川县志》载古城以辰日为集市日期[2]，后遂以龙街相称（十二属相以辰为龙），沿而至今，其位于江城镇西南约2公里处。

崇祯七年（1634）何以要迁治呢？《明史·地理志》概略地说是因为旧治“圮于水”，《古今图书集成》说旧治“因水湮”而被放弃[3]，康熙《江川县志》说“旧治滨湖，屡遭淹没”[4]，因而崇祯中有迁治之举。按道光《澄江府志》的记载，“崇祯五年（1632），江川大水。六年（1633）大水，旧城淹没”[5]。《滇云历年传》也说崇祯六年（1633）“江川大水，淹没城垣”[6]。旧治距湖较近，由上引材料推知，大概是连年的大水导致湖水涨溢，超出正常年份的水位，淹没了治所。这样，治所的迁徙就具有了必然性。

二

明代云南因河流水患而导致迁徙的政区治所，有富民县治和邓川州治。

（一）富民县治的迁徙

富民县治在明代曾有数次迁徙，并且就可知的原因看都直接由水的问题所致。但明代云南若干志书对富民县治的迁徙都无记载，只有天启《滇志》反映了这一问题而又不完

---

[1] 李埏校点：《滇云历年传》卷九，云南大学出版社，1992年，第492页。
[2] 康熙《江川县志·市肆》。
[3] 《古今图书集成·方舆汇编职方典》第一四九六卷《澄江府城池考》。
[4] 康熙《江川县志·城池》。
[5] 道光《澄江府志》卷二《灾祥》。
[6] 《滇云历年传》卷九，第491页。

全，且时间有误（见后），其谓富民县县署洪武中建，万历三十五年（1607）毁于战火，两年后重建，至万历四十八年（1620）又“改建于北山高阜处”[1]。《读史方舆纪要》更为清楚地反映了它的迁徙情形，不过仍有缺漏，其谓县“旧治在安宁河南梨花村旁，寻徙大河北。明朝嘉靖中，以河流泛溢，复迁河南土王村。万历中，复徙治大河北”，“即今治也”[2]。所说大河即螳螂川，安宁河之名今已不存，它当是螳螂川的一条支流，一些旧志误认为是元江的支流。“安宁河南梨花村旁”的“旧治”即今富民县治永定镇东南2.5公里处的旧县，其处富民坝子南缘，东北数百米的村庄今仍名梨花村。康熙《富民县志》、《古今图书集成》有富民县城池“旧建天马山之阳”之说[3]，与“旧治”所指同为一地，今旧县村所倚之山仍名天马山。县治由梨花村旁徙于螳螂川北的原因史无明载；所迁地点，据有关记载为今县城所在地，处近河地带；徙治的时间难以确考，但县治立于梨花村旁一般认为始于元至元中置县时，若按《读史方舆纪要》所说“寻徙大河北”，则徙治当在元时。

县治迁到“大河北”后，稳定了相当长时间，至明嘉靖年间才又发生了迁徙，原因是螳螂川泛滥为患。稳定了相当长时间的治所何以此时会遭水患而须迁徙？除异常的气候因素外，恐治所徙此后周围地理环境因人的活动而发生了较多改变是一个原因。具体迁徙时间不明确，康熙《富民县志·祥异》谓嘉靖三十年（1554）县“大雨弥月，湮没田庐”，徙治或即其时。所迁之地“河南土王村”今无考，疑《读史方舆纪要》记载有误。然而嘉靖间所迁治所未能稳定多长时间，至万历中县治又有迁徙，且非如《读史方舆纪要》所说的仅只一次。按康熙《富民县志》记载，先是万历初年重新“迁于大河北”，不久“因水患复迁于土主峰东三里许”[4]。“土主峰东三里许”之地是哪里呢？《古今图书集成》说，万历中迁于螳螂川北岸后，“因水患复迁北山高阜处”[5]，前引天启《滇志》说万历末年改建县署于“北山高阜处”。三书所说当是同一次迁徙，“土主峰东三里许”应即“北山高阜处”，今县城永定镇西北不到1公里处的旧城即其地。《富民县地名志》（1985年12月印）“旧城”释文说：其“曾名下文明”，“明朝万历初期，富民县城迁于此地”。旧城西北1公里多处今有上文明村，因村中原有土主庙一间，故旧称土主庙村，前引《富民县志》所说的土主峰应即村旁的山峰。“土主峰东三里许”之地没有了水患之忧，然而地势高崇，用水又成了问题，于是“寻以远汲不便，万历甲寅（万历四十三年，1614）县令许成德仍迁于河北旧址，即今治”[6]。须得说明的是，天启《滇志》虽然反映了县治曾迁于“北山高阜处”的情况，但时间是错误的，因为在其所说的时间之前县治已

[1] 天启《滇志》卷三《建设志》第三《云南府·富民县》。
[2]《读史方舆纪要》卷一一四《云南府·富民县》。
[3] 康熙《富民县志·城池》，清康熙五十一年刻本，《古今图书集成·方舆汇编职方典》第一四五八卷《云南府城池考》。
[4] 康熙《富民县志·城池》。
[5]《古今图书集成·方舆汇编职方典》第一四五八卷《云南府城池考》。
[6] 康熙《富民县志·城池》。

迁回“河北旧址”。

（二）邓川州治的迁徙

明代在洱海以北今洱源县邓川坝子中置邓川州。两百多年间，州治数经迁徙，至明末才稳定下来。

先来看几种记载。天启《滇志》说，“州治在府北九十里。万历二十八年（1600）山水冲没，今改迁来凤冈”[1]。《肇域志》援引此说。《徐霞客游记》说，州治“昔年迁于德源城，以艰于水，复还故处”[2]。《读史方舆纪要》谓：“志云，州水患频仍，迁徙靡定。旧无城郭，崇祯十三年（1640）迁治邓川驿，始建土城，周六里有奇，未竟复为山水决坏。”[3]《古今图书集成》说：旧治“旧以水患频迁”，又说州治“明万历间山水冲没。凡四迁，崇祯年知州敖洪贞迁建于来凤冈”[4]。

以上天启《滇志》、《肇域志》、《徐霞客游记》的记述只反映了部分情况，《读史方舆纪要》虽谓州治“迁徙靡定”，但未有详说，《古今图书集成》说州治“凡四迁”不确，说“敖洪贞迁建于来凤冈”则误。根据各种材料可考知，明邓川州治共历七次迁徙，除其中两次迁徙原因不甚清楚外，其余各次或因直接水患，或因潜在的水患威胁，或因地高无水。

第一次迁徙在洪武年间。隆武《邓川州志》载：“元，段氏在中所作州。洪武初改为寺寨铺，迁州于玉寨乡。”[5]景泰《云南图经志书》谓邓川州“州治在玉泉乡”，“洪武二十三年（1390）建置”[6]，正德《云南志》州治“旧在玉泉乡，洪武十七年（1384）建”[7]。中所今仍名，在洱源县邓川镇西北9公里处，属右所乡。玉寨乡、玉泉乡当即一地，景泰《云南图经志书》载德源城位于州治东十里[8]，德源城遗址今存，在今邓川镇东北1公里的鼎胜山上，位于西湖之东，据此则玉泉乡的旧治在今西湖之西，具体地点难以确指。玉泉乡的治所“成化间圮于流潦，迁于象山之坪”[9]。关于成化间的水患，咸丰《邓川州志》记载：“成化十四年（1478）秋七月，玉泉乡大水，坏州治、学宫，荡庐舍。”[10]明提学签事何俊《邓川新建儒学记》述说更详：州治所在地“缘地势卑下，遇天雨连绵，水无所泄，常蓄为污池。成化十四年（1478）内，偶值山水泛涨，沙石汹涌，

[1] 天启《滇志》卷五《建设志》第三《大理府·邓川州》。
[2] 朱惠荣：《徐霞客游记校注》，云南人民出版社，1985年，第978—979页。
[3] 《读史方舆纪要》卷一一七《大理府·邓川州》。
[4] 《古今图书集成·方舆汇编职方典》第一四六七卷《大理府城池考》、《大理府公署考》。
[5] 隆武《邓川州志》卷一《地理志·州治》。大理白族自治州文化局1983年翻印本，下同。
[6] 景泰《云南图经志书》卷五《大理府·邓川州》。
[7] 正德《云南志》卷三《大理府·公署》。
[8] 景泰《云南图经志书》卷五《大理府·邓川州》。
[9] 隆武《邓川州志》卷一《地理志·州治》。
[10] 咸丰《邓川州志》卷五《灾祥》，清咸丰三年刻本，下同。

市民室庐十荡二三，而州治、学校尽皆冲塌”[1]。象山之坪的州治只存在了十几年，“弘治七年（1494）圮于水，土官知州阿骥迁建于卧牛山麓”[2]。弘治年间所迁州治，“后与民舍尽没，知州钟大章迁于来凤孤冈”[3]。“后与民舍尽没”即上引天启《滇志》所说的“万历二十八年（1600）为山水冲没”。再后徐保泰任知州时，又于天启年间将州治“迁于德源城”[4]。但德源城处三面陡峻、顶部平坦的小山上，“无水，士民仍迁回旧址”[5]，此“旧址”即来凤冈。成化、弘治年间两次所迁地及与来凤冈治所的位置关系怎样呢？正德《云南志》谓“卧牛山在邓川州东北”[6]，天启《滇志》载：“邓川州治曰象山，东北曰卧牛山”[7]，《嘉庆重修一统志》说卧牛山“与象山接麓”[8]。来凤冈的治所后又因迁徙而废弃，其处至今相沿而称旧州，在今洱源县邓川镇西4公里处，处邓川坝子西缘台坡上。卧牛山今仍名，按总参测绘的1：50000地形图，其主峰在旧州正南2公里[9]，尾闾延伸至旧州东面略偏北。上引文献说卧牛山在州治东北，乃是指山的东北尾闾而非主峰。卧牛山西之山即象山。由此可知，“象山之坪”的治所、卧牛山麓的治所、来凤冈的治所相距皆不远，但前两个治所之地今难以确指，大概“象山之坪”的治所在旧州附近，卧牛山之麓的治所在它们之东。来凤冈处虽两度成为州治，但“孤冈深涧”[10]，“其右有崩峡倒冲之”[11]，地理位置并不理想。于是，有了崇祯十四年（1641）州治的最后一次迁徙，将州治“迁于邓川驿前，城之”[12]。邓川驿即今邓川镇，这里“苍峰耸秀，两翼回环，中结平窝，面横玉案”[13]，地理形胜颇为优越，然如前引《读史方舆纪要》所说，迁治后筑建州城，“未竟复为山水决坏”，可见仍然存在潜在的水患威胁。

明代云南的政区治所，发生过迁徙的达三十多个。引起迁徙的情况很复杂，有的历经战乱而转移，有的因原址窄隘或形胜不佳迁治，有的改土归流后另择新治，有的因土官内讧或土流官争斗导致治所变迁，等等。若干政区治所因水患而导致的迁徙无疑是那时云南复杂多样的政区治所迁变史中甚为醒目的一页。尤其如富民县治、邓川州治那样屡迁而屡遭水患，江川县治被湖水淹没，都极为典型。从最终的结果看，它们的迁徙基本上是成功的，云南府治、陆凉卫治、富民县治作为政区治所一脉相承地发展至今；邓川州民国初改县，1960年撤县，明末所迁治址一直稳定到县被裁撤之时；明末新迁的江川县治也直到

---

[1] 咸丰《邓川州志》卷一三《艺文上》。
[2] 正德《云南志》卷三《大理府·公署》。
[3] 隆武《邓川州志》卷一《地理志·州治》。
[4] 隆武《邓川州志》卷一《地理志·州治》。
[5] 李大受：《邓川州敖父母迁州建城功完碑记》，载隆武《邓川州志》卷一五《诗文志》。
[6] 正德《云南志》卷三《大理府·山川》。
[7] 天启《滇志》卷二《山川》。
[8] 《嘉庆重修一统志》卷四七八《大理府·山川》。
[9] 总参测绘局测绘，1963年第一版，G-49-81-A（周城幅）。
[10] 李大受：《邓川州敖父母迁州建城功完碑记》。
[11] 朱惠荣：《徐霞客游记校注》，第978页。
[12] 隆武《邓川州志》卷一《地理志·州治》。
[13] 李大受：《邓川州敖父母迁州建城功完碑记》。

1950年才又被放弃。但是，富民县治、邓川州治经历了曲折的历程才转移到较为理想的位置，这给各自政区的方方面面所造成的影响无疑是很大的，教训可谓深刻。这些政区治所的迁徙历程给我们以诸多启示：第一，政区治所的选址及拓展方向应充分考虑与附近河湖水体的位置关系，做到既能充分、便利而有效地利用水资源，又不至于因二者相对位置的不合理导致水患，或存在明显的水患威胁。第二，对政区治所的水环境要有足够的科学认识，注意总结附近河湖水体的变迁特点和规律。政区治所及其水环境都是随时发展变化着的，对政区治所水环境的认识也就应该是动态的而不是一成不变的。第三，对政区治所附近的河湖水体，必须适时进行必要的有针对性的治理，以趋利避害、变害为利。总之，政区治所与其附近水体是一对永远的矛盾，在这一对矛盾的发展演变过程中，人们应充分发挥出主观能动性。

明清时期滇池海口水利与人地关系[1]

——以河中滩变迁为中心

刘灵坪　杨伟兵

（复旦大学历史地理研究中心　上海　200433）

一、引子

位于滇池西南部的海口河是滇池唯一的出水口，是控制滇池水位的枢纽。“全池之水，惟赖海口一线以为宣泄。”[2]“其谓之口者，以其源大而流细，若咽喉然。海口淤则上流不通，夏水盛则会城必漫。”[3]海口河的通塞与否直接关系到滇池流域昆明城的安危以及周边呈贡、晋宁、昆阳诸州县农业生产、生活的安全。中滩则是位于滇池与海口河交汇处的一大一小两个长形滩头，其形成及变迁是明清以降人类活动与滇池水域及周边山地互动的结果。

明清时代地方官和文人均已意识到海口河对于滇池的重要性。地方文献中不乏有关海口河疏浚的记载。20世纪40年代，抗战内迁的地理学者对滇池流域进行了一系列深入地研究。程潞等学者在研究中注意到海口河对滇池流域土地利用的影响[4]。陈述彭详细考察了海口河谷地及其周边山地的地质地貌形态[5]。方国瑜先生梳理了元明清时期海口河的历次大规模疏浚活动[6]。杨伟兵、周琼分别从滇中盆坝区水利和内地化的角度论及海口河[7]。上述研究对海口河在滇池水利中的重要地位以及历代的疏浚活动均已明了。但是对于海口河中滩这个关键节点的形成及变迁问题缺乏细部分析。基于上述学者的研究，本文通过对史料的爬梳，复原海口河中滩在历代水利活动中的形成和变迁的动态过程，并溯及定居史。通过对小尺度区域的细致考察，以期窥见元明以降在大规模移民、水利活动背景下，

---

[1] 本研究受国家自然科学基金项目（40601024）资助。

[2] 道光《昆阳州志》卷八《赋役志·水利》，第3页。

[3] 《新纂云南通志》卷一三九《农业考二·水利一》，第31页。

[4] 程潞、陈述彭、宋铭奎、黄秉成：《云南滇池区域之土地利用》，《地理学报》第14卷第2期，1947年。

[5] 陈述彭：《云南螳螂川流域之地文》，《地理学报》第15卷2、3、4合期，1948年。

[6] 方国瑜：《滇池水域的变迁》，《思想战线》1979年第1期。

[7] 杨伟兵：《云贵高原的土地利用与生态变迁（1659—1912）》，上海人民出版社，2008年。周琼：《清代云南内地化后果初探——以水利工程为中心的考察》，《江汉论坛》2008年第3期

滇池流域人地互动之一斑。

二、海口河的疏浚

14世纪下半叶，明朝平定云南以后，在云南实行大规模的军事移民。在云南府、曲靖府、大理府等农业条件较好的高原腹里地区，广设卫所，签发内地军士及其家人前往屯垦，世代戍守[1]。随着人口的不断增长，定居空间和土地开垦面积得到拓展，与之紧密相关的水利工程，无论是在坝区还是在山地，都得到了集中发展。

元代以前，滇池地区水利工程的兴修状况未详于史籍，一方面是因为文献分布不均，另一方面则可能是因为少数民族聚居之地，其人口发展以及生产、生活方式对水利条件要求不高。较早的只有对新莽时期益州郡太守文齐"造起陂池，开通灌溉，垦田两千余顷"[2]的简单记载。元明清时代，频繁见于史籍记载的莫过于海口河的疏浚工程。海口河作为滇池的唯一出水口，其通塞直接关系着滇池周边的昆明、呈贡、晋宁、昆阳四州县尤其是省会昆明城的安危。因此，元明清时期，"地方大吏俱以修浚海口为滇省水利首务"[3]。地方官甚至有"滇省水利，全在海口"之说[4]。元至元十年（1273），赛典赤命大理等处巡行劝农使张立道对海口河进行了首次疏浚，"泄其水，得壤地万余顷，皆为良田"[5]。明弘治十四年（1501），云南巡抚陈金征发军民夫役二万疏浚海口河，定下岁修、大修之例，责成昆明、呈贡、晋宁、昆阳四州县分段疏通。时至清代，官方主导的对海口河的疏浚频率越来越高，康熙朝至道光朝不到两百年的时间里，见于记载的海口河疏浚工程就有十次之多。清雍正十年（1732）至乾隆四十三年（1778）间，为了便于管辖海口河水利事宜，云南府曾专设昆阳州水利州同，驻扎海口，专责疏浚[6]。历次见于记载的疏浚工程及其成效，如表所示：

[1] 陆韧：《变迁与交融：明代云南汉族研究》，云南教育出版社，2001年。
[2] 《后汉书》卷八六《南蛮西南夷列传》。
[3] 道光《昆阳州志》卷八《赋役志·水利》。
[4] 雍正《云南通志》卷二九《奏疏·疏浚海口六河疏》。
[5] 《元史》卷一六七《列传第五十四·张立道》。
[6] 《清太宗实录》卷一一七，雍正十年壬子夏四月戊子条："辛丑，工部议覆，升任云贵广西总督鄂尔泰疏言：滇省水利，全在昆明海口。现今修浚，膏腴田地渐次涸出……令云南府水利同知巡查，并请于昆阳州添设水利州同一员，驻扎海口，以专责成……均应如所请从之。"《清高宗实录》卷一千五十二，乾隆四十三年戊戌三月辛酉条："癸亥……吏部议覆，大学士管云贵总督李侍尧奏称：云南昆阳州海口州同，专司疏浚，并不管辖村庄。雇夫办料，本多掣肘。且海口距州城仅三十五里，该州事务本简，无难兼司，请裁海口州同，河务归知州管理。应如所请从之。"

元明清时期滇池海口河历次大规模疏浚表

年代	倡修人	工程情况	疏浚成效
元至元十年（1273）	赛典赤赡思丁、张立道	调集丁夫2000余人，清除海口、龙王庙、石龙坝一带淤泥，开挖鸡心、螺壳滩，疏浚滇池出口扩大出流。	降低滇池水位，减轻洪涝灾害，涸出良田万余顷。
明洪武十五年（1328）	沐英	疏浚海口河，扩大出流。	垦田97万亩，无复水患。《明史》、《明实录》。
明弘治十四年（1501）	陈金	疏浚海口至青鱼滩20余里，左右各开渠一道，整治黄泥滩、黄牛嘴、平定铺、白塔村等处阻水乱石，修旱坝15座。制订岁修大修条例。	“地土尽出，而所谓膏腴沃壤者不复昔之浸没矣……退出田地前后约百万有奇。”陈金《海口记》。
明嘉靖二十八年（1549）	顾应祥、林应箕	调集丁夫22000余人修挖海口河子河，以障泥沙，筑泄水坝九座，疏挖黄泥滩。	“使水由安宁、富民畅流而下，滨海之田涸出。”杨慎《海口碑记》。
明万历元年—三年（1571—1573）	邹应龙、郭庭梧、罗汝芳、方良曙	反旧例，疏浚豹子山一段河道，使河水重新由豹子山流出。	“水复半由豺山下行而螺壳而黄泥无复少阻。”方良曙《重浚海口记》。
清康熙四十八年（1709）	贝和诺、郭瑮	修浚海口河	
清雍正三年（1725）	高其倬	大修海口河	“未几复壅”。
清雍正七年至八年（1729—1730）	鄂尔泰、张允随、黄士杰	疏挖海口河，拓宽牛舌洲、牛舌滩等处河道，开平定哨子河，修筑石龙坝两岸堤埂。	“使新河得以畅流，涸出腴田无数。”
清乾隆十四年（1749）	张允随	疏浚海口河	
清乾隆五十年（1785）	刘秉恬	疏挖海口河，从龙王庙至石龙坝深挖约一二尺至四五尺。	
清嘉庆五年（1800）	初彭龄	疏挖海口河	
清道光六年（1826）	阮元、伊里布	疏挖海口各滩淤积泥沙	
清道光十六年（1836）	伊里布、颜伯焘、沈兰生	自龙王庙至草厂尾，分南、北。中修筑三河，名川字河。共长2775丈，并在川字河上建南、中、北三座石闸共21孔，名“屡丰闸”。	“易坝为闸，良田豁出数万余亩。”
清同治十三年（1874）	岑毓英	修筑海口河堤岸、闸坝、桥梁。	

（资料来源：《清实录》、道光《昆阳州志》卷八《赋役志·水利》、云南人民出版社1996年版《滇池水利志》）

表中所列的年份中，明弘治十五年（1502）应该是滇池海口疏浚历史上的一个具有重大意义的转折点。此前，滇池海口的疏浚频率是以百年记的，而此次疏浚后，海口河疏浚频率越来越短。明代的疏浚工程主要集中在弘治、嘉靖、万历三朝（即16世纪），清代的大修海口则集中于康、雍、乾、道四朝（即18—19世纪）。从疏浚的直接原因来看，历次大修多在滇池水患发生后进行。何以明中期以降，滇池水患愈演愈烈？出现这种情况的原因不排除有资料分布不均因素的存在，但我们也有理由相信，明初大规模的移民屯垦、土地开发活动，经过了近两百年，至16世纪以后，滇池地区的环境与社会开始发生变化。

从海口河流域的地质构成来看，北岸为石灰岩岩壁，迫临河沿，几无支流。南岸为砂页岩缓坡，土壤以红壤为主，侵蚀作用较强，并有尖山、芭蕉、拉龙、云龙、桃源五条子河顺山坡汇入。一到雨季山洪暴涨，各子河挟带大量泥沙冲入正河，形成滩洲，河水受阻不能下泄[1]。因此，淤塞海口河的泥沙主要来源于其南岸诸箐。清初至清中期，海口河频繁的淤塞，一方面与流经地区的地形和土壤有关，另一方面可能与当地居民的定居空间拓展至海口河南岸山地以及不合理的土地利用方式有关。道光十六年（1836）大修后，总督伊里布增订岁修条例及善后事宜，明确规定：

一　正河两岸原系堆沙隙地，所有沿河偏坡窄岸，以后只许栽种树木，不准挖犁，致有倾陷。树株须植岸上，不得栽于水边，希图侵占河面。

一　豹子山邻近马房一带，山场以前已经封禁，只许种树不准采石，并开挖布种，以免沙石流入南河。今石匠等借该地公事为名，仍旧开采，民人垦种，着一并严禁，如违提究。

一　三河俱有丈尺，两岸皆属官地，除将军庙、龙王庙后已盖房屋免议外，后不得再盖房屋，致碍往来道路并大修之日无地堆放沙泥。[2]

从以上条规不难看出，到清代中叶，地方官已经察觉到海口河沿岸山区的垦殖活动和不合理的土地利用方式造成水土流失，严重影响到海口河的畅通。因此，在沿岸地区划定“保护区”，严令禁止民人垦种和非法定居侵占。由此可见，海口河的淤塞问题除了周边山地自然地质构造的原因外，也与明清以降周边区域不合理的土地利用方式有关。

海口河中滩洲的形成，除了河谷两岸山地本身的地质构造因素外，也与明清以来历次大规模疏浚以及两岸山地不合理的土地利用方式有关。

---

[1] 陈述彭：《螳螂川流域之地文与人生》，《地学的探索》第一卷《地理学》，科学出版社，1990年，第57—77页。

[2] 道光《昆阳州志》卷八《赋役志·水利》。

三、滩洲形成与变迁

中滩是滇池泄水口海口河进入山谷处形成的一大一小两个长形滩头，故又称大中滩和小中滩。两个滩头将刚入山谷的海口河分为南、中、北三河即川字河，大中滩在南河与中河之间，小中滩在中河与北河之间。三河经从大小中滩间流过后，复汇为一，逶迤向北。海口河南、中、北三河并流的形态是16世纪以降，人工干预滇池水位、疏挖海口河的产物。滩洲上最初的聚落定居也与海口河治理有着直接联系。

关于海口河中滩洲的记载，最早见于明万历初年云南布政使方良曙的《重浚海口记》：

> 乃知滇水从出之口牛舌洲横于前，龙王庙洲塞于中，此全省水口，风气攸关，盖奇胜也。士人咸指故道水由洲左豹山下行十之六七，由海门村旁行十之三四，今左流才一二耳，况下有螺壳、黄泥二滩之淤，冬水落而背露，春水涸而龟昂，故工所可加而豹山之下尤宜深浚，坝旧筑螺滩上，可勿循越。[1]

根据这条史料记载，至明万历初年，海口河中"牛舌洲"横于前，"龙王庙洲"塞于中。洲左为豹山，洲右为海门村，与今中滩的位置基本吻合，当为中滩的前身。但此时河中应当只有一个滩头，将流入之滇池水分为两股，即"洲左豹山下行十之六七，海门村旁行十之三四"，并无"两滩三河"的流路。明末崇祯十一年（1638），徐霞客游历海口河时记载道："不半里，中有洲浮其吭间，东向滇海，极吞吐之势；峙其上者，为龙王堂。"[2]此河中洲即为此前的"龙王庙洲"。据徐霞客的描述，当时海口河中也只此一洲而已，且尚未形成聚落。因此，至明朝末年，海口河中已经形成一个江心洲，被当时人们认为是"全省水口，风气攸关"之地。其上筑有龙王庙，但尚未形成大小中滩并列、将海口河一分为三的格局。而文中提到的"牛舌洲"，从其位置描述来看，应当是横挡在海口河中的洲体，并非清代文献中的"牛舌洲"（见图1）。

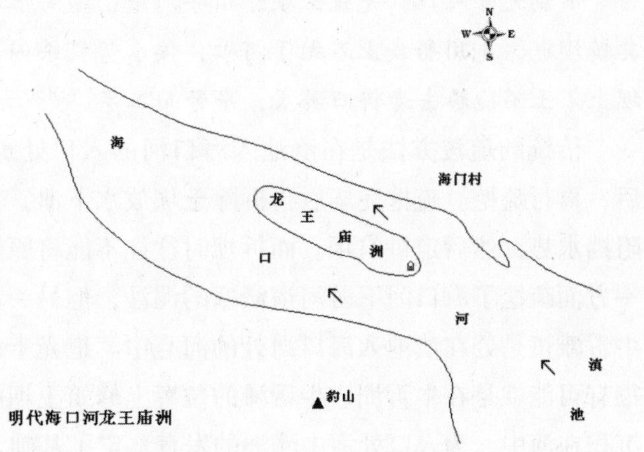

图1 明代海口河龙王庙洲示意

[1] 明万历《云南通志》卷一四《艺文·方良曙重浚海口记》，民国23年昭通龙氏灵源别墅铅印本。封面为周钟岳题签"重印李修云南通志"，第67页。

[2] [明]徐弘祖著、朱惠荣校注：《徐霞客游记校注》（下册）《滇游日记》，云南人民出版社，1985年，第844页。

雍正七年至八年（1729—1730），海口河大修。总督鄂尔泰《修浚海口六河疏》称：

复行至海口驾船循视，见有旧埂一条沉埋横塞其中。埂外龙王庙前有牛舌滩，又侧而下有牛舌洲，俱阻拦出水不能直泄。询诸土人，此从前筑埂以浚海口之遗基也。其一滩一洲自古所有。原未议修，随于大海近崖处用竹竿试探，水深八九尺。出海口外于龙王庙左海门村试探水仅深二尺五寸，于龙王庙右近豹子山之牛舌洲试探水，则止深九寸，皆因三重壅塞不能畅达，以阻海口出水之咽喉。[1]

奏疏中提到了海口河中有牛舌洲和牛舌滩阻挡滇池水下泄，但并未提到明代史料中所提及的“龙王庙洲”，只云“龙王庙前有牛舌滩”，据此推断，鄂尔泰所说的牛舌滩即为明代的“龙王庙洲”。牛舌滩“侧而下”有牛舌洲，与今小中滩和大中滩的布局一致，故牛舌洲当为后来的大中滩。也就是说，大中滩的形成反而晚于小中滩。鄂尔泰奏疏中所称的“牛舌洲”应当不是上文方良曙《重浚海口记》中提到的“牛舌洲”。对比两条史料所载，明代的“牛舌洲”当为鄂尔泰奏疏中提到的横塞其中的旧埂。而清代所言的“牛舌洲”是在明万历三年（1573）到清雍正八年（1730）之间在明代龙王庙洲左下侧沉积形成的。且据鄂尔泰调查称，万历年间的疏挖并不彻底，“亦只于牛舌洲之左豹子山之下竭力疏浚，其根未清”[2]。奏疏中又称此一滩一洲乃之前历次疏挖海口河修筑土坝留下的遗基。

事实上，在海口河疏挖过程中，限于当时的技术和财力，不科学的疏浚方法也是导致河中滩洲淤塞的一个重要因素。道光十六年（1836）大修后，伊里布敏锐地指出前人疏浚海口河之法的弊端所在：

旧制大修海口，先筑土坝于川字河中，逼海水涸出河心，然后施工。工完拆坝放水。其筑坝也，先用船载土石抛于河心，俟水势稍杀闪，乃定桩络蒉，实为土坝。其拆坝也，坝上石土不能尽去者仍旧淤塞，事劳而工半。[3]

传统的疏浚方法是在滇池入海口河的入口处筑土坝拦截滇池水，坝内海口河水排干后，再行疏挖。疏挖完毕后再拆除土坝放水下泄。其筑坝的方式是用船载土石抛到河心以阻挡水势，然后定桩筑坝。而拆坝时往往不能将原先填进去的土石彻底清除。这种方式，一方面疏挖了海口河下游河道淤塞的泥沙，但另一方面却在入口处造成了淤塞。牛舌洲、牛舌滩正是处在滇池入海口河处的河心中。道光十六年屡丰闸修建以前的历次海口大修，很有可能就是在牛舌洲、牛舌滩的位置上修筑土坝的。每次拆坝以后，清除不彻底的土石沉积在河中，为入口处河中滩洲的发育奠定了基础。

再结合海口河谷地的地质地貌来看，“海口河南岸山地，下为松脆之早寒武世砂页岩

[1] 鄂尔泰：《修浚海口六河奏疏》，雍正《云南通志》卷二九《奏疏》，第3-4页
[2] 鄂尔泰：《修浚海口六河奏疏》，雍正《云南通志》卷二九《奏疏》，第3-4页。
[3] 道光《昆阳州志》卷八《赋役志·水利》，道光十九年刻本，第7-8页。

及泥盆纪砂岩。上覆红土，童山濯濯，殊少植物被覆，冲刷强烈”[1]。海口河坡降较缓，流速甚低，南岸山地冲刷下来的砂石得以沉积，形成滩洲。清代以降，海口河南岸豹子山下马房等聚落定居形成，垦殖加剧，导致南岸山地水土流失严重，砂石频频冲刷入河。这一现象在当时已被地方官员觉察，因此，伊里布在道光大修后修订的善后事宜中明文规定：“豹子山邻近马房一带，山场以前已经封禁，只许种树不准采石，并开挖布种，以免沙石流入南河。今石匠等借该地公事为名，仍旧开采，民人垦种，着一并严禁，如违提究。”[2]

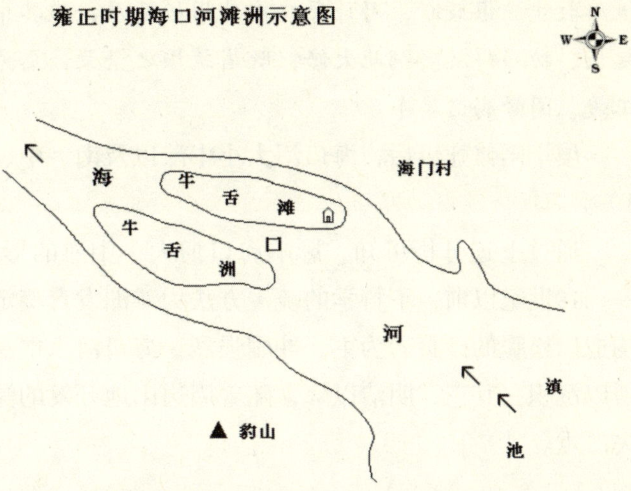

图2 雍正时期海口河滩洲示意

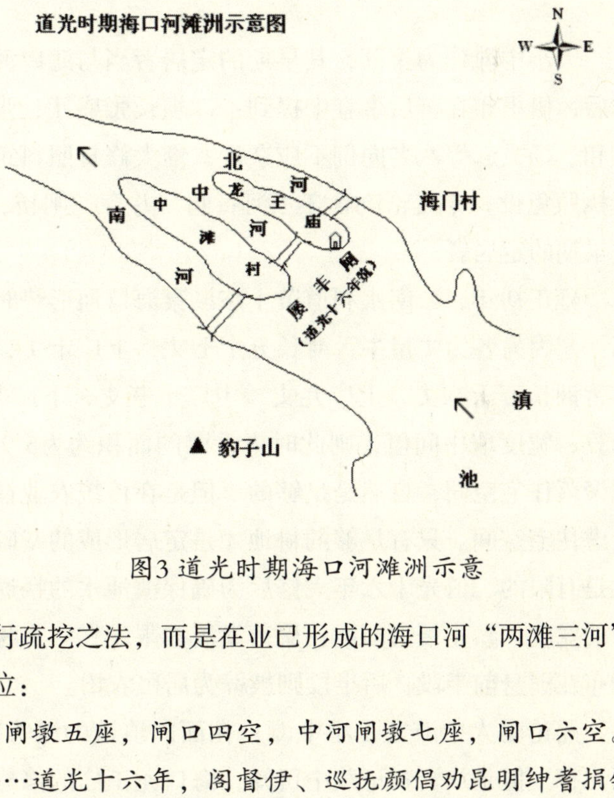

图3 道光时期海口河滩洲示意

这就不难解释为什么海口河靠近豹子山处经常淤塞，而且百余年间在原来的龙王庙洲南沉积出一个牛舌洲来（见图2）。

道光十六年（1836），大修海口。此次大修，由总督伊里布、巡抚颜伯焘主持，一改之前筑土坝于川字河、阻挡滇池水入河再行疏挖之法，而是在业已形成的海口河“两滩三河”的基础上修建屡丰闸，以调节滇池水位：

南河闸墩十座，闸口玖空，北河闸墩五座，闸口四空，中河闸墩七座，闸口六空。道光十六年，阁督伊、巡抚颜倡建……道光十六年，阁督伊、巡抚颜倡劝昆明绅耆捐银一万七千余两。云南府黄、昆明县宫复捐给督工绅耆薪水。砌以巨石，卯以铁锭，共成闸墩二十有二墩。高二丈一尺，径丈三，上跨石梁以便行旅。闸口十九空，因水力猛峻，闸

[1] 陈述彭：《螳螂川流域之地文与人生》，《地学的探索》第一卷《地理学》，科学出版社，1990年，第77页

[2] 道光《昆阳州志》卷八《赋役志·水利》，道光十九年刻本，第7-8页。

板厚数寸，俱鼓断，乃计每口内外用板两层，虚其中，填以土。启闸时先除土，土净然后起板，功乃得就。嗣此大修，既省筑坝之繁荣，更免坝土之淤塞，事半功倍，一劳永逸。工竣，阁督赐名屡丰。[1]

屡丰闸修建以后，海口河大小中滩以及南、中、北三河的格局最终被固定下来（见图3）。

通过上述分析可知，影响海口河大小中滩的形成及变迁主要有三个方面的因素：其一，19世纪以前，不科学的疏浚方法为滩洲发育奠定了基础。其二，海口河谷地南岸山地构造以松脆的砂页岩为主，冲刷强烈。海口河水本身流速不高，南岸山地冲刷下来的砂石得以沉积。其三，明清以降，随着周边山地开发的深入，垦殖加剧，导致南岸山地水土流失严重。

四、大小中滩定居史的形成

大小中滩作为聚落，其早期的定居者当与海口河疏浚有着密切的关系。屡丰闸修筑完成后，伊里布在善后事宜中提到："坝长张盛元、张寿才、李元、李顺、李洪、李达、杨有和、杨文起等八名向例不应杂役，惟大修日照料筑坝守坝。今即改为闸丁，由昆阳州各给执照免役，令其轮流看守三河石闸，并存贮闸枋，不得玩忽。"[2]这些闸丁应当是中滩村早期的定居者。

雍正初年，云南水利道黄士杰勘察海口河形势时丈量了当时的牛舌滩和牛舌洲的长宽高："因另各为丈量牛舌滩长五十七丈，上广十丈，中广十六丈，下广九丈，顶高一丈。牛舌洲长五十八丈，上广九丈，中广十三丈，下广九丈，顶高一丈二尺。"按一丈约为3米算，宽度取中间值，则此时牛舌滩的面积约为5 950.8㎡，牛舌洲约为5 220㎡。若只考虑聚落住宅空间，自然是足够的。但是在传统农业社会，乡村聚落定居的形成，不可能只考虑住宅空间。只有足够的耕地才是定居形成的基础。因此，滩洲的居住和耕作空间实际上是有限的。道光十六年大修后为确保滇池水的畅通下泄，官府明文规定了南、中、北三河的宽度，禁止侵占河面，聚落发展被限定在一个相对狭小的空间内，民居建筑主要集中分布在洲身前半段，后半段则被辟为居民农田。

无论是大中滩还是小中滩，在面向滇池的滩头处均建有庙宇。小中滩的龙王庙，今已无存。但是从资料记载中可知，海口龙王庙的修建当是元明清以来的滇池海口河治理在意识形态上的反映。古人在认识到海口河对整个滇池流域的重要性后，特在入口处建龙王庙，供奉龙王，以镇水患。海口修挖动工之前，地方官均前往海口祭拜龙王。弘治年间云南巡抚陈金所撰的《海口记》云："壬戌正月望，予偕刘沐二公诣海口神祠，竭诚告

[1] 道光《昆阳州志》卷八《赋役志·水利》，道光十九年刻本，第9页。
[2] 道光《昆阳州志》卷四《地理·村屯》，道光十九年刻本，第10页。

祭。”[1]《徐霞客游记》中描述了明末龙王庙的景观：“遂渡登龙王堂。堂当川流之中，东临海面，时有赛神者浮舟而至，而中无庙祝；后有重楼，则阮祥吾所构也。庙中碑颇多，皆化、治以后，抚按相度水利、开浚海口免于泛滥，以成濒海诸良田，故巡方者以此为首务云。”[2]而位于大中滩头的将军庙，其修建年代未详于记载，当晚于龙王庙。从小中滩过中河桥便到达大中滩，将军庙首当其冲，面向奔来眼底的滇池水，似乎在保卫身后的村庄，使其免遭河水侵袭。

五、结语

通过对史料的考证，上文基本复原了海口河大小中滩的形成及变迁过程，并考察了其聚落定居史。从中我们可以看到海口河、河谷山地以及人类活动三者之间的互动对聚落从定居形成到景观布局的一系列影响：明清以来，海口河南岸原本脆弱的砂页岩山地遭过度垦殖，造成泥沙冲入河中，阻塞滇池水下泄，最终造成滇池水溢，于是就有了对海口河的不断疏浚。19世纪中叶建闸之前，疏浚之法多为在滇池出水口处筑土坝逼水再进行疏挖，疏通后挖去土坝，使水得以下泄。土坝挖除不甚彻底，日积月累便在河中形成滩洲，加上南岸山地冲刷的砂石，从明末至清初，大小中滩在海口河中最终形成。滩上最初的定居者也是疏浚海口河后留守看管闸坝的兵丁。因此，可以说海口河大小中滩聚落的形成是人类行为对滇池扰动加剧后的直接反映。

[1] 道光《昆阳州志》卷一四《艺文志·记》，清道光十九年刻本，第26页。

[2] [明]徐弘祖著、朱惠荣校注：《徐霞客游记校注》（下册）《滇游日记》，云南人民出版社，1985年，第845页。

前清巴蜀土地资源的获取方式与利用进程

龚义龙

（重庆中国三峡博物馆　重庆　400015）

清朝初年，久经战乱的巴蜀大地满目疮痍、残破不堪，大量地亩抛荒。为了迅速恢复社会经济，清政府以尽量优惠的政策招纳人口随力“插占”土地[1]，这为土著孑遗复籍“插占”、邻省移民踏上巴蜀大地随力“插占”土地提供了方便。此前，已经有过一些相关研究成果[2]。但是，研究者主要从清政府移民政策的变化、移民进程、巴蜀人口数量变化着眼，而较少联系土地资源获取方式与土地利用进程分析这场声势浩大的前清移民西进运动。本文拟以相关研究为基础，对此问题进行探讨。

一、“插占”土地

经过长期天灾人祸之后，清初巴蜀人口数量锐减。有研究认为清初巴蜀人口大约为50万-60万[3]；笔者以数部县志“族姓”资料为依据，判定60万－80万是明末清初战乱后巴蜀土著居民口数的最低水平[4]。显然，人口水平过低不利于巴蜀大地社会经济的恢复发展，各种因素促成了前清各省人口迁移巴蜀。有学者估计，至康熙六十一年（1722），迁移巴蜀的移民及其后裔达31万户、155万口，而自顺治至道光年间，各省迁入巴蜀的移民约

[1] 相关政策较多，难以悉数。例如：顺治十年规定，四川地区“四川荒地，官给牛种，听兵民开垦，酌量补还价值”。［清］高宗敕撰：《清朝文献通考》卷一《田赋一》，台湾商务印书馆，1987年，第4858页。

[2] 相关研究较多，参见宋超：《清廷四川移民政策的演变——兼论客家迁徙四川问题》，《重庆师院学报》（哲社版）2001年第3期。彭雨新：《四川清初招徕人口和轻赋政策》，《中国社会经济史研究》1984年第2期。王炎：《湖广填四川的移民浪潮与清政府的行政调控》，《社会科学研究》1998年第6期。陈典：《论清代“湖广填四川”的政策导向》，《理论月刊》2005年第10期。

[3] 李世平：《四川人口史》，四川大学出版社，1987年，第150-151、155页。柯建中等：《四川古代史稿》，四川人民出版社，1988年，第445页。王笛：《跨出封闭的世界——长江上游区域社会研究（1644-1911）》，中华书局，2001年，第69页。曹树基：《中国移民史》（第六卷），福建人民出版社，1997年，第95页。据估计，清前期闽粤两省移民入川人口达100万以上，参见刘正刚：《清前期闽粤移民四川数量之我见》，《清史研究》1994年第3期。

[4] 龚义龙：《清初巴蜀土著孑遗数量补证——从四个县志的“族姓”资料所见》，《湖北民族学院学报》（哲学社会科学版）2010年第2期。

500万[1]。土著居民（相对前清移民而言，指清代以前居住在巴蜀的人口）数量既然如此之少，加之政府优惠的招民政策，无疑会有大量土著居民“插占”广大地产。

据仁寿县煎茶溪揽祥埂《新修胡氏族谱》，胡氏由粤迁徙巴蜀乐业仁寿煎茶溪揽祥埂“理嘉坝”之前，“理嘉坝”旧名李家坝。明清鼎革之际，当地迭遭大乱，满地荒芜。相传溪市仅于溪流深处伏水逃出斑白叟谢氏一人，其伏水处，仍名“老人沱”。外叉不知地段处，逃出难妇李氏、戴氏各一人，男女三人，为保种计，议配，老人二妻与共，仅得子二。遂以谢氏血胤为嫡传，李、戴则恒易其姓以为嗣，历承其绪，不敢紊，以故兵燹后，附近溪市周十余里或数里，均为谢姓“插业”地，谢氏即据此。以（李、戴、谢氏联姻承嗣）故，是地泰半属诸李，故名李家坝[2]。

战乱之后，土著孑遗谢叟、戴氏、李氏三人“插占”了李家坝十余里（或数里）土地。这大概是战乱结束后人们占有土地的最初形式——土著孑遗“插占”。以这样的占有方式，经过清初50万-60万土著孑遗“插占”之后，巴蜀大地可供“插占”的“抛荒之地”（因种种原因荒芜的成熟土地）可能再难找到。

据忠州崇仁堂《彭氏通谱》记载，忠州崇仁堂彭氏贵林（原名长林）因弟兄人众，康熙十四年（1675）四月自忠州南岸渡江远去梁平，入籍拱桥土墩坝（今龙门镇乐胜村）。“由于时间较晚”，所有地盘全被其他姓氏以“插签为业”方式所占，彭贵林一家四口只好住在土墩坝一个小山包下的一棵大柏树下。后来，彭唐氏无意中发现了离大柏树不远的山脚下有一个山洞（后人称之为“蛮子洞”），遂避居其间。彭贵林父子租用了陆姓的一个小山包，打柴贩卖；彭唐氏婆媳酿米酒（现名甜酒）卖。不知过了多久，彭氏用三罐米酒和三匹白布换取了陆氏的这一小山包和山脚一丘田。从此，彭贵林一家四口有了山场一份，田一丘[3]。

忠州彭贵林迁往梁平的时间是康熙十四年（1675），“三藩之乱”之际。贵林迁离忠州来到梁平的主要动机是因为弟兄人众，想“迁窄就宽”。但由于来到土墩坝的时间较晚，而没“插占”到土地。这表明，“三藩之乱”之际，“抛荒之地”很有可能已经被土著孑遗和捷足先登的移民“插占”完毕。

“三藩之乱”（康熙十二年至二十一年，1673-1682）成为土地“插占”进程的分界线。此前，顺治十年（1653）至康熙十二年（1673），确实有陕西、湖广等省移民进入巴蜀。根据掌握的资料，顺治十六年（1659）八月清朝四川巡抚高民瞻提兵由保宁恢复成都，相随而至者有川北及秦陇人[4]。这是第一批进入巴蜀腹地而有明确记载的移民。在这

[1] 王炎：《“湖广填四川”的移民浪潮与清政府的行政控制》，《社会科学研究》1998年第6期，第115、118页。

[2] 胡永南纂修：仁寿县煎茶溪揽祥埂《新修胡氏族谱》卷六，煎茶溪理嘉坝老宅记，民国27年成都铅印本，第3-4页，四川省图书馆藏。

[3] 彭家华修：忠州崇仁堂《彭氏通谱》，2004年，第120页，四川省图书馆藏。文本没有其他版本信息，下有类似情况，不另作注。

[4] 何锐等校点：《张献忠剿四川实录》，巴蜀书社，2002年，第120页。

期间，也有湖广移民继承明初“湖广填四川”传统进入巴蜀。兹不妨列举数例，以了解顺治十年（1653）至康熙十二年（1673）“插占”土地的情况。

据川渝《徐氏族谱》，大竹县中和乡徐氏某支始祖时俸于顺治十年（1653）迁川，因时间较早，能在大竹县周家乡陈耳沟（今中和乡）“插占”方圆二十余里耕地繁衍，“插占”范围“东至王家槽石柱坝、南至倒石桥排石沟、西达小槽河心、北至横山子”[1]。

璧山县南乡刘家沟刘氏始祖文魁及蔡氏，原籍贵州遵义军民府桐梓县，顺治十八年（1661）率君臣、君禄、君韬三子移至川东道重庆府巴县冷水垭过河石坎下老屋基（今重庆市沙坪坝区虎溪镇建新村八社）“插占”立业。康熙六年（1667），文魁正寝，蔡氏率君臣、君禄、君韬继承父业，以后因君禄、君韬二人痴聋愚昧，又因巴县粮差苛重[2]，难以输纳，只得出帖将“插占”产业转让给王氏承担差务。康熙十二年（1673）蔡氏同君臣三兄弟迁移璧山居住，于璧山县福里一甲城南乡双凤桥岚垭（刘家沟）“插占”立业[3]。据璧山县《刘氏族谱》，刘家沟两边小丘坡有约1.5平方公里的荒山森林，蔡氏母子在此垦荒种地伐树建房[4]。这约1.5平方公里的荒山森林，显然是“蛮荒之地”（从未曾开垦过的荒地）。刘氏在璧山县南是放弃“插占”“抛荒之地”，还是没有“插占”到“抛荒之地”？与忠州彭氏迁梁山没“插占”到“抛荒之地”互相印证，可以提出如下疑问：康熙十二年（1673）巴蜀大地还有多少“抛荒之地”未曾“插占”？如果还有“抛荒之地”可以“插占”，刘氏何必从巴县腹地迁到璧山县南开垦“蛮荒之地”？

据安岳永清《黄氏族谱》，安岳永清黄氏始祖配夏于康熙三年（1664）自湖南长沙府澧陵县迁徙至此，占有黄莲坝周围土地数百亩[5]。

重庆府合川梁家大沱梁氏始祖梁文礼与张氏生四子，长国用、次国禄（国祥）、三国泰、四国栋（国琦），系孝感乡永里八甲黄金扁人氏，后迁贵州遵义府梓里挂榜山。康熙三年（1664）四月八日迁重庆府合川高石坎。居未久，弟兄在饼子街商议分居。大房国用“插占”富顺县，三房国泰“插占”大石桥，四房国琦即于康熙三年（1664）十月二十日“插占”喻家坝三甲地名黄连嘴。时贼兵未退，又避兵贵州遵义县板桥，住居七载，于康熙十年（1671）十月十日仍回合川喻家坝黄连嘴。唯二房国祥“插占”合川东里梁家大沱。重庆合川大沱《梁氏族谱》记述，康熙三年前的梁家大沱，田园荒芜，蒿艾丛生，树

[1] 徐建懋主编：川渝《徐氏族谱》，1999年，第303页，四川省图书馆藏。

[2] 清初年巴蜀差粮苛重还可以通过另两则材料佐证。仁寿《伍氏族谱》记载：（顺治）壬辰癸巳大清平天下，大半难民各归故土，回籍耕种。时偎，有土无人，有人无牛。五六人合力耕田为食，或三五家朋买牛只，上好牯牛一百二十两，雌牛六七十两不等。历顺治，康熙十二年癸丑岁八月，云南吴三桂据七省改号大周，孙改元昭武。庚申（康熙十九年）清将赵良栋恢复成都，平四川，取云贵，军需之费每户□□（原文脱字）金，土民劳苦又极难，甲子年（康熙二十三年）削云贵兵始安，天下无虞，方称太平天下，然军需犹未已也。四川仁寿《伍氏宗谱》，清末稿本，第3页，四川省图书馆藏。德阳江氏始迁祖以半买半送的方式获取荒地数顷开垦，其前提是蜀民“苦赋重恒以布易产”。江兴礼纂修：德阳《江氏续修宗谱》，始迁祖良真公妣温孺人合传，民国10年石印本，第62页，四川省图书馆藏。

[3] 璧南刘家沟一脉《刘氏族谱》，1998年，第7页，四川省图书馆藏。

[4] 璧南刘家沟一脉《刘氏族谱》，1998年，第221页，四川省图书馆藏。

[5] 黄朝全编纂：安岳永清《黄氏族谱》，1996年，第66-67页，四川省图书馆藏。

木成林，鸟兽成群，荒无人烟。插竿占地后，就是伐木建造房屋，斩蒿割艾，开荒种地。当时移民到这里的其他姓氏也和梁国祥一样过着拓荒者的生活。后来梁国祥娶杜氏为妻，二人一起披星戴月，继续开垦荒地，在这片土地上繁衍生息[1]。

康熙三年（1664）梁氏二房梁国祥插占"梁家大沱"。由于缺乏资料，难以估计"梁家大沱"的面积，但通过《梁氏族谱》对大沱的描述，应该说是一块面积不算小的"抛荒之地"。经过大约60年的发展，到雍正三年（1725）梁氏已向"梁家大沱"周边扩张了25处地方。"在周围五公里之内的姓氏中，梁家可称望族。"就合川全境而言，梁氏这样的"望族"还不少。进而言之，顺治十年（1653）规定的"四川荒地，官给牛种，听兵民开垦，酌量补还价值"这类随力"插占"土地的政策，加之放任自流的人口繁衍，使得"抛荒之地"被迅速"插占"，又以"分家析居"的方式被家族人口分割。迅速增多的人口要么通过"购买"方式挤占其他家族的地产，要么开垦"蛮荒之地"。如果土地获取十分困难，就只有贫困下去。

《湖北麻城王友山冯氏巴县谱系拾略》所载王、冯二氏的情况亦类是。据推算，冯氏祖婆携子在巴县"插占"定居的时间是在康熙九年（1670）前后。冯氏"插占"的冯家嘴、底坝都在离惠民场仅二三里水源较好的平坝上，垭口和燕窝湾两处，也是在刚上樵坪进城门的不远处，土地也属上等[2]。

仔细排比上述数例，大竹县中和乡徐氏某支始迁祖于顺治十年（1653）迁川，因时间较早，能在大竹县周家乡陈耳沟（今中和乡）"插占"方圆二十余里耕地。璧山县南乡刘氏迁蜀始祖于顺治十八年（1661）由桐梓县入迁巴县，"插占"巴县冷水垭过河石，"插占"的产业须要承担差务透露出此产业是成熟土地或"抛荒之地"。为了避免承担苛繁的差务，刘氏于康熙十二年（1673）迁移璧山县开垦刘家沟1.5平方公里的荒山森林。安岳永清黄氏始迁祖于康熙三年（1664）自湖南长沙府澧陵县迁徙至此，占有黄莲坝土地数百亩。重庆府合州（合川县）"梁家大沱"梁氏始祖于康熙三年（1664）四月八日迁重庆府合州高石坎，居未久，弟兄分居，大房"插占"富顺县，三房"插占"大石桥，四房"插占"合川喻家坝三甲地名黄连嘴，二房"插占"合州东里"梁家大沱"。巴县王友山支王氏始迁祖在巴县"插占"定居的时间是在康熙九年（1670）前后，冯家嘴、底坝、垭口、燕窝湾等处土地均属上等。但是，康熙十四年（1675）自忠州迁往梁平县的彭贵林一家已难得遇到开垦成熟的"抛荒之地"。

由前述情况可见，自顺治十年（1653）到"三藩之乱"爆发（1673年），人们能够"插占"广大的地产。应该说，这20年是土著居民与移民"插占"大地产的"黄金时期"，这时人们"插占""抛荒之地"的可能性较大。但为了避免承担苛重的粮差，移民对水土地理条件较好的"蛮荒之地"可能也很感兴趣。

---

[1] 梁深等编：重庆合川大沱《梁氏族谱》，2003年，第33-34页，四川省图书馆藏。
[2]《湖北麻城王友山冯氏巴县谱系拾略》，1995年，第22-26页，四川省图书馆藏。

顺治十年（1653）至康熙十二年（1673），土著居民与迁徙巴蜀的移民家族“插占”了“抛荒之地”或水土地理条件较好的“蛮荒之地”，家族成员以此为根据地逐渐向周边扩散。如果以这样的“插占”速度，不出一二十年，巴蜀大地水土地理条件较好的“蛮荒之地”可能被“插占”完毕。但“三藩之乱”打断了政府招民垦荒的进程。整理收集的资料，确实难以发现自“三藩之乱”始至于康熙三十年（1691）移民“插占”的情况，但并不排除仍然存在本地居民迁徙“插占”的情况，康熙十四年彭贵林一家自忠州迁往梁山县即是一例。

接着“三藩之乱”以前移民“插占”进程的是康熙三十一年（1692）中江、乐至倪氏始迁祖自楚迁蜀“插占”中江下村金家坝，是时，巴蜀仍然是“田野荒芜，田园未辟，人民稀少”[1]。

潼南县三堆山《陈氏族谱》记述，康熙三十五年（1696），彭、杨、米、李、唐、陈六姓同行迁徙巴蜀，先乐业于重庆府之定远县（今武胜县），承粮二载后，才查访到潼川府蓬溪县东乡龙多山下大荒沟落业。陈氏原籍湖广祁阳县。潼南县三堆山擂口（今属重庆市潼南县上和镇）支入迁时间在康熙三十七年（1698）前后。见三堆山、龙潘沟、双朝门、头道溪一带“田土膏沃，山川秀润”，即“插占”定居。陈氏后裔以三堆山为中心，向周围发展27处产业[2]。

康熙中叶迁居巴蜀的江涵滨也经历过类似的历程。康熙中叶闽省汀州府属人口稠密，江涵滨与妻携带六子由闽迁蜀之德阳居家。江涵滨迁蜀后复生一子，而子七，于县治之西南廓外聚族而居。德阳《江氏续修宗谱》记述，德阳县初隶广汉县，弹丸小邑，无城郭沟池，兵燹后荆榛丛杂，招徕楚民，苦赋重恒以布易产，江涵滨于德阳县城西南觅荒地数顷，开垦田地数十亩。惟西甲于三面，自红雨祠迄孝子泉二十余里，树林蓊翳，沃野云连，家弦户诵，人文秀美，江涵滨卜居于此繁衍九世，人以数千计，田以数万计，广厦高门望衡封宇，西南半壁庄无二姓，人共指为江村[3]。

或许到康熙三四十年间（17世纪末18世纪初），巴蜀还有开发潜力较大的“蛮荒之地”，否则，康熙三十一年（1692）迁徙巴蜀的倪氏不可能幸运地“插占”到中江县下村金家坝的土地。康熙三十五年（1696）迁徙巴蜀的陈氏“插占”三堆山、龙潘沟、双朝门、头道溪一带的广大地产也没有可能。康熙中叶迁蜀的江涵滨于德阳西南觅荒地数顷并力开垦，“苦赋重恒以布易产”透露出江涵滨极有可能是以半买半送的方式获得的荒地。上述数例显示，康熙中叶移民在巴蜀大地“插占”一块有开发潜力的“蛮荒之地”开垦，可能性还是很大，但它与前述水土地理条件较好的成片荒地已不可同日而语。

---

[1] 倪子明纂修：中江、乐至《倪氏族谱》，清光绪十一年刻本，第14页谱序，四川省图书馆藏。
[2] 重庆市潼南县三堆山《陈氏族谱》，1998年，第70页，四川省图书馆藏。
[3] 江兴礼纂修：德阳《江氏续修宗谱》，始迁祖良真公妣温孺人合传，民国10年石印本，第六册，第62页，四川省图书馆藏。

康熙四十八年（1709）湖广永州府零陵县姜一玉来到邻水县时，即发现“好点的地方被先来的移民占居了”，只好上山“插占”[1]。康熙五十一年（1712）广州府新会县人徐郭氏从大竹县至江油县一直在寻找上好土地，她在大竹县“插占”的地方“山川险阻，道路崎岖，田地难于开辟”，又迁居江油，终因“插占”不到理想的土地最终回籍[2]。需要指出的是，康熙四十八年（1709）、五十一年（1712）正值移民高潮[3]。

康熙后期至乾隆初年迁徙巴蜀的移民要想免费“插占”荒地，除了开垦平坝、平原中的“山丘”或平坝、平原周边山区的“蛮荒之地”，别无长策。金堂《唐氏族谱》记述道：雍正元年前，持续滂沱大雨，祖籍（湖南）农田被淹没，禾田受灾，庄稼毁灭。洪水退潮后，五瘟十疫又降临，加之官府敲诈勒索，人民难以生存，不得不流离失所，远走异乡创业谋生。兄弟唐远玖、唐远继、唐远绵等全家于雍正元年（1723）进入四川省潼川府三台县西路暂住，后迁移北路轸水乡头里姜家沟（现中太镇北斗村四队）定居落业。兄弟来到姜家沟，只见一片茂密的森林野蒿，看不见人影、庄稼。但山清水秀，地理条件优越，于是全家老小齐心协力，砍林变木，劈野蒿，烧青瓦筑土砖，挖山包，填土坑，平整地基，亲手建造三进唐家砖房一处，大小共二十余间……几载辛苦，荒山变良田，造福于世代儿孙[4]。

巴州邱氏迁徙巴蜀寻找土地的历程，反映了康熙末至雍正初年巴蜀地区已经不容易找到免费的无主荒地供移民“插占”。约在康熙末至雍正初年，原籍广东的邱成带子秉智与大伙历经千辛万苦至巴蜀。辗转迁徙于大竹、渠县、仪陇、南部、营山等县，后来到苍溪县龙山区彭店乡附近白坊扁（现苍溪县文昌区彭店乡大垭村四组）定居，剪开荒山，新辟耕地，“即时单家独户，过着刀耕火种的原始垦殖、插占为业、孤独困苦的生活”[5]。

虽然同样是开垦荒地，但是康熙十二年（1673）璧山县刘氏开垦的“荒地”与康熙四十八年（1709）姜一玉在邻水、康熙五十一年（1712）徐郭氏在大竹、雍正元年（1723）唐氏在三台、康熙末雍正初年邱氏在苍溪县开垦的“荒地”已经不是一个概念。前者是沟谷平坝地带的“荒地”，可开垦大片田地，水土地理条件好得多；而后者甚至可以说是“荒山”，可能只是“边头地角”的小块田地。即使有可供开垦大片田地的“荒山”，也在很僻远的山区。

《揭开客家神秘面纱》一文揭示了康熙末至乾隆初年迁蜀客家先民开发成都平原周边山地丘陵的过程。文章写道，客家人初到西蜀并不如愿，处境不如山川那般美好。膏沃

[1] 姜景云主编：邻水《姜氏族谱》，冷家姜氏一玉祖渊源，2002年，第134页，四川省图书馆藏。
[2] 徐建懋主编：川渝《徐氏族谱》，1999年，第341页，四川省图书馆藏。
[3] 龚义龙：《清代“湖广填四川”移民浪潮时间考证》，《长江师范学院学报》（哲学社会科学版）2011年第12期。龚义龙：《湖广填四川移民原籍考》，《岭南文史》2009年第4期。龚义龙、谭德富：《人口迁入与社会经济变迁——以近代川东鄂西山区为中心的考察》，湖北人民出版社，2009年。
[4] 唐万化等纂：《唐氏族谱》，四川省金堂县，2006年，第245-246页，四川省图书馆藏。
[5] 广东——苍溪——渔溪——巴州《邱氏族谱》，2005年，第74-76、131-132页，四川省图书馆藏。

田土为捷足先登的湖广人和陕甘秦人“插占”，他们在川已繁衍一二代子孙了，后至的客家人只能在丘陵山地落脚。就成都附近而言，客家人多驻足水土条件差的龙泉山地及山麓的丘陵，即多山地区。加之许多客家移民旅途已用尽盘费，缺乏必要的置家财力，初只好“编茅而处”，搭建一个仅能遮风避雨的草棚，或寄人篱下[1]。

这样就出现了一个颇为悖谬的话题。一方面，巴州邱氏迁徙巴蜀寻找可“插占”的“荒地”，暗示着康熙末至雍正初年巴蜀地区再也难以提供免费的无主荒地供移民“插占”；另一方面，迟至雍正年间乾隆初年，移民在巴蜀地区还是找到了无主荒地开垦，而且成都府东边的龙泉山区，以及平原、平坝四周广袤山区尚有无主荒地供移民们“插占”开垦。

事实上，直至乾隆中期，巴蜀地区仍然存在着很有开垦潜力的广袤荒地[2]。但是，康熙中期以前邻省移民“插占”“无主荒地”与康熙末至乾隆初年邻省移民在巴蜀“插占”开垦“荒地”不是同一个概念。前者的大背景是恢复战乱破坏后的社会经济，改变当地土广人稀的状况；后者以开垦“山头地角的畸零土地”为背景，其前提是“开垦山头地角的畸零土地”诏书，高产作物引种带来的“土地利用革命”，以及部分少数民族地区实现“改土归流”。拙著有述，高产作物的引种、对少数民族地区“改土归流”以及鼓励“开垦山头地角的畸零土地”诏书使得僻远山区荒山的开垦成为可能[3]。

二、购置土地

康熙末年人们已难以找到如意的无主荒地“插占”，只得深入到山丘地带或广袤的山区寻找机会。但是，如果移民不想“插占”这些免费的无主荒山，也可以廉价购获有主荒地，还可以向有主荒地的主人租佃垦种，这些荒地是前文所述“土著孑遗”、早期移民（康熙中期以前迁入巴蜀的移民）“插占”的大地产[4]。事实上，也还有土地馈赠的情

[1] 肖平：《揭开客家神秘面纱》，《龙泉驿文史资料》（第七辑·客家文化专辑续），2002年，第176页。《四川客家》写道：于康熙末至乾隆前期迁徙巴蜀的客家大概只能找到一些水土、地理条件较差的地方开垦荒地。成都东山客家居住地土壤贫瘠，黏性很强，透气性差，严重缺水，交通不便，自然条件较为恶劣。仪陇县客家聚居区亦是交通闭塞，开发较迟。另外，还有偏处西南一隅的西昌客家聚居区。还有川中荣昌、隆昌客家聚居区，沿江客家居住区。这说明客家人迁徙巴蜀的康熙末至乾隆前期“插占”土地的机会已很渺茫。参见陈世松主编：《四川客家》，广西师范大学出版社，2005年，第46—55页。

[2] 参见曹树基：《中国人口史》（第五卷），复旦大学出版社，2001年，第720—721页。

[3] 龚义龙、谭德富：《人口迁入与社会经济变迁——以近代川东鄂西山区为中心的考察》，湖北人民出版社，2009年。

[4] 各省移民先来者可以自由“插占”土地，并选择到自然条件（土质、水源）相对较好的地方落业，后到的移民已无自然条件较好地或没有荒地可“插占”，只能租佃土地耕种，或走向沿边的丘陵、山区方才有土地可以垦殖。在入蜀求发展的客家移民中，有些是从原籍携带盘缠、资金入川的小康人家和带金砖的富者，他们通过以下两种办法可立即获得土地：用货币低价购买土地；在经济才开始复苏物品相对匮乏之际，用实物（布匹、鸡、粮食等）换得土地。参阅孙晓芳：《四川的客家人与客家文化》，四川大学出版社，2000年，第20、61页。

况，例如廖明达于雍正五年（1727）抵巴蜀，过绵竹至什邡之新市镇，露宿郑姓墙下，郑翁见廖明达，询所自来，留廖明达全家辟后园荒地，就舍于碾房，借一破釜为炊具。廖明达遂安顿下来[1]。

清代巴蜀土著居民与移民家族尽管可以随力任意“插占”土地，但“插占”之后能不能守住这片土地，还视地产所有者的经营管理能力，而没有“插占”到土地的家族经过辛勤创业还是可能购置良田沃土。就购买土地而言，能购置多大的地产部分靠机遇，而很大部分靠个人经营能力。

康熙十二年（1673）至康熙二十三年（1684），“廉价购买”土著居民或早期移民“插占”的土地是人们获取土地的主要方式。直至康熙三四十年间，人们虽然还可以任意“插占”土地，但耕种土地的劳动力却明显不足，这使得廉价购买土地成为可能。迟至乾隆初年，在广袤的巴蜀大地以这种方式获得土地还是屡见不鲜，大部分人正是在自己购得的广大荒地上辛勤劳作，而发展成为庞大的家族。

康熙十四年（1675）四月，彭贵林自忠州南岸渡江远去梁平县，由于时间较晚，所有土地被其他姓氏以“插签为业”的方式占据，彭氏竟然能廉价换土墩坝一个小山包和山脚一丘田。以此为基地，经过三代人创业，整个土墩坝田地的80%以上最终流转到彭氏手中，后来人们把“土墩坝”改为“彭家坝”或“大福坝”，第四代起逐渐扩展到太平桥、云雾山、左家堰。彭氏从最初住山洞的一家四口，发展到四五千人的家族[2]。

康熙十四年（1675）出现廉价换取土地之事是一个令人颇感困惑的现象。既然康熙三四十年间人们仍然能在巴蜀大地寻觅到理想的荒地“插占”，彭氏为何不去“插占”荒地，而去换陆氏“插占”的山包和田土呢？从彭氏父子后来发现丛林深处有老宅院这一事实分析，土墩坝业主陆氏“插占”的正是战乱“抛荒之地”，而彭氏廉价换取的正是“抛荒之地”，这与康熙中叶人们“插占”的“蛮荒之地”不是同一个概念，前者的水土地理条件应该比后者好得多。

人们不会等待到无荒地可供“插占”时方廉价购置土地，考虑到开垦次等无主荒地的机会成本，他们宁愿廉价购置水土地理条件较好容易开垦的土地，而不一定非“插占”无主荒地不可。换句话说，“插占”山丘地带或广袤的山区与廉价购置土地几乎是人们挤占荒地的两个方面。事实证明，康熙中后期至乾隆前期移民廉价购置荒地的机会很多，这期间廉价购置土地的活动频繁。

整理上述数例，湖南左氏迁合川始祖左文明于康熙四十一年（1702）落业合川狮滩乡小涧漕，买潘姓之田去价银二十九两，自是安居乐业[3]。湖南王氏迁巴县始祖王尚通于康熙五十五年（1716）买下三个宅院，让三子分住各宅，买田百余亩，分给兄弟三人耕

[1] 文斌总编：《廖氏族谱》，高祖体用公家传，1996年，第36页，四川省图书馆藏。
[2] 彭家华编：忠州崇仁堂《彭氏通谱》，2004年，第120页，四川省图书馆藏。
[3] 重庆合川《左氏族谱》（1700-2004），文明祖来历，第2页，四川省图书馆藏。

种[1]。康熙五十五年（1716），广东曾氏迁隆昌始祖曾文高父母兄弟、堂伯母兄弟共十余人置业于叙州府隆昌县南乡五里雷家冲，购田1000余亩[2]。湖南刘氏迁隆昌始祖刘宗荣兄弟四人于雍正七年（1729）约邱氏迁蜀始祖上隆昌县同买得地名薄刀岭田业一处，乾隆十三年（1748）复买斑竹湾田业一处[3]。广东胡氏迁蜀始祖胡登科自雍正四年（1726）迁徙巴蜀，至雍正七年（1729）抵泸州，居潘家沟侧近，旋居于新繁王家碾，未几，迁徙简州龙泉驿，皆佃耕傅氏田。直至乾隆三十八年（1773）方在仁寿县煎茶溪揽祥埂理嘉坝购买了一块有主荒地开垦[4]。这说明，康熙中后期至乾隆前期部分人口还在寻找无主荒地"插占"，而部分人口支付一笔钱财亦可廉价获得一份土地。

土著居民与早期移民（康熙中期以前迁蜀移民）尽管抢占先机"插占"了广大地产，但经过几代繁衍，人丁渐增，中国传统的分家习俗使得大地产不断分割。分家之后，子孙们能不能继续添置产业，能不能守住分得的祖业，有赖于子孙后代经营家务的能力。

分家虽然导致了地产的分割，但如果分家之后某些分支家族成员发愤图强，艰苦创业，仍然可以购置广大的地产。另一方面，由于种种原因，某些分支家族成员将分得的祖业断送掉也屡见不鲜。因此，分家的一个后果是导致家族分化，而家族分化是社会分化的表现形式之一。这样，资源集中——分家——资源再集中——再分家，这个模式最终的去处有两个：一是人口增多最终耗掉了积累的资源；一是以家族分化为表现形式的社会分化致使资源占有极不平均。无疑，土著居民和早期移民经历的分家及家族分化为他人购置土地提供了机遇。

由于"随力任意插占"的土地政策、无节制的人口繁衍以及移民大潮，康熙后期至乾隆前期巴蜀地区陷入深刻的人地矛盾之中。一方面，"插占"有大地产而人手不足的土地所有者急需劳动力；另一方面，巴蜀地区的"人口压力"使穷苦人口获取土地存在一定的难度。"插占"有广阔的地产和相对安定的社会环境，有利于土著居民和早期移民各家族人口迅速增多，这些家族以"插占"之业为基地向四周扩占，至雍正三年（1725），合川县梁氏以辽阔膏沃的梁家大沱为基地，向周边扩占的产业至少达25处之多，潼南陈氏以三堆山为基地，向周边购置产业至少达27处，梁氏、陈氏只是当地大姓望族之一。值得注意的是，康熙中后期至乾隆前期向西部移民的大潮方兴未艾。人口压力确实已成为康熙后期至乾隆前期巴蜀的一个严重问题。

移民西迁的发财梦并没有因此破灭。雍正十一年（1733）广东龙川县客家人赴川"告帖"称，官府"阻拦得我们的身，阻拦不得我们的心肠"。"若肯哀怜我们，不阻我们，

[1] 太原堂《王氏族谱》，1999年2月刊印于重庆市沙坪坝区回龙坝镇（原巴县兴隆场），第7页，四川省图书馆藏。

[2] 曾一书编著：《武城曾氏续修族谱》，2002年，第186页，四川省图书馆藏。

[3] 隆昌薄刀岭《刘氏续修家谱》，2001年，第4-5页，四川省图书馆藏。

[4] 胡永南纂修：仁寿县煎茶溪揽祥埂《新修胡氏族谱》，卷六煎茶溪理嘉坝老宅记，民国27年成都铅印本，第3-4页，四川省图书馆藏。

我等放心直走大路，妇女老小感谢天恩。若阻得紧，我们只得伴命走小路，山高水深，万一不测，跌死下山，淹死下水，亦是我等之命。我等实有不能转回。”[1]迁徙巴蜀的热情之高折射出移民西迁发财的梦想，但获取土地的困难表明，移民的发财梦想成真是一件很不容易的事，穷苦移民尤甚。

康熙中期以前，土著居民和早期移民可以“随力任意插占”广大地产，“插占”有广大地产的家族难免缺乏足够的劳动力经营管理土地，加之有些分支家族成员断送祖业，使得康熙中后期至乾隆前期迁蜀移民廉价购置土地的机会很大。但是，哪怕是价格十分低廉的土地，穷苦移民可能也无力购买，只能望洋兴叹，这些移民需要苦熬长短不等的岁月积蓄财力，在这期间购置土地资源较为困难，但不构成太大的问题，迟至乾隆初期“插占”有大地产而人手不足的地产所有者急需劳动力，这使迁徙西部寻找机会的移民看到了求取生存资源的希望。西迁移民还可以兼营工商积蓄资财。这部分移民经过若干年努力，有了积蓄就可以在充满机会的巴蜀购买属于自己的一份地产。

通过佣工或经营工商业，辛勤积蓄，然后购置土地，可能是康熙后期至乾隆前期西进移民获取土地资源最主要的形式。

康熙间自楚迁潼川府中江（或三台）县的唐氏克勤以生财，克俭以殖货，经过三四代努力，乾隆五十八年（1793）始得购置吴应斗沟业，以后又不断购买土地，到道光四年（1824）田土已超过千亩[2]。雍正三年（1725），邹遇荣弃楚远徙巴蜀，经营茶商获取巨利，置产于渠县黄龙寺刘家沟[3]。吴俊文与妻叶氏于雍正八年（1730）迁徙巴蜀，奋力勤耕，节俭持家，始建业于华阳，嗣置业于简阳，先后创业田地千余亩[4]。曾荣奕从长乐徙蜀，至隆邑后，披星戴月，栉风沐雨，艰苦创业，终于积锱铢，置买田园，修屋宇于隆南李子铺[5]。乾隆初，邱奇玉年方弱冠，与本族肩梓由闽入蜀，具货殖，才权子母，买山贩木，数载经营，继与人夥贸杂货，稍获微利，遂鼓刀于市，复赚多金，乾隆十八年（1753）挈家入蜀，始落业[6]。

这几个移民家族迁蜀始祖于康熙末至乾隆初年迁往西部，或只身远走巴蜀，或举家迁徙西部，至者或形影相吊，或家无担石之储、地无立锥之处。但如前所述，此时巴蜀地区的大地产所有者缺乏劳动力，这就为各省移民提供了佣工的机会。

要想积攒购置田地的钱财，兼营工商是不可或缺的途径，在本文其他地方可以看到，

---

[1] 故宫博物院：《宫中档雍正朝奏折》第22辑，雍正十一年九月初九杨永斌折，故宫博物院印行，1979年，第101页。

[2] 新辑四川潼川府中三邑《唐氏宗谱》，唐氏宗祠祭田创继原起记，道光二十年铁画石印社代印，第7-8页，四川省图书馆藏。

[3] 邹发挥编纂：《渠县邹氏家谱》，2006年，第159页，四川省图书馆藏。

[4] 简阳《吴氏族谱》，仕明公系，1999年，第111-115页，四川省图书馆藏。

[5] 曾一书编著：《武城曾氏续修族谱》，2002年，第341页，四川省图书馆藏。

[6] 邱功铸续修：内江江安《邱氏家乘》，卷二入蜀原委，民国24年内江仁义永铅石印刷局石印本，第15页，四川省图书馆藏。

有许多徙蜀移民确实是通过农工商数业并举而起家的。在众多的移民中，总有这样一批颇具远见卓识的人，能够在充满机会的社会环境中对形势作出准确的判断，从而赢得机遇获取创业成功。

新都温氏发迹的机遇是年羹尧督川，示畎亩法，温氏迁蜀二世温世朗精算术，命作“苦柘弓”，置田18顷（约1800亩），家遂起[1]。

成都傅氏居赣之时穷困潦倒，迁蜀之后初犹佣工、佃耕，最终发迹于种植烟草和蔗糖。当时蜀中未谙种烟法，而满蒙八旗弁兵尤所必需，故傅姓烟一时重于锦城，其价过倍他种，又熬蔗糖于赵家渡，发贩四方获资益厚。自乾隆七年（1742）至乾隆二十六年（1761），傅氏迁蜀始祖仕和置田600余亩，内除雍家渡120亩为输纳地丁供应徭役之费，其余立塾延师以课诸孙，然后以余亩分授六子，其田命荣遂（仕和弟）耕之，而轻其租。仕和常念弟来晚，欲径与之，会仕和告终，事遂。又于石泉县置产，为子孙入籍应考地[2]。

新都温世朗在丈量田亩中获益，成都傅仕和以种烟、熬糖获利，购置了广大的地产。这似乎表明，雍正年间至乾隆初年，在人地矛盾已经很尖锐的成都平原，移民购置开垦成熟的田地之所以可能，很大程度上归因于中国传统的分家制度。在清代巴蜀，土地买卖的原则是“先尽房亲，后尽四邻”，外来人口欲在当地购置田地，会受到种种限制。但是，分家之后，分支家族会因各种原因发生分化，分支家族成员断送祖业的契机，使一些移民置买成熟田地成为可能。

康熙中后期至乾隆年间各省移民纷纷涌向广袤的西部，与西部地价日渐上涨在时间上合拍，由乾隆、嘉庆、道光年间巴县土地买卖频次渐增、地价日涨可窥见一斑。负债难偿、意欲别图、差钱使用、移窄就宽、岁歉或其他原因，使得土地买卖成为经常发生的社会交往现象。土地买卖“先尽房亲，后尽四邻”原则，使得宏观角度的社会分化首先在社会的基本细胞——家族之中进行。最基本的生存资料——土地的买卖带来的不是一般的社会冲突，它给社会带来了深刻的矛盾，《清代巴县档案》为上述看法提供了丰富的佐证材料。道光四年（1824）八月《重庆府札》[3]、道光十一年（1831）八月二日《重庆府札》[4]、道光十二年（1832）五月二十八日《重庆府札》、道光十二年（1832）六月三日《巴县告示》几次三番地申述政策，连续颁布《告示》，说明人口与土地资源的矛盾已达到十分严重的程度。

---

[1] 温玉兴等纂修：新都《温氏庆余祠族谱》，序二文英公事略·文英公墓碑记，民国12年成都天章石印社石印本。

[2] 傅泰圻等主修：成都《傅氏宗谱》卷十《文集》，《曾祖荣沐公遗事》，民国8年石印本，第3页，四川大学图书馆藏。

[3] 《清代乾嘉道巴县档案选编》（上），道光四年八月重庆府札，四川大学出版社，1996年，第188页。

[4] 《清代乾嘉道巴县档案选编》（上），道光十一年八月二日重庆府札，四川大学出版社，1996年，第193页。

此时正是康熙末至乾隆初年的迁蜀移民经过三四代人艰辛创业而终于能购置土地或扩占地产的时期。胡登科于雍正四年（1726）由广东嘉应州长乐县迁徙巴蜀，胡遵汉、胡遵潮、胡遵湘、胡遵海咸思自奋，继承胡燦英继续开创家业，至嘉庆十年（1805）间，置有水旱田1400余亩。至道光末年，四房产业，合计达6000亩。此仁寿胡氏极盛时代[1]。雍正五年（1727）广东廖氏迁移巴蜀始祖廖体用抵巴蜀，雍正十年（1732）置业于新都繁阳山下，至乾隆二年（1737）遂买简州孙家嘴，乾隆八年（1743）复买华阳之新河堰、杨家坝[2]。至乾隆四十三年（1778），廖体用诸男（廖进谷、廖藏谷、廖兴谷、廖万谷）皆已成立，四房尚未分产，积租凡6000有余石[3]。廖进谷等昆季四人与其父廖体用协同创业最终置业数千亩。廖进谷昆季四人分家析居之后，嘉道之际廖氏迁蜀三世开始新一轮创业，“能者增产数倍，不能者，亦不失其所分”，23位继承人无一破家者[4]。

康熙末至乾隆初年涌入巴蜀的穷苦移民居多。在当时，这批移民欲购置属于自己的地产实属不易，因为他们需要一段时间积攒资财，或替人佣工，或合伙佃地耕种，或从事商业活动，或做小手艺，但在多数情况下是数业并举。等到这批穷苦移民能够购置土地的时候，巴蜀大地因土地买卖而发生的冲突已十分普遍。

三、佃耕土地

康熙后期至乾隆初年入蜀的移民，很难如愿以偿获得土地，故需佃耕数载，甚至数代皆佃耕经营，积下盈余而购置田产。佃耕是康熙后期以后西迁移民与土地资源结合的最初形式，至于能否购置属于自己的土地确实有赖于移民的创业能力及对各种机遇的把握。上文已经透露出这方面的信息，兹不妨再举数例。

罗英梅于康熙五十八年（1719）独自一人上中江县，竭力营谋贸易十年，又佃耕五年，于雍正十一年（1733）底得买瓦房一院、山林竹木田地70亩[5]。罗江范养源于雍正五年（1727）由嘉应州兴宁县入迁西蜀，艰佃16载，积金500余两，乃相地于德阳罗江东村御营坝，与堂侄伙买产业[6]。广东嘉应州长乐县人李福长于雍正五年（1727）随其八叔来川，时年12岁，与人佣工度日，后与长兄伙佃，至乾隆十三年（1748）稍有蓄积，得买绵阳北部老龙山田地一处，后增置产业数处[7]。杨登长年16岁随父自粤入蜀，当其时，家无担石，地无立锥，营工度日，未数年锱铢渐积，始佃田数处，未数十年遂有盈余，置业金

---

[1] 胡永南纂修：仁寿县煎茶溪揽祥埂《新修胡氏族谱》卷六，揽祥埂先令丁口产业盈虚纪略，民国27年成都铅印本，第5页，四川省图书馆藏。

[2] 文斌总编：《廖氏族谱》，1996年，第36、37页，四川省图书馆藏。

[3] 文斌总编：《廖氏族谱》，1996年，第243页，四川省图书馆藏。

[4] 新都《廖氏族谱》，谱序，民国13年修纂，第1页，四川省图书馆藏。

[5] 中江《罗氏族谱》（不分卷），民国2年中江罗氏祠堂刻本，第31-33页，四川省图书馆藏。

[6] 德阳罗江《范氏族谱》，养源公行述，1992年，第14-15页，四川省图书馆藏。

[7] ［清］绵阳《李氏宗谱》，清道光间刻本，第39、43页，四川省图书馆藏。

带桥，计200亩，房屋数十间。杨椿由粤迁蜀，当其时，家无担石之储，业无尺寸之籍，营工度日，继佃业于石家沟，手胼足胝，铢积寸累，不数十年遂有盈余，创买田业数处[1]。

康熙末至雍正年间，西迁移民的创业历程已十分坎坷。由于初至之时“家无担石之储，业无尺寸之籍”，自然首先选择佣工度日。佃田耕种需要向地主支付一定数目的押佃银（押租），这使得初至西部的穷苦移民连佃地耕种都要“锱铢渐积”，佃地耕种与数业并举，移民“手胼足胝，铢积寸累”渐获盈余，购置地产才有可能。佣工——佃田——置产是一个漫长的过程，上述数个移民家族仅用一二十年时间能够完成这一过程，应该说是很幸运的。事实上，还有一些移民家族完成这一过程甚或需要数代人。

江津罗仕斌生于广东省长乐（今五华）县，后移徙江右（今江西），后迁湖南省浏阳县。康熙五十六年（1717）罗仕斌、罗仕诚、罗仕鹏、罗仕珍兄弟于湖南省浏阳县东乡荷塘就地卖掉简陋家产及田中青苗，并雇一名骆姓马夫，扶老携幼，背负近代宗祖遗骸，不远千里至蜀地创业。据传，一行老少，风尘仆仆，长途跋涉，千辛万苦，相依为命。骆姓马夫自愿提出与罗仕斌四弟兄结为弟兄，并变更姓名。当年孟冬抵川东道重庆府江津县牛溪镇（今油溪镇），小地名狮子嘴处，暂且落脚。罗仕斌兄弟五人由于迁徙巴蜀较晚，巴蜀的荒地基本上被先至者“插占”为业，只得在先来者手中佃种土地维生。待安顿好所负宗祖遗骸，五兄弟协议，仅留老三仕鹏在此兴家守护祖茔，其余四兄弟则各奔前程[2]。

《中华罗氏通谱》提供的数个案例表明，一些移民家族经历过几代人“佣工——佃田——置产”的艰辛创业过程[3]。

应该说，尽管有些移民可以顺利地租佃到土地，但在佃种过程中，因租佃者交租不清或地产所有者勒索不遂等情由，极有可能发生诉讼。乾隆五十七年（1792）巴县“孝里二甲张实照告易国栋串差伙磕钱文”一案，起于地产所有者易国栋勒索移民租佃者张实照不遂[4]；乾隆三十八年（1773）巴县“智三甲僧天一告杨品山退佃踞庄不搬”一案，起于租佃者杨品山租佃不清，僧天一强制杨品山搬迁[5]。另有两个因租佃纠纷而酿成的命案，湖广衡阳籍移民与亲家廖伟亮争殴，致廖伟亮殒命；甘肃籍移民谈贵和与郭明显发生斗殴，致郭明显殒命[6]。这就是说，能够租佃到土地耕种只是有些移民走向创业成功的一步。由此也可以看到，移民在移居地通过佃耕土地积累资财，然后购置田地，这一过程实在是十

---

[1] 杨成枢等续修：资中《杨氏祠续修族谱》，民国6年排印本，卷首续修谱序，第29页；卷二杞公，第3-4页；卷四椿公，第3-4页；卷四，第79页；卷五柏公，第4页。四川省图书馆藏。

[2] 罗训森主编：《中华罗氏通谱》，川渝罗氏源流概况，重庆江津峦祥——瑞明支系，中国文史出版社，2007年，第2498页，四川省图书馆藏。

[3] 罗训森主编：《中华罗氏通谱》，川渝罗氏源流概况，中国文史出版社，2007年，第2501页，四川省图书馆藏。

[4] 《清代巴县档案》，全宗号：清6，卷宗号：01，案卷号：01100，孝里二甲张实照告易国栋串差伙磕钱文案，四川省档案馆藏。

[5] 《清代巴县档案》，全宗号：清6，卷宗号：01，案卷号：02913，智三甲僧天一告杨品山退佃踞庄不搬一案，四川省档案馆藏。

[6] 《康雍乾时期城乡人民反抗斗争资料》（上册），中华书局，1979年，第155、160页。

分艰辛。可以说，从佣工到佃田到置产，走过每一步，移民都需要付出艰辛的劳动。

如前所述，康熙中后期至乾隆前期，通过廉价购置或“插占”山丘及山区的荒地，西迁移民已形成对广袤有主或无主荒山、成熟田土挤占的态势。此时正值移民西迁的高潮，移民们只能有这样几个选择，要么继续迁移寻找荒丘、荒山开垦或深入沿边山区开垦；要么佃种土地；要么购田置地。由于开垦荒山所需工本甚巨，佃种与购地也需要资财，开荒、佃地或购买田地对于多数穷苦移民来说不太现实。因此，更多的移民需要经过少则几年、多则数十年或几代人“佣工——佃田”，苦积锱铢，然后购置地产。大量穷苦移民西迁，使得康熙中后期至乾嘉道年间巴蜀地区外来劳动力很充足，“插占”大地产的土著居民和早期移民家族获得了足够的劳动力，拥有充足的劳动力客观上加速了巴蜀地区广袤土地的开发。

通过清代巴县的社会分工结构可以看到，迟至道光年间，巴县的土地还是由少数家族占有，多数家族只能佃耕或佣工。13个甲（团）共有1808户，其中载粮户309户，占总户数的17.1%；自耕（未载粮）户326户，占总户数的18%；而佃耕户高达927户，占总户数的51.3%；佣工户共96户，占总户数的5.3%[1]。这表明，当时巴县佃耕的家庭占五成以上。至于人和团与凉水井团居民经营其他行业的户数较多，估计是比较接近巴县城厢的两个团[2]。巴县土地资源的占有极不合理，占人口大多数的家族并不占有土地，只得佣工或

[1]《清代巴县档案》，全宗号：清6，卷宗号：03，案卷号：00096，嘉庆二十年二月十六日慈里六甲石柱团户口社会构成统计表，四川省档案馆藏。《清代巴县档案》，全宗号：清6，卷宗号：03，案卷号：00082，嘉庆十八年五月节里八甲户册户口社会构成统计表，四川省档案馆藏。《清代巴县档案》，全宗号：清6，卷宗号：03，案卷号：00090，嘉庆十九年孝里七甲人口自然构成统计表、嘉庆十九年孝里七甲烟册户口社会统计表，四川省档案馆藏。《清代巴县档案》，全宗号：清6，卷宗号：03，案卷号：00090，嘉庆十九年正月忠里十甲团册户口社会构成统计表，四川省档案馆藏。《清代巴县档案》，全宗号：清6，卷宗号：03，案卷号：00091，嘉庆二十年正月智里六甲金剑团烟册户数自然构成统计表、嘉庆二十年正月智里六甲户口社会构成统计表，四川省档案馆藏。《清代巴县档案》，全宗号：清6，卷宗号：03，案卷号：00090，嘉庆二十年正月二十四日仁里九甲烟册人口社会构成统计表，四川省档案馆藏。《清代巴县档案》，全宗号：清6，卷宗号：03，案卷号：00091，嘉庆二十年二月仁里十甲林家漕团烟册户口社会构成统计表，四川省档案馆藏。《清代巴县档案》，全宗号：清6，卷宗号：03，案卷号：00081，嘉庆十八年五月十日仁里九甲水口团烟册户口社会构成统计表，四川省档案馆藏。《清代巴县档案》，全宗号：清6，卷宗号：03，案卷号：00092，嘉庆二十年二月二十五日直里四五甲石堰团户口社会构成统计表，四川省档案馆藏。《清代巴县档案》，全宗号：清6，卷宗号：03，案卷号：00095，嘉庆二十年四月十一日正里二甲宝龙团户口社会构成统计表，四川省档案馆藏。《清代巴县档案》，全宗号：清6，卷宗号：03，案卷号：00085，嘉庆十八年六月十九日仁里十甲烟户清册户口社会构成统计表，四川省档案馆藏。《清代巴县档案》，全宗号：清6，卷宗号：03，案卷号：00094，嘉庆二十年二月初一日直里□甲人和团烟册户口社会构成统计表，四川省档案馆藏。《清代巴县档案》，全宗号：清6，卷宗号：03，案卷号：00092，嘉庆二十年二月十九日节里十甲凉水井团户口社会构成统计表，四川省档案馆藏。

[2] 嘉庆二十年二月十九日节里十甲凉水井团总户数77户，耕田户7户，佣工户7户，不详1户。其它行业共62户，包括米房6、旅店4、饭店14、酒馆5、糍粑2、茶馆9、卖盐2、布店4、染布1、换银1、杂货2、药铺3、纸店1、挂面1、屠猪1、裁缝1、木匠3、担柴1、塾师1。《清代巴县档案》，全宗号：清6，卷宗号：03，案卷号：00092，嘉庆二十年二月十九日节里十甲凉水井团户口社会构成统计表，四川省档案馆藏。嘉庆二十年二月一日直里□（原文脱字）甲人和团总户数180户,载粮户17户，自耕33、佃耕81、佣工19户。其它行业共25户，包括贸易10、驾船4、手艺4、儒学6、道士1。不详5户。《清代巴县档案》，全宗号：清6，卷宗号：03，案卷号：00094，嘉庆二十年二月初一日直里□甲人和团烟册户口社会构成统计表，四川省档案馆藏。

佃耕。清初允许土著居民和早期移民"随力任意插占土地"，这对清代巴蜀租佃制发达产生过深远影响。

四、分家继承土地

通过分家继承土地是乡土中国获取土地最基本的途径，这已是学术界公认的问题。因此，这里简单述及家族承继土地的情况。子孙后代通过分家从祖先手中承继土地，意欲表达这样一层意思，即在清代巴蜀地区，由于康熙中期以前土著居民与早期移民可以随力"插占"土地，而后以"祖孙相继"的形式承继，这就平添了后至移民获取土地资源的困难。

"插占"土地之后，土著居民与早期移民的根即扎到了土地里，其后代通过分家继替着包括田地在内的祖业，世代难得更异居所。据《清代巴县档案》，杨朝相自祖辈"插占"为业以来，世居仁里七甲[1]。罗仁相祖自康熙年间"插占"为业百有余载无紊[2]。张大学祖辈五大房，共分祖业，历经百余年，毫无别故[3]。吴世伦父叔均分祖业，各有分关管耕[4]。扎根在土地上的家族，世世代代守护着祖业，土地资源首先以分家的形式在家族内传承。

当然，世居一地的亲族、邻居也会因为争地占界、争夺水源而发生纠纷，这样的案例在民间犹为多见。例如，吴世伦父叔均分祖业，各有分关管耕，殊堂兄吴世文、世立弟兄，恃强独霸，不容吴世伦放水救苗[5]。这一案例发生于家族之内，在外人看来属于同室操戈。

至于邻居间也经常因为争占地界、争夺水源而发纠纷。尽管存在着种种原因引起的家族内部、邻里之间的纠纷，但对于乡土中国而言，不会因此而变更人们世代扎根于斯的现状。除非家道中落，家族成员实在无以谋生或另有所图，移民不会轻易卖掉自己的祖业。清代巴县土地买卖遵循的"先尽房亲，后尽四邻"原则，以及中国传统的分家析居制度存在，使家族成员之外的人、村子外的人难以轻而易举地获得一个家族的祖业。乡土中国的土地主要还是在家族、四邻圈子内流转。

道光二十三年闰七月二十四日牟德荣、牟德明、牟宗远呈递给巴县衙门的禀状称，

---

[1] 《清代乾嘉道巴县档案选编》（下），道光五年九月重庆府札，四川大学出版社，1996年，第413页。

[2] 《清代乾嘉道巴县档案选编》（上），道光十七年四月罗仁相诉状，四川大学出版社，1996年，第10页

[3] 《清代乾嘉道巴县档案选编》（上），嘉庆十六年五月张大学告状，四川大学出版社，1996年，第3页。

[4] 《清代乾嘉道巴县档案选编》（上），嘉庆十七年三月吴世伦诉状，四川大学出版社，1996年，第3页。

[5] 《清代乾嘉道巴县档案选编》（上），嘉庆十七年三月吴世伦诉状，四川大学出版社，1996年，第3页。

牟宗远始祖于康熙四十五年买有李氏地名麻柳林荒业一场，红契朗凭。其业与宋万顺界连，万顺内业龙洞堰水上流下接，牟宗远祖新凿堰沟接水……嘉庆十九年牟宗远堂兄摘业一股，卖牟德明、牟德荣承买，有乡约牟浩在三道堰侧插买微业[1]。这是一宗发生于牟氏家族内的案子，此案折射出土地买卖多在同姓内进行，而邻里纠纷实际上多发生于同姓内部。在乡土社会，村子里的各种社会关系首先还是表现于家族内的关系。

但是，负债难偿、意欲别图、差钱使用、移窄就宽、岁歉或其他原因，房亲四邻之外，还是会发生土地买卖。家族成员与房亲四邻外发生的土地买卖关系可以看做是房亲四邻间土地买卖关系的延伸。《清代巴县档案》记载，刘珍贵的祖父三房在祖业内修有水碾一架，房屋一院，后来刘珍贵弟兄将田业均分，水碾房屋由众弟兄公用。但刘珍贵的同父异母弟刘珍联、刘珍善、刘珍瑚因贫苦，日食无度，只得将水碾房出卖，开销账目[2]。可见，祖业能在家族内买卖，其前提是家族内有能够承买祖业的成员，否则，祖业即流转到了家族之外。这样的案例似乎不会少于家族内的土地买卖。

杨朝相于乾隆三十八年三月，将价得买黄麟轩、朝卿叔祖于康熙二年得插田地一份，坐落地名赵家堡[3]。

邵涂氏翁三房均分祖业，所有堰塘一口，三股分放，注明分关，嗣长房受分扫卖张正顺，三房受业分出一股卖与赵姓，其塘水历照股份[4]。

道光十三年十一月一日王涵禹等称，其始祖由楚来川多年，置业含谷场，发派三房，因祖母物故，埋葬黑湾堡安厝多年，迨后将业卖了，王涵禹们分居各处去了。凭中摘留黑湾坟山一处，每年只许挂扫，不得进葬，数年无紊[5]。

由于分家析居之后家族分化日渐严重，一个家族难免出现部分成员断送祖业的情况。因此，尽管乡土社会存在着“先尽房亲，后尽四邻”的土地买卖惯例，然而，一但房亲、四邻没有能力承买或不愿承买，房亲四邻内的产业流转到圈子之外即成为现实。

结论

移民获取土地大体有“插占”、购置、租佃、继承祖业几种形式；而且在不同时期，其主要形式有所不同。清朝初年，被战乱打散而返回原籍的巴蜀土著居民能够“插占”大

---

[1] 《清代乾嘉道巴县档案选编》（上），道光二十三年闰七月二十四日牟德荣牟德明牟宗远禀状，四川大学出版社，1996年，第12页。

[2] 《清代乾嘉道巴县档案选编》（上），道光十七年刘珍贵等供状，四川大学出版社，1996年，第10页。

[3] 《清代乾嘉道巴县档案选编》（上），嘉庆八年四月杨朝相等供状，四川大学出版社，1996年，第1页。

[4] 《清代乾嘉道巴县档案选编》（上），道光二十三年闰邵涂氏禀状，四川大学出版社，1996年，第12页。

[5] 《清代乾嘉道巴县档案选编》（下），道光十三年王涵禹等供状，四川大学出版社，1996年，第467页。

地产；顺治年间至“三藩之乱”发生前夕，附近省份的移民进入巴蜀同样可能“插占”平川大坝“抛荒之地”，以及水土、地理条件较好开垦潜力很大的“蛮荒之地”；“三藩之乱”结束至康熙中期，移民仍然能够“插占”大地产；人口大量涌入的康熙后期至乾隆前期，移民有可能挤占水土、地理条件较差的偏远之地或山丘地带，或者廉价购置土地。但是，随着经济发展，地价上涨，土地越来越集中，康熙后期以后入蜀的移民更多地靠租佃土地或小本营贸或佣工度日。

重庆民族地区历代作家地理分布与原因探析[1]

彭福荣　张媛媛

（长江师范学院乌江流域社会经济文化研究中心　重庆　408100）

重庆民族地区主要指现重庆石柱、酉阳、黔江、彭水和秀山等地，历代多有汉、土家、苗等族及先民生活于此。重庆民族地区土司时期前或是“蛮夷杂处”的化外之地，或是被中央王朝遥控的羁縻之所。重庆民族地区在土司时期主要受石砫马氏、酉阳冉氏及秀山杨氏控制，社会、经济、文化等得到较大发展。重庆民族地区较为广阔，地方民族势力的强弱和忠顺态度的差异造成了“改土归流”的先后。石砫宣慰司于乾隆二十五年（1760）降为土通判，方被纳入清朝统一的行政体系[2]。酉阳冉氏和秀山杨氏等土司早在雍正十三年（1735）就纳土缴印，将主政地方的权力交给中央王朝[3]。重庆民族地区在“改土归流”后与全国实现了政治一体化，为文人文学发展铺平了道路。

重庆民族地区文人文学受客籍文人的启发和诱导而逐渐走向成熟，但发展水平因历史、民族、地理和自然等条件制约而呈现较大差异。因文教发展缓慢，重庆民族地区文人文学亦未引起学界注意，故至今未曾廓清基本发展态势。笔者查阅相关地方文献，以期描画文人文学的发展轨迹，梳理重庆民族地区的历代作家表列如下。

重庆民族地区历代作家分布简表

地区	前土司时期	土司时期	后土司时期	备 注
石砫	2人	7人	18人	加上待考者13人，共计40人。
酉阳	10人	14人	31人	加上待考者11人，共计66人。
黔江		3人	10人	加上待考者2人，共计15人。
彭水	18人	7人	11人	加上待考者5人，共计41人。
秀山	因秀山分治设县较晚，仅见不完全统计1人。			

资料来源：1.王萦绪：《石砫厅志》，乾隆四十年刻本；2.王槐龄：《补辑石砫厅

---

[1]基金项目：国家社科基金项目“乌江流域历代土司的国家认同研究”（10XMZ013）；重庆市教委社科项目“乌江流域土司文化与文学研究”成果之一（批准号：08JWSK112）。

[2] 彭福荣、李良品：《石砫土司文化研究》，重庆出版社，2009年，第23页。

[3] 彭福荣、李良品：《石砫土司文化研究》，重庆出版社，2009年，第264页。

志》，道光二十三年刻本；3.杨应玑：《石砫乡土志》，宣统元年（1909）正蒙社刊本；4. 王鳞飞：《酉阳直隶州总志》，同治三年刻本；5.陶文彬：《彭水县志》，乾隆四十九年刻本；6.王寿松：《秀山县志》，光绪十七年刻本；7.张九章：《黔江县志》，光绪二十年刻本。

囿于时间、资料和能力，上表统计数据或不完全确切，但却显示出重庆民族地区古代文人作家以昔日区域政治中心——酉阳、石砫和彭水为中心；地方史志所记者当为具较大建树或影响者，重庆民族地区文人作家应存在实际曾有创作而文献未能记述者，但统计数据大体反映了重庆民族地区历代作家的分布实际，基本揭示了重庆民族地区文人文学的发展状况。笔者拟从作家入手来考察重庆民族地区不同历史时期文人作家的地理分布并揭示形成原因，敬请方家指正。

一、前土司时期

重庆民族地区地处偏远而人文底蕴深厚，地域特色鲜明，但长期被目以“蛮夷之地”。现有地方史志文献表明，重庆民族地区前土司时期的文人文学处于孕育与发轫阶段，文人作家主要集中在彭水，石砫等地曾有少量文人作家，而这种分布状况与自然环境、政治地位和交通条件等有莫大关系。

（一）分布概况

因中国西南地区少数民族自元代进入土司时期，重庆民族地区的前土司时期即远古至元朝的时段。在此时期，重庆民族地区的文人文学受客籍文人和本土文人的启发与浸润，逐渐孕育和发展。综合相关地方文献，笔者胪列重庆民族地区前土司时期文人作家分布简表如下。

重庆民族地区前土司时期文人作家空间分布简表

地　区	石砫	酉阳	彭水	合计
人　数	2	10	18	30
百分比	7	33	60	100
备　注	重庆民族地区前土司时期秀山尚未分治而不显，黔江多军事驻防而文教落后，有关文献未载相关作家作品。			

资料来源：1.王萦绪：《石砫厅志》，乾隆四十年刻本；2. 王槐龄：《补辑石砫厅

志》，道光二十三年刻本；3.杨应玑：《石砫乡土志》，宣统元年正蒙社刊本；4.王鳞飞：《酉阳直隶州总志》，同治三年刻本；5.陶文彬：《彭水县志》，乾隆四十九年刻本；6.王寿松：《秀山县志》，光绪十七年刻本；7. 张九章：《黔江县志》，光绪二十年刻本。

重庆民族地区在元朝之前，文人作家的分布并不均衡。重庆石柱古称南宾，有长江水道的便利，系文人进出巴蜀的便利通道。“城西南万安山石壁有李白七绝一首，盖太白流夜郎时经此所题也。”[1]李白流贬夜郎而经停石柱，后世文人想先贤音容而感叹曲折人生，故两宋时期有生平不详的南宾县令刘愉、县佐杨应午分别留下了《太白崖记》和《游太白崖记》等散文作品。宋元前的黔州以彭水为中心，辖及重庆酉阳、黔江和秀山等地，是封建王朝经营乌江流域的重要基地，也是流贬罪臣的绝佳之所，因而在前土司时期共有28位文人作家的文学作品提及上述地区，占重庆民族地区当时作家人数总体的93%。

彭水是重庆民族地区在战国、秦、汉、唐、宋时期的政治、经济和文化中心，多有中央王朝派驻的地方官员和流贬罪臣，或宦游、或流贬的客籍文人以牢骚之作启发重庆民族地区文人文学，不少诗文提及重庆民族地区，故彭水在土司时期前的文人作家多达18位，占重庆民族地区当时作家总数的60%。同时，受位置、民族和文教等的限制，黔江和秀山的文人作家未见记载。联系当地当时的人文情状，人数应极为有限。

（二）形成原因

重庆民族地区前土司时期的文人作家高度集中于黔州治所彭水，只有少量文人作家在长江经行的石砫有所提及。笔者认为，重庆民族地区前土司时期文人作家的地理分布应与当时的民族构成、经济发展、政治管理和文化教育密切相关。

1.民族构成

重庆民族地区在土司时期前为土家族、苗族及先民聚居和杂居之所，历来被视为“蛮夷之地”。石柱是重庆市土家族聚居区之一，而“春秋时期，石柱县境曾属巴国领域，战国时期属楚黔中地及秦黔中郡”[2]，深受巴楚文化影响。《酉阳州志·建革志》记载：“酉阳为直隶州，辖秀山、黔江、彭水三县，雍正十三年（1735）新设。其先固土司地也，处巴渝之东偏，界连黔楚。”[3]土家族来源复杂，逐渐迁居重庆民族地区，“1996年末统计，全市有113万人，主要分布在武陵山区的石柱土家族自治县、彭水苗族土家族自治县、黔江土家族苗族自治县（现为黔江区——笔者注）、酉阳土家族苗族自治县、秀

[1] [清]杨应玑：《石砫厅乡土志》（第二册），宣统元年正蒙社刊本，第39页。
[2] 彭福荣、李良品：《石砫土司文化研究》，重庆出版社，2009年，第1页。
[3] [清]邵陆：《酉阳州志》，乾隆五十四年刻本。

山苗族自治县。”[1] 苗族源出“三苗”、“九黎”集团，后漫入重庆民族地区，“1996年末，统计有52万人，多数分布在彭水苗族土家族自治县、黔江土家族苗族自治县、酉阳土家族苗族自治县、秀山苗族自治县，另有少部分散居在武隆、綦江、万盛等地”[2]。

重庆民族地区的土家族、苗族及先民因地处武陵而于土司时期前被称以“武陵蛮”、“涪陵蛮”、“五溪蛮”等，逐渐演化成单一民族。“五代后晋天福五年（941），溪州彭氏与楚王马希范议和，树立‘溪州铜柱’，划定彼此疆界，土家族区域确定下来，土家族民族意识形成，标志着土家族作为一个民族共同体初步形成。”[3]苗族先民自春秋时期便向武陵山区迁徙，渐入贵州腹地，到隋唐便分化成单一民族，除集中于湘西黔东外，部分人口还转向黔西甚至借道去往云南。由于土司时期前的重庆主体少数民族尚处于分化之中，民族文化特色鲜明。唐张鷟《朝野佥载》卷二记载：“五溪蛮父母死，于村外阁其尸，三年而葬。打鼓路歌，亲属饮宴舞戏一月余日。尽产为棺，于临江高山半肋凿龛以葬之。自山上悬索下柩，弥高者以为至孝，即终身不复祀祭。初遭丧，三年不食盐。”[4]由于重庆民族地区土司时期前的土家族、苗族先民“语言殊异”，应难用汉语汉文自由进行艺术表达。

2.政治管理

重庆民族地区因偏远而唐宋前被中央王朝以羁縻之策治之，“主要是为控制边疆民族而设，并非为征收贡赋、征集丁壮而设治”，“为控制设治地区的少数民族地区的少数民族，通常即其部落列置府州县，任命当地部落的首领为都督、刺史等官吏，并允许世袭”[5]。重庆石柱在土司时期前人文底蕴虽深厚，但建置无常。《四川通志·舆地志·沿革志》“石砫直隶厅沿革说”条称其为“《禹贡》梁州之域。汉为巴郡临江县南境。三国属汉。晋宋为南浦县地。后周及唐并为施州西境，后没于蛮。宋景定中，始置石砫安抚司。元初为石砫军民府，寻升为军民安抚司”[6]。彭水、黔江、秀山所隶的酉阳系“《禹贡》梁州之域。商、周俱蛮夷地。春秋属楚。秦时隶黔中郡。汉为巴郡涪陵、武陵郡迁陵二县地；蜀汉侨置酉阳县，寻废；吴分为黔阳郡。晋永嘉后没于蛮獠。后周时为羁縻黔州地。隋以县属巴东郡。唐武德初徙县，置务川。四年，招慰使冉安昌以务川当牂牁要路，须置郡以抚之，复于县地置务州……黄巢之乱，酉阳蛮叛，驸马冉仁才征之，有功，留守其地”。李唐一朝，今酉阳先后隶于务州、思州、宁夷郡等。五代时期因中原混乱而无力顾及偏远地区，冉氏大姓据有酉阳。北宋政和年间置酉阳州，南宋“光宗绍熙间，改酉阳

[1] 彭福荣、李良品：《石砫土司文化研究》，重庆出版社，2009年，第10页。
[2] 彭福荣、李良品：《石砫土司文化研究》，重庆出版社，2009年，第10页。
[3] 朱圣钟：《五代至清末土家族地区的民族分布与变迁》，西南史地（第一辑），巴蜀书社，2009年。
[4] [唐]张鷟：《朝野佥载》，三秦出版社，2004年。
[5] 方铁：《西南通史》，中州古籍出版社，2003年，第312页。
[6] [清]常明等：《四川通志》，嘉庆二十一年刻本。

安抚司。宁宗庆元二年废安抚司，仍称酉阳州”[1]。总之，重庆民族地区土司时期前并未完全确立相对稳定的行政区划，政治约束极为松散，不能为文人作家提供相对较为稳定的政治和社会环境。

3.经济发展

重庆民族地区前土司时期的物产丰富，经济较为落后，主要有传统的畲耕生产，水稻种植日渐普遍。“在黔州的彭水，1975年在郁山汉墓中，发现陶田等随葬品，说明汉代已经种植水稻了……唐代，一批皇室成员和权臣，因黔州能按唐制提供包括细白米、粳米在内的‘一品俸’而被流放在此。”[2]重庆民族地区在土司时期前也种植粟类作物和茶叶，故黄庭坚《谪居黔南十首》有“泥秧水畦稻，灰种畲田粟”诗句，而黄氏《踏莎行·茶》和《阮郎归·茶》等词均提及黔州茶叶民俗。

重庆民族地区于汉代应有一定规模的猪类牲畜蓄养，唐代养猪业更为发达，并引入驴类牲畜。“黔州猪的养殖，早在汉代就已经开始了。1975年，在郁山汉墓中，就有陶猪出土，重庆、巴县、涪陵、忠县等地也发现陶猪。黔州要向享受‘一品供’的流放人员按月提供‘猪肉六十斤，羊二十口’。”[3]重庆民族地区本无驴，但唐柳宗元称“黔无驴，有好事者，船载以入”。

重庆民族地区盐丹矿藏丰富，土司时期前得到较好开发。“唐代，黔州的盐业，有了进一步的发展，盐井达到41口，由黔中道的道官‘收其课’”[4]；宋代黔州盐矿被独作军用，后改以“以盐易粟”。重庆民族地区的乌江及郁江支流等曾以运输丹砂而称丹涪水，而今黔江竟以产丹而名以丹兴县。重庆民族地区各族人民逐渐提高生产能力，基本掌握用苎麻、树棉和竹皮制作粗麻布、斑布和竹布的技术，学会栽桑养蚕，懂得以粮食酿造咂酒。

生产能力的提高和物质生产的发展使得重庆民族地区的产品更加丰富，促进了交通运输的进步。乌江、酉水成为人口流动和物资进出的通道，黔州治所彭水成为乌江下游地区的交通枢纽。笔者依据相关资料，梳理出唐代黔州交通简表如下。

唐代黔州交通路线简表

起点	方向	里程	终点	备注
黔州	西北	3650	长安	陆路
黔州	西南	580	夷州	陆路
黔州	东南	280	思州	水路
黔州	西南	800	播州	陆路
黔州	西南	1300	溱州	陆路

[1] [清]王鳞飞：《酉阳直隶州总志·地舆志一》，同治三年刻本。
[2] 彭福荣、李良品：《石砫土司文化研究》，重庆出版社，2009年，第195页。
[3] 彭福荣、李良品：《石砫土司文化研究》，重庆出版社，2009年，第202页。
[4] 彭福荣、李良品：《石砫土司文化研究》，重庆出版社，2009年，第205页。

资料来源：《元和郡县志》卷三十。

研究表明，“黔州的盐道，从郁山出发，北溯郁江至湖北利川；东北至黔江，再至湖北咸丰、来凤……东至酉阳龙潭河入酉水；南从郁江运至彭水，溯乌江入贵州。”[1]

4.文化发展

重庆民族地区土司时期前的文教十分落后，重庆境内的黔州到后唐天成三年（928）才兴起学校教育，而黄庭坚等为代表的流放或宦游的客籍文人则带来了中原文化的影响。因彭水系唐宋黔州治所，故重庆民族地区土司时期前的文人作家多在彭水。他们多属流贬罪臣，除唐皇室贵族李承乾、梁王李忠、曹王李明等流放黔州外，宋黄庭坚之贬“涪州别驾，黔州安置”亦可视为典型。此外，佛、道等宗教也在重庆民族地区有所发展，加强了不同民族间的文化交流，为文人文学的孕育提供了外部环境。

二、土司时期

为巩固国家统一，元明而清的封建王朝依据“以夷制夷”而在重庆民族地区推行土司制度。在历代土司大力经营下，重庆民族地区的文人文学得以发展，出现世代承续的土司文学世家，其文人作家的分布状况与自然环境、政治地位和交通条件等直接相关。

（一）分布概况

重庆民族地区主要由石砫马氏、酉阳冉氏和秀山杨氏等土司控制，而酉阳和秀山等地土司地区于雍正十三年（1735）改归流官治理，石砫于乾隆二十六年才与中央王朝实现政治一体化。《酉阳直隶州总志·土官志》记载：“右冉氏土官二十六世二十九人，自宋绍兴元年始，至国朝雍正十三年止，共袭职六百二十二年。”[2]彭福荣和冉建红等认为：“石砫马氏土司以战功起家，几经沉浮而历时久远。《石砫厅志·承袭》记载马氏土司‘自宋高宗南渡，至乾隆二十六年（1761），计承袭六百四十五年’。另袭土通判职188年，前后共计833年，历史极为悠久。”[3]重庆民族地区土司时期的文人文学大有进步，实现从客籍化向本土化的转移。结合地方史志，笔者胪列出重庆民族地区土司时期文人作家分布简表如下。

[1] 彭福荣、李良品：《石砫土司文化研究》，重庆出版社，2009年，第219页。
[2] [清]王鳞飞：《酉阳直隶州总志·地舆志一》，同治三年刻本。
[3] 彭福荣、冉建红：《石砫马氏土司文学述论》，《长江师范学院学报》2007年第5期。

重庆民族地区土司时期文人作家分布简表

地区	石砫	酉阳	黔江	彭水	合计
人数	7	14	3	7	31
备注	土司时期的重庆民族地区如彭水失去昔日政治文化中心地位而文学相对凋敝，而土司统治下的石砫、酉阳等地却不乏文人，土司家族形成土司文学世家。				

资料来源：1.王萦绪：《石砫厅志》，乾隆四十年刻本；2. 王槐龄：《补辑石砫厅志》，道光二十三年刻本；3.杨应玑：《石砫乡土志》，宣统元年正蒙社刊本；4.王鳞飞：《酉阳直隶州总志》，同治三年（1864）刻本；5. 陶文彬：《彭水县志》，乾隆四十九年刻本；6.王寿松：《秀山县志》，光绪十七年刻本；7.张九章：《黔江县志》，光绪二十年刻本。

上表显示重庆民族地区在土司时期的文人作家计31人，但分布并不均衡。石砫土司以马氏为代表，陈氏和冉氏作为辅助，因响应中央王朝政策而积极振兴地方文教，培育出马宗大、马斗筐等为代表的土司文人。《补辑石砫厅志·土司志》记载：马宗大“善琴操，工诗画……子光裕、犹子光裁、孙孔昭皆善书能诗，兼工图章琴棋，秉家训也”[1]；另土司舍人马斗筐“聪明颖悟，博集群书，尤工诗，才名震动巴蜀”[2]。酉阳冉氏土司家族涌现出冉天育、冉奇镳等为代表的文人作家计14人，占当时文人作家总数的45%。

由于重庆民族地区自元明而清雍乾时期实行土司统治，彭水的政治地位急剧下降，故文人作家日渐减少。秀山因地处偏远而杨氏土司分领各地，长期受酉阳冉氏土司的荫蔽，文教发展极为缓慢，故文人作家未见文献记述。

（二）形成原因

重庆民族地区土司时期的文人作家主要集中在土司的政治中心，以土司文人为代表的本土作家日渐涌现，实现了重庆民族地区文人文学由客籍而本土的转变。细究原因，重庆民族地区土司时期文人作家的分布变化应与当时的政治管理、经济发展和文化教育密切相关。

1.政治管理

土司制度体现了封建王朝对少数民族的统治权威，“是封建统治者在羁縻政策的基础上对西南各民族采取的一种新的特殊的统治方式。从形式上看，是‘修其教不易其俗，齐其政不易其宜’。从阶级实质上看，则是封建统治者在政治上利用少数民族的贵族进行统

[1] [清]王槐龄：《补辑石砫厅志 》，道光二十三年刻本。
[2] [清]王槐龄：《补辑石砫厅志 》，道光二十三年刻本。

治，在经济上‘让旧生产方式维持下去，自己满足于征收贡赋’”[1]。土司制度的推行取决于特定历史时期民族地区经济发展水平和封建王朝统治力量强弱，促进了生产力发展，有利于维护民族地区的社会稳定、经济发展和民族进步。

重庆民族地区处在马氏、冉氏和杨氏为代表的土司统治之下，保持了相对稳定的政治格局。重庆民族地区的土司遵守承袭规定，强化社会控制，服从军事征调，履行贡赋义务。除因“保境安民”而拓展或保守领地引发的军事冲突外，重庆民族地区的土司积极参与封建王朝的军事调遣，战事大多在领地之外。明朝重庆民族地区的石砫、酉阳土司率军“平叛”、“援辽”和“征贼”等军事活动，体现了忠君护国的君臣义务，深受封建王朝的恩宠。因此，重庆民族地区的土司统治，为文人文学的发展营造了稳定宽松的政治环境。

2.经济发展

土司制度与封建领主制经济相适应，“世有其权”、“世有其地”、“世有其民”的土司作为地方军政首领，除俸禄自给外，还要缴纳相应贡赋及征调时“各备器械”，积极调整生产关系，促进经济发展。“土司政权‘谨守疆土’，有了一个安定的环境，人民可以安居乐业；领主把分散的劳动力统一起来，有组织地生产；加上屯田的影响，土司地区的农业缓慢发展。”[2]

重庆民族地区毗连汉区，汉族地区的先进生产技术、工具等不断传入，推动了经济发展。“明、清之际，今渝东南民族地区，平坝、谷地、丘陵普遍种地、开田，使用牛耕，引水灌田，农作物品种不断增多，已普遍种植稻谷、小麦、荞麦、高粱、豆、菜、果。”[3]重庆民族地区盐业的生产规模不断扩大[4]，手工业继续发展，人们熟练制作砖瓦，家纺技术进一步推广，为城市出现和商业发展奠定了坚实的基础。重庆民族地区历代土司组织广大土民发展生产，利用和开发各种资源，为文人文学的发生与发展奠定了坚实的物质基础。

3.文化发展

为加强思想控制和维护国家统一，封建王朝强化汉文化在民族地区的传播。元朝统治者“在文教领域内提倡尊孔崇儒，推崇程朱理学”，“从中央到地方都设立了汉字教学的国子学和路府州县学”[5]。《明太祖实录》卷二三九记载朱元璋于洪武二十八年（1395）以“其云南、四川边夷土官，皆设立儒学，选其子孙弟侄之俊秀者以教之”申谕礼部，而《明史·土司传》亦载明孝宗于弘治十四年（1501）同意“土官应袭子弟，悉令入学，渐染风化，以革顽冥。如不入学者，不准承袭”[6]。

---

[1] 李世愉：《清代土司制度论考》，中国社会科学出版社，1998年，第5页。
[2] 彭福荣、李良品：《石砫土司文化研究》，重庆出版社，2009年，第269页。
[3] 彭福荣、李良品：《石砫土司文化研究》，重庆出版社，2009年，第270页。
[4] 彭福荣、李良品：《石砫土司文化研究》，重庆出版社，2009年，第271页。
[5] 张羽琼：《贵州古代教育史》，贵州教育出版社，2003年，第63页。
[6] [清]张廷玉等：《明史》，上海古籍出版社，1986年。

明清鼎革，封建王朝限令土司子弟与汉童相处，诵读诗书。为融入主流文化和谋求政治利益，少数民族历代土司亦响应中央王朝，先后在领地兴学开科，培养家族子弟，深入扩大汉文化在民族地区的影响。石砫土司尤其马氏土司虽以军功著称，但也具较高的文化修养，故土司时期的文人明显增多[1]。明永乐三年（1405），酉阳土司冉兴邦奏请建学，明中央王朝允奏并规定“子弟入学，同汉州府县科举，并岁贡登仕”。《明史·四川土司二》记载：“永乐五年（1407），兴邦遣部长龚俊等贡方物，并谢立儒学恩。”[2]酉阳宣抚司学教育土司子弟，培养文学人才。除冉天章是渝东南地区最早土家族诗人外，“《冉氏家谱》收录的土司遗诗还有16世冉舜臣、17世冉仪、18世冉元、20世冉御龙、冉跃龙，21世冉天育、22世冉奇镳等作品”[3]。

三、后土司时期

酉阳土司于清雍正朝被改土归流，引发秀山杨氏土司自觉纳土顺服。因世代忠勇和实力强悍，石砫土司于清乾隆朝方纳入封建王朝直接统治。因此，重庆民族地区完全进入后土司时期是在清乾隆中期以后。随着政治制度的改革、社会经济的发展和地域文化的变迁，重庆民族地区后土司时期的文人文学进入成熟期，作家人数日渐众多，分布地域日渐宽广。统计数据表明，重庆民族地区“改土归流”后的文学作家分布也不均衡，与人文状况、政治制度和交通条件有密切关联。

（一）分布概况

经过数百年的土司经营，重庆民族地区文人文学进入成熟期。在土司时期本土化的基础上，重庆民族地区的文人文学在作家人数、分布地域和作品数量等方面有突出变化，使文人文学于“改土归流”后达到第一个高峰。结合相关史志，笔者胪列重庆民族地区后土司时期文人作家分布简表如下。

重庆民族地区后土司时期文人作家空间分布简表

地区	石砫	酉阳	黔江	彭水	秀山	合计
人数	18	31	10	11	1	71
备注	后土司时期的重庆民族地区教育发展较快，因而各地均有文人作品载记与地方文献，其中或有遗而未记者。					

[1] 彭福荣、李良品：《石砫土司文化研究》，重庆出版社，2009年，第153页。
[2] [清]张廷玉等：《明史》，上海古籍出版社，1986年。
[3] 彭福荣、李良品：《石砫土司文化研究》，重庆出版社，2009年，第275页。

资料来源：1.王萦绪：《石砫厅志》，乾隆四十年刻本；2.王槐龄：《补辑石砫厅志》，道光二十三年刻本；3.杨应玑：《石砫乡土志》，宣统元年正蒙社刊本；4.王鳞飞：《酉阳直隶州总志》，同治三年刻本；5.陶文彬：《彭水县志》，乾隆四十九年刻本；6.王寿松：《秀山县志》，光绪十七年刻本；7.张九章：《黔江县志》，光绪二十年刻本。

上表显示重庆民族地区在改流后见诸史籍的文人作家计71人，除历代土司大力经营过的重庆石砫、酉阳等地作家辈出外，昔日文教相对凋零的黔江以改土归流为界，后土司的文人作家增加了两倍，在重庆民族地区文人作家中所占比例亦有提高。此外，土司时期未见文人作家的秀山在改流后亦有文人作家。因此，重庆民族地区的文人作家数量相对土司时期在改流后成倍增加，分布更加广泛，显示了文人文学的极大进步。

（二）形成原因

随着归流后“蛮不出峒，汉不入境”禁令的解除，重庆民族地区的社会、人口、经济和文化状况发生了巨大变化，促进了文人文学的发展。

1.政治管理

经过数百年土司经营，重庆民族地区的社会、经济发展较快，基本确立封建地主所有制。重庆民族地区随着经济基础的变化而快速发展，改土归流在政治上实现了一体化，经济上理顺了生产关系，必然促进社会经济的变革。

为加强中央集权和确保国家统一，“改土归流”后的重庆民族地区被流官直接治理，强化了封建王朝与地方政府、民族大众的政治联系，加快了文化交流。《酉阳州志·风俗总论》记载：“酉阳旧杂蛮夷，家自为俗。然自改土以来，沐浴四十年之教。农安稼穑，士习诗书，风气断断乎一变。”[1]随封建制度局限的不断深化，重庆民族地区社会陷入相对动荡。自乾隆六十年（1795）起，重庆民族地区不断爆发农民起义，不少酉阳、秀山的土家族、苗族人民参加到起义队伍中。另因帝国主义入侵和清政府软弱，重庆民族地区各族人民纷纷响应反帝反封建的农民起义，如咸丰九年（1859）川黔边的猫猫山起义。外国传教士借传教而行恶，激发渝东南人民“反洋教、打洋人、毁教堂”的教会斗争，而重庆民族地区爆发武装起义以响应清末辛亥革命。重庆民族地区政治制度的变革促进了生产力发展、社会变革及文化交流；随着封建制度缺陷的日益出现，重庆民族地区又相对动荡，故政治氛围、社会生活更趋复杂，为文人文学提供更多

[1] [清]邵陆：《酉阳州志》，乾隆五十四年刻本。

的表现内容，充实了作品的艺术内涵。

2.经济发展

重庆民族地区改流后被清朝直接管辖，土地私有制正式确立。随着地主经济的发展，汉族生产工具、技术和方式不断传入重庆民族地区，促进了经济的快速发展。《酉阳土家族苗族自治县概况》说：“汉族农民带来了一些先进的生产工具和生产技术，促进了酉阳农业的发展。铁铧犁、铁耙及耕牛得到了广泛使用。水利设施有了进一步的发展，修塘筑堰，加强农田灌溉，利用水利，兴建水碾、水磨，便利粮食加工。农作物品种有所增加，苞谷传入酉阳的时间较早一点，红苕、洋芋则在改土归流以后的乾隆后期。”[1]不过，重庆民族地区的农业生产虽有进步，但技术仍很滞后，边远山区仍习惯“刀耕火种”[2]。

由于生产关系满足了生产力发展的客观要求，重庆民族地区的经济发展较为迅速。经济作物如桐、茶、漆、油茶、蓝靛、棬子、烟草、油菜等普遍栽种，“这些土特产成为了改土归流后发展起来的川东南商贸中心龙潭镇的主要出口商品，也使龙潭镇得以繁荣”[3]。由于农业发展、财富增加和劳动力富余，重庆民族地区某些手工业逐渐成为专门行业，出现资本主义萌芽状态的手工作坊[4]。因此，重庆民族地区改流后的经济发展为文人文学的成熟准备了物质基础。

3.文化发展

继前朝之政，清朝政府仍注重汉文化在民族地区的传播，地方官员加强文化建设，意图把汉文化作为民族地区的思想控制、民族团结和国家统一的重要纽带。

清朝政府在改流后的重庆民族地区开科考试，大兴学校教育，促进汉文化传播。“清乾隆二十七年（1762），夔州府训导移驻石砫，乾隆四十四年（1779），改设石砫直隶厅儒学训导，设训导1人。”[5]“乾隆三年（1738），秀山知县夏景馥捐资在县城兴办1所义学，相继在区、乡建立了义学10多所。嘉庆八年（1803），石砫同知刘大经在县城文昌宫创办了1所义学，此后全县办义学5所。”[6]在汉文化传播和科举考试的引导下，重庆民族地区各族子弟有更多机会接触先贤时辈，能不断学习、锻炼和提高文艺表现能力，从而成为重庆民族地区文人文学的生力军。

---

[1] 彭福荣、李良品：《石砫土司文化研究》，重庆出版社，2009年，第303页。
[2] 彭福荣、李良品：《石砫土司文化研究》，重庆出版社，2009年，第303页。
[3] 彭福荣、李良品：《石砫土司文化研究》，重庆出版社，2009年，第303页。
[4] 彭福荣、李良品：《石砫土司文化研究》，重庆出版社，2009年，第304页。
[5] 石柱县志编纂委员会：《石柱县志》，四川辞书出版社，1987年，第488页。
[6] 彭福荣、李良品：《石砫土司文化研究》，重庆出版社，2009年，第310页。

硕博论坛
SHUOBOLUNTAN

宋代夔州路砦堡地理考[1]

裴洞毫
（重庆市城市建设投资［集团］有限公司　重庆　400015）

第一章　绪论

第一节　文献综述

砦堡作为一种军事聚落，前人的研究更多集中在沿革地理的考证方面，近年来国内关于聚落方面的研究主要集中在乡村、市镇、城市聚落，关于砦堡聚落方面的专门研究不多，砦堡作为一种特殊的军事聚落，处于向上发展为城镇、中间演变为集市、向下退化为乡村的一个中间环节。关于市镇、城市等聚落的论著，其中涉及宋代的主要有：傅宗文《宋代草市镇研究》[2]，顾朝林《中国城镇体系——历史、现状、展望》[3]，马正林《中国城市历史地理》[4]，这些研究对城镇起源、城镇体系产生、城镇规模结构布局等各方面的历史与环境条件做出了深刻而有价值的探讨，并指出宋代市镇与军镇的关系，其中相当多的市镇由军镇转化而来，砦堡作为宋代一种大量存在于基层的军事聚落，当然也不例外地在后世大量地转化为草市镇，甚至成为现代许多城市的雏形。

近年来相关的博硕士论文有：王涯军《宋代川峡四路市镇地理考》[5]虽非砦堡考，却由于许多市镇是由砦堡转化，故而具有相当的参考价值。温翠芳《五代十国时期草市镇发展研究》[6]指出，五代十国这个草市镇大发展时期为宋代镇市的大量涌现和镇市地位的上升奠定了坚实的基础，北方草市大量涌现，镇戍向镇市及县、军、州等转化，南方草市大批市镇化，新置镇市大量增加，南北方镇市大批升县。王绚《传统堡寨聚落研究——兼以秦晋地区为例》[7]讨论了堡寨聚落的设防形态、物质性硬防卫与精神性软防卫等方面。李蕾《晋

[1]基金项目：教育部人文社会科学重大攻关项目《长江三峡历史地图再现研究》阶段性成果，项目编号：07JZD0039。项目主持人：蓝勇。此文亦为西南大学2009年硕士学位论文，指导教师：蓝勇。

[2] 傅宗文：《宋代草市镇研究》，福建人民出版社，1989年。

[3] 顾朝林:《中国城镇体系——历史、现状、展望》，商务印书馆，1992年。

[4] 马正林:《中国城市历史地理》，山东教育出版社，1988年。

[5] 王涯军：《宋代川陕四路市镇地理考》，西南师范大学1998年历史地理学硕士论文。

[6] 温翠芳:《五代十国时期草市镇发展研究》，山西大学2003年历史学硕士论文。

[7] 王绚：《传统堡寨聚落研究——兼以秦晋地区为例》，天津大学2004年建筑学博士论文。

陕、闽赣地域传统堡寨聚落比较研究》[1]比较了晋陕、闽赣堡寨聚落形成演变过程，剖析其形成的社会文化根源，归纳了影响其形成发展的历史、自然、人文因素，并比较了两地堡寨空间布局及其环境特点和运用地方材料技术方面的异同，以及两地物质与精神防御方面的特色。李严《榆林地区明长城军事堡寨聚落研究》[2]以实地调研为依托，从堡寨的建置沿革、地形防御性、聚落的组成特征等方面进行个例分析，总结了堡寨的选址、内部构成特点，提出堡寨的层次化防御体系。李忠《四川盆地的寨堡式民居》[3]研究了具有防御性的寨堡式民居的选址、布局等空间和建筑形态各方面，指出其建造出发点在防御功能。刘缙《北宋西北地区城寨制度研究》[4]研究了北宋西北地区修筑城寨的五个阶段、城寨功能分类考察、城寨选址、规模及结构、城寨管理体制的形成与完善四个方面。孙伟《北宋时期黄土高原地区城寨堡体系演变研究》[5]从历史城镇地理学角度研究北宋黄土高原地区城寨堡体系，分别研究了当时当地城寨堡的时空分布特征、形态和结构等，指出其在北宋及以后城镇发展中的深远影响。邓群《明清陕西乡村寨堡研究》[6]将明清陕西乡村寨堡作为战乱动荡时期的民间防御体系进行研究，并探讨了乡绅在寨堡修筑、管理过程中的独特领导组织作用，还分析了不同地域的寨堡在防御工事之外的地方文化色彩及其时空分布。

公开发表的论文主要有：刘缙《北宋西北地区城寨述论》[7]讨论北宋陕西五路城寨选址、规模及结构，选址方式有献地而建、拒险防御、循水而设，规模以诸路帅府州城最大、城寨次之、堡寨最小，结构布局重在军事防御。金勇强《北宋西北沿边堡寨商业化研究》[8]研究了堡寨军事功能之外在商业化方面对地区经济的推动意义。王绚《传统堡寨聚落的精神防卫功能》[9]研究堡寨聚落物质防卫手段之外的软性精神防卫层面，分别从"安居的精神寄托"与"防卫的虚像效应"两方面入手分析，丰富了防卫空间理论。王绚《陕西传统堡寨聚落类型研究》[10]从自然地理与社会人文两方面揭示出堡寨聚落的物质硬防卫与精神软防卫。郑东军《河南地区传统聚落与堡寨建筑》[11]从历史沿革、形成原因、地域特点、类型构成几方面探讨，说明了堡寨聚落作为古代城市的原型和要素，具有由聚落到城市及里坊制度形成的发展脉络。吕卓民《简论北宋在西北近边地区修筑城寨的历史作用》[12]讨论了城寨在却敌、御边、收复失地、安辑边民、从事生产与促进西北经济开发等

---

[1] 李蕾：《晋陕、闽赣地域传统堡寨聚落比较研究》，天津大学2004年建筑学硕士论文。
[2] 李严:《榆林地区明长城军事堡寨聚落研究》，天津大学2004年建筑学硕士论文。
[3] 李忠《四川盆地的寨堡式民居》，重庆大学2004年建筑历史及理论硕士论文。
[4] 刘缙:《北宋西北地区城寨制度研究》，西北大学2005年中国古代史硕士论文。
[5] 孙伟:《北宋时期黄土高原地区城寨堡体系演变研究》，陕西师大2005年历史地理学硕士论文。
[6] 邓群:《明清陕西乡村寨堡研究》，2005年西北农林科技大学科学技术史硕士论文。
[7] 刘缙:《北宋西北地区城寨述论》，《文博》，2004年。
[8] 金勇强:《北宋西北沿边堡寨商业化研究》，《历史学研究》2006年12月。
[9] 王绚:《传统堡寨聚落的精神防卫功能》，《天津大学学报》（社科版）2006年11月。
[10] 王绚:《陕西传统堡寨聚落类型研究》，《人文地理》2006年第6期。
[11] 郑东军:《河南地区传统聚落与堡寨建筑》，《传统聚落研究》2005年第6期。
[12] 吕卓民:《简论北宋在西北近边地区修筑城寨的历史作用》，《西北大学学报》（哲社版）1998年第3期。

方面的积极作用，并对其后以城寨为中心的居民点的形成产生了重要影响。强文学《宋夏战争中的乡兵与堡寨》[1]指出乡兵和堡寨的紧密结合增强了北宋防御西夏的能力，扭转了宋夏战争的不利局面。程龙《论北宋西北堡寨的军事功能》[2]通过对堡寨守军性质前后变化的论述，展示出北宋西北堡寨军事功能演化的阶段性，并指出宋方堡寨的军事功能是与西夏争夺边境地区的人口和土地资源，以满足宋军的后勤补给需要。

这些研究除了全国性、通论性的著作之外，在区域上重在北方秦晋一带，时间上重在明清以来，并且对城寨堡的功能、分布、建筑结构等等方面做了深入的探讨。但是，对于这些城寨堡，尤其是明清以前的宋代砦堡的考址定位这个更为关键的问题，没有多少专门的研究。在以往的沿革地理或政区地理研究中，偶有一些相关定位考证，却相对不够全面，而涉及宋代四川路之一的夔州路砦堡的历史地理研究就更是一块空白。

第二节 研究目的和意义

事实上，所有关于城砦堡聚落这类地理实体的研究，若没有对其具体时空分布、位置演变的翔实考证，则所有这些令人眼花缭乱的研究都无所附丽，只是无源之水。同时，也只有在真正搞清楚这些聚落的时空演变之后，才能对当前及今后的小城镇建设发展起到借鉴功效。

由于宋代夔州路砦堡数量在川峡四路中最多，且较为集中在某些直接控扼西南夷的州军，地形条件高山大川兼具、水系复杂，又聚居着大量的西南少数部族，情况既复杂又典型，较充分地展示出砦堡设置的各种具体原因。因此，探讨宋代夔州路砦堡的历史地理演化可以折射当时以及历代的城镇发展脉络、城镇盛衰过程中的历史地理背景，同时也折射出宋代以来基层军事区划的演变渊源，以及宋代以来西南地区民族地域的演化分布规律，具有一定的学术意义。

就现实意义而言，宋代夔州路大量砦堡，在后代或转化为城镇，或下降为乡村，或消失于林莽之间，这对我国当前乃至今后的城镇选址、规划、发展，以及军事驻防地的废建等等，都具有一定的现实意义。

第三节 研究范围和内容

宋代夔州路，包括渝州重庆府、忠州咸淳府、黔州绍庆府、夔州、达州、涪州、万州、开州、施州、播州、思州、珍州、云安军、梁山军、南平军、大宁监等十六府州军监，地跨今重庆、四川、湖北、贵州四省市。宋朝在夔州路这一山水错综的广大地域上，

[1] 强文学:《宋夏战争中的乡兵与堡寨》，《天水师范学院学报》2003年第6期。
[2] 程龙:《论北宋西北堡寨的军事功能》，《中国史研究》2004年第1期。

在这具有复杂的民族、经济、政治、军事环境中，设置了上百个军事砦堡。这些砦堡通常置于要隘、边区及交错于西南“蛮夷”地区。其中，除了开州、达州暂不确定有无砦堡外，其余府州军监皆有关于砦堡的记载。年深日久，加之砦堡废置不常，这些砦堡现今多数不为人知。通过对有关史料记载分析，加上实地考察及地图比较分析，将它们的时空演变考定核实，确证今地，不仅对于研究古代夔州路地区聚落体系演变，指导今后该地区小城镇建设有着重要意义，而且对古代西南少数民族分布亦有参考价值，此外，对宋代县级政区正确划界也有独特含义。

本研究在时间上定在整个两宋时期，空间上则为宋代的夔州路，大致包括今重庆直辖市大部、贵州省北部、湖北省西部。本文以当时州级治所在今某省区内作为划分章节的标准。文中考定的砦堡，主要指宋元文献中提到的官方设置的具有控扼、捕盗功能的作为基层军事组织的砦堡。

因此，本文以尽全时空与记载学为核心理念，重在利用文献学考辨检索、实地考察、地图识读与制图以及比较的方法，对宋代夔州路砦堡历史地理演变从时间、空间两方面做一试探考证，以达引玉之效。在确证诸多砦堡今地今址的基础上，还一一梳理相关文献记载，纠缪释疑，并兼论这些砦堡命名之由、废置之因。同时，考虑到砦堡是一种独特的军事聚落，同样是人类某种形式的居住点，本文在讨论砦堡地址时空沿革的背景下，也部分探讨了砦堡聚落的演变规律。

第二章 重庆宋代夔州路砦堡考

夔、大宁、云、万、梁山、忠、涪、渝、南平、黔等府州军监，在宋代皆为州级政区，其地域或州治地俱在今重庆市境内，故其管辖砦堡俱在本章讨论。

第一节 夔州砦堡时空演变考

（一）夔州

夔州据荆楚上游、当全蜀之口、扼三峡重险，自古即为军事、交通要道。其下辖茆田、黄连、土场、石门隘、支陇呼石垒五砦，由于“夔州”具有政区与军区两重含义，故此五砦并非一定都在其附郭奉节县境内，甚至不一定在夔州境内。此外，尚有一方位不明的通安寨。

1. 茆田砦

《武经总要》（下称《总要》）[1]前集卷十九《益利梓夔路·夔州》：“夔州……置

[1] [宋]曾公亮等：《武经总要》，台湾商务印书馆影印文渊阁四库本。

五砦守其要，茆田砦、黄连砦、土场砦、石门隘砦、支陇呼石磊砦，俱在蜀江南岸。”蜀江，当指长江。可见，该砦位于长江以南某处要地。

但是，《总要》同卷于《黔州》下亦记有“茆田砦”，据《宋史》[1]卷八九《地理志》五《夔州路·黔州》则记为“茆田砦”，《元丰九域志》[2]（下称《九域志》）卷八《夔州路·黔州》条也记为“茆田砦”，《九域志》该卷注一〇四也指出《武经总要·夔路黔州》记为“茆田砦”。由此，或许可以推断，《总要》记于《夔州》下的“茆田砦”就算不是黔州所辖之同名砦，其原字应为“茆田砦”。当然，本文在正式提到该砦时，字仍暂从四库本《总要》所记。

据新修《奉节县志》[3]之《建置沿革篇·政区》记有竹园区茅田乡。查《四川省地图集》[4]（下称《川省图集》）第113页《奉节县》，竹园区茅田乡茅田村，在长江以北。又查《重庆市地图册》[5]（下称《渝图》）第47页《奉节县》，茅田村今名园树屋基，属竹园镇。“茆田”、“茅田”音同，此地或即原茆田砦址，但方位上不符合《总要》所记。当然，《总要》于西南偏远山地砦堡方位里程误记甚多。因此，可以将茆田砦址定于今重庆奉节县竹园镇园树屋基村。

《总要》修于宋仁宗康定（1140）至庆历五年（1145）间，则可推知，此茆田砦至少在此之前已经设置，其具体废置年代亦无考。

2. 黄连砦

《总要》前集卷十九《益利梓夔路》记载，夔州黄连砦在蜀江南岸。

《舆地纪胜》[6]（下称《纪胜》）卷一七六《黔州·景物下》：“黄连大垭山，在（黔江）县东北四十一里，黄连小垭山在县东北四十九里。”黄连砦或在山附近，因山而名，该县尚有黄连小垭山。此黄连大小垭山，俱在长江以南，离江甚远。按，宋代设置砦堡，多置于险远处。

则，若说黄连砦是因山而建，并因山而名，也是可能的。据此，黄连砦当在黔江县东北41里至49里之间的黄连大小垭山之间。又，黔江县址，唐宋以来几无变化，即今重庆黔江区治所之地。

《读史方舆纪要》[7]（下称《纪要》）卷六九《重庆府·黔江县》：“小哥罗山在县东北五十二里，其相近有黄连大垭、黄连小垭二山。”可见，黄连大小垭山在黔江县东北小哥罗山附近。乾隆《大清一统志》[8]（下称《清统志》）卷三一七《酉阳州》：“黄连

[1] [元]脱脱等:《宋史》，中华书局，1976年。
[2] [宋]王存:《元丰九域志》，中华书局，1984年。
[3] 四川省奉节县志编纂委员会：《奉节县志》，方志出版社，1995年。
[4] 《四川省地图集》，四川省测绘局，1981年。
[5] 《重庆市地图册》，中国地图出版社，2003年。
[6] [宋]王象之:《舆地纪胜》，中华书局，1992年。
[7] [清]顾祖禹:《读史方舆纪要》，中华书局，2005年。
[8] 乾隆《大清一统志》，文渊阁四库本。

大垭山，在黔江县东北四十二里，又有小垭山在县东北四十九里。”

又，乾隆《四川通志》[1]卷二三《重庆府·黔江县》之“黄连大垭山”条引《纪胜》里程为证，并指出该县“又有小垭山在县东北四十九里”。可见，黄连大小垭山距黔江县里程自宋迄清无变化，亦可反证黔江县治所地望无变化。《纪胜》所记黄连大垭山里程稍短于清代，或为传写之误，“二”化为“一”，或为宋清里程略有小变化。西南山地迢远，里程偶有误差是正常的[2]。

另，光绪《黔江县志》[3]之《山川》条：“宋之黔江置二十九砦，今考半在施南府界内，明初土司叛，前志之酉阳山、荷敷山、黄连大小垭山、大小歌罗山、羽人山、老鹰砦，今考之俱不在境内。”则，黄连大小垭山当已入黔江东北、今之湖北咸丰县境，由此亦可见，至少今湖北咸丰县高乐山镇西南一带均在宋黔江县境[4]。又，谭其骧《中国历史地图集·南宋夔州路》（下称《地图集》）黔江县东北有黄连大垭山，在濯河西岸，黄连小垭山当在其更东北7里左右。濯河即唐岩河[5]，查《湖北省地图册》[6]（下称《鄂图》第67页《咸丰县》，咸丰与黔江接境处唐岩河之西北岸有黄杨坪，恰在黔江治所东北40里附近。可见，黄连砦当在今湖北咸丰朝阳寺镇黄杨坪之东北附近，正可以控扼黄连大小垭山之间要道。

又，《四川省奉节县地名录》[7]提到，县南七曜山余脉接湖北恩施、利川界有云雾公社黄莲坝。该地既在江南，又在土场砦（吐祥坝）南侧。若以此地为黄连砦，不但方位符合《总要》，且有着设砦山岭间控扼施州夷之功效。云雾公社，今名云雾土家族乡，亦可见其地自古即夷人居地，宋廷若设黄连砦于此，当有明显的控扼效果。

其设置年代同于茆田砦，具体存废不详。

3. 土场砦

《总要》前集卷十九《益利梓夔路》记载，夔州土场砦在蜀江南岸。

正德《四川志》[8]卷十七《夔州府·邮驿·奉节县》：“土产铺在治西。”正德《夔州府志》[9]卷二《邮驿》：“土产铺在府城西南一百五十里。”“土场”、“土产”音甚相近。历代设置邮驿铺递之所，通常亦为关隘砦堡交通要道之处，此土产铺应即原土场砦，则土场砦在夔州府治奉节县西南150里处。按，宋代夔州府治在今奉节县白帝镇，元

[1] 乾隆《四川通志》，文渊阁四库本。

[2] 蓝勇：《对古代交通里程记载的运用要审慎》，《中国历史地理论丛》1995年第1期。“山里人言一里短于实际一里；唐大里约等于531米，宋里约等于唐大里，明清里约等于572或576米。”

[3] 光绪《黔江县志》，台湾学生书局，1967年。

[4] 《纪要》卷六九：“黔江县东北九十里有大歌罗山，旧置歌罗驿，县东北五十二里有小歌罗山。”《鄂图》第67页，咸丰县。

[5] 《重庆市地图册》，中国地图出版社，2003年，第54页《黔江区》唐岩河流入黔江为阿蓬江，东岸有濯水镇、两河镇；第8页，标为濯河，东岸有两河镇。可见，唐岩河即阿蓬江，即濯河。

[6] 《湖北省地图册》，中国地图出版社，2005年，第67页。

[7] 奉节县地名领导小组编：《四川省奉节县地名录》，1982年。

[8] [明]熊相:《四川志》，原刻钞本影钞。

[9] [明]吴潜：《夔州府志》，《天一阁藏明代方志选刊》，台湾新文丰出版公司，1985年。

代以后治在今奉节县永安镇[1]，永安镇在白帝镇西，正德诸志所述土产铺，当以永安镇为基点计算里程。

据新修《奉节县志》之《建置沿革篇·政区》记有，光绪中、南岸有吐祥坝。查《川省图集》第113页《奉节县》，奉节县西南有吐祥区吐祥乡，当即原吐祥坝。又查《渝图》第47页《奉节县》，奉节永安镇西南约140里处有吐祥镇吐祥坝。从里程看，此吐祥坝当即明代土产铺所在，其在长江以南，应是宋代土场砦地望。

土场砦其设置年代同于茆田砦，具体存废不详，然，明代正德年间（1506–1521）当地已有邮驿，亦可见其地当要道。

4. 石门隘砦

《总要》前集卷十九《益利梓夔路》载：夔州石门隘砦在蜀江南岸。

嘉靖《四川总志》[2]卷十《夔州府·宫室》："石门关，奉节东北六十里，旧名鬼门关。"此石门关，当指奉节县治永安镇东北60里之石门关，其在长江以北。又，《纪要》卷六十九《四川》四《夔州府》："石门关，在府东北六十里，志云旧名鬼门关，亦传讹也。"据其上下行文，似乎指此关与百牢关一般，并非实有，仅是险要所在；又或指鬼门关之名并非石门关旧名，其为讹传。总之，据此可以认为，明代奉节东北60里处有一地名石门关（关不一定实有）。又，乾隆《四川通志》卷四下《关隘》："石门关在奉节县东六十里，两山相夹接巫山界。"其更描述出石门关因位于两山相夹之间而得名，且交巫山县界，如此地势，只能在奉节东北山地，而不在江南。该书同卷又记"鬼门关在奉节县东北三十里"，则石门关并非鬼门关，尽管可能在同一路线上。又，光绪《奉节县志》[3]卷十四《关梁》亦有"石门关在县东北六十里"。查《地图集·北宋夔州路》，夔州以东、长江北岸有石门隘寨，其标在今巫山县曲尺乡境。

若上述江北之石门关、石门隘寨即《总要》所谓"石门隘砦"，则《总要》误记为江南，又或该砦本在江南，后不知何故迁至江北对岸。如此，则该砦旧址当在今重庆奉节县草堂镇与巫山县曲尺乡江北之间，此处距奉节县永安镇约五六十里[4]，既控扼长江瞿塘峡东口，又背阻摩天岭等山险，有着屏障宋夔州治所白帝城之效。

另，《纪要》同卷《夔州府》载："江关，《括地志》'在鱼复县南二十里'，章怀太子贤曰：'旧关在赤甲城，后移在江南岸，对白帝故城基，即今瞿塘关之南岸'。"据此，江关在长江南，对江北之白帝城，而江北白帝城亦即瞿塘关，然此二关名又时有混淆

---

[1] 蒲孝荣：《四川政区沿革与治地今释》，四川人民出版社，1986年，第312页认为北宋奉节县初治今白帝城，景德三年徙于今永安镇，其中白帝城在永安镇东。而据《宋史》卷八九《地理志》五"夔州初置在白帝城，景德三年徙城东"，则移治处在城（内部之）东，显然不是西面的永安镇方位；又据《读史方舆纪要》卷六九《四川》四《夔州》："董钺曰：'洲日治瞿峡口，景德中始徙今治，距峡口才八里，熙宁十年始城其地'。"总之可大致认为宋代夔州治所在白帝城境偏东，而非永安镇。

[2] 嘉靖《四川总志》，《北京图书馆古籍珍本丛刊·史部地理类》，书目文献出版社。

[3] 光绪《奉节县志》，台湾学生书局，1967年。

[4] 《渝图》，《奉节县》第47页、《巫山县》第38页。

互称。或许《总要》所记江南之石门隘砦即此江南之“江关”。又，乾隆《四川通志》卷四下《关隘》：“瞿塘：关即古之捍关也，旧在赤甲城，后移大江南岸对白帝城故基。”可见，白帝城所对之江南岸确有一“瞿塘关”，即捍关，也就是上述江关。光绪《奉节县志》之《关梁》也有“江关在江南岸、对白帝城”的记载。

新《奉节县志·建置沿革篇》附文《县治地考》认为，瞿塘关、白帝城、《华阳国志》之江关、《后汉书》之扞关、明清下关城、赤甲城为同地异名。显然，该文作者并未注意到，江关曾移至白帝城对岸。

总之，据上述文献考量，明清以来所记之“石门关”或鬼门关都不应是《总要》所记之石门隘砦，《地图集》径据此类记述将石门隘砦标在江北巫山县曲尺乡附近，或误。又或其为石门隘砦原址，其后移驻江南，与“江关”合并。当然，《总要》也可能将江北石门隘砦混淆误置于江南江关处。又《宋史》卷四五一《张珏传》有载：“德祐二年十二月……调张万入夔连忠涪，兵拔石门及巴巫砦，解大宁围。”从此段记述看，其所记之石门砦当即宋初以来的石门隘砦，且从张万军事路线来看，应该在江北，则石门隘砦确实更有可能在江北，则《总要》误记。至于移至南岸之瞿塘关，即捍关、江关，其方位更似《总要》所谓“石门隘砦”址。

因此，石门隘砦位置本应在江北、今重庆巫山县曲尺乡境内。《总要》误记之石门隘砦应为迁至江南的江关，其在今奉节县江南岸、正对白帝城故址之处，今属永乐镇。然瞿塘峡该段江之两岸，皆为淹没区。

石门隘砦其设置年代同于茆田砦，具体存废不详，其至明代嘉靖年间（1522–1566）虽不为砦，亦为险关所在。不过，宋德祐二年（1276）底石门砦仍然存在，估计破毁应在1278年夔州陷落前后。

5. 支陇呼石垒砦

《总要》前集卷十九《益利梓夔路》记有：夔州支陇呼石垒砦在蜀江南岸。其确址已不可考。其设置年代同于茆田砦，具体存废不详。

6. 通安寨

《宋会要辑稿·方域·诸寨》[1]（下称《宋会要》）载：“通安寨在夔州路，淳熙十五年置。”夔州路南平军虽有通安砦，但按《宋会要》后文及置寨时间考来，此“通安寨”应为夔州路直辖，并非南平军“通安砦”。其具体方位则难考，仅知其置于淳熙十五年（1188），废年不详。

---

[1] [清]徐松辑:《宋会要辑稿》，中华书局，1957年。

（二）巫山县

巫山县控扼巫峡，西接瞿塘峡，东接西陵峡，为自古入蜀要道，其所辖松木、三会、巫山三砦，当皆置于险要把扼之处。

1. 松木砦

较早记载松木砦的是《续资治通鉴长编》[1]（下称《长编》）卷五："乾德二年……归州路副都部署……十二月……刘光义等入峡路连破松木、三会、巫山等寨，杀……死者五千余人……斩获水军六千余人。"可见，松木等寨是宋初灭蜀时所破，其方位大致应在自归州出师至巫山沿途。在《长编》之后的宋元文献，《群书考索》[2]别集卷二十五、《蜀鉴》[3]卷八、《太平治迹统类》[4]卷一、《宋史全文》[5]卷一、《宋史》[6]卷二五九《刘廷让传》皆沿袭其说，当共源于《长编》之前某个更早的类似记载。其后，清代的《资治通鉴后编》[7]卷四、《钦定续通志》[8]卷三〇二《刘廷让传》均采用了这一说法。在这些记载中，松木砦的大致方位都是清楚的，即在三会、巫山两砦以东，在归州以西。

不过，写作时间早于《长编》的《宋朝事实》[9]卷十七的记载则颇有出入："三年正月刘光义等收复三会、巫山等寨，杀伪将南光海等三千余人。"关于刘军所杀敌军人数，"三"字或为"五"之误，或其仅记所杀之水军人数，总之战场上人数统计略异，这可以理解。其所记克服诸寨之时间在"三年正月"，与《长编》所述在"二年十二月"，差距也不大，盖当时通讯及运输条件有限所致。然，其记克服诸寨，不书"松木"，却不知为何？去除漏记的可能，再查《长编》所记松木砦本在归州至夔州巫山县沿途，则可能的原因是，松木砦在宋代夔州路夔州巫山县与荆湖北路归州巴东县交界处，其管辖权两属不明，故不书于此。其后，《玉海》[10]卷一九三也采用此说法。

按照宋初刘光义取蜀夔州之进军路线推测，刘军自归州出发后，首先攻克归、夔两州——也可以说是宋、蜀"两国"——交界之陆路要隘松木砦，其选择此夹于大巴山——

[1] [宋]李焘:《续资治通鉴长编》，文渊阁四库本。

[2] [宋]章如愚:《群书考索》别集卷二五："十二月刘光义入峡，连破松木、三会、巫山等寨。"文渊阁四库本。

[3] [宋]郭允蹈:《蜀鉴》卷八："十二月……（刘）光义等连破松木、三会、巫山等寨。"文渊阁四库本。又，巴蜀书社，1985年。

[4] [宋]彭百川:《太平治迹统类》卷一："冬十二月刘光仪入峡路连破松木、三会、巫山等寨"。文渊阁四库本。

[5] [元]无名氏:《宋史全文》卷一："十二月刘光义等入峡路连破松木、三会、巫山等寨。"文渊阁四库本。

[6] 《宋史》卷二五九《刘廷让》："乾德二年冬兴师伐蜀……连破松木、三会、巫山等砦。"

[7] [清]徐乾学:《资治通鉴后编》卷四："乾德二年十二月……刘光义等入峡路，连破松木、三会、巫山等寨。"文渊阁四库本。

[8] 《钦定续通志》卷三〇二《刘廷让传》："由归州进讨，……入其境连破松木、三会、巫山等砦。"文渊阁四库本。

[9] [宋]李攸:《宋朝事实》，文渊阁四库本。

[10] [宋]王应麟:《玉海》卷一九三上："三年正月刘光义收复三会、巫山等寨，杀伪将南光海等五千余人，生擒战棹都指挥使袁德宏等千二百人，夺战船三百余艘，又杀水军三千人。"台湾大华书局，1977年。

巫山间之路线，当然是为了规避巫峡之险。因此，松木砦位于夔州巫山县境之边界附近无疑，且距巫山县三会砦不太远，故《长编》才会连书记录。

《总要》前集卷十九载："连天砦……东南……松木隘……"连天砦，据笔者考证在今湖北巴东县西南、建始县东南、鹤峰县北交界处。巴东县，宋属归州。《总要》所记方位，多为大略，并不确切，若以"东南"为"东北"之误，则松木砦恰在宋代归州巴东县与夔州巫山县交境处。查《鄂图》第68页《巴东县》西北接界巫山县处，有沿渡河镇松树桩村，在大巴山——巫山交点之东麓，可见此一带曾多有松树分布，其村名流播当不是偶然。再较以三会砦之方位，可确定此松树桩当即松木砦址，或许宋代即已划入巴东县界，而三会砦正在松木、三会、巫山三砦连线之中心位置。此地北靠湖北巴东至重庆巫山的一段省级公路，可见其在交通要道处，古来亦然。又，《川省图集》第111页《巫山县》标该处为"枫木"，自来松枫联称，亦可见其原名当为"松木"。

该砦当在五代后蜀时期已经存在，自宋廷收复之后废置无考。想其后三峡要道由宋廷控制，松木至三会、巫山陆路失去军事价值，其砦遂没，其境亦逐渐划入自然地理上更易管辖的巴东县。

2. 三会砦

较早记载三会砦的是《宋朝事实》卷十七："三年正月刘光义等收复三会、巫山等寨。"《玉海》承袭此说。他书所记之三会砦，同于上述松木砦，不再赘述。

此外，《历代名臣奏议》[1]卷一〇〇载：牟子才上疏，"米仓之难地名三会"。可见，"三会"自古即为险难之地。《纪要》卷六九《巫山县》："三会砦，在县东，宋乾德三年刘光义伐蜀，收复三会、巫山等砦。"则三会砦在巫山县东已可确定，也可见《长编》所记松木、三会、巫山三砦当为依照自东而西的顺序。

正德《夔州府志》卷二《铺驿》载："巫山县东四十里三会铺。"乾隆《四川通志》卷四下载："三会砦在巫山县东四十里，今为三会铺。"嘉庆《重修四川通志·关隘·夔州府》[2]载："巫山县三会寨，县东四十里，宋乾德三年刘光义伐蜀收复三会巫山等寨即此，今为三会铺。"同书《古迹》卷载："夔州府巫山县，三会铺在县东四十五里"。据此，三会砦当在巫山县东40里处，今名三会铺。

查《地图集·北宋夔州路》，巫山县东北、巫峡山东麓有三会寨，其与巫山县距离为40里。《四川省巫山县地名录》[3]载，县东北两坪公社沙湾大队有三会铺，巫山横贯于该公社境内。这样的记载也是合于《地图集》所标画的。《渝图》第38页《巫山县》，巫山县东北38里处有两坪乡之三会铺，当即宋代三会砦址。此地现在重庆巫山县至湖北巴东

[1] [明]杨士奇等编:《历代名臣奏议》，文渊阁四库本。

[2] 嘉庆重修《四川通志》，《中国西南文献丛书·西南稀见方志文献》，兰州大学出版社，2003年。

[3] 巫山县地名领导小组：《四川省巫山县地名录》，1983年。

县的省级公里上，显见自古即为交通要道，沿该道东北延伸，跨界之后即是巴东县松树桩，即宋代松木砦。又，新修《巫山县志》[1]之《交通邮电卷·古道》提到连贯该县东西的巴楚通衢大道，经界岭、小桥驿、三溪、三会铺、花果树至巫山，再西经朝阳、天池、哨楼、石马河出境。由此亦可见“三会”历代为要路所经，该路之起点“界岭”当即松木砦附近，中间的“巫山”当即巫山砦，且从东西排列次序及里程看来也甚符合。《川省图集·巫山县》标该处为“三合铺”，当为字误，且“会”、“合”二字意通形近。

三会砦自五代迄于清代，历为军寨、铺递之所，虽不知其军寨置废具体年限，想其废当在宋初收复蜀地之后不久，其时已失去军事控扼之义，仅为邮驿之用。

3. 巫山砦

较早记载巫山砦的是《宋朝事实》卷十七，其相关记载均同于三会、松木等砦。另，《宋史》卷二七三《李进卿传》：“是岁冬伐蜀……拔巫山砦，下夔万二州。”可见巫山砦既在松山、三会两砦之西，又在夔州之东。上已述及三会砦在巫山东麓，则巫山砦当距其不远。宋代有以县城为砦之例，如咸平年间所置澧州石门县砦[2]，宋承五代余绪，五代末年巫山县城即为巫山砦，这是可能的。巫山县自古迄今其治所无变化，仍在今重庆巫山县巫峡镇[3]，此亦即巫山砦址。从新《巫山县志》关于东西大道的记述也可看出，巫山砦与城应是重合的。

至于巫山砦之置废，当始于五代，入宋之后或废砦而存县城。盖此时宋已收复蜀地，巫山县虽为通衢，却不再是军事要地。不过，至宋末，随着宋元战争的日剧，巫山县城或又为砦，《宋史》卷四五一《张迁传》有载：“德祐二年十二月……调张万入夔连忠涪，兵拔石门及巴巫砦，解大宁围。”此“巴巫砦”或即巫山砦。

总括松木、三会、巫山三砦，均在今重庆至湖北之省级公路上，宋初刘光义沿此道进攻，正以其为自古通衢之巫山陆路，且降低了由巴东县溯流巫峡仰击蜀军之风险。

第二节 大宁监砦堡时空演变考

大宁监有分水寨、芙蓉隘。

1. 分水寨

《纪胜》卷一八一《大宁监·景物一下》记有“芙蓉隘在分水寨西南”，由此可见，分水寨应为当时当地一大要隘。

光绪《大宁县志》[4]卷一《地理·疆域》记载，距城200里的通城里十六甲有分水河；

[1] 四川省巫山县志编纂委员会鲁良朝等：《巫山县志》，四川人民出版社，1991年。
[2] 《总要》前集卷一九《澧州》。
[3] 蒲孝荣:《四川政区沿革与治地今释》，第312页。
[4] 光绪《大宁县志》，巫溪县志编委会校点重印，1985年。

该志《寨洞》又记，县西朝阳洞在分水河；该志《山川》又记，朝阳洞在县西北180里；该志《津梁》有，芙蓉隘在分水寨之西南。若分水河即原分水寨附近，则分水及芙蓉隘两地名，直到清末仍有。且分水寨当在分水河边，因水而名，附近有朝阳洞，其距县约180里至200里之间。

又，新修《巫溪县志》[1]第一卷《建置·沿革》记有，文峰区沙溪乡有分水村。

查《川省图集》第109页《巫溪县》，分水村在县西文峰公社东北侧近，其西有分水河，河西有朝阳乡朝阳村。又查《渝图》第45页《巫溪县》，分水河西有朝阳洞乡，文峰公社今为文峰乡。可见，清末之朝阳洞即今朝阳洞乡，分水河东岸的文峰乡分水村应为原分水寨址。

该寨置废年代不详，或存于整个宋代。

2. 芙蓉隘

《纪胜》卷一八一《大宁监·景物下》记有“芙蓉隘在分水寨西南”。光绪《大宁县志·津梁》也提到，芙蓉隘在分水寨西南。

芙蓉隘设在分水寨西南，当为大宁、夔州两地之边界要隘。其地，今属巫溪县文峰镇西南，与奉节县交界。

该寨置废年代不详，或存于整个宋代。

第三节 云安军砦堡时空演变考

作为云安军附郭的云安县，有思问、捍技、平南三砦。《总要》前集卷十九载：“云安军……有盐井之利，蛮夷杂居，本朝始建为军，置三砦守之。”《宋史》卷八九《地理志》（下称《宋志》）五《夔州路》记载，云安军云安县有“玉井盐场、团云盐井”。可见，此三砦设置即为守护盐场、监防“蛮夷”。至于云安监，因云安盐场而设，云安三砦辖于云安军，防护盐场，管辖权限上无关云安监。

1. 思问砦

《宋志》五《夔州路》记载，云安军云安县有思问、平南、捍技三砦。

《总要》前集卷十九《益利梓夔路》：“云安县……思问砦在县南二百里。”宋之云安县治，即今之云阳县云阳镇[2]，军、县同地。考宋云安军之疆域，呈南北狭长状态，其南境插入今湖北利川北境，《总要》前集卷十九：“云安军……南至施州二百七十里。”约在明代时始调整为现状。又，平南砦也在云安县南200里，其在今利川北境（详考见下文），可推知思问砦当也在今湖北省利川北境、重庆市云阳县南端接境处之七曜山麓，其确址则不可考。

---

[1] 四川省巫溪县志编纂委员会汤绪泽等：《巫溪县志》，四川辞书出版社，1993年。
[2] 蒲孝荣：《四川政区沿革与治地今释》，第317页。

思问砦之置废年限，据《总要》前集卷十九载："云安军……有二砦，并本朝咸平置。"又，《宋会要辑稿·方域·诸寨》载："思问寨，忠州南宾县，咸平二年置，天圣二年废。"《宋志》云安军有"思问、平南、捍技"等三砦，《宋会要》忠州南宾县也有"思问、平南、桿杖"三寨，"桿杖"、"捍技"字形相近，建置年代类似，可见此三砦应同一，笔者认为《宋会要》误记于忠州（详见下文）。由此，思问砦应置于咸平三年（1000），废于天圣二年（1024）。

2. 平南砦

《宋志》五《夔州路》记载，云安军有平南砦。

《总要》前集卷十九："云安县……南平砦在县南二百里"，此"南平砦"即平南砦。又，《宋会要·方域·诸寨》："平南寨，忠州南宾县。"则平南砦或曰南平砦，究竟在云安军境还是忠州南宾县境呢?

《谭襄敏奏议》[1]卷四《议设兵备官员以图善后疏》讨论施州荆夔兵备问题："守备一员则令移驻南坪堡要害之通冲……"据其上下行文，此南坪堡在明代施州西部靠万州夔州一带。又，乾隆《清统志》卷二七四《施南府》载，"南坪堡巡司在利川县境"，卷二五七《施南府文职官》条，施南府有南坪堡巡检。可见，明清时代之南坪堡在今恩施（即明清施州）利川境内。利川北境与云阳县（即宋云安境）紧邻，较以宋代云安军南境里程，其最南端部分自明代以来即已划入施州、今利川境内。查《地图集·北宋夔州路》，云安军南端有南平寨，接施州境、今之利川境，即《总要》所谓南平砦。《地图集·清代施南府》，利川北部有南坪堡，即乾隆《清统志》所谓南坪堡巡司。较以宋、清两图，南平寨即后之南坪堡，其北距宋之云安县直线距离一百五六十里，以道路里程算当在二百里左右。再查《鄂图》第66页《利川市》，利川北境靠云阳县处有南坪乡，恰在原南坪堡址。由此，则南平砦即今湖北利川北境之南坪乡址、七曜山南麓，且"平南砦"当为"南平砦"之传抄错误，本文不作修改；至于宋代云安军之南界，则更在今之南坪乡以南六七十里以内。又据笔者考察，南坪乡位于七曜山（今又称齐岳山）南脚一大平坝处，既适合设立砦堡，也适合南控溪洞"蛮夷"。

平南砦之置废，同于思问砦。据《宋会要·方域·诸寨》："平南寨，咸平三年置，天圣二年废"，即置废年代分别为公元1000年、1024年。

3. 捍技砦

《宋志》五《夔州路》记载，云安军有捍技砦。

《总要》前集卷十九："云安县，……投文砦在县南一百里。""投文"当为"捍技"字形之误。则，捍技砦当在今重庆云阳县云阳镇南100里某处。

据新修《云阳县志》[2]之《军事篇·军事地形·关隘》记有，县南120里蕖草乡歧阳村

[1] [明]谭纶:《谭襄敏奏议》，文渊阁四库本。
[2] 四川省云阳县志编纂委员会贾聚星等:《云阳县志》，四川人民出版社，1999年。

12社有岐阳关，原名旗阳山关。该关虽置于明代，然其既为雄关险地，位于七暇山北麓，其东有盐井[1]，且在县南100里附近，宋代置砦于此护盐，是有可能的。按古代置关隘原则，通常为历代指认之险要处。至明代，该砦演为关隘。因此，捍技砦可定在今云阳县蕈草乡岐阳村岐阳关。

捍技砦之置废，据《宋会要·方域·诸寨》，“桿杖寨，忠州南宾县，咸平三年置，天圣二年废”。“桿杖”同样是“捍技”字形之误，则捍技砦置、废于公元1000年、1024年。

第四节　万州砦堡时空演变考

万州附郭南浦县有平云砦，有护盐之效。此外，武宁县即今之武陵镇[2]，距平云砦不远，在长江西岸，既无护盐之责，即无砦堡。

1. 平云砦

《宋志》五《夔州路》记载，万州南浦县有平云砦。

嘉庆《重修四川通志·关隘·夔州府》在“万县渔阳镇”条下以沿革叙述的方式表明，《唐志》南浦县所载“渔阳监”、《九域志》所记“渔阳镇”即《宋志》之“平阳砦”。又，同治《增修万县志》[3]卷七《地理志·关隘》在“渔阳镇”条下叙述沿革时亦表明，《唐志》南浦县渔阳监、《九域志》渔阳镇即《宋志》之平阳砦。按，《宋志》万州仅有平云砦，从读音及字形看来，“平云砦”当即“平阳砦”，即渔阳监或渔阳镇。

《新唐书》卷四十《地理志》[4]（下称《新唐志》）之四，万州南浦县有“渔阳监”，可见上述《唐志》即指此。又，《资治通鉴》”（下称《通鉴》）卷二七七《后唐纪》，“明宗长兴元年……孟知祥累表请割云安等十二盐监隶西川，……万州南浦县渔阳监皆有盐官，隶宁江军巡属”。又，《元丰九域志》[5]卷八《夔州路·万州》所记，“南浦一十一乡，渔阳、同宁二镇”，此即上述《九域志》所记。又，《纪胜》卷一七四《涪州·景物下》有“万州南浦县渔阳镇”，同书卷一七七《万州·景物下》有“龙女洞在渔阳镇西十五里”。据此，若找到龙女洞，亦可定出渔阳镇大致方位。此外，道光岑建功《舆地纪胜补阙》[6]在卷七“夔路万州景物下”条认为，“渔阳”乃“源阳”字误，源阳即后周时的武宁县前名。若据此，则渔阳（平云砦）即源阳，亦即武宁，今万州区武陵镇。但这个说法显然有问题，因为此前《新唐志》与《九域志》都有关于“渔阳”的记

[1]《四川省地图集》第112页《云阳县》，岐阳东有盐井、盐坝等地名，古当为盐场。
[2] 蒲孝荣：《四川政区沿革与治地今释》，第312页。
[3] 同治《增修万县志》，《中国方志丛书·华中地方》，台湾成文出版社，1976年。
[4] [宋]欧阳修:《新唐书》，中华书局，1975年。
[5] [宋]司马光撰，胡三省音注:《资治通鉴》，文渊阁四库本，中华书局，1975年。
[6] 道光岑建功：《舆地纪胜补阙》（10卷），附于中华书局1992年版《舆地纪胜》第7-8册。

载，就算《纪胜》有字误，不可能更早的二志均有同样字误。

另，万州南浦县，元代省入万州，即今万州区[1]。

其后诸书沿袭前说。乾隆《四川通志》卷四下，“渔阳镇在万县界”。《钦定续通典》[2]卷一二八《州郡·宋》，“万州南浦县有平云砦”。

又，《纪要》卷六九《四川》四，“万县，南集渠，处涪陵界，谓之于阳溪，至县南，北流注江，曰南集渠口，亦曰于阳溪口”。“于阳”，当即“渔阳”谐音，则渔阳镇当离此溪流不远，且以水运之利更适合运送盐包。

综合起来，平云砦之地理位置应具备这样几个条件：①在盐场附近；②其西15里有龙女洞；③附近有于阳溪或南集渠。

首先，南集渠（于阳溪）在哪里？

《水经注》[3]卷三三《江水》：“江水又东会南北集渠，南水出涪陵县界，谓之〔于〕阳溪，北流径巴东郡之南浦侨县西，溪峡侧盐井三口，相去各数十步，以木为桶，径五尺，修煮不绝，溪水北流注于江，谓之南集渠口，亦曰于阳溪口。”由此可见，《纪要》关于南集渠之述，尽数抄自《水经注》，实则《纪要》时代之涪陵并非《水经注》之涪陵，当然更不可能有水流至南浦。按新修《万县市志》[4]之《政区沿革》及该志两篇附考《万县市建置沿革考辨》（卢文）、《西晋南浦县治城究竟在哪里》（邓显望），南浦侨县在原羊渠县治，即今七曜山北的万县龙驹坝（龙驹镇），盐井即今长滩井（长滩镇），南集渠（于阳溪）即今长滩井河[5]（磨刀溪）。由此可见，此南浦侨县（龙驹坝）既邻盐井，又邻南集渠（磨刀溪），比较符合上述之渔阳（平云砦）地理特征。

查《川省图集》第104页《万县》，龙驹公社（龙驹坝）西有盐井村。又查《渝图》第39页《万州区》，区南龙驹镇西之走马镇盐井沟、龙井等二村，龙井村有盐井龙洞旅游点，可见此二村亦在唐宋时万州之盐监区域（渔阳镇）境内，且龙驹镇西十余里处有一龙洞湾，当即原“龙女洞”之演称。如此看来，平云砦，也就是平阳砦，亦即渔阳镇（监），当在今重庆万州南之龙驹镇。据笔者考察，龙驹镇在七曜山麓，沿磨刀溪东岸绵延排开，当翻越七曜山之要路，适合设立砦堡。当然，作为监护盐场的军事砦堡，平云砦范围应该包括附近盐场在内，即今万州区走马镇、长滩镇。

另，由龙驹镇（南浦侨县、羊渠旧县）方位考来，旧志所谓其在“县西南五十里羊飞山下”之说有误，应为“县东南”。

从《新唐志》记载看，渔阳监唐代已有。由《通鉴》记载看，此监当为盐监，五代时

[1] 蒲孝荣:《四川政区沿革与治地今释》，第312页记为“万县市”，1997年新建重庆直辖市后改为万州区。

[2]《钦定续通典》，文渊阁四库本。

[3] [北魏]郦道元:《水经注》，文渊阁四库本。

[4] 重庆万州区龙宝移民开发区地方志编纂委员会魏志和等:《万县市志》，重庆出版社，2001年。

[5] 任乃强:《华阳国志校补图注》，第40页“注释”亦指出，南集渠即今长滩井河。

已日益重要。其砦之设置大概入宋之后，随着此监地位日益重要，设砦以护盐利，并逐渐发展为一大盐业交易市镇。

第五节 梁山军砦堡时空演变考

梁山军仅领梁山一县，该县有赤牛堡。

1. 赤牛堡

《纪胜》卷一七九《梁山军·景物下》记有“金藏堰在赤牛堡”。可见，梁山军本有赤牛堡，其后扩建于宋元战争时期，而成为赤牛城，俗称为牛头寨。《纪胜》同卷又记有：“赤牛山，军西二十里。”此赤牛山即后所谓牛头山，只是当时赤牛堡尚未扩建为赤牛城。

《蜀中广记》[1]（下称《蜀记》）卷二三《梁山县》载：“古《志》云，‘东有飞龙西有赤牛，文必拜相武必封侯’，按飞龙即蟠龙山，赤牛即牛头寨。”可见，曹学佺曾见过更早的志书有记载牛头山的，且因其久远而与相对的东面蟠龙山共同融入当地民间谚语中。牛头寨，因其建于牛头山上而获名。至于《蜀记》所引古《志》所谓“赤牛”，显然不是指“寨”，而是指“山”。此后，诸多文献转引此谚语，可见牛头寨（或山）历代记述无误。《蜀记》卷二十三又引《纪胜》关于赤牛山的记载，再引《碑目》云：“赤牛城有石刻，淳祐二年上元落成，周三百六十步，敌楼百四十三座，四门各有废刻□谴将台各基址犹存。”可见，牛头寨，也就是赤牛城，在宋代梁山军西20里处。据《碑目》[2]作者考察当地，有“淳祐二年”石刻证其建成于宋淳祐二年，其周围大小以及建筑结构都可为宋代砦堡之典型，其正名当在扩建后称为“赤牛城”，其规制则为一寨。

稍晚出之《纪要》卷六九《梁山县》关于牛头寨之记载类似于《蜀记》，其资料应为同源：“牛头寨，在县西二十里赤牛山，亦名赤牛城，宋淳祐二年筑，周三百六十步，敌楼百四十三座，四隅有门，戍守处。”该书在现存文献中首次提出，牛头寨即赤牛城，位于赤牛山上。乾隆《四川通志》卷四下《关隘》，“牛头寨在梁山县西十五里赤牛山上，亦名赤牛城”。可见，牛头寨在梁山县西15至20里之间的赤牛山上。

又，乾隆《清统志》卷三一六“关隘”条，“牛头寨在梁山县西十五里赤牛山上，亦名赤牛城，宋淳祐三年置，周三百六十步，敌楼四百三十座，四隅有门”。此志来源当同于《蜀记》，然抄刻有误，将“淳祐二年”误为“三年”，敌楼“百四十三”误为“四百三十”；并将里程数核定为“十五里”。

---

[1] [明]曹学佺：《蜀中广记》，文渊阁四库本。《蜀中名胜记》为其中“名胜”部分，已出单行本。

[2] 由此“淳祐二年”石刻看来，曹学佺所引《碑目》并非王象之《舆地碑记目》，至少可以认定此非象之原文所有，或为后人窜入，因象之作书于早于淳祐二十余年的嘉定宝庆年间。或此《碑目》作于牛头寨已废弃之元明时期，方有“基址犹存”之说。

此后诸志沿袭前说。嘉庆《重修四川通志·关隘》："忠州，梁山县，牛头寨在县西十五里赤牛山上，亦名赤牛城"。光绪《梁山县志》[1]卷二《舆地·形胜》："八景，……赤牛卧月，县西二十里，土名牛头寨，盖戍守之地，南北横亘十余里"，同卷《建置·场镇》："按，《通志》所载县西五十里牛头寨，即赤牛城，遗址犹存"；同书《武备·寨堡》："牛头寨，县西十五里赤牛山下，石刻宋淳祐二年上元落成，周三百六十步，敌楼百四十三座，四门各有题识，又有废坛将台，基址犹存，……寨附人和场。"可见，直到清代，牛头寨遗址犹存，其山并因其形而成为当地八景之一。

据《四川省梁平县地名录》[2]，"今梁平县西仁贤区，光明公社，牛头大队牛头寨"；又据该书，仁贤区距县城11公里，光明公社在县西南、驻地仁和场原名仁和公社，此牛头寨形象牛头。此地名录为当地人所编，寨之形状当为实地考察结果。可见，牛头寨在梁平县西南仁和场。新中国所修《梁平县志》[3]之《军事卷·设施》亦指出，赤牛城即牛头寨，该志《文化卷·名胜文物》指出，牛头寨在城西10公里。

又，《中国历史地名大辞典》[4]（下称《地名辞典》）载："牛头寨，在今梁平县东。"该辞典误记牛头寨方位，在梁平县东的是蟠龙山，今距县10公里处有蟠龙镇。《四川州县建置沿革图说》[5]认为，牛头寨为南宋抗蒙期川东山城，即梁山军赤牛城、今梁平县西10公里牛头砦，淳祐二年（1242）筑，梁山军也随之徙此，祥兴元年（1278）陷。又，《渝图》第35页《梁平县》，县西南20里处有仁和场，渝—万（州）高速公路经其旁，可见其一直位于通往梁平县之交通要道上。

总之，赤牛堡（牛头寨）应在今重庆梁平县西南10公里之仁贤镇仁和场附近牛头村牛头寨，邻高滩河支流。

由"淳祐二年"石刻记载，牛头寨建成于1242年，当为南宋末年宋元战争中四川地区山城防御体系所建山城之一。其于1278年沦陷（又说为1277年[6]）之后，随着元军大肆摧毁该体系各处山城，此寨城亦废弃。

第六节 忠州砦堡时空演变考

忠州，咸淳元年升为咸淳府，有临江、垫江（熙宁五年省桂溪县入）、南宾县，南渡后增丰都、龙渠县。临江、垫江、丰都、龙渠，此四县暂不确定有无砦堡。南宾县并非忠

---

[1] [清]朱言诗:《梁山县志》，《中国方志丛书·华中地方》，台湾成文出版社，1976年。

[2] 梁平县地名领导小组编：《四川省梁平县地名录》，1981年。梁山县新中国成立后改为梁平县。

[3] 四川省梁平县志编纂委员会龙建平等:《梁平县志》，方志出版社，1995年。

[4] 魏嵩山编:《中国历史地名大辞典》，广东教育出版社，1995年。

[5] 任乃强、任新建:《四川州县建置沿革图说》，巴蜀书社，2002年。

[6] 《宋史》卷四五一《张珏传》："德祐二年……明年六月，梁山军降。"

州治所，该县治在今丰都县东南龙河镇[1]，该县有栢尚寨。

1. 栢尚寨

《宋会要·方域·诸寨》："栢尚寨，忠州南宾县，咸平二年置。"《宋会要》该卷将云安军思问、平南、捍杖二寨均置于忠州南宾县条下，惟有"栢尚寨"置废时间不同于其他三寨，可见其应不同于此二寨，亦不属于云安军，而本在忠州南宾县境内。按，南宾县于明代并入丰都县，则其原境内之栢尚寨当亦在今丰都县境内。

民国《重修丰都县志》[2]卷八《方域志·山川》载："百丈滩在治西南三里。"民国丰都县治所在今丰都县名山镇。"百丈"或即"栢尚"之谐音，则百丈滩当为原栢尚寨址附近。此百丈滩，当在丰都县名山镇西南二里左右，在长江南岸，此地江势缩窄，水流湍急，上距南宾河之入江口五里左右。宋代南宾县治之今龙河镇亦在江南、南宾河畔。可见，若百丈滩即宋栢尚寨之地，则此寨当为扼守南宾河口交通而设，且此段江流或有险滩，需要设寨置军疏浚。据新修《丰都县志》[3]之《水系》，龙河（南宾河）在双路乡葫芦溪口注入长江。则，栢尚寨址应在该河口西侧。查《川省图集》第120页《丰都县》，栢尚寨址约即双路公社新开村。又查《渝图》第33页《丰都县》，该处今属重庆丰都县三合镇。

栢尚寨置于咸平二年，即公元999年。其废弃年代不详。

第七节 涪州砦堡时空演变考

涪陵县为州治所在，该县有白马、安西、三台三砦。武龙县境内之砦堡，即白马砦，其管辖权在涪州或涪陵县。乐温县则暂不确定有无砦堡。

1. 白马砦

据《宋会要·方域·诸寨》："白马寨，（在）涪州，大观四年废"；又《宋会要·食货·商税》："武龙县有白马津"。又，《纪胜》卷一七四《涪州·景物下》也指出，"白马津在武隆县北三十五里，有监官"。若白马津即为白马寨所在，则白马砦当在涪州武龙县境内。其监管当为监管盐场，置砦于此当然也是保护盐场。

然，《宋志》五"涪州"条有载："大观四年，废白马砦涪陵（县），有白马盐场。"又，《元丰志》卷八《夔州路·涪州》之"涪陵县"条下有"白马盐场"。若白马盐场址即白马砦址，似白马砦应在涪陵县境内。

虽然宋至今之涪陵与武龙（隆）地界相接，但白马砦也不可能同时在两地，除非有前后迁址。若《宋会要》与《宋志》所述白马砦为同一地，这两种相异的记载表露了怎样的

[1] 蒲孝荣:《四川政区沿革与治地今释》第312页，忠州南宾县，今丰都县东南龙河公社（旧名观音寺）。
[2] 民国《重修丰都县志》，《中国地方志集成·四川府县志辑》，巴蜀书社，1992年。
[3] 丰都县志编纂委员会何嘉万等:《丰都县志》，四川科学技术出版社，1991年。

信息呢？若两者均非误记，则，白马砦址虽在宋代武龙县，其管辖权却划属涪陵县，作为飞地插于武龙县境内，甚至以其作为涪陵县之东南界，又或以其盐利之重要性而作为涪州直辖地？又，《山堂肆考》[1]卷一九三《饮食·茶》："出茶三般，《茶谱》'涪州出三般茶，宾化最上、制于早春，其次白马，最下涪陵"，由此种表述，可见白马确实不在涪陵境内，且白马可能还有护茶功能，并可证明白马砦为涪州直辖，其在行政建置上甚至与涪陵、宾化等县平级。又因作为附郭的涪陵县常被视为与州同一，而导致文献记载将隶属涪州直辖的白马砦误置于涪陵县下，其地（白马津、盐场）虽在武龙境内，砦（白马砦、监官）则不属武龙管辖。

据正德《四川志·山川·武隆县》，"白马滩在治西三十里"。嘉靖《四川总志》卷九《重庆府·山川》也有"白马滩在武隆西三十里"。这些记载，都与《纪胜》类似，实则为武隆"西北"。武龙县，明代改为武"隆"县。宋代记载武龙有白马津，表明此津渡在白马滩附近，即前白马砦址。

《纪要》卷六九《涪州》："白马砦在州南，宋置，旁有白马盐场，大观四年砦废；武隆县……西三十里有白马滩。"按此种表述，宋白马砦应辖于涪州，其设立当为保护附近的白马盐场。至于白马滩，则是武隆以西三十里的自然地理实体，砦因此滩而名，该滩在涪州南。

又，康熙《涪州志》[2]卷一《山川》之"武隆县"条，"白马滩在武隆西三十里，滩石形如白马，故名"。乾隆《涪州志》[3]卷一《山川》："白马石，州东南，在武隆西三十里，江边半岩有白石如马，江中又有白石如鞍形。"此白马石当即白马滩，既在武隆西，又在涪州东南，即前述"白马砦"附近。

又，乾隆《清统志》卷二九六《重庆府》，"白马盐场在涪州南，《州志》'宋置白马砦今曰白马镇"，该志同时引用《九域志》所记"白马盐场"、《纪胜》所记"白马津"，认为白马盐场就是白马砦址，即白马津，也就是乾隆时代涪州管辖之白马镇，即上述白马滩附近。其所引《州志》，当为已经散佚的明代两部涪州志之一。

其后，嘉庆《重修四川通志·涪州》有类似记载，"白马盐场在州南"，并引用《纪胜》与《州志》相关记载为据。道光《重庆府志·山川》[4]"涪州"条也有"白马镇在州西南"，其"西南"之说当为"东南"之误。

同治《重修涪州志》[5]卷一《舆地志·里甲》，"西里有白马镇"。该书同卷《古迹》："白马砦，南宋置，旁有白马盐场，大观四年砦废；卤泉，《郡志》'（在）武隆

---

[1] [明]彭大翼:《山堂肆考》，文渊阁四库本。
[2] [清]刘之益等:《涪州志》，康熙五十三年，日本内阁文部省藏原刻本影照。
[3] [清]多泽厚等:《涪州志》，涪陵区方志办藏原刻本。
[4] [清]有庆:《重庆府志》，《中国西南文献丛书·西南稀见方志文献》，兰州大学出版社，2003年。
[5] [清]吕绍衣:《重修涪州志》，《中国地方志集成·四川府县志辑》，巴蜀书社，1992年。

县，距白马津’，东三十余里，江岸有卤；白马盐场……宋置白马砦，今白马镇”，并亦引《九域志》、《纪胜》为据。同书《建置志·津梁》：“西里……（武隆）司西四十里白马镇，通正安州。”在该志的记述中，白马砦在开采卤泉的白马盐场附近，其因附近白马津而名，清代已为白马镇，距武隆四十里。

民国《涪陵县续修涪州志》[1]也指出，“白马砦，州南，宋置有白马盐场……宋置白马砦，今白马镇”。

据《全国乡镇地名录》[2]，武隆县有白马乡。又，《四川省武隆县地名录》[3]，武隆县西北45公里白马公社有白马场，位于石梁河注入乌江处之东岸，一白石礁似白马，新中国成立后炸毁。其位置在涪陵以南。查《地图集·北宋夔州路》，涪州东南境、武隆西北、乌江北向拐弯处也标有白马盐场，白马砦当在其附近。查《渝图》第34页《武隆县》，其西北46里有白马镇。按，武隆县治明代以前在今武隆土坎镇[4]，白马镇恰在其西近30里。据笔者考察，白马滩只是马头部分由于深插江心而炸毁，滩石大部分尚存横亘两河交汇处，颇为险要，而乌江与石梁河夹角处今白马镇老街，当为原白马砦中心点。

综上，宋代白马砦在今武隆县西北46里之白马镇白马场。该地亦为一津渡，算得上全县交通、商业、工业要纽，石梁河在此注入乌江，连通武隆至涪陵的319国道亦从此过。

白马砦应置于元丰（1078年）之前，其废则在大观四年（1110）。其后，历为盐场乡镇。其砦之置，当主要为保护当地盐场，兼有护茶功效。

2. 安西砦

《宋史》卷四五一《张迁传》，“至元十五年二月……珏以小舟东走涪，明日万户铁木儿追及执之送京师……珏至安西自经”。此段话所述张珏最后一段行程，本身充满了歧义，这也是理解安西砦方位所在最大的困难。按此段，有这三种行程可能性：（1）重庆城破后，张珏小舟连夜至涪州，在涪州附近被擒，送至京师（元大都今北京），在京师安西这个地方自尽。若此，则安西不在涪州，而在今北京附近；从行文看来，仅说张珏至安西这个小地名，而非说更大更重要的京师这个地名，似乎其并未至京师，而安西尚在途中，“安西”应该不算难找的地方，且应该在涪州不远，才会没有冠以其他大地名在其前；如此，则安西不在今北京附近。（2）张珏小舟至涪州，被擒，在送往京师途中，于安西自尽。若此，则安西当然不在京师，可能在涪州，也可能在远离涪州的地方，甚至有人干脆将“安西”释为“西安”之误，然则“西安”显然不是宋元时之称谓，唯有“京兆府”、“永兴军”或“长安县”之称，则“安西”当然不是“西安”。（3）最大可能则是：张珏小舟前往涪州，中途被擒，在送往京师途中，自尽于安西砦。张珏往涪州，可见

[1] 刘湘等：《涪陵县续修涪州志》，《新修方志丛刊·四川方志》，台湾学生书局，1967年。
[2] 民政部编：《全国乡镇地名录》，1985年。
[3] 武隆县地名领导小组编：《四川省武隆县地名录》，1985年。
[4] 蒲孝荣：《四川政区沿革与治地今释》，第313页记为“土坎公社”，今改为土坎镇。

当时涪州尚在宋军手中，未至而就擒，在当时激烈战争形势中，当就近羁押；因宋末涪州移治三台山（详见下文），又因张珏经连夜舟行，当已至涪州境内，则安西砦当在涪州东界至三台山之间。

后世多数方志都支持安西砦在涪州以西的说法，当非空穴来风。《纪要》卷六九《涪州》："安西砦，在州西，宋末张珏……至安西死之。"乾隆《四川通志》卷四下《关隘·重庆府》，"安西砦在涪州西"。然则安西砦究竟在哪里？或许是因为其名其地在当时都非常清楚，或许在当时已经模糊而不清楚，故各志没有明确记述其位置里程。其后诸志则不再有安西砦，但在涪州以西则另外记录了两个地名类似的寨。

嘉庆《重修四川通志·涪州》，"安居寨在州西"。道光《重庆府志·山川》，"涪州，安居寨在州西"。民国《涪陵县续修涪州志》，"安全砦，州西二十里"。从方位及地名上看，安全、安居二寨均类似于安西砦，且此二寨之名亦通，或即为一。又，《宋会要·方域·市镇》，"（涪州）安居镇，治平六年废"，此安居镇当即后之安居寨，其本为镇市，则当位于通衢，镇虽废，或因其当道而后置为砦，既在涪州以西，遏阻大江之津，被称为"安西砦"也是有可能的。

又，《四川省涪陵县地名录》[1]有载，县西荣桂公社盐井大队有一古寨名为安全寨，颇为坚固，地势险要。从宋代立砦险要处之原则来看，此安全寨或即张珏自尽的安西砦。又，笔者据涪陵方志办原主任蒲国树老先生言，今长江北岸边镇安镇与义和镇交界处的东岳村或为安西砦址，此地位于三台山以西，亦有可能。

安西砦之置废，若其即为安居寨，则其置当在安居镇于治平六年（1069）废之后，其废当在宋亡（1279年）之后，遂为乡民聚落。

3. 三台砦

《宋志》五《夔州路·涪州》，"咸淳二年移治三台山"。则三台砦当为宋末山城防御体系中创筑之沿江城寨，涪州治所亦曾在战时移至此处。

《纪要》卷六九《涪州》，"龟山，在州东北，《志》云：'山一名三台山，在黔江东岸，宋咸淳三年尝移州治于三台山，即此'"。其所据之《志》，当为今已散佚之明代所编二涪州志之一。由此，则三台山，也就是龟山，在黔江，即乌江东岸、涪州东北角，也就是乌江注入长江之口东北。《纪胜》卷一七四《涪州·景物上》亦认为龟山"本黔江东岸之山"。

又，康熙《涪州志·建置沿革》，宋代涪州"后移治三台山，元复旧治"。乾隆《涪州志》卷二《沿革》沿用其说，宋代涪州"属夔州路，咸淳三年移治三台山，元复旧治"；同书卷二《山川》，"龟山，州东……古州治据其上，其形如龟，故州亦名龟陵，《旧志》'在州东北，亦名三台，宋咸淳中移州三台，即此'"。该志并引用《纪胜》为

[1] 涪陵县地名领导小组编：《四川省涪陵县地名录》，1985年。

据，认为龟山在黔江东岸。可见，龟山确实就是三台山，且涪州亦因山形而又称为“龟陵”。而《乾隆志》所依之《旧志》，应该不是《康熙志》，而是今已失传的明代两部涪州志之一，或与《纪要》所引之《志》同。其后，《地图集·南宋夔州路》也将三台山标在乌江注长江口处之乌江东岸。

然则，三台砦及其所在的三台山，果在乌江注长江口之乌江东岸，也就是今涪陵东北对岸乌江天台乡三重堂至磨刀溪村一带吗？

1995年编定的《涪陵市志》[1]其《建置沿革篇》与《军事篇》却提出全然不同的说法，认为三台砦在涪陵以西李渡镇东堡村三组之东堡寨。据该志，此处居民称此地为东堡寨，因此处多居钟姓人家，后来“钟”讹为“东”，遂称为“东堡寨”。从方位来看，此东堡寨在涪陵，也就是原涪州以西，且在长江北岸，与前述诸志所载截然不同。

那么，三台砦究竟在哪里？究竟哪一种记录更接近真相？

笔者于2008年6月12日进行的田野考察解决了此问题，并最终确定了三台砦方位。首先，在询问当地一名老农夫后，我们获知，李渡镇东堡村如今已经不存在了。2003年后，东堡、小溪、安溪三个村已合为玉屏村，最新的《涪陵地图》[2]即作此标绘。这个小小的误差，增加了我们这次探寻之路最初的难度。其次，我们远眺东堡寨所踞之山头，其形恰如一只大龟背，紧靠长江，险峻雄浑。接着，我们在山寨之阳陡峭小径上发现了“咸淳丙寅春”石碑题刻，据此碑记载，“守臣……命相视三台中开创筑……宋咸淳丙寅春记”。此时，我们已经确信，现在所看见的地方正是宋末咸淳年间涪州移治的三台山砦。且三台砦创筑时间应该是咸淳丙寅年，即咸淳二年，公元1266年春。此“丙寅”二字在“春”之前，当然不是纪月或纪日，而是纪年。因此，除宋志之外各旧志所记之“咸淳三年”当为“二年”之误。接着，我们发现刻有“三台砦”三字的东西两处大门以及相接的两段古城墙。由此可见，三台砦当在此处，也就是东堡寨所在地。

在山砦内的考察及访问中，我们获知：此山砦现在已经沦为一片庄稼地，曾经住有两个大队，砦外一个大队，砦内地面颇为宽广，山砦中心上上下下住着几户人家，屋侧有水池，屋后山头则为砦顶。砦中央庄稼地中树着一对高大的石狮子，据当地老人介绍这里是以前的龟陵县衙。“龟陵”即涪州或者涪陵的别称。所谓“龟陵县衙”，当然也就是以前的涪陵县衙，更准确的说，应该是宋末涪州衙门。

通过实地考察，可见龟山，也就是三台砦所在的三台山，在长江以北、涪陵以西，显然前述诸旧志误记了方位，且康熙《涪州志》与乾隆《涪州志》两书前附之涪州地图也有误，两图将龟山均标于涪州以西、长江以南。《地图集》则据诸旧志误将三台山标在了乌江东岸。

然则康熙、乾隆两志并非全然误记。康熙《涪州志·山川》有载，“龟龙山，治西

[1] 四川省涪陵市志编纂委员会蒲国树等：《涪陵市志》，四川人民出版社，1995年。
[2] 《涪陵地图》，成都地图出版社，2008年。

十里，上有天子殿”。“龟龙”当即“龟陵”之谐音，至于天子殿，当为老州（县）衙之误认，衙门作为朝廷（天子）之地方代表，称为“天子殿”也是有理的。又，乾隆《涪州志》卷二《山川》亦有，“龟龙滩，州西十里，在龟龙山下”。此龟龙滩，当即宋末涪州三台砦控扼及运输之滩头。

综上，以文献结合野外考察可以确信，三台砦在宋代涪州以西、长江北岸、今重庆市涪陵西10公里之李渡镇玉屏村东堡寨，其创筑当为宋末山城防御体系之一，扼守长江、乌江。三台山，也就是龟龙山，即龟山。当然，或另有乌江东岸之龟山，此当与三台山及龟龙山无关，因名近于“龟龙山”而混淆以致旧志之误。

三台砦创筑时间，应该是咸淳丙寅年，即咸淳二年，公元1266年春。据新《涪陵市志》，至元二十年（1283）涪州还旧治，又据主编该志的蒲国树先生说，涪州抗战坚持到1280年，山城守将王先自割其头，城方陷落。则宋末涪州在此处，至少坚持了14年（1266-1280年）。由此可见当年战况之烈、英雄之忠。

第八节 渝州砦堡时空演变考

渝州，宋初为渝州，崇宁元年改为恭州，淳熙中升为重庆府。其中，璧山县有羁縻溱州，领荣懿、扶欢二县，后溱州改隶南平军，其羁縻溱州之砦堡情况见南平军。

（一）巴县

巴县自古即为渝州附郭，该县有朝阳、嘉定栅、平康、太和、怀远、铧铁六寨。

1. 朝阳寨

《元史》[1]卷一六五《张万家奴传》，“至元七年，从攻重庆，破朝阳寨，围嘉定栅、平康、太和、怀远诸寨”。《元史》卷一六六《格根传》，“至元八年，从佥省严忠范以兵围重庆，攻朝阳砦，先登”。

其后，在《钦定续通志》卷四八〇中照抄《格根传》、卷五二〇照抄《张万家奴传》，关于朝阳寨没有新的记录。民国《巴县志》[2]卷二一《事记》也转引《张万家奴传》此节。

朝阳寨，应该在重庆附近某处要隘，与嘉定栅、平康、太和、怀远诸寨相邻，佛图关以外。朝阳之地名，在今重庆附近甚多。然，新修《江北县志》[3]之《自然地理篇·地质地貌·主要山脉》记载，朝阳山在永庆乡保胜寺村，又名朝阳寨。从地形上看，四周皆低、此山独耸，西邻后河，又位于交通要道上，有着设砦扼守的地理条件。且又名朝阳寨，可见当地原为古寨，寨以山名。查《川省图集》第134页《江北县》，该地属永兴

[1] [明]宋濂等:《元史》，中华书局。
[2] 王鉴清:《巴县志》，《新修方志丛刊·四川方志》，台湾学生书局，1967年。
[3] 重庆市渝北区地方志编纂委员会吴锡南等：《江北县志》，重庆出版社，1996年。

乡，在联通邻水县至江北、重庆市的210国道上。因此，朝阳寨应在此朝阳山，今属重庆渝北区永兴乡。

朝阳寨之置废，当在宋末抗元战争中创筑“山城防御体系”时，即1241年之后。其在至元七年（1270）、八年两次被攻破，可见在当时激烈的交战中，此寨作为重庆城外围要隘之一，在宋元双方数易其手。其后，由于重庆城最重要的佛图关已于1277年陷落，则该寨在此前应已陷落，在战争结束失去军事意义后随即废弃。

2. 嘉定栅

《元史》卷一六五《张万家奴传》，“至元七年，从攻重庆……围嘉定栅”。

宋代栅亦属于军砦。嘉定栅之方位、置废年代均无可详考。从砦名看，应置于宁宗嘉定间（1208–1224年），废于至元七年（1270）之后。且至元七年该砦仅是被围而未破，可见其破毁应在佛图关陷落之前（1277年）。

3. 平康寨

《元史》卷一六五《张万家奴传》，“至元七年，从攻重庆，……围……平康……诸寨”。

平康寨之方位、置废年代均无可详考，大致同于朝阳寨，其被破毁应在佛图关陷落之前（1277年）。

4. 太和寨

《元史》卷一六五《张万家奴传》，“至元七年，从攻重庆，围……太和……诸寨”。

新修《合川县志》[1]之《建置沿革篇》及《建制镇》记载，雍正六年已有太和场，民国20年设为太和镇。该镇在今重庆合川西北涪江畔，应即太和寨址。当然，合州及此寨地域已越出夔州路范围，然于宋末残破之际，俱属重庆管辖。此寨置年大致同于朝阳寨，其破毁应在佛图关陷落之前（1277年）。

5. 怀远寨

《元史》卷一六五《张万家奴传》，“至元七年，从攻重庆，围……怀远诸寨”。

万历《重庆府志》[2]卷二《沿革》之“合州”条记有，怀远里。此怀远里，应即原怀远寨址。又，万历《合州志》[3]卷一《地理·乡镇》亦有，“怀远里，在州北一百九十里”。合州，即今重庆合川。该寨当属宋末山城防御体系，应位于沿江山岭。可见，怀远寨应在今合川以北嘉陵江或渠江沿岸山间。当然，此寨地域已越出夔州路范围，然于宋末残破之际，俱属重庆管辖。

---

[1] 四川省合川县志编纂委员会王爵英等：《合川县志》，四川人民出版社，1995年。
[2] 万历《重庆府志》残卷（胶卷），上海图书馆。
[3] [明]刘芳声等:《合州志》，《中国西南文献丛书·西南稀见方志文献》，兰州大学出版社，2003年。

该寨置年大致同于朝阳寨。其破毁应在佛图关陷落之前（1277年）。

6. 铧铁寨

《元史》卷一六一《杨文安传》，“至元七年从严佥省攻重庆大战于龙坎，败宋兵，攻铧铁寨擒其将袁宜、何世贤等”。其后，在《钦定续通志》卷四七六中照抄《杨文安传》，关于铧铁寨没有新的记录。民国《巴县志》卷二一《事记》也转引《杨文安传》，但将“龙坎”作为“龙坝”。从这些记述看来，铧铁寨在龙坎至重庆沿途，若可确定龙坎方位，亦能确定铧铁寨大致所在。

《元史》卷一三三《丹珠尔传》，“至元十四年春，张万举兵欲向合州，丹珠尔以锐卒千人邀击于龙坎”。其时，张万为重庆张珏部将。由张万进军方向看来，龙坎在重庆向合州（今重庆市合川）路线上，即在今重庆西北向。

新修《重庆市沙坪坝区志》[1]之《建置沿革篇》记有，民国28年“小龙坎划归市政府”，该志《军事篇》记有，“重庆……唯西部可通陆路”。小龙坎，今为沙坪坝区府驻地，为嘉陵江南岸一平坝，紧邻重庆旧城西部，从地理上符合宋末张万西进合州、丹珠尔邀击之势。又，《合川地名文化特色趣谈之二·铺路设置》[2]亦提到清乾隆年间，今沙坪坝区设有龙坎铺。其虽未提到资料来源，然当不是空穴来风，此龙坎铺应即后小龙坎地名之源。若此地即为宋末“龙坎”，则龙坎至重庆之间即有铧铁寨址，其确地当在佛图关（今重庆大坪）附近，宋代出重庆城不远处。再从当时战场形势看，公元 1277年，四川主将张珏曾在佛图关大战元军，而当年春季还有龙坎大战，可见该关之陷落应在下半年[3]。从地理上看，龙坎一过，既有铧铁寨，又有佛图关，佛图关颇为险要雄峻，实无在如此近处再分兵另设一铧铁寨之必要。因此，笔者推想，铧铁寨实即佛图关。据《重庆市志》[4]第14卷《军事志》，佛图关，即今重庆大坪鹅岭公园。

铧铁寨置年无可详考，佛图关则或在宋初即有，其陷落则在公元1277年下半年。

以上六寨，俱为宋元战争期间重庆周边要隘，其增筑当亦在宋元战争期间。据正德《四川志》卷十三《重庆府·山川·巴县》，“寨山在治西九十里，上有古寨”，此寨或为平康、嘉定二寨之一。

（二）江津县

该县有小溪、清溪二寨，大中山、窠样二堡。

1. 小溪寨

《九域志》卷八《夔州路·江津县》记有“小溪寨”。

---

[1] 重庆市沙坪坝区方志编纂委员会刘国庆等：《重庆市沙坪坝区志》，四川人民出版社，1995年。

[2] 流潺：《合川地名文化特色趣谈之二》，《三江文化产学研》2008年夏季刊（内部资料）。

[3] 《元史》卷一三三《伊克德济传》，“（至元）十四年，从行枢密副使布哈攻重庆，屯佛图关……”

[4] 重庆市志编纂委员会总编室:《重庆市志》（第14卷），西南师范大学出版社，2005年。

《长编》卷四一八，“元祐三年十二月丁酉，渝州江津县獠人犯小溪寨，诏梓夔路钤辖司体究”。又，《宋史》卷十七《哲宗本纪》一，“元祐三年……十二月丁酉渝州猎人寇小溪”。从时间及大体内容来看，此二文所记为同一事件。“獠人”即为“猎人”，獠、猎二字笔画差异甚大，不应是笔误，而可能是打猎为生的“獠人”。按《宋史·西南夷传》，渝州本有南平獠，南平军、江津接界，此江津獠人当为南平獠一支。其所寇之“小溪寨”，当在南平军（大致今綦江县）与江津县之间某处山林要隘。宋代西南地区“蛮夷”杂处山林之间，宋廷为控制需要，常常设置砦堡于要隘处把扼，除指定路口，不得通行。上文獠人寇小溪一事，可见小溪寨确实位于“夷獠”通往江津县之某路口。

嘉庆《重修四川通志》之《山川·重庆府》，“砦溪在江津县南，源出鼎山，北流半里入城，又半里至大通桥出城北入江。鼎山，县南一里”。此砦溪之得名，或即附近曾有寨，后寨去名留，演为“砦溪”。再，民国《江津县志》[1]之《名山》有载，“鼎山，县南一里”。若此砦溪即为小溪，则当位于源头附近鼎山往江津之路口，即距今重庆江津城南不到一里。然，若宋代江津城南一里即为獠人区域，实在有些不合情理，故小溪寨当不在此砦溪旁。

又，民国《江津县志》之《名山》又载，“上下小溪，源自巴县龙岗，到分水岭歧为上下两溪，上溪、下溪”。若说此“下溪”即为宋代小溪寨邻之小溪，从其位于分水岭、自巴县而来，可能性更大。民国巴县即今巴南区，龙岗即今巴南区安澜镇龙岗场。又，新修《江津县志》[2]之《自然地理志·水系》记有，民福寺小溪，源于巴县火烧岗，流经崇兴、五岔乡入綦江。从流向上看，这正是上述“下溪”。查《渝图》第13页《巴南区》、第23页《江津区》，从巴南区龙岗场有小河流经江津区东南边界之砖房岗、崇兴场至夏坝镇五岔村入綦江，此即“民福寺小溪”，宋代小溪寨应在此小溪侧。从控扼角度来看，该砦当位于民福寺小溪东岸、今砖房岗或五岔村河口更有可能。

小溪寨之置废年代，均不可详考。至少其置于元丰元年（1078）以前，至元祐三年（1089）尚存，并且以其防患“夷獠”的作用来看，应该有宋一代长存，直到附近“夷獠”迁徙或同化之后，方才废弃。

2. 清溪寨

《性善堂稿》[3]卷六《奏疏·重庆府到任条奏便民五事》，“江津县旧有寨曰清溪，自元祐五年创置而戍之以兵，其后因白锦堡部曲透漏作过，又别措置土丁以三百人为额专以控扼诸羌，承平日久，诸羌各安耕凿，不敢出没，而官司因循，寨官类不择人，往往肆其诛剥，不复留意教阅，因循废弛”。可见，清溪寨之措置当为控扼“诸羌”，即附近南平獠，其位置颇为重要，普通砦堡兵丁在百人左右，此寨则达到三百以上，后来或因南平

[1] 聂述文：《江津县志》，《新修方志丛刊·四川方志》，台湾学生书局，1967年。
[2] 四川省江津县方志编纂委员会钟永毅等：《江津县志》，四川科学技术出版社，1995年。
[3] [宋]度正：《性善堂稿》，文渊阁四库本。

獠人逐渐归化（汉化），其地位随之下降，教阅“废弛”。其方位，则当在白锦堡至江津沿途。据笔者考证，此处之“白锦堡”并非实指，而指来自播州的白锦夷人，也就是南平獠一支，位于江津东南。

又，《宋会要·方域·诸寨》，“绍兴二十九年四月一日户部发遣张晦奏，江津县清溪寨与南平军为表里，出土丁三百人，补充清溪寨把截将；绍兴二十八年九月四日夔州路奏，南平军白锦知堡夷官带领夷人自白锦堡入江津县清溪寨雁门”。可见，清溪寨作为控扼南平獠入江津之要隘，地位重要，当在南平军与江津县接界处，且应在清溪河畔，其有一门或山口名“雁门”。

又，嘉庆《重修四川通志》卷四八《古迹·重庆府·江津县》，“清溪古井在笋里”。此清溪、古井为两古镇，在笋溪河畔之笋里境内，此两镇当相距不远。又，道光《重庆府志》之《山川·江津县》，“清溪古镇，无考；清溪，县东南一百二十里，有古井废镇”。可见，清溪古镇，也就是宋代清溪寨址，早已无考，而古井废镇址则在江津县东南清溪河畔。又，《蜀水考》[1]卷三，“綦江一名僰溪……北过綦江县城南为綦江，又东北受龙角溪，又北受沙溪，又受清溪，又西北过龙登山，又西北受笋溪，又北过江津县东入江”。可见，清溪为綦江支流无疑，且从綦江流向与汇入江津县长江段来看，清溪当在江津东南。

查《川省图集》第143页《江津县》，清溪河由习水县北流入江津，再东北流入綦江县，再于綦江、江津交界的溪口站注入綦江，即《蜀水考》所谓清溪，该水流经之江津南端太平乡东南岸有清溪村，在今中山镇瓦窑岗对岸、太平埂东南。又，新修《綦江县志》[2]之《自然地理篇·山川》亦指出，清溪河经江津太平埂，今名清溪沟，东北至清溪口注綦江。又据新《江津县志·建置志》，1985年，太平乡以地处清溪沟而更名清溪乡，辖清溪村。两志虽非完全一致，至少可以确定太平埂有清溪沟，清溪河从清溪村畔流过。又查《渝图·江津县》，其误以连通清溪水库与笋溪支流水渠为清溪渠。较以里程，古井废镇当在今江津县东南蔡家镇太平埂附近，这里既在今清溪河畔，又属清代笋里范围，其东即为今綦江界，也就是宋南平军界。以此古井废镇方位看来，则清溪镇（清溪寨）当在其附近，在江津东南百里左右，在清溪河东岸，东邻今綦江县界、南邻习水县的山岭之间。因此，今江津区东南中山镇太平埂东南之清溪河东岸清溪村应是宋代清溪寨址。

清溪寨之置废时间，其置在元祐五年（1090），直到绍兴二十九年（1159）仍然起着把扼白锦夷人的重要作用，因宋代播州白锦夷人逐渐强大，则此清溪寨当一直存在，后来转化为夷人与汉人交易市镇，或废于元代。

3. 大中山堡

《九域志》卷八记有“大中山堡”。此堡当在一名为“中山”的自然地理实体旁。

---

[1] [清]陈登龙:《蜀水考》，巴蜀书社，1989年。
[2] 四川省綦江县志编纂委员会梁仲恒等:《綦江县志》，西南交通大学出版社，1991年。

民国《江津县志·名山》，“钟山，县属三十里，形如钟；中山，距县一百二十里，四山环之”。该志所记之“钟山”与“中山”，究竟何者为宋代大中山堡址？该志《形胜》又记，“中山寨，县南一百九十里，宦廷臣兄弟修”；同卷《名胜》记，“中山，县南龙洞、紫云二场间，邑人宦民安有记，‘中山非古中山，在江津县南一百六十余里，介龙洞、紫云场间，初属笋溪里十二都’”；又，该志《乡场》，“嘉平乡，龙门场，嘉乐乡紫云场旧名鲁家场”。该志所记之中山、中山寨里程虽有异，实为一处，按《四川省江津县地名录》[1]，“县南笋溪河畔中山公社，原名三合公社，后以境内中山岗更名”，则中山即今之中山岗，中山寨则在当时的中山公社。又据《全国乡镇地名录》，江津县有中山乡。再查《渝图》之《江津区》，今江津县南有中山镇三合场，则民国《江津县志》所载之中山寨在今江津县南中山镇三合场。但据民国《江津县志》，此“中山”并非“古中山”，则此中山寨所在地当然不是宋代大中山堡址。

那么，距县30里的“钟山”是否即为古中山呢？

按《四川省江津县地名录》，县东北有支坪公社中山大队，驻地在山坪上，其境内有一山包，故名为中山大队；且该大队有中山坝，其得名因其形碛坝、“位于长江中的山”，该坝上段名上中山坝。从里程看，此中山坝距县40里，当即“钟山”。由其坝分段命名看来，至少有“上”、“下”两中山坝，若以“上”为“大”也是可以的，则上中山坝也就是“大”中山坝。则，大中山堡当在此处，此中山坝也就是钟山，即是“古中山”。再从实际观察看来，此中山坝位于綦江入长江口处，为两冲积山坝，分为大小两处，大者当为上中山坝，也就是大中山堡址，刚好控扼两河交汇口。

综上，则大中山堡位于今重庆江津东40里处支坪街道江口村长江中之上中山坝。

大中山堡之置废，仅能确定置于元丰元年（1078）之前，其废不详。

4. 窠样堡

《九域志》卷八记有“窠样堡”。

《九域志》同卷亦记有石羊镇。该地历为长江西岸大镇，今为油溪镇，驻石羊坝，或许即原窠样堡。其置废年代仅能确定置于元丰元年（1078）以前。

第九节 南平军砦堡时空演变考

南平军，据《宋史》，熊本击破南川县西番部，于熙宁八年（1093）正式置军于恭州南川县铜佛坝地。因南平军治所与宋南川县治所不一，历来众说纷纭，此二治所之确定有助于南平军砦堡方位确定，本文先简要说明之。

《纪胜》卷一八〇《南平军·沿革》，“熊本经制相度到铜佛坝市”；又该卷《景物

---

[1] 江津县地名领导小组编：《四川省江津县地名录》，1987年。

下》“铜佛坝在金［今］城西门外”。正德《四川志》卷十三《重庆府·古迹·綦江》，“废南平军在治南九十里”；又卷二三《播州宣慰使司·古迹》，“铜佛坝在治，福光寺内”。按《宋志》，铜佛坝在宋南川县境，不可能远至播州司（今贵州遵义地）。《明一统志》[1]卷六九《重庆府·古迹》，“废南平军在綦江县南九十里，宋置，治南川县”。嘉靖《四川总志》卷九《重庆府·古迹》，“废南平军在綦江南九十里”。又，乾隆《贵州通志》[2]卷七《地理志·古迹》，“废南平军在桐梓县北一百里”。又，道光《遵义府志》[3]“废南平军，桐梓北一百里，綦江南九十里”。又，宣统《綦江县续志》[4]卷一《沿革》，“《唐宋南川县考》‘南平军今之赶水镇也’，《宋南平军属废县考》，‘南平军治在今赶水对岸’”。又，民国《南川县志》[5]卷二《沿革》，“铜佛坝，今为綦江赶水镇”。可见，置南平军之铜佛坝，即后之赶水镇。又据嘉庆《重修四川通志》之《重庆府·綦江县》，“赶水关在县南一百五十里”；同书卷八二《武备志·铺递·重庆府綦江县》，“赶水铺在县南一百一十里”。又，道光《綦江县志》[6]卷二《里甲》，“安稳里赶水镇，治南一百二十里”；卷五《兵制·关隘》，“赶水关在县南一百五十里”；《兵制·铺递》，“赶水铺在南一百一十里”。可见，赶水镇在綦江县南。又，《四川政区沿革与治地今释》[7]也认为，“南平军治今綦江东南赶水公社”。以里程较来，废南平军在今重庆綦江东南110里之赶水镇。

又，《方舆胜览》[8]（下称《胜览》）卷六十《南平军》，南平军有“四砦九堡”。《纪要》卷六九，“熙宁八年熊本击渝州南川叛獠，进营铜佛坝，破其党南川酋木斗，举溱州地五百里来归，为四砦九堡，建铜佛坝为南平军”。据笔者考，“九”应为“一”之误。

（一）南川县

《四川政区沿革与治地今释》第317、346页称南川县（即南川镇）在今綦江县城关镇（现为古南镇）北岸。皇祐五年以南州置南川县，熙宁七年隶在建中的南平军，熙宁八年省入隆化县，元丰元年复置。此外，宋代隆化县实为明代以后之南川，明确此点，对南平军砦堡定位意义重大。

该县有开边、通安、安稳、归正、溱溪、荣懿、扶欢、宝山、曲崖隘、吼滩十砦，溱川、鹿箇二堡，其中置于熙宁七年间的开边、通安、安稳、归正砦及溱川堡合称“四

---

[1]［明］李贤等：《明一统志》，文渊阁四库本。
[2]［清］鄂尔泰等：《贵州通志》，《中国地方志集成·贵州府县志辑》，巴蜀书社，2006年。
[3]［清］黄乐之：《遵义府志》，《中国方志丛书·华中地方》，台湾成文出版社，1976年。
[4]［清］戴纶品：《綦江县续志》，《新修方志丛刊·四川方志》，台湾学生书局，1967年。
[5] 杨琅声：《南川县志》，《中国方志丛书·华中地方》，台湾成文出版社，1976年。
[6]［清］宋撷：《綦江县志》，同治二年杨铭增刻本，《中国地方志集成·四川府县志辑》，巴蜀书社，1992年。
[7] 蒲孝荣：《四川政区沿革与治地今释》，四川人民出版社，1986年，第317页。
[8]［宋］祝穆：《方舆胜览》，中华书局，2003年。

砦一堡”。

1. 开边砦

《宋志》五《夔州路·南平军》“南川”县条记有“开边砦”，《九域志》卷八《夔州路·南平军》“南川”县条也记有“荣鼓、开边、通安、安稳、归正五寨”。

据《纪胜》卷一八〇《南平军·景物下》，“德感溪自宝山砦出，径开边堡，下流合盐井江”。可见，德感溪应为汇入盐井江的一条支流，开边砦在德感溪畔，上为宝山砦，下为盐井江，只要确定这几处地方，就可以大致确定开边砦故址。

乾隆《清统志》卷二九六《重庆府》引《九域志》为据，认为南川有开边等五寨。又，道光《綦江县志》卷二《山川》，“永里盐井江，县东三十里，今盐水坝……此山砦大概在三角塘左右；永里三角塘，治东十里，三角塘河折而为盐井江……入綦江”。其所指“此山砦”从行文逻辑看，指宝山砦。可见，盐井江在綦江县东盐水坝；而宝山砦在县东三角塘左右，此三角塘河经过弯道后称为盐井江，汇入綦江。不过，其关于盐井江距县里程不合常理，已知綦江在綦江县城，若三角塘河折为盐井江再汇入綦江，则三角塘距綦江应远于盐井江距綦江里程。又，宣统《綦江县续志》卷一《沿革》之《唐宋南川县考》，“盐井江今龙骨溪上流也，开边疑在今永里”。则开边砦在清代綦江县永城里境内，这与道光《綦江县志》记载同，盐井江为龙骨溪上游。又，新修《綦江县志·自然地理篇·山川》亦认为，三角河原名通惠河，古名龙角溪，该志《集镇》亦有三角乡三角塘，位于横山、老瀛山和石岭岗三山两溪合流处。这也符合《纪胜·南平军·景物下》关于盐井江的描述：“盐井江处分棘山茅坡下，岸侧流出盐泉。”巴人称“岭”为“棘山”，即盐井江处分岭山下，恰符合三山两溪之势，即由老瀛山（宝山砦）流出德感溪，由石岭岗等处流来另一支流，两水汇合而称为盐井江，其附近确有盐泉（今盐井坝）。龙角溪，在川语发音中即“龙骨溪”，亦即宋代盐井江，德感溪则为源自今老瀛山、由南汇入龙角溪的支流，宝山砦即今老瀛山脉后山坪（详见后）。

查《川省图集》第133页《綦江县》，三角河拐弯处南侧有支流自老瀛山汇入，当为原德感溪，县东二十余里有三角公社，当即三角塘，其位于德感溪汇入三角河之南侧。《纪胜》亦提到，开边砦在德感溪与盐井江合流处靠德感溪一端，则三角塘比较符合此关于开边砦方位记载。又查《渝图》第16页《綦江县》，三角公社演为三角镇，县东十三里有盐井坝，龙角溪贯穿三角镇与盐井坝流入綦江。

总之，较以地图与文献，开边砦应在今綦江县三角镇。其砦之置，显然为镇抚南平夷，甚至有如西北宋夏边境之砦堡，还有开土拓地之效。

又，嘉庆《重修四川通志》之《山川·重庆府·綦江县》，“盐井江在县南”。此盐井江应是《纪胜·南平军·古迹》所提到的位于南平军东南的另一条盐井江，即《川省图集·綦江县》标于安稳乡东之盐井村附近。

开边砦之置废时间，《宋志》仅记置军年代，未明言各砦置年，按其行文逻辑，各砦似与南平军同置，但实际上，此处所言应为至熙宁八年有荣懿、开边等五砦。按，民国《南川县志・沿革》，“宋神宗熙宁七年熊本用兵拓地，增置开边、安稳、通安、归正四砦、溱川一堡，并隶南平军”。则开边砦实置于熙宁七年（1074）。又，民国《桐梓县志》载，“神宗熙宁，八年十一月置南平军领……南川县九乡，荣懿、开边、通安、安稳、归正五砦，溱川堡”。其所叙实为南平军正式建置年代，其时已有开边等砦堡。由于南平军以这些砦堡为立军之本，故其当终于有宋一代。

2. 通安砦

《宋志》五《夔州路南平军》“南川县”条记有“通安砦”。《九域志》卷八亦记有通安寨。

《太平治迹统类》卷一七〇《神宗置南平军》，“增置开边、通德凡三寨，而并废南川县”。按南平军仅有通安，而无通德，此“通德”当为通安之误记，或为“通安、荣德”之漏写，将荣懿误为“荣德”。又，《宋会要・方域・诸寨》，“安通寨在南平军隆化县，熙宁八年置”。从置年考来，此“安通寨”即“通安砦”，因熙宁八年南川县废入隆化县，故通安砦也可认为在熙宁八年至元丰元年的隆化县境内。

又，宣统《綦江县续志》卷一《沿革》之《唐宋南川县考》指出，“盐井江今龙骨溪上流也，南平军今之赶水镇也，开边疑在今永里，归正又确在今安里；通安虽无考，想不出四砦之间”。按其行文，其所谓“四砦”即宝山、开边、归正、南平军治。

查《渝图・綦江县》，今县东八九里处有通惠场，其在盐井坝至綦江县之龙骨溪河畔，该河又名通惠河，该场或即通安砦址。但此地离南平军太远，且设砦于此地扼守、监控的意义都不大。

又，綦江西南之打通镇，位于归正（详见后）至南平军之要道间，南界播州，也符合熊本开边五百里置南平军的军事设置，故更有可能是通安砦址。据新《綦江县志・建置・行政区划》，打通垭历代为綦江西南要隘。

通安砦之置废年代，据民国《南川县志》，“宋神宗熙宁七年熊本用兵拓地，增置开边、安稳、通安、归正四砦、溱川一堡，并隶南平军”。可见通安砦亦置于熙宁七年（1074），其废亦同于开边等。

3. 安稳砦

《宋志》五《夔州路南平军》，“南川（县），有安稳砦”。《九域志》卷八亦有“安稳”寨。又，《宋会要・方域・诸寨》，“安稳寨在南平军，熙宁八年置”。

据正德《四川志》之《重庆府・邮驿・綦江》，“安稳马驿，治南百二十里”。又，《纪要》卷六九，“綦江县西南百二十里有安稳马驿，旧有安稳砦”。可见安稳砦之方位自宋迄明都非常清楚，即在綦江南置有安稳马驿处。由《明史・四川土司传》[1]，“总

[1] [清]张廷玉等：《明史》，中华书局，1976年。

督檄杨应龙至安稳听勘”，亦可见安稳位于贵州遵义至四川重庆之交通要隘处，历来不废。

又，乾隆《四川通志》卷四下《重庆府》，“安稳砦在綦江县南”。又，乾隆《清统志》卷二九六《重庆府》，“安稳砦在綦江县南，《旧志》‘安稳砦在县西南一百二十里许’”。又，嘉庆《重修四川通志》之《重庆府綦江县·关隘》，“安稳寨在县南”；卷八二《武备志·铺递》，“重庆府綦江县，安稳铺在西南一百五十里”。又，道光《重庆府志》之《沿革·綦江县》，“安稳寨在县南二百四十里”。又，道光《遵义府志》也认为，熙宁三年至七年建南平军所设之六砦一堡不出桐梓、仁怀、綦江毗连之间；该志又认为，安稳寨据《四川旧志》在綦江县西南120里，明洪武永乐间綦江治南设置为安稳里，今名安里，尚有安稳镇。又，道光《綦江县志》卷二《里甲》，“安稳里安稳场，治南一百四十里，至界牌四十里交桐梓”；卷五《兵制·关隘》，“安稳砦在县南二百四十里”，《兵制·铺递》，“安稳铺在南一百五十里”。又，道光《重庆府志》之《武备志·塘铺·綦江县》，“安稳铺，南一百五十里”。又，宣统《綦江县续志》卷一《沿革》之《唐宋南川县考》，“安稳在今安稳场，古名犹存”。由上述清代诸志看来，安稳砦址在清代安稳场，当地亦为安稳铺、马驿，其在县南一百四五十里，某些方志传抄误记为“二百四十”里。

又，《四川省重庆市地名录》[1]有记录，綦江县赶水区安稳乡，驻县南79公里安稳场，明代安稳里。《地图集·夔州路》有安稳寨。查《渝图·綦江县》，重庆綦江县南有安稳镇，即宋代安稳砦址。

安稳砦之置废年代，同于开边等砦，即置于熙宁七年（1074）。

4. 归正砦

《宋志》五《夔州路南平军》，“南川（县），有归正砦”。《九域志》卷八有“归正”寨。又，《宋会要·方域·诸寨》，“归正寨在南平军隆化县，熙宁八年置”。又《续通鉴长编》卷三二八，“神宗元丰五年秋七月乙未，夔州路……冯正符昨以谙熟夷情，差权归正寨监押，……义军指挥使冯正符迁一资为归正寨监押”；卷三三六，“神宗元丰六年闰六月丁未，诏……王用祥为三班借职归正寨监押，……射杀魏从革獠贼功也”。可见，归正砦之置，即为镇抚南平革獠夷人。

《纪要》卷六九引《宋志》记为“归平砦”，或许是引文之误。

宣统《綦江县续志》卷一《沿革》之《唐宋南川县考》，引《纪胜》“南平军西一里许渡溪而上于归正坝铸钱”，该志又有“归正又确在今安里”。若据此，则归正砦当在宋南平军治西之溪水附近平坝，其有铸钱务之用。然翻检《纪胜》原文，其卷一八〇《南平军·景物下》：“铸钱监，在军西南一里许渡溪而上，于归正坝……等处取铁……绍熙末

[1] 重庆市地名领导小组编:《四川省重庆市地名录》，1984年。

以取铁、炭远，遂废。”可见，归正坝只是铸钱监取铁之处，并非钱监所在或铸钱所在，否则也不会有因取铁炭远而废监之事了。看来，归正坝并非在南平军附近里许，一里外的是铸钱监。那么，宣统《綦江县续志》认为归正在安里，这个大致范围又如何呢？

幸而《纪胜》卷一八〇《南平军·景物下》另有记载，“悟真洞，在归正寨，又名白鹿洞’”。可见，若可找到此悟真洞（白鹿洞），自然可以定出归正寨址。又，乾隆《清统志》卷二九五《重庆府》，“悟真洞在綦江县南”。又，乾隆《四川通志》卷二三《綦江县》有雷同记载。又，嘉庆重修《四川通志》之《山川·重庆府·綦江县》记载类似，只是将“悟真洞”作“悟正洞”，当为讹音。又，道光《綦江县志》卷二《山川》之“安里”有“悟正洞在县南，仙女洞、九十里”；其“永里”亦有，“仙女洞即悟真洞，在治东七十里黄沙坝卜”。可见悟真（正）洞又名仙女洞，不过该志混淆了永里的仙女洞与安里的仙女洞（悟真洞），因安里也就是安稳里在县南，而永里也就是永城里在县东，故安里的仙女洞才是悟真洞。又，民国《綦江县续志》之《山川》，“仙女洞在安里梳头山侧，去石濠东南二里”。此仙女洞当即原悟正（真）洞，甚至“悟正”之名也可能源自“归正”砦名。由此，则归正砦当在县南之安稳里梳头山仙女洞附近，也就是石壕东南二里。

据新《綦江县志·文化篇·风景名胜》记载，石壕溶洞有仙女洞，在石壕场约1公里梳头山侧。该志明确指出仙女洞为溶洞，可见并非因袭旧志，其里程记载则同于前志。石壕场，今为石壕镇。因此，可以确定，今綦江县南石壕镇梳头山仙女洞侧，当为归正砦址。

查《渝图·綦江县》，今綦江县赶水镇西小溪旁有杨柳村，当为宋铸钱监址。

归正砦之置废年代，《纪胜》卷一七八“熙宁四年二贼平，置为寨，后移寨官于归正，后为市”，可见归正砦置于熙宁四年之后；又按民国《南川县志》“宋神宗熙宁七年熊本用兵拓地，增置……归正四砦”，可见归正砦置于熙宁四年（1071）至七年（1074）之间。其砦后转为市镇。

5. 溱川堡

《宋志》五《夔州路南平军》，“南川（县），有溱川堡”。《九域志》卷八记有“溱川”堡。从堡名看，此堡当置于溱川附近，然，此溱川是否即溱溪水呢？溱川堡在原溱州境，有别于异地复置溱州后的溱溪砦（详考见后文）。因此，要确定溱川堡址，需先确定熙宁七年招纳之前的溱州地域及溱溪水，由原溱州地域亦可确定南平军另外的荣懿、扶欢等砦址。

《通典》[1]卷一八三，“溱州，古蛮夷之地”。则溱州本为南平夷居地。据《元和郡县图志》[2]（下称《元和志》）卷三一，“溱州溱溪，本巴郡之南境，贞观十六年有渝州

[1] [唐]杜佑:《通典》，文渊阁四库本。
[2] [唐]李吉甫:《元和郡县图志》，中华书局，1983年。

万寿县人牟智才……请于西南夷窦渝之界招慰不庭建立州县，至十七年置，以南有溱溪水为名”。则溱州以南有溱溪水，确定了溱溪水，即可确定溱州方位。又，《旧唐书》[1]卷四十《地理》三,《新唐书》卷四一《地理》五，都有关于溱州的类似记载，且溱州溱溪郡治在荣懿县，领有扶欢、乐来县，其中乐来县咸亨元年废，元和二年又并入原珍州夜郎郡地，增夜郎、丽皋、乐源三县。

《太平寰宇记》[2]（下称《寰宇记》）卷一二二,“溱州溱溪郡，今理荣懿县，唐贞观八年开招南蛮至十六年置溱州及荣懿、扶欢、乐来三县，咸亨元年废乐来县，天宝元年改为溱溪郡，乾元元年复为溱州，……正南微东至珍州二百里、北至南州二百七十里、东至涪州宾化县接界……西与泸州合江县接界”。可见，溱州西接泸州，东接珍州（今贵州正安、桐梓县）与涪州宾化县（今南川），北接南州（宋南平军），正在今綦江、桐梓（唐宋夜郎县）间。又，《舆地广记》[3]（下称《广记》）卷三三有类似记载，“溱州……唐衰弃之，皇朝熙宁七年招收……崇宁中复立溱州”；且溱州确有熙宁七年前与大观年后之别，熙宁七年前为羁縻，此后收复置砦，估计崇宁中于他处复置溱溪县，大观年后于此溱溪县别立经制溱州（见后溱寨考）。又，《文献通考》[4]记载雷同，“溱州……宋为羁縻仍领前二县，熙宁七年招纳置营懿等寨隶恭州，后隶南平军”。按，此“营懿”当为“荣懿”之误。

《蜀记》卷二十《桐梓县》，“又有废溱溪郡……亦贞观十七年置，天宝元年改为溱溪郡”。此溱溪郡当为唐代之溱州。

《明一统志》卷八八《思南府·古迹》，“废溱州……五代时沦于蛮，宋政和间复置，宣和间废”。显然，此处所述之溱州有前后之别，前为唐代溱州，五代废，此后于政和（当为大观）间异地别置溱州，其迹或在思州、播州间，今贵州北境；在熙宁四年孙固收复之前的沦夷期，其州治当有所变化。历代方志之混淆，就在于没有明确区分唐宋前后两处经制溱州及中间羁縻溱州期间三地治所的变化。

又，正德《四川志》卷二三《播州宣慰使司·古迹》，“废溱州在治北二十五里，唐贞观中置，宋熙宁中复置并置溱溪县，景炎中废”。又，嘉靖《思南府志》[5]记有废溱州，此溱州当即大观年间别置之溱州。又，嘉靖《四川总志》卷十四《播州宣慰司·古迹》，“废溱州在司北二十五里”。这里所述废溱州，亦指大观后之溱州，而非贞观所置溱州；指其地在播州司（今遵义市）北25里，有误，若说在桐梓县北25里还有可能，其误在将唐宋播州治所白锦堡定于桐梓境内。

乾隆《贵州通志》卷七《古迹·遵义府》，“废溱州在府城北二十五里，唐贞观中

[1]［宋］薛居正等:《旧唐书》，中华书局。
[2]［宋］乐史:《太平寰宇记》，文渊阁四库本。
[3]［宋］欧阳忞:《舆地广记》，四川大学出版社，2003年。
[4]［元］马端临:《文献通考》，文渊阁四库本。
[5]［明］钟添:《思南府志》，《天一阁藏明代方志选刊》，台湾新文丰出版公司，1985年。

置……宋熙宁中复置溱州并置溱溪县，景炎三年废”。乾隆《清统志》卷二九六《重庆府》，“废溱州在綦江县南，接贵州遵义府桐梓县界”；卷三九六《思南府》，“废溱州在府境……宋政和间复置，宣和间废”；卷四〇三《遵义府》，“废溱州在桐梓县北，接四川重庆府南川县界，唐置治荣懿县，宋景炎中废”。这里所指废溱州，实为熙宁七年后至景炎三年的溱州，其中宣和二年至景炎三年为溱溪寨（考见后）。其大致在今桐梓北、綦江南，或即荣懿故址而置，这却与《纪要》卷七十《真安州》条所述荣懿寨即后溱溪寨相符合。

另，《禹贡长笺》[1]卷六，“溱溪，溱州即珍州夜郎郡”。此说之误在混淆了溱州与珍州，实际上，珍州在元和二年才废入溱州。

据宣统《綦江县续志》卷一《沿革》之《唐宋南川县考》，“溱川即今遵里扶欢坝小溪，其地皆无可疑”。此扶欢坝外之小溪，当即指古溱溪而言，据此，则溱川堡即在其旁。

又，民国《南川县志》卷十三《前事》，“唐溱州在今綦江东，桐梓北，西与仁怀连”。该志指出了溱州大致范围，但其确地则无所指。又，民国《桐梓县志》之《古迹》，“南川有荣懿镇，即今东乡坝镇子上，当日溱州在今镇子，熊本征木斗，其后军王光祖出黄沙坝，黄距镇子仅十余里，故行未夜半即抵，荡平，改为溱州；溱州以南有溱溪水”。军出黄沙坝之说，符合《纪胜·南平军·景物下》所记“得胜山亦名黄沙坝，大兵尝破贼于此”，且《续资治通鉴长编》卷二七三记载“光祖为后军，比发日已暮，道出黄沙坎，夜漏半彻绝顶，黎明贼大骇而溃……光祖夜泊松岭上，旦始得万等，即与俱还，城安稳寨”。又《宋史》卷三五〇《王光祖传》亦有“熊本……使光祖将后军出黄沙坎，北发日已暮……夜半抵绝顶，黎明獠望见大骇，一鼓而溃”。其认为荣懿即“今镇子”，这不错。但是，其认为就在当地（收复之荣懿）置溱州，且溱溪在其南，显然认为此溱州就是唐代溱州，则尚不能确证。若以镇子（今万盛场，见后）为溱州荣懿，则其南最近为孝子河支流清溪，难道这就是唐代溱溪？关于“废溱州”，该志引《元和志》为据，认为“州南有溱溪、治荣懿县”。又引《九域志》为据，认为南平军有“溱溪堡”，然《九域志》仅记南平军有“溱川堡”，而无“溱溪堡”，该志显然引文有误。该志又承宣统《綦江志》认为，“今扶欢场外之水古为溱溪”，“溱溪废县，大观二年‘别置州县’，或均非原处”。可见，该志后所指之“废溱州”，其实是指唐代置于荣懿县的溱州，并指出溱溪河即在清末民国年间的扶欢场外，而又与上述隐然认为镇子以南之清溪河即唐溱溪水自相矛盾。至于“溱溪废县”，当指大观二年后别置溱州时所置之溱州首县，与原溱州不是一回事。按该志，唐代溱州也即荣懿县治所在民国南川县东乡坝镇子，其南之扶欢场外水即古溱溪。东乡坝“镇子”，据《重庆市南桐矿区志》[2]之《建置政区篇·街道乡镇

[1] [清]朱鹤龄:《禹贡长笺》，文渊阁四库本。
[2] 重庆市万盛区人民政府地方志办公室编:《重庆市南桐矿区志》，重庆出版社，2002年。

章》，即今万盛场；溱溪河，据《綦江县志·自然地理篇·山川》及《南桐矿区志·自然地理篇·水系章》，即今扶欢河，过扶欢场注入綦江。

据王涯军考[1]，荣懿市在今万盛青年镇。查《地图集·夔州路》标有荣懿寨，其方位在今青年镇。又据《地名辞典》，“唐贞观十七年置溱州，治所荣懿县，今綦江县东南青羊市，宋初废”，其所谓青羊市即指今青年镇青羊市。《四川省重庆市南桐矿区地名录》[2]也认为，今万盛西南21公里青年乡青羊市又名青年市，贞观十六年（642）置溱州溱溪郡，同地同时置荣懿县，北宋为荣懿寨，南宋为兴旺市，明末为青羊市，1943年称为青年市。则，荣懿寨前为溱州治所荣懿县，后为兴旺市，再为青羊市，即今万盛区青年市。《南桐矿区志·大事记》也认为贞观十六年所设溱州治所荣懿县在今青年镇。且据新《綦江县志·建置篇·历史沿革》，溱州先治扶欢，后迁荣懿，即“今南桐区青年乡境”。查《渝图·綦江县》，今扶欢镇在扶欢河（唐溱溪河）北岸。比较而言，扶欢更可能是溱州初置处，不久迁治荣懿（青羊市），溱溪河仍在其南，且溱州治扶欢历时甚短，文献多缺载，这是可能的。但据民国以前诸志，仅能确定唐代溱州治在荣懿（青羊市），其于宋初废弃后，是否有迁移，暂时不能确定。事实上，北宋大观年间所置诸州，虽多沿袭唐代州名，其治所却随夷人畲种处随处指定，多半不在原处，这一点在唐代溱州至北宋中之荣懿寨（见后）、再至北宋晚期的溱州溱溪寨（见后）的变化中尤其明显。

但是，若说今属万盛区的青年镇青羊市就是唐代溱州治所荣懿县演化之青羊市，未知何据？

《纪胜·南平军·古迹》提到荣懿市即唐溱州治所。而荣懿市附近后来又发展出兴旺市，至明代又演变为青羊市，并导致后人指认今青年镇青羊市即原溱州首县荣懿治所。虽然青羊市附近确是荣懿治所，但是，今青年镇驻地之青羊市是清代以前之青羊市吗？显然不是。

民国《桐梓县志》记载，“兴旺市，在夜郎里后河坝，传唐荣懿县城隍庙在此，后迁白鹭垭，改灵通寺”。据《南桐矿区志·科技文化篇·山寨》，青年镇有白鹭垭山岭。据笔者考察，白鹭垭在今青年镇西约三里，为自老街（桐梓街）西行往綦江县大路之垭口；该垭口路侧有一弥陀寺，该地人称城隍庙，当即所谓“荣懿县城隍庙”。该庙古迹无存，今为重修，是否原庙址呢？笔者认为，此庙当为兴旺市搬至此处附近后，当地人依旧习而新建，且习称“城隍庙”。至于青羊市，据当地一名七十余岁老者言，自该地发现青羊石（长约20余米，今没于老街一排屋基下）后，即由云阳市（音）改称青羊市，川语“云阳”音近“荣懿”，或即原荣懿市？但荣懿市又如何变成兴旺市乃至青羊市的？或者迁至此处前之原兴旺市，因近荣懿而称荣懿？总之，清代以来记载之青羊市（兴旺市），实为迁址后的地方，不要说其不可能是原荣懿址，甚至连原荣懿城隍庙都不在此处。

---

[1] 王涯军：《宋代川峡四路草市镇地理考》，西南师范大学历史地理学硕士论文，1998年。
[2] 南桐矿区地名领导小组编:《四川省重庆市南桐矿区地名录》，1984年。

首先，青羊市是溱州首县荣懿治所吗？

《南桐矿区志·建置政区篇·街道乡镇》记述青年镇沿革，该镇驻青羊市，为唐溱州及荣懿县治所，建炎年间形成兴旺市，明末以地露羊头青石而改为青羊市，民国32年改为青年乡。这里虽然没有说明青羊市地址变化，但是，关于青羊市时间沿革应该是大致不误的。

道光《綦江县志》之《舆地图》标有青羊市，并注为兴旺市场；卷二《里甲》，“青羊市在遵化里，治南九十里”，同卷《乡村》，“永城里有金兰坝，綦之青羊市……皆为扼要之所”；该志《古迹》，“废溱州，永里接桐梓之青羊市”。该志即认为，青羊市也就是兴旺市，并以“扼要之所”暗示其原为寨栅之所，即荣懿寨（原荣懿县）。只是，此时之青羊市，已非原处之青羊市，而是搬迁后之地。道光《遵义府志》记有，“青羊市，桐梓县东北二百四十里，（属）夜郎里”。该志之青羊市，从方位里程来看，也就是道光《綦江县志》之青羊市。据宣统《綦江县续志》卷一《沿革》之《唐宋南川县考》，“荣懿与今遵里青羊市近，綦南交界处犹有前明荣懿废镇”。则荣懿确在青羊市附近，并在清末綦江、南川交界处。民国《桐梓县志》引《方舆纪要》记载荣懿废县“在青羊市，城隍碑记谓是处即古荣懿县遗封”。今本《读史方舆纪要》无此语，未知其引文何出。尽管如此，仍然可以大致确信青羊市确在荣懿附近。当然，此青羊市并非今之青年镇青羊市。

其次，原青羊市（兴旺市）究竟在哪里呢？

据《纪胜》卷一八〇《南平军·景物下》，“仙女洞在新王市外半里”，此新王市当即“兴旺市”。据王涯军考，“新王市”在今綦江县高青乡仙女洞附近。不过，该考未注意到新王市即后之青羊市，而将两处分别考证，亦未注意到今之青羊市并非宋之兴旺市原址；而说仙女洞在高青乡，显然更误。查道光《綦江县志》卷二《山川》，“仙女洞在治东七十里黄沙坝下”，宣统《綦江县续志》卷一《塞堡》，“仙女洞在永里麻坝河，去治东七十里”。则仙女洞即黄沙坝附近麻坝河旁，为行文方便，下面将仙女洞与黄沙坝、麻坝河暂时视作同一地。高青乡在今郭扶，西南邻习水县，仙女洞当然不可能在此。又据民国《桐梓县志》，黄沙坝距镇子上（该志所谓荣懿址）仅十余里，则黄沙坝半里外的新王市，其原有荣懿城隍庙是合理的。据新《綦江县志·建置篇·行政区划》，蒲河乡有黄沙村；据《南桐矿区志·自然地理篇·水系》，在温塘附近养生河汇入孝子河（蒲河）处有麻坝河大桥，养生河流经九龙村仙女洞后汇入孝子河。又查《川省图集·南桐矿区》，虽无仙女洞，但大致可以确定仙女洞在綦江黄沙村与南桐矿区（今万盛）九龙村之间，则新王市亦在今万盛区九龙村仙女洞附近。《川省图集》第133页《綦江县》在石角公社东北邻隆盛公社永城村不远标有黄沙村，即黄沙坝，今院子村附近。

又据《赵牟氏墓志铭》[1]，“孺人家荣懿……孺人处荣懿，舅姑处新市，相距一舍，

[1] 道光《遵义府志》载有《赵牟氏墓志铭》全文。

旦暮未尝废起居礼……卒于绍兴二十年……以乾道元年迁孺人于轻难坝良山下”。作为葬地的“轻难坝”，其后讹音为“金兰坝”，据民国《桐梓县志》，金兰坝距镇子上（今万盛，见前述）不出十里，因其家居荣懿，按葬俗，当然不可能葬之甚远处，荣懿当在金兰坝附近。其旦暮即可问起居的“新市”，当即新王市，也就是兴旺市，即明代改称之青羊市，其距荣懿一舍，即三十里。由此，则确定了新市与轻难坝址，即可定出荣懿址，亦即唐代溱州址，相反亦然。若说今青年镇为原新市所在，其距唐代溱州首县治所的荣懿砦址即今万盛区驻地（详考见后）则太远。由此墓志铭可以反证，原青羊市当在今万盛区九龙村仙女洞附近，而非今青年镇青羊市。新王市（仙女洞附近）距镇子上（今万盛，见前述）二十余里，以一舍之地较之也是合理的。后世记载多忽略新王市曾经迁址，其现址青羊市（青年镇）并非原址。若说原址（今九龙村仙女洞附近）为荣懿寨旧址尚有合理之处，但说现址（青年镇）为荣懿寨旧址，则显然谬误。

综上，可以确定，唐代溱州应在今万盛区驻地万盛场，其附近原有青羊市，今迁至青年镇。然而，此溱州并非宋代所置之溱州，其南之清溪河倒有可能是唐代溱溪水。

那么，宋代所置之溱川堡，就是后置为溱州、再废为溱溪寨的地方吗？

《宋志》五《南平军》有载，“溱溪砦，大观二年别置溱州即溱溪县，宣和二年废……以溱溪砦为名”，则溱溪砦应为异地别置溱州后之地，与原溱州治址不同，之前原州境另置有荣懿砦。因此，溱川堡不当与溱溪砦同，应在今綦江县扶欢镇外之扶欢河畔，甚至就是扶欢。

《纪胜》卷一八〇《南平军·碑记》[1]有现存最早关于溱川堡方位记载，“吹角坝古磨崖，在溱川堡，去军四十里”。据此，则溱川堡址当在吹角坝附近，且距南平军40里。又，乾隆《四川通志》卷四下《重庆府》，“吹角坝在綦江县南四十里”，其误将宋南平军与清代綦江县址混淆为一，甚至混淆了宋南平军与当时南川县治所，然里程记载承前。道光《重庆府志》之《沿革·綦江县》，“古磨崖在吹角坝，……吹角坝在县南四十里”，并引《舆地碑目记》（即前述《碑记》）认为吹角坝在溱川堡，其说亦将南平军混为南川县（今綦江）。

又，《四川省綦江县地名录》[2]，綦江县城南87公里吹角公社有吹角大队吹角坝，今为集市。此吹角坝恰在南平军（今赶水镇）以南四十里附近，则此地当为溱川堡址。《川省图集·綦江县》亦标有吹角乡，又名喻家坡。

综上，溱川堡当在今重庆綦江打通镇吹角坝（今名喻家坡）。又，新《綦江县志·政区图》，吹角坝村东有地名小寨坝，或为原有宋代砦堡的遗名，溱川堡中心或在此。

溱川堡之置废时间，由《宋志》“羁縻溱州……熙宁七年招纳，置荣懿等砦”，其所谓“荣懿等砦”按其前文，应包括溱川堡，且溱川堡应即原羁縻溱州治地附近，溱州之归化在

[1] 此《碑记》又曾有单行本为《舆地碑目记》。
[2] 綦江县地名领导小组编：《四川省綦江县地名录》，1986年。

熙宁七年，则该堡应置于当年。又，民国《南川县志》，“宋神宗熙宁七年熊本用兵拓地，增置……溱川一堡，并隶南平军”。则溱川堡确实置于熙宁七年（1071）。又，《钱塘集》[1]卷七，《邻垣》诗“……行闻异俗贡鞬砂”有注文，“近报张程二蕃已到溱川堡，予昔官主客阅西南诸蕃贡目唯贡鞬砂”。按韦骧其人生平，建中靖国（1101）初以前为夔路提刑，此诗当作于其时，则当时尚有溱川堡。估计溱川堡置废年代应同于开边等砦。

6. 溱溪砦

《宋志》五《夔州路南平军》，“溱溪砦，本羁縻溱州，领荣懿、扶欢二县，熙宁七年招纳，置荣懿等砦，隶恭州，后隶南平军，大观二年别置溱州及溱溪、夜郎两县，宣和二年废州及县，以溱溪砦为名，隶南平军”。

从《宋志》记录看，溱溪砦本为羁縻溱州，其降为砦后，仍为军直辖，而非辖于县，本文简化处理置于南川县条下。且，溱溪砦前身之溱州，本领荣懿、扶欢两县，在熙宁二三年孙固击南平夷复宾化砦时，以荣懿县置荣懿砦（详见后文），扶欢县置扶欢砦（见后）。由此，原溱州两县皆在溱溪水以北附近。但这并不表明溱溪砦亦在此范围。又据《宋志》，大观二年后别置溱州，治当在新置之溱溪县，其后即以此溱溪县为溱溪砦；此新置州及县既非复置，则地域当非原地，而是异地设置。

另，《纪胜》卷一八〇《南平军·古迹》，“溱溪县，熙宁七年置，宣和三年废寨、属南平军”。又，《宋会要·方域·州县升降废置》载，“溱州，熙宁七年置，宣和三年废为寨，隶南平军”。《文献通考》载，“溱州……大观二年别置溱州及溱溪、夜郎两县，宣和三年废州及县，以溱溪寨为名，隶南平军”。上述三处记录，皆指熙宁七年后之溱州，其治地在溱溪县。

又，《纪胜》卷一八〇《南平军·南平军景物下》，“鹿筒堡，去溱溪二十里”；同卷《碑记》，“西心坎崖隶书，在溱溪寨路，去军七十余里，吹角坝古磨崖，在溱川堡，去军四十里，姜维碑在吹角坝”。可见，在《纪胜》这里，溱溪寨与溱川堡显然是两个不同的地方。然其所谓“溱溪”究竟是指水，还是指寨？此水在寨附近，还是在溱川堡附近？《蜀记》卷十八《上川东道·重庆府》二，“南川县”条将《纪胜·南平军碑记》引为“溱州堡吹角坝上有古磨崖”，溱州堡显然是溱“川”堡字误。又，《胜览》卷五九沿袭有记，“鹿筒堡，去溱溪三十里”。又，《六艺之一录》[2]卷一〇八《南平军碑记》，“西心坎崖上隶书……在溱溪寨路，去军约七十余里；吹角坝古磨崖……在溱州堡，去军四十余里”。其所记当为引用《纪胜·南平军碑记》，或转引自《蜀记》，而有“溱州堡”字误。可见，溱溪以北30里有鹿洞堡；且溱溪寨西有心坎崖隶书，确定了此心坎崖亦可确定溱溪寨址，其距南平军70余里。又有溱川堡，其在吹角坝。那么，溱溪寨是否即溱川堡？

---

[1] [宋]韦骧:《钱塘集》，文渊阁四库本。
[2] [清]倪涛:《六艺之一录》，文渊阁四库本。

崇寺》注文“李光吉居今荣懿寨”，可见荣懿、扶欢两寨地原分别为李光吉、王衮占据，孙固在破李光吉之后方立荣懿寨。关于李光吉等三族叛据荣懿、扶欢、宾化等寨，据《南桐矿区志·建置政区篇》，其反叛在治平元年（1064）。

乾隆《清统志》卷二九六《重庆府》引《九域志》认为南川县有荣懿等五寨。不过需要注意，宋南川县是今綦江县，而非今南川。然荣懿寨确址究竟在宋南川县何处？宋南川县境跨今綦江、万盛，则此寨在此二地之何处？

当然，要确定荣懿砦址，最重要的依据有两篇南宋当地人所写墓志铭，当为最可靠的原始材料。

其一是《南桐矿区志·科技文化篇·文物古迹·古墓》所载之《宋太夫人陈氏墓志铭》，“绍兴十六年十月二十五日葬于荣懿寨之南、八面山下、溪桥之畔”。该铭下有编志者注“墓在今万盛乡新民村境”。据该志前附图，新民村在万盛乡南，八面山在其西。查《川省图集》第132页《南桐矿区》，万盛场南之万盛乡南标有八面山，青年镇则在该山西南甚远处。该铭既说葬在荣懿寨南八面山下，则荣懿寨当在八面山以北，不可能在青年镇。

其二是《赵牟氏墓志铭》[1]，“孺人家荣懿……孺人处荣懿，舅姑处新市，相距一舍，旦暮未尝废起居礼……卒于绍兴三十年……以乾道元年迁孺人于轻难坝艮山下”。作为葬地的“轻难坝”，其后讹音为“金兰坝”，据民国《桐梓县志》，金兰坝距镇子上不出十里；因其家居荣懿，按葬俗，当然不可能葬远处，荣懿当在金兰坝附近。旦暮即可问起居的“新市”，当即新王市，也就是兴旺市，即后之青羊市。其距荣懿一舍，即三十里，且旦暮可至，相距不应太远。由此，则确定了新市与轻难坝址，可确定荣懿址。

据前述，原青羊市（兴旺市、新市）在今万盛区九龙村仙女洞附近。又，民国《南川县志》卷一《方域》，“荣懿镇……按，遵义府、綦江县志俱指荣懿为青羊市，仅据《赵牟氏墓碑》，而吾邑万盛场外人石坝傅氏宅，旧称荣懿镇，距青羊市仅四十里，或即当日县治所在，场侧地名有大堂坝，南门桥、九龙桥旧名，武庙，东岳庙，山岭有文庙废址，一切规模形迹乡市所无”。该志认为青羊市并非荣懿，更据建筑规摸、形制指实荣懿似应在万盛场外大石坝傅氏宅，因荣懿既曾为州县治，其治所当然应该有相应等级规制。该志卷二《市集》亦有“万盛场古有荣懿镇”；卷三《职官》，“万盛场，古有荣懿镇，又名石鹅乡，正南八十里，位三层坎大山下，面临孝子河”。则荣懿在南川县万盛场。民国《桐梓县志》据《赵牟氏墓志铭》及“熊本征木斗，其后军王光祖出黄沙坝，黄距镇子仅十余里，故行未夜半即抵，荡平，改为溱州”之事迹，认为溱州及荣懿镇在“今东乡坝镇子上”。该志认为荣懿在南川县东乡坝镇子上，与位于青羊市的原溱州不同。当然，该志并未意识到青羊市有前后搬迁之别。

[1] 道光《遵义府志》载有《赵牟氏墓志铭》全文。

《四川州县建置沿革图说》第127页认为，宋溱州治所之荣懿县，即今綦江县。此说显然更是大谬。

荣懿寨在东乡坝镇子，亦即原万盛场，今重庆万盛区驻地。民国《桐梓县志》混前后新王市（青羊市）为一处，以为荣懿寨在今青羊，实应在旧新王市附近。按，《四川省重庆市地名录》，万盛街道办古名荣懿镇。查《渝图》第26页《万盛区》，今重庆市万盛区万盛街道，距金兰坝11里左右，距黄沙坝新王市25里、近一舍，则万盛街道当为原荣懿寨址，也符合《宋太夫人陈氏墓志铭》所记。

荣懿砦之置废时间，在熙宁四年（1071）至宋末，只是南宋中后期已经实质上转为市镇，失去了军事意义。《宋朝事实》卷十九，“熙宁七年招收唐溱州置荣懿寨属南平军”，实则为南平军建置时间，荣懿寨本已存在，只是自熙宁七年放由南平军管辖。《宋史》卷四九六《蛮夷》四，“熙宁三年孙固……因进兵复宾化砦……以宾化砦为隆化县隶涪州，建荣懿扶欢两砦”。按此，似乎荣懿寨置于熙宁三年，然当年孙固虽进兵收复此地，置寨则在次年。其砦当因唐旧县而置。

8. 扶欢砦

《宋志》五《夔州路南平军》记有扶欢砦。

扶欢本为唐代旧县。《元和志》卷三一《溱州》，“扶欢县，贞观十六年与州同置，以县东扶欢山为名，东北至州五十里”。《新唐书》卷四一，“贞观十六年并置扶欢县”。《寰宇记》卷一二二，“扶欢县……以县东扶欢山为名”。《广记》卷三三亦记有，“扶欢县，唐贞观十六年置”。由此，则扶欢得名当因山而来，有山即有县。

《纪胜》卷一八〇《南平军·景物下》，“扶欢山，唐以之名县，今谓之寨山”；同卷《古迹》，“扶欢市，本溱州属县，熙宁四年三贼平，置为寨，高宗绍兴七年……后移寨官于归正，后为市”。可见，扶欢砦之置因同于荣懿，且其后皆失去军事功能，仅为市镇，其附近扶欢山又称“寨山”。由《安岳集》卷十一《中严封崇寺》注文“扶欢驿，王衮居也”，亦可证其置因及置年皆同于荣懿。又，《宋史》卷四九六《蛮夷》四，“熙宁三年孙固……建荣懿、扶欢两砦”。又，《续通鉴长编》卷二七〇，“熙宁四年既讨定李光吉、王衮旧地，置荣懿、扶欢两寨”。均可见，扶欢在孙固平定前，原为王衮等夷人所据。

则扶欢境内既有扶欢山，其址究在何处？

据《明一统志》卷八八《思南府·古迹》，“废扶欢县在府城西南五十里……东有扶欢山，故名，宋废”。方位且不说，其认为县废于宋代，有误，该县唐末即已废没夷。又，《纪要》卷一二二《思南府》，“西南五十里有扶欢废县，东有扶欢山”。又，嘉靖《思南府志》，“废扶欢县，在府治西南二十里，东南扶欢山，故名”。又，康熙《贵州通志》[1]《古迹·思南府》，“古扶欢县在府西南二十里，县东南有扶欢山”。又，乾隆《清统志》卷三九六《思南府》，“扶欢废县在府城西南五十里”，该志并引《元和志》所记里程为据，似乎认为唐溱州即清之思南府。又，乾隆《黔南识略》[2]，“扶欢废县在（思南府附郭安化县）城西南五十里扶欢山下”。则扶欢在思南府，即今贵州思南县境内？且思南府即唐溱州？

又据，《蜀中名胜记》（即《蜀中广记·名胜》）卷二十《上川东道·重庆府桐梓县》），“《志》云夜郎里有废扶欢县址”。则扶欢又在桐梓县夜郎里？今桐梓有夜郎镇，则扶欢在其附近？又，乾隆《清统志》卷四〇三《遵义府》，“扶欢山在桐梓县北二百里，古扶欢县因此名”。又，乾隆《四川通志》卷二三《綦江县》，“扶欢山在县南，唐以之名县，今谓之砦山”。可见其“砦山”之说当沿袭《纪胜》。又，乾隆《贵州通志》卷五《桐梓县》，“扶欢山在城北二百里，古扶欢县以此名，废扶欢县在桐梓县北二百里扶欢山下……查《山川志》思南无扶欢山，《遵义》载在桐梓，应以遵义者为确”。按，桐梓北200里，即綦江县南；该志并驳斥了扶欢在思南府的说法。又，乾隆《黔南识略》，“扶欢山在桐梓县城北二百里”。这又与其记扶欢山在思南府境内之说自相矛盾。

又，嘉庆《重修四川通志》之《山川·重庆府·綦江县》，“扶欢山在县南，今名之砦山”；卷五十《舆地·沿革·綦江县》，“扶欢市，旧志：‘县西南，接贵州遵义府桐梓县界，唐置’”。又，道光《重庆府志·沿革》，“綦江县，扶欢山在县南八十里”。又，道光《遵义府志》，“扶欢坝，桐梓东北二百三十里，（属）夜里”。又，道光《重修綦江县志》[3]卷二《里甲》，“遵里扶欢场，治南八十里；安里扶欢山在县南八十里”；同卷《驿传》载明代有扶欢驿；卷三《疆域》，“扶欢场，南八十里”；卷九《古迹》，“扶欢坝，今綦江县扶欢乡，以废扶欢县得名”。又，民国《桐梓县志》，“神宗熙宁三年平熟夷……建荣懿、扶欢二砦；二百四十里，扶欢山，一称寨子山”；该志又有，“废溱溪郡，天宝初置在扶欢县，今扶欢坝；扶欢废县，桐梓县县北二百里扶欢山下……今扶欢坝”。可见，唐溱州初置在扶欢县，即扶欢山下今扶欢坝。其名为“坝”，则旁定有山，即原扶欢山。又，《清史稿·地理志》[4]卷十六《四川·重庆府·綦江县》，“西有扶欢山，南有捍水关”。按上述各志，则扶欢山在桐梓北200或240里、綦江南80里，又称寨山，当因其地曾有扶欢砦，扶欢砦即后之扶欢场、扶欢坝。说溱州置于扶欢，或是误记，《纪胜》卷一八〇《南平军·古迹》明确记载：“荣懿市，唐置溱州。”

那么，扶欢究竟是在今桐梓、綦江之间，还是在思南县附近呢？按《元和志》，扶

[1] [清]卫既各:《贵州通志》，《中国西南文献丛书·西南稀见方志文献》，兰州大学出版社，2003年。

[2] [清]爱必达:《黔南识略》，《中国方志丛书·华中地方》，台湾成文出版社，1976年。

[3] 即前引之道光《綦江县志》，綦江修志当不以道光年间为始，故其后所修均可称“重修”。

[4] 柯劭忞等:《清史稿》，中华书局，1976年。

欢县东至溱州50里，前文已述荣懿寨（溱州治址）在綦江县东万盛境内，则扶欢当距此不远。若说在贵州思南，则相距大谬。考其说之误，当因思南府附近另有一“宾化县”，与孙固击复之宾化砦名类似，故导致将宾化附近的扶欢也一并误记在思南了。

按《地名辞典》，“扶欢县，唐贞观十六年置，治所今贵州思南县西南，后废”，此说之误，上文已辨。

又，《四川省重庆市地名录》记有，綦江县东南52公里有扶欢乡，驻扶欢场，贞观年间置溱州及扶欢县，宋废入南州。南州，即熙宁年间置之南平军。又，《四川省綦江县地名录》记有，溱州治所今扶欢乡，宋皇祐五年（1053）废南州，南川、荣懿、扶欢县同隶属渝州，嘉熙三年（1239）南平军迁隆化县。虽然扶欢并非溱州治所，其址确在綦江无疑。又，《四川州县建置沿革图说》也认为，扶欢县，宋初省，今綦江县扶欢坝。

查《渝图·綦江县》，今重庆綦江县东南有扶欢镇，扶欢砦即在该镇扶欢场址。据《南桐矿区志·科技文化篇·山寨》，今万盛区关坝镇兴文村有寨子山，即原扶欢山。

扶欢砦之置废年代，同于荣懿，即熙宁四年（1071）至宋末，其间，在南宋中后期已仅为市镇。

此外，关于唐宋溱州地望，需要总结一下。据前考，唐代溱州，贞观十六年初置扶欢县（今扶欢坝），其南之扶欢河即溱溪，其后不久，溱州迁治荣懿县（今青年镇），唐末溱州没入夷人。北宋治平元年李光吉三族叛据于原荣懿县境之荣筋砦（今万盛），《宋史》卷四九六《蛮夷传四》记有“治平中，熟夷李光吉、梁承秀等三族据其地”。熙宁三年孙固收复后，于该地置砦；此后大观年间又别置溱州于溱溪县（今松坎），该州于宣和间废为溱溪寨，溱溪河之名亦随之迁至今松坎河。又由溱川堡置于綦江另一支流侧之今吹角坝，可以猜想，溱溪或也是唐宋綦江及其支流之称呼。

9. 宝山砦

《纪胜》卷一八〇《南平军·景物下》，“德感溪自宝山砦出，径开边堡，下流合盐井江”。要确定此宝山砦址，只要确定德感溪、开边堡、盐井江等处即可。

道光《綦江县志》卷二《山川》，“永里盐井江，县东三十里，今盐水坝……此山砦（宝山砦）大概在三角塘左右；永里三角塘，治东十里，三角塘河折而为盐井江……入綦江”。可见，宝山砦在三角塘附近，盐井江在綦江县东盐水坝；此三角塘河经过弯道后称为盐井江，并汇入綦江，此种情势也类似《纪胜》记载。且，宣统《綦江县续志》之《塞堡》也记有，“老瀛山塞在永里，去治东二十里”。从方位里程看，此当为原宝山砦附近。

开边堡，即开边砦，其址前已确定，亦在三角塘附近。德感溪，前文已确定，即源自老瀛山、自南汇入龙角溪的支流，宝山砦当在其源头附近。查《川省图集·綦江县》，该支流源头附近有后山坪，应即原宝山砦址，且清末老瀛山塞应在附近。由此，宝山砦当在今綦江县三角镇老瀛山脉后山坪。其置废年代，估计同于开边砦等，即熙宁七年（1074）

至宋末。

10. 鹿箇堡

《纪胜》卷一八〇《南平军·景物下》，“鹿箇堡，去溱溪三十里，木柜大观中纳土……”又，《胜览》卷五九沿袭有记，“鹿箇堡，去溱溪三十里，其先夷大姓木柜大观中纳土赐姓姓赵名亨，子孙亦世袭”。可见，鹿箇堡离溱溪三十里。但是，这个“溱溪”究竟是溱溪河还是溱溪寨?

《蜀记》卷十八《上川东道·重庆府》二“南川县”条引《胜览》为据，认为离溱溪三十里有鹿箇堡。不过，此条有误。鹿箇堡、溱溪在宋代南川县、明代綦江县境内，而非明代南川县。由此，也导致后来的《纪要》卷六九《南川县》有类似误区，“鹿箇堡，县南四十里，又南三十里为溱溪堡亦曰溱溪寨，其相近有吹角坝”。由溱溪寨距鹿洞堡30里看来，鹿洞堡即鹿箇堡，此外亦表明，《纪胜》所谓距鹿箇堡30里的是“溱溪寨”而非“溱溪河”。此句另可理解为，鹿洞堡附近有吹角坝，则鹿洞堡在溱川堡附近，其距溱溪寨30里，从方位里程看来，也是符合记述的。

溱溪寨，前文已经确定，在桐梓松坎镇，距其30里某处当即鹿箇堡址，且当在溱川堡（吹角坝）附近。又据《纪胜·南平军·景物下》，“悟真洞，又名白鹿洞”。此白鹿洞即今石壕镇东侧梳头山仙女洞，其距吹角坝不远。从地名来看，此白鹿洞应为鹿箇堡（鹿洞堡），且其距溱溪寨（今松坎镇）约30里。由此，则鹿箇堡当在今綦江石壕镇梳头山仙女洞，其紧邻的归正砦则显然有着监控当地夷人赵氏之用。

鹿箇堡，当置于大观中（1109年左右），废于宋末，其为当地赐姓赵氏之夷人世袭据点。

11. 吼滩砦

《纪胜》卷一八〇《南平军·景物下》记有，“真春垭，在军西南八十里，元（原）循（巡）检驻扎处，旧曰吼滩砦，近有地名真春垭、雁门垭，遂取真春垭名之”。可见，此吼滩砦在一处响动甚大的滩涂附近，旁有真春垭、雁门垭。又，《宋会要·方域·诸寨》，“绍兴二十八年九月四日夔州路奏，夷人自白锦堡入江津县清溪寨雁门……”清溪寨在今江津东南清溪村，雁门为通往此寨之门，且与真春垭（吼滩砦）近，则当在今江津、綦江所夹之今属贵州习水县北角狭长山地，即习水县泥坝镇、寨坝镇、大坡镇、温水镇等，此地于宋代当属于清溪寨管辖，为江津南控白锦夷之要地。由此，则吼滩砦更在其南，当在今习水北角与綦江交界处。

嘉庆《仁怀县草志》[1]之《舆图》标有吼滩里；该志《沿革》，“县有七里，东吼滩里”。可见吼滩于清代为仁怀县东之一乡里，仁怀县东北则为綦江、桐梓县，今此地已置为习水县。又，道光《遵义府志》之《仁怀县舆图》亦标有吼滩里，与东北之綦江接界；

[1] [清]禹坡:《仁怀县草志》，《中国地方志集成·贵州府县志辑》，巴蜀书社，2006年。

该志卷十《古迹》指出，“吼滩砦在仁怀吼滩里”。可见，吼滩砦应在清代仁怀境内；清代仁怀包括今赤水、习水、仁怀三地，由《舆图》看来，吼滩里在今习水境内。

又，道光《重庆府志》之《沿革·綦江县》，“正春垭……旧名吼滩砦，吼滩河在县东十里，取近地正春垭名之”。又，道光《綦江县志》卷二《疆域·山川》，“安里，正春垭，旧名吼滩砦；吼滩河，县东十里”。则吼滩砦后来又名正春垭，正、真谐音，吼滩砦其名当因吼滩河而来，其位于清代綦江县安稳里，安稳里包括今綦江南部。可见，吼滩砦之改名为正春垭，当因其近有正春垭之地名，与《纪胜》符合。又，民国《续遵义府志》卷二《场市》记载仁怀县“吼滩场，城北二百二十里”。由此距离再较以南平军（赶水镇）西南80里，吼滩确应在今重庆綦江县石壕镇以南与贵州习水县东北之仙源镇之间，习水河支流沿岸，宋代之曲崖隘以北。

查《黔图·习水县》，仙源镇有吼滩村，当为原吼滩砦址。且，今良村镇亦辖有吼滩村，其距离赶水镇100余里，虽非原吼滩砦中心，当属于宋吼滩砦管辖范围。

吼滩砦置废时间不详，大致在南平军设置之后，《纪胜》编定之前已经裁撤，即至迟1225年前该砦已废，盖其时已失去镇夷之作用，当地夷人多半汉化或向南界退缩。

12. 曲崖隘

《纪胜》卷一八〇《南平军·景物下》，“曲崖隘，在军西南九十里，荣懿寨巡检驻扎之地，界自锦夷五里”，该卷之《古迹》，“荣懿市，绍兴七年移土门镇巡检于荣懿，兼寨事，后移巡检司于曲崖隘”。可见，曲崖隘之置，当因荣懿寨巡检迁此，且其外不远即为播州白锦夷之北界。白锦夷，指播州白锦堡夷人，白锦堡本在今贵州遵义，其所辖之一支曾畜牧于今桐梓以北、綦江以南。曲崖隘之设置，当是由于播州白锦夷人北扩，引起宋廷警觉，故设此隘以镇守，起到界限双方的作用。

据道光《重庆府志》之《沿革·綦江县》，“曲崖隘在县西南九十里，界白锦夷五里”。此说有误，混淆了南平军与綦江县治所，实则二地不同。若曲崖隘在綦江县南90里，则与今赶水镇（南平军）不远。实则曲崖隘当在今赶水镇（南平军）西南90里。

曲崖隘的具体方位，从里程数来看，大致应在今重庆綦江县石濠镇以南、习水县东仙源镇与官店镇之间，在习水县官店镇附近的可能性较大。这里也应该是当时播州白锦夷的北界，且为南平军与泸州界。

曲崖隘之置当在绍兴七年（1137）之后，其废则应在宋末。

（二）隆化县

该县有宾化、七渡水、蟠龙三砦。

1. 宾化砦

《续通鉴长编》卷二二五有记，“熙宁四年乙未，夔州转运司孙固言招出夷贼王衮，取李光吉、梁承秀及衮三族之地，诏改宾化寨为隆化县”。此宾化砦本为唐初隆化县，先天初改为宾化县，后废没蛮夷，为宾化砦，至熙宁四年招复之后又升为隆化县。前文已述，李光吉、王衮分据荣懿、扶欢，则梁承秀当据宾化砦。又，《安岳集》卷十一，《中严封崇寺》注文亦有，“梁承秀居今隆化县……皆土豪犯法禁，以取夷灭”。

隆化县，据《元和志》卷三一，唐贞观十一年以县西永隆山为名初置为隆化县，后于先天元年避讳改为宾化县，入宋又改为隆化。另外，思州亦有一宾化县，久废，此县常导致混淆。《寰宇记》卷一二〇《涪州》，“宾化县，以县西二十里永隆山为名，按《新图经》云此县民并是夷獠”。《九域志》卷八《夔州路南平军·隆化县》亦记有永隆山，显然隆化县即宾化县。可见此县附近有永隆山，其民为“夷獠”，其置当为镇抚“夷獠”。又，《广记》卷三三《南平军》，“隆化县……先天元年改为宾化，后复故名，皇朝熙宁七年来属，有永隆山、罗绿溪、僰溪、胡阳溪”。其所谓“来属”，当指熙宁七年属南平军，而非当年才招复属宋。又，《纪胜》卷一八〇《南平军·县沿革》，“隆化县，东北至军一百四十里，熙宁三年改为隆化寨，四年改为县仍隶涪州，九年割隶南平军”。据此，则宾化砦收复之后，并未立即改为县，而是先改为隆化寨，次年再改为县，其在熙宁四年至九年间隶属涪州。

又，《续通鉴长编》卷二四四，“熙宁六年四月丁酉，夔州路转运判官曾阜言，渝州隆化县新附户已团成保甲”；卷二七〇，“熙宁八年十一月丙戌，赐渝州军前兵士土丁特支钱，割渝州隆化县隶南平军”；卷二七七，“熙宁九年八月乙未，中书言，近置南平军，以无属县，割涪州隆化县隶之”。由此，则隆化县在熙宁八年前应属渝州，后割隶南平军；又或属涪州，于熙宁九年割隶南平军。又，《宋志》五《夔州路南平军》，“隆化，熙宁八年自涪州来隶”。又，《宋史》卷四九六《蛮夷》四，“熙宁三年孙固……因进兵复宾化砦……以宾化砦为隆化县，隶涪州”。则宾化砦当因孙固进兵而复，并升为隆化县，隶涪州。又，《文献通考》卷三二一，“南平军，宋熙宁八年……以恭州南川县铜佛坝地置军，又割涪州隆化县隶军，仍省渝州南川县为镇入焉”。从宋代诸文献看来，隆化县应在孙固招复之后即属涪州，但因割隶南平军之南川县本隶渝州，且南川县又于割隶南平军之当年即废入隆化县，故时人误以为隆化本属渝州。

又，《宋会要·方域·州县升降废置》，“宾化县，嘉祐八年废隶隆化县；隆化县，熙宁七年隶南平军”。宾化县，即隆化县，何能重复废属？《南桐矿区志·建置篇·历史隶属》也提到，皇祐五年（1053）改宾化县为砦，治平元年（1064）梁承秀等三族反叛，梁氏据宾化砦。可见，《宋会要》所记当为嘉祐八年（1063）原羁縻宾化砦废没梁氏夷人，该砦又习惯上称为县；宋初并无隆化县之名，其在熙宁四年之后方才重新由宾化改回。至于后来收复重建隆化县之割隶南平军，估计是熙宁七年置夔州路时已有动议，而宋廷批复正式割隶则在熙宁八年。

又，《元史》[1]卷八，“世祖十二年十二月丙寅，省重庆路隆化县入南川”。实际

[1] [明]宋濂等:《元史》，中华书局。

上，当时南川县本已随南平军一起迁至隆化县，故实际上是南川省入隆化，但县名则沿用南川之名。因此，元代以后之南川已迁至宋代隆化县故地，不复为今綦江县地。

又，正德《四川志》卷十三《重庆府·古迹·南川县》，“废隆化县在治东”。又，《明一统志》卷六九《重庆府》，“废隆化县在南川县”。又，《纪要》卷六九《重庆府南川县》，“东南一百三十里有隆化废县”。此误在以明代南川为宋代南川、唐代南州，更将宋代南川与南平军治等同，故将隆化废县东南移动130里，实则隆化废县即为明代南川县治。又，乾隆《大清一统志》卷二九六《重庆府》，“隆化废县，今南川县治……《旧志》按《元统志》云‘嘉熙三年徙军治于此，元至元十二年并县入南川，于此置理，自后遂为南川县治’，是则今之南川，唐之宾化也，唐之南川，今之綦江也”。关于隆化、南川之移动废改，此志辨析最为清楚。

又，民国《桐梓县志》“熙宁二年孙固复宾化砦”，此“二”当为“三”之误，实际上熙宁三年是孙固进军之期、复砦之期，砦复为县当在四年。又，民国《南川县志》，“隆化故城，以县西永隆山得名，至元十二年并入南川，以隆化治为南川治”；同书卷二《建置》，“嘉熙三年徙军治隆化，南川县废并；唐宋两朝，今南川为隆化，今綦江为古南川”。由此，则南平军徙治隆化在嘉熙三年（1239），因受到蒙古军压制而搬迁。

又，《四川省南川县地名录》记载，贞观八年分巴县设隆化县，以城西永隆山得名，公元712年改名宾化县，北宋属涪州，元丰元年复称隆化县，嘉熙三年南平军移于隆化，元为南川县，驻地隆化镇。其所谓元丰元年复称隆化，似误，当年应为南川县由隆化分出复置。不过，据此可以肯定，宾化砦址即在今重庆南川隆化镇。

又，《四川州县建置沿革图说》第115页之《四川县建置沿革表》认为，宋宾化县于1064年改隆化县，即今涪陵市同乐场。此当为采用《宋会要》之说法，却又误将嘉祐八年（1063）事移至次年，前文已说明该年宾化砦为梁氏占据，当然不可能改为县，其认为隆化旧治在涪陵，更不知何据?

总之，由上述各种记载看来，在熙宁三年（1070）孙固进军招复之前，原唐之旧宾化县早于皇祐五年（1053）废为宾化砦，由南平夷人梁承秀于治平元年（1064）占据。熙宁三年（1070）收复之后即先改为隆化寨，据《续资治通鉴长编》卷二一九，“十二月……十八日甲辰复宾化县”，则宾化砦当收复于熙宁三年十二月十八日。次年升为隆化县，此后直到元朝至元十二年（1275）改为南川县。

2. 七渡水砦

《宋志》五《夔州路南平军》，“隆化，有七渡水砦，大观四年砦废”。此砦当因水而置。

《九域志》卷八，记载隆化县有“七渡水寨”，南川县有“七渡水”。《广记》卷三三，“南川县，本隆阳，……皇祐五年复置属渝州……省南川为镇入隆化，元丰元年复置，有……七渡水”。由此看来，南川县也有七渡水。若因南川曾省入隆化，故又可将该水记在隆化县下，如此一来，不能确定该水究竟是否流经隆化。但是，据《宋会要·方域·诸寨》，“七渡水寨，在南平军隆化县，嘉祐八年修复”。若宾化砦（隆化县）于该年前后没入夷人，则修复七渡水寨的目的就很明显了，由此亦表明该寨确在隆化境内，也才有着防范夷人功效。因此，大致可以确信，七渡水流经宋代南川、隆化两县，砦在隆化境内。

又，乾隆《四川通志》卷四下《重庆府》，“七渡水砦在南川县东”。此处所述南川，当非今之南川，而是宋南川。又，嘉庆《重修四川通志》之《关隘·重庆府·南川县》有类似记载，“七渡水寨在县东”。又，宣统《綦江县续志》卷一《沿革》之《唐宋南川县考》分析《元丰志》记“隆化有七渡水砦”与《南川县志》谓“在治东四十里”后指出，“当时七渡水分辖两县，南川据隆化上流”。可见该志认为七渡水自今綦江县（宋南川）流入今南川（宋隆化）境内，而七渡水砦则在今南川东40里。又，民国《南川县志》卷二《建置》记有七渡水砦，却无明确方位，估计此砦方位早佚。

那么，七渡水砦究竟在今南川何处呢？首先还是需要确定七渡水位置。此外，尚需注意，今南川一部分划出、与綦江、桐梓一部分组成夹在三地间的南桐矿区（今万盛区）。据《南桐矿区志·自然地理篇·水系》，今南川、綦江、万盛间之较大水流，多半都是由南川、万盛流向綦江，甚少相反的。惟有一条“洗布河”，源出青年镇，自西南而东北流，经营寨村在温塘注入孝子河（蒲河）。青年镇，宋代属南川县，温塘一带则本属隆化。且“洗布”读音也类似“七渡”，或即原七渡水，则砦当在其侧。万盛区营寨村，可能就是原七渡水砦址。

其置废时间，当在嘉祐八年（1063）至大观四年（1110）。

3. 蟠龙砦

《四川省南川县地名录》[1]记有，南川县东南马嘴公社马嘴大队有马脑城，于马嘴上，山形似马，南宋建蟠龙砦于此。据新《南川县志》[2]之《大事记》，宝祐四年（1256）于马脑山筑龙岩城抗御蒙军；该志《建置沿革篇》也提到，大有区马嘴乡有南宋龙岩城，俗称马脑城，其遗址尚存。可见，蟠龙砦建于马脑山上，本名龙岩城。

又据《长江三峡历史地理》[3]第140页，第2编《历史人文地理》第1章《三峡地区政区建置沿革》，南平军于宝祐四年由隆化再迁军治于隆化东南之龙岩城，即今马脑城。可见，蟠龙砦之建，实为南宋末年四川地区山城防御体系之一。

查《渝图》第25页《南川区》，该地今为重庆市南川区东南之大有镇马咀村马脑城，“咀”即“嘴”。

由此可见，该砦当置于宝祐四年（1256），废于宋末。

[1] 南川县地名领导小组编：《四川省南川县地名录》，1983年。
[2] 南川县志编纂委员会：《南川县志》，四川人民出版社，1991年。
[3] 蓝勇：《长江三峡历史地理》，四川人民出版社，2003年。

第十节 黔州砦堡时空演变考

黔州于绍定元年（1228）改绍庆府，辖羁縻州56，其砦堡也是夔州路诸州最多的，大概也是因镇抚“蛮夷”故。宋代黔州作为镇抚西南夷之重镇，其军区管辖权当不限于本州境，故旗下砦堡不一定都在黔州境。

正德《四川志》卷十三《重庆府·形胜》，“黔江外镇诸洞，内靖涪彭”，就是这个意思。宋代黔州与首县彭水可能并不同城，按同治《增修酉阳直隶州总志》[1]之《古迹·彭水县》，“绍庆故城，《县志》‘今插旗山左麓即宋绍庆府故地’，按在今县治西南三里插旗山之东、壶头山东南，依山为城，城址存，耆老云‘府治在山，彭水县在南岸，不同城’。”

（一）彭水县

宋彭水县治在今彭水县治汉葭镇。该县有洪杜、洋水、小洞、界山、难溪、濜潭、细竹、油木、昆仑、老鹰（统军关）十寨。

1. 洪杜砦

《宋志》五《夔州路绍庆府》，“彭水，嘉祐八年废洪杜……县入焉，有洪杜……砦”。可见，洪杜砦为原洪杜县降置。

《九域志》卷八《夔州路黔州》，“嘉祐八年省洪杜、洋水二县为寨”；该卷“黔州彭水县”条下有“洪杜”寨、“洪杜山”。又，《广记》卷三三，“洪杜寨本洪杜县，嘉祐八年省”。也表明洪杜砦就是原洪杜县。但《宋朝事实》卷十九《夔州路·黔州》载，“嘉祐八年省洪杜县入洋水县为寨，熙宁二年以洋水县为镇”。此虽表明洪杜砦即前洪杜县，但并入彭水的时间则为熙宁二年，嘉祐八年废入洋水县。极大可能《宋志》等表述有省文，因都濡、信宁二县确为嘉祐八年省入。当然，由这些记载定出了当时洪杜县治，即可确定洪杜砦址。

又，《元和志》卷三一《黔州洪杜县》，“武德二年析彭水县于今县北十八里置，因县东一里洪杜山为名，麟德二年移于今理”。可见，唐代洪杜县本置在洪杜山侧，因山而名，麟德二年治所迁移，洪杜山即在迁后治所之北18里。又，《旧唐书》卷四十《黔州》，“洪、杜，武德二年分置洪杜县治洪杜溪，麟德二年移治龚湍”。又，《寰宇记》卷一二〇《黔州洪杜县》，“……贞观三年又北移于洪杜溪，麟德二年移理龚湍即今县理；涪陵江在县西一百步，北流入彭水县界，涪陵水一名内江水，在州西五十步，西北至涪州入蜀江”。按《寰宇记》时代尚有洪杜县，据该志，则洪杜县凡两迁，由洪杜山北移洪杜溪，估计此溪仍在山侧，麟德二年移治龚湍，此“龚湍”当即此后洪杜县治，也就是

[1] [清]王鳞飞：《增修酉阳直隶州总志》，《中国地方志集成·四川府县志辑》，巴蜀书社，1992年。

洪杜砦址。且，此“龚湍”西靠涪陵江，即今乌江，“龚湍”以北十余里即洪杜山、洪杜溪，又北则为彭水县。

又，《蜀记》卷五三《彭水县》，“废洪杜县、洋水县俱唐武德置，今之洪杜溪、洋水乡是”。此说有误，因洪杜于麟德二年由洪杜溪迁治“龚湍”，早已不在洪杜溪。又，《纪要》卷六九《彭水县》，“洪杜废县，在县东，刘昫曰‘唐武德二年置，治洪杜溪，麟德二年移治龚湍’，宋嘉祐八年废为洪杜砦”。此说不确，按前志，洪杜在县南，而非县东，且初置治所在洪杜山西，而非洪杜溪。又，乾隆《四川通志》卷二六，“洪杜废县，在（彭水）县南”。又，嘉庆重修《四川通志》之《山川·重庆府·酉阳州·彭水县》，“洪杜山在彭水县南”；同书卷四八《古迹·重庆府·酉阳州·彭水县》，“洪杜废县在县南……龚湍”。

由上述诸书可以认为，洪杜砦在彭水县以南的龚湍。然，此“龚湍”在今何地呢？

据嘉靖《思南府志》，“龚滩，在府治北三百五十里，长十余里，巫峡之险不过此，本水德司辖，近被四川酉阳宣抚司侵占，成酉阳钱府”。此龚滩在酉阳、思南交界处，即彭水以南；且酉阳地域宋时即夹在黔州彭水、思州之间，分属两州，既为一险滩，则有控扼水路之功；又，龚滩、龚湍谐音，或即一地？据乾隆《黔南识略》所引洪亮吉《水道考》，“今考洪杜废县距此（洪杜溪）不远，则此河（洪渡河）当即洪杜溪”，该考并认为洪杜旧治龚湍“即龚滩也”。可见，龚湍即“龚滩”，洪杜溪即洪渡河，此溪当在龚滩以北。

又，康熙《贵州通志》之《山川关梁》，“龚滩在思南府北三百五十里”。又，乾隆《清统志》卷三九六《思南府》，“龚滩在府城北二百五十里，一名琦塔滩，乱石横江，涛险十余里……四川酉阳州”。该志“二”为“三”之误。又，嘉庆《重修四川通志》之《山川·重庆府·关隘》“酉阳州龚滩镇，州西百八十里，州盐入黔要隘”。可见，龚滩为川盐入黔省之要道，盐为古代重要的管制物资，尤其对于中央政府控制周边蛮夷来说，更有以盐换粮马的贸易及胁控功能。宋代于此立砦镇守，当有重要价值。

又，同治《增修酉阳直隶州总志》之《山川》，“盐井坡，州西百八十里，龚滩东：龚滩，《新志》州西二百里，即黔州滩；彭水县，《通志》有洪杜山在县南，洪杜河一作洪渡，又名丰乐河”。可见，洪杜溪即今洪渡河，又名丰乐河；龚滩附近即为盐井，则此寨之设置目的更为明确，当为护盐。该志《古迹》，“洪杜废县，《通志》在彭水县南……按洪杜溪在龚滩北十余里，今属婺川，龚滩今为酉阳州地，雍正十三年设巡检司于此”。洪杜溪既在龚滩以北十余里，这合于《元和志》关于洪杜山在“龚湍”以北18里之记载，洪杜溪当然就在洪杜山侧近，亦可反证今之“龚滩”即为唐宋之龚湍。且此地历代皆为要地，雍正年间又设巡检司。又该志之《规建志·市镇》，“州西龚滩镇，百八十里”；其《关隘》，“酉阳州，龚滩在州西百八十里”；其《津渡》，“龚滩官渡在州西百八十里”。这些都表明，龚滩既是关渡扼要之地，也因其交通与产盐地位而成为要镇。

又，民国《贵州通志·古迹》[1]，“思南府，龚滩在城北二百五十里，一名琦塔滩”，从其下又引《纪要》来看，数字“二”为“三”之误。

又，《蜀水考》卷四，“涪陵江……自酉阳州鹿角镇，宋砦名，即今龚滩镇……阿蓬水一名太平水……又南入洪杜县界”。该书混淆了鹿角与洪杜（龚滩）两砦，此两地皆西靠乌江（涪陵江），查《渝图》第53页《彭水县》、第55页《酉阳县》，可见鹿角镇为诸佛江入乌江口，龚滩镇为阿蓬江入乌江口，此二地显然不是一处。

又，《四川省酉阳县地名录》[2]记有，酉阳县西79公里有龚滩区龚滩公社，龚滩为一集市，明万历时因龚姓居此而得名。不过，“龚湍”之名唐代已有，此录认为起于明代龚姓人家，不确。又，《地名辞典》认为，洪杜县治今四川酉阳土家族自治县西龚滩北，也就是洪杜寨；洪杜山则在今酉阳县西，北接彭水县界。事实上，此洪杜山即在龚滩以北不远；且该辞典所述，似乎并未明确意识到洪杜旧治虽在龚滩北，但其后洪杜县移治龚滩，即洪杜砦当在龚滩，而非龚滩北。

查《地图集·唐》黔州东南唐岩河（阿蓬水）注涪陵水（乌江）口北岸有洪杜，《地图集·北宋夔州路》黔州东南阿蓬水入乌江处有洪杜寨，《地图集·清》酉阳州西有龚滩镇，三幅地图此三地重合。又查《渝图》第55页《酉阳县》，阿蓬江入乌江口北岸有龚滩镇；《贵州省地图册》[3]（下称黔图）第19页《沿河县》有洪渡河，该河自西南而东北注入乌江，河口处有洪渡镇，位于龚滩以北17里处，当即唐洪杜县初置之地，方位道里均合于前述。

另，新修《彭水县志》[4]第一编《地理·行政区划》认为洪杜寨在今贵州沿河县洪渡镇，显然是混淆了唐初置洪杜县于洪杜山附近，而后又南迁至阿蓬水口之龚湍这一演变过程。又，新修《酉阳县志》[5]其《建置沿革篇》指出，明初构成酉阳的九溪十八洞即有清溪之龚滩，可见“龚滩”之名本就为沿袭唐代以来之旧名，而非万历之后新起。

总之，据前分析，可以确信，宋代洪杜砦在今重庆酉阳西部之龚滩镇，为阿蓬水入乌江口，历为交通扼要之重镇，其北为洪杜山、洪渡河，西邻乌江。据笔者考察，龚滩镇原址距蓬江口不足一百米，乌江东岸台地上错落紧密的分布，正合《寰宇记》所记。乌江在县西100步，2008年7月因位于彭水县万足的彭水电站蓄水而淹没，仅残留台地较高处一条半废弃街道两排民居。江口北上溯6公里处复制了一处古镇旧貌以开发旅游，惜已人是物非，一派萧条。另外，龚滩镇对岸北流十来里处的贵州沿河县洪渡镇（贞观三年洪杜县址）亦因彭水电站蓄水而淹没，北迁至5公里外的长坪，在建中。

[1] 刘显世：《贵州通志》，《中国地方志集成·贵州府县志辑》，巴蜀书社，2006年。
[2] 酉阳县地名领导小组编：《四川省酉阳县地名录》，1984年。
[3]《贵州省地图册》，“中国分省系列地图册”，中国地图出版社，2000年。
[4] 四川省彭水苗族土家族自治县县志编纂委员会蔡盛炽等：《彭水县志》，四川人民出版社，1998年。
[5] 四川省酉阳土家族苗族自治县《酉阳县志》编纂委员会：《酉阳县志》，重庆出版社，2002年。

洪杜砦之置废时间，当在宋嘉祐八年（1063），其作为要津，历代不废，但其军事镇抚性日减，经济交通性日增。

2. 洋水寨

《九域志》卷八载，“嘉祐八年省洋水县为寨，熙宁二年改洋水寨为镇，并隶彭水”，该志并记有“洋水”河，寨（县）得名当与此水有关。据此，则当时洋水先由县降为寨，再由军事寨栅改为民政经济为主的市镇。因此，洋水寨址当为原洋水县址、后洋水镇址。其间，洪杜砦或许曾于嘉祐八年至熙宁二年间隶属洋水寨。《广记》卷三三《黔州》亦有，“洋水镇本洋水县，嘉祐八年省为寨，熙宁二年为洋水镇”。

关于洋水县，《元和志》卷三一《黔州洋水县》有“……东北至（黔）州一百六十里，本武德二年于今县东置盈隆县，贞观十年移于今理，先天元年改为盈川以县南有盈川山为名，天宝二年改为洋水，以县西三十里洋水为名”。可见，洋水县南有盈川山，县西30里有洋水，且县当在黔州西南160里左右，《旧唐书》有类似记录：“洋水，武德二年分澎水于巴江西置盈隆县，先天元年改为盈川，天宝元年改为洋水。”此巴江当即今长溪河。又，《寰宇记》卷一二〇《黔州洋水县》，“洋水县……唐武德二年于今县东一百六十里置盈隆县……天宝元年改为洋水县，以界内水名焉，罗奈水在县南二百里，洋水在县西三十里，北流入信宁县界”，则洋水旧治盈隆在其东160里，县南200里有罗奈水，县西有洋水。定出这几处位置，即可确定洋水寨（县）址。又，《宋志》记洋水县嘉祐八年废入彭水县。

嘉靖《四川总志》卷九《重庆府·山川》，“南阳水在彭水县，唐置洋水县于此”。则，南阳水即唐宋之洋水，或因其位于彭水南，而称南阳水。又，《蜀记》卷五三《彭水县》，“废洋水县，唐武德置，今之洋水乡是”。则洋水县在明代已为乡。然据其行文，很难确定其所指洋水县为“盈隆”旧址还是贞观十年后洋水县（寨）址。又，《纪要》卷六九《彭水县》，“盈川废县，在县西南……天宝初改为洋水县”。此所谓在彭水西南的盈川，是否即后之洋水，而非前之“盈隆”呢？从行文看，应当指“洋水”，即在彭水西南。这从“南阳水”之名亦可看出，南阳水当为彭水县南“洋水”之传承。

又，乾隆《四川通志》卷二六，“洋水废县，在（彭水）县西南”，并引《九域志》为据。又，嘉庆《重修四川通志》卷四八《古迹·重庆府·酉阳州·彭水县》，“洋水废县在县西南，嘉祐八年省为砦入彭水，熙宁二年改为镇”，卷五七《舆地·古迹，彭水县》，“洋水废县在县西南”。可见，洋水址确在彭水县西南。该志《山川·重庆府·酉阳州·彭水县》，“洋水在县西南”，此即洋水寨附近的洋水河。又，同治《增修酉阳直隶州总志》之《古迹·彭水县》“洋水废县”条，引《通志》、《元和志》为据，认为今彭水县西北百五十里有洋水坝即古县治。唐宋彭水县即黔州治所，虽或州治在县治对岸3里，仍可大致视为同地，则据《元和志》，洋水在黔州（彭水）西南，又如何突然跑到了彭水（黔州）西北？估计此处误记“西南”为“西北”。

据《地名辞典》，洋水县治所在今彭水县西南。又，《彭水县地名录》[1]载，彭水县西南黄家坝区龙洋公社有洋水桥大队洋水桥，该处有桥跨洋水溪两岸，该地现为集市，曾于1063年为砦，1069年改为洋水镇。又，据王涯军考，洋水镇在今彭水县龙洋乡洋水坝。新《彭水县志》也认为，龙洋乡即宋洋水寨（镇）所在。

查《地图集·北宋夔州路》，黔州（彭水）西南有洋水镇，其西有洋水北流入信宁镇（今武隆县江口镇）注乌江。查《川省图集》第125页《彭水县》，龙洋乡洋水桥之西有芙蓉江，北流江口镇入乌江，当即古洋水，亦可反证此洋水桥即原寨址。查《渝图·彭水县》，“洋水桥”今有讹音为“凉水桥”，属黄家镇。

综上，可知洋水寨即今重庆市彭水县西南黄家镇凉水桥村洋水坝。

洋水寨，嘉祐八年（1063）由洋水县降为寨，熙宁二年（1069）由军事聚落改为洋水镇。

3. 小洞砦

《宋志》记，彭水县有小洞砦。《九域志》卷八亦有“小洞”寨。

据《总要》前集卷十九，“彭水县……小洞野漆桥隘砦在县东三程”。按，“程”即日程，即步行一天距离。西南山地，路途盘绕，笔者推算一程约在35里，正负5里左右。由此，则县东三程当为90里至120里之间。

又，《宋会要·兵》：“绍熙三年十一月四日，臣僚言……到黔江县自合蓬江口以下至相阳寨，……自相阳寨以下难溪、细竹、油木、小洞、昆仑、滑潭等寨隘至合蓬江口向东南一带，与思州安夷堡相接。”可见，小洞在难溪（详考见下）、滑潭（详考见下）等寨之间，且诸寨皆在合蓬江（今阿蓬江）沿线，自北向南排列。较以《川省图集》第127页《酉阳县》，此砦当在今酉阳西之上罾潭村附近，至县北界黔江之南溪老村之间，沿阿蓬江某处。且小洞砦与难溪砦应相距不远，两砦都在彭水县东南三程左右。此外，小洞应更偏向滑潭隘（今上罾潭）一边。又，估计难溪至滑潭之六寨为大致均匀排列。

查《川省图集·酉阳县》，阿蓬江西岸庙溪乡有“梯子洞”，又名“椅子桥”，方位里程俱合，当即小洞砦址，为一险要扼守处。且小洞砦全名“小洞野漆桥隘砦”与今地名亦合，“野漆桥”转为“椅子桥”。

该砦置废年代不详，惟可确定存在于《总要》时代，即北宋仁宗时期，且绍熙年间（1190–1194）亦有。若以其防扼夷人出没来看，应该存于整个宋代，至少在南宋中期以前，南宋中后期因宋元战争爆发，以播州为首的西南“蛮夷”大多支持宋廷抗战，西南边患几无，此砦或废。

4. 界山砦

《宋志》记，彭水县有界山砦。《九域志》卷八亦有“界山”寨。

[1] 彭水县地名领导小组编：《彭水县地名录》，1984年。

《总要》前集卷十九，“界山砦在县东四程”。从里程来看，约在彭水县东120里至160里之间。此砦既称为“界山”，不应是县界，当为州、路以上级别界限，即夔州路与荆湖北路之界。

光绪《黔江县志》之《形胜》记有，“界碑山，在五里乡沙子沟，川楚分界”。此地当为界山砦址。《川省图集》第124页《黔江县》，县东南五里乡有一山高1938米，应为界碑山，界山砦即在此山，山东为湖北咸丰县，则该砦为夔路与荆湖北路界。此地距彭水两百里，略过四程，然山路里程只可大致参考。

由此，则界山砦应在今重庆黔江五里乡。

另，新《彭水县志·地理·行政区划》认为，界山寨即今酉阳县菖蒲盖，也就是今酉阳花田乡水坝子境内。此地在彭水东南150里，若此地为界山寨，则为黔州与羁縻思州界，其地位似不如作为路界的界碑山附近重要。

该砦置废年代不详，同于小洞砦。其地界当不在彭水县境，而在当时黔江境，因其作为军事建制由黔州直辖，而附于州治彭水县下。

5. 难溪砦

《宋志》记，彭水县有难（難）溪砦。《九域志》记有“难溪”寨。

《总要》前集卷十九，“杂（雜）溪砦在县东三程”。其所记“雜”溪当为“難”溪字误。按其里程，则在县东100里左右。乾隆《钦定续通典》卷一二八也记为“難”溪砦。

《宋会要辑稿·兵》，“绍熙三年十一月四日，臣僚言，黔州界接连溪洞，最为边患……（夷人）冉氏来路经由潧潭、难溪，其难溪寨系创置去处……到黔江县自合蓬江口以下至相阳寨……自相阳寨以下难溪、细竹、油木、小洞、昆仑、潧潭等寨隘至合蓬江口向东南一带，与思州安夷堡相接……契勘潧潭隘与难溪寨去隔四处寨隘，皆系夷人出没要路”。可见，黔州诸寨皆为镇抚夷人边患，把扼南平夷人出入黔州之“要路”。且，黔江县、相阳寨、难溪、细竹、油木、小洞、昆仑、潧潭、合蓬江口、思州安夷堡等处，自北而南在一线上，除黔江县与安夷堡，中间各寨皆在合蓬江（即阿蓬江）沿岸。因此，难溪砦也应在阿蓬江边。所谓合蓬江口，当指洪杜砦所在的今龚滩镇。潧潭隘，在今酉阳两罾乡上罾潭村附近（详考见下）。据《宋会要》，难溪应在潧潭东北、溯江而上之某处。又，冉氏居今酉阳地，其经潧潭、难溪北上至黔州境，可见，潧潭、难溪以上诸寨当在今酉阳、黔江境内。

但是，同治《增修酉阳直隶州总志》之《古迹·彭水县》，“难溪废砦在县南七十里与贵州婺川界，其地半属婺川半属彭水，旧有市，毁”。查《渝图·彭水县》，县南六七十里处有朗溪乡，其南为贵州沿河县、原务川北境，此当为该志所指难溪砦址。此地与上述应在酉阳、黔江境内之“难溪”显然不是一地。且此“朗溪”，当即《纪胜》卷一七六《黔州·景物上》所记之“浪溪”，其旁有“朗山”，亦即《寰宇记》卷一二〇

《黔州》所记之“朗溪，汉县名，其地有朗山，山有野狼”，可见其正字应为“狼溪”、“狼山”。《元和志》也记有“朗溪废县”。从《宋会要》行文看，“难溪”为“创置”处，则可能本在今朗溪乡附近，后移至酉阳黔江间重置。新《彭水志》亦认为难溪寨在今彭水东南朗溪乡，距县约80里，接近三程。

又查同治《增修酉阳直隶州总志》前附之《州图》，于阿蓬江南标绘一“南溪”村名。“南溪”、“难溪”音近。又查《川省图集·酉阳县》，县北有南溪河自黔江流来，该河东岸黔江边界有南溪村，于酉阳大河口村汇入阿蓬江。据《四川省酉阳县地名录》，南溪河之得名在于其流经南溪大队。可见，“南溪”本为一古有地名。又查《渝图》第55页《酉阳区》阿蓬江南有“南溪老”村[1]，在上罾潭村东北、南溪河口之大河口村对岸。此南溪老村，今属苍岭镇，在同治《酉阳州志图》所标“南溪”附近。又，新《酉阳县志·建置沿革篇》提到，明初酉阳九溪十八洞，其庙溪有南溪，此地于1964年撤并入浪坪乡，后又分出。此地距彭水，恰100里，且符合《宋会要》之难溪寨方位描述，有着控扼南溪河与该河注入阿蓬江之河口功效。且据《酉阳县地名录》，南溪河流经的浪坪公社之得名在于驻地浪水坝。此“浪水坝”谐音“难水坝”，水、溪意通。可见酉阳苍岭镇南溪老村、浪坪乡以及黔江鹅池镇南溪村当即原难溪砦范围，南溪老村则为该砦中心处。

综上，难溪故址或有两处，一在彭水县南界之朗溪乡，一在酉阳区北界黔江区南溪老村至黔江南溪村之间的南溪河畔，以后者为确。

难溪砦置废时间不详，以其地当要路，当存于整个宋代，至少在绍熙三年（1192）前后仍然较重要。

6. 溍潭隘

《宋志》记，“绍熙三年，移巡检治增潭”，此隘当直辖于州，笔者将其一并系于彭水县下。

《宋会要·兵》，“绍熙三年十一月四日，臣僚言一将管界巡检一司移就溍潭隘驻扎，专训练彭水县义军……自相阳寨以下难溪、细竹、油木、小洞、昆仑、溍潭等寨隘至合蓬江口向东南一带，与思州安夷堡相接……唯巡检一司系捕盗官兵，管土军一十名，在黔江拨赴溍潭，更于两县义军内添差三十名，禁军十名，通禁军共五十名，建置隘铺、捍御夷汉，将所管堡分夷人往来诸处私路及过渡舟船尽行闸断，止许于溍潭一处往来，仍于渡所相对建立一寨”。可见，该隘即为管理夷汉之界，其南则为夷人，由其管训彭水、黔江两处义军可知，其不仅属于其中某县，而应辖于上级军事机构，即夔州路帅司，该隘驻有禁军10、义军30、土军10，共50人。其寨，置于渡口对面，并将周围沿路尽皆阻断。

据同治《增修酉阳直隶州总志》之《古迹》，“废增潭司，今州西百八十里，分上下增潭，阿蓬水所经，元末土官冉如安居之”；该志《津渡》，“酉阳州有增潭义渡，在州

[1]《酉阳县地名录》写作“南溪佬”，位于南溪二面坡。

西百八十里”。“增”潭，即“潧”潭。可见，潧潭在宋洪杜砦（今龚滩）附近。新《彭水县志》先认为增潭砦在今两增、天馆之间，复认为即今增潭；实则两增、天馆当为增潭砦之辖境，今之增潭则为其中心点。又，新《酉阳县志》之《大事记》提到，宋嘉祐八年于今罾潭乡置增潭巡检司。该志《建置沿革》也提到，罾潭乡驻上罾潭村，今之两罾乡系1951年与罾潭分治、由原两罾乡划出。可见，今之两罾乡虽曾为罾潭隘一部分，该砦主体部分则为先已划出的罾潭乡，即今之上罾潭村。

查《川省图集·酉阳县》，龚滩东北沿阿蓬江有征潭村。又查《渝图·酉阳区》，龚滩镇附近有两罾乡，此即1951年由原两罾乡分划出之原罾潭隘之一部分，该乡以北有上罾潭村（现复属两罾乡），在阿蓬江北岸，从地形亦可看出，此地当为原罾潭渡口所在。

综上，潧潭隘在今重庆酉阳区西部两罾乡上罾潭村。

该砦地当要路，先曾于嘉祐八年（1063）置巡检司，成为要隘，后又于绍熙三年（1192）移管界巡检司于此，其权重强化，此后直到宋末。

7. 细竹寨

《宋会要·兵》，“绍熙三年十一月四日，臣僚言……自相阳寨以下难溪、细竹、油木、小洞、昆仑、潧潭等寨隘至合蓬江口……”

据上文，难溪等六寨相距甚近，则细竹当在难溪（今南溪老）附近、阿蓬江边，其沿江下溯不远即潧潭（今上罾潭）。

查《川省图集·酉阳县》，阿蓬江西岸有宋家寨，可见该地原本有寨。又查《渝图·酉阳区》，南溪老以西10里有浪坪乡唐家弯，即原宋家寨，位于阿蓬江南北拐弯处，当即为细竹寨址。

细竹寨置废时间不详，以其地当要路，当存于整个宋代，至少在绍熙三年（1192）前后仍然较重要。

8. 油木寨

《宋会要·兵》，“绍熙三年十一月四日，臣僚言……自相阳寨以下难溪、细竹、油木、小洞、昆仑、潧潭等寨隘至合蓬江口……”

据前文，油木寨当在难溪（南溪老）与潧潭隘（上罾潭）之中段，在细竹寨（唐家弯）以下。查《川省图集·酉阳县》，宋家寨以西山岭间有庙溪乡油木村，其东南即为今椅子桥（小洞砦），其方位合于前述，当为油木寨址。该砦之得名，或因该地盛产油桐，新《酉阳县志·绪言》提到酉阳自古为油桐基地。

油木寨置废时间不详，以其地当要路，当存于整个宋代，至少在绍熙三年（1192）前后仍然较重要。

9. 昆仑寨

《宋会要·兵》，“绍熙三年十一月四日，臣僚言……自相阳寨以下难溪、细竹、油木、小洞、昆仑、潧潭等寨隘至合蓬江口……”

据前考，昆仑寨在小洞（今椅子桥）至潧潭（上罾潭）间。查《渝图·酉阳区》，椅子桥以西十余里沿江，有庙溪乡石柱门村，位于阿蓬江西南拐弯处，有控扼之功，昆仑寨当在此。

该寨置废时间不详，以其地当要路，当存于整个宋代，至少在绍熙三年（1192）前后仍然较重要。

10. 老鹰寨

正德《四川志》之《重庆府·山川》载有，“彭水，老鹰寨山，治东，宋元间屯兵”。此志“宋元”后缺“丰”字。又，嘉靖《四川总志》卷九《重庆府·山川》，“老鹰寨山在彭水东，元丰间屯兵”。又，《纪要》卷六九《彭水县》，“老鹰寨山，在县治东，山形若鹰，宋元丰间屯兵于此以御蛮寇”。可见，此老鹰寨山因山形而名，其在宋代既曾作为屯兵御寇处，估计曾为老鹰寨，故名为“老鹰寨山”，而非“老鹰山”。其所御之寇，当然应为黔州境之“蛮夷”。此寨，在彭水县东。

据乾隆《清统志》卷三一七，“老鹰寨山在彭水县东二里”。又，嘉庆重修《四川通志》之《山川·重庆府·酉阳州·彭水县》，“老鹰寨山在彭水县东二里，宋元丰中屯兵于此御寇”。又，同治《增修酉阳直隶州总志》之《山川·彭水县》，“老鹰寨山，《通志》‘在县东二里’”。可见，老鹰寨山在彭水县东2里。

又，乾隆《四川通志》卷四下《重庆府》，“统境关在彭水县东五里”。又，嘉庆《重修四川通志》之《关隘·重庆府·彭水县》，“统镜关在县东五里”。又，同治《增修酉阳直隶州总志》之《关隘·彭水县》“统镜关”条，引《四川通志》与《彭水县志》认为在“县东五里”。可见此统镜关亦在彭水县东，其与老鹰寨山相距甚近，或此关即在此山上。

又，《彭水县地名录》记载，县驻地汉葭镇东门大队统镜关，古为老鹰寨山，宋元丰间屯兵于此，名统军关，万历间避讳改“军”为“镜”。可见，统镜关原名统军关，确实就在老鹰寨山上。亦可见，老鹰寨山其“寨”名之来，当因宋代曾置关于上，有“关”当然就有军寨，因其山本似鹰，故乡民遂称为“老鹰寨山”。新《彭水县志·大事记》则径直认为元丰间屯兵的老鹰寨山，即今统镜关。

综上，则老鹰寨（实为统军关）在今重庆市彭水县驻地汉葭镇东门村，距城5里。

该寨（关）当置于元丰年间（1078–1085），既为防夷，且为黔州（彭水）附近最近之关隘，当颇为重要，应一直存在于宋代。

（二）黔江县

黔江治所于贞观四年移治“今所”后即在今之黔江区治。该县有白石、门阑、佐水、永安、安乐、双洪、射营、右水、蛮塚、浴水、潜平、鹿角、万就、六堡、白水、十溪、小溪、石柱、高望、木孔、东流、李吕、仆射、相阳、小村、石门、茆田、木栅、虎眼，以及狼洞、竹滩、渠阳、合蓬、重王、与洛、长至等砦。诸砦皆置兵以控驭“蛮僚”。

1. 白石砦

《宋志》、《九域志》记有白石砦。

据《总要》前集卷十九，“白石砦在县东一程，并与洛、长至两砦为一砦把扼”。可见，白石砦应在黔江县东三四十里间，且或即原并之与洛、长至其中之一，就其址设置新的“白石”。又，《纪胜》卷一七六《黔州·景物下》，“白碛山，在黔江县西北一百一十三里”，从字义来看，白石、白碛相通，然方位里程全不对。里程不确还有可能，方位亦不确，却是为何？则，此白碛山是否即白石砦址？

据《清史稿·地理志》十六《四川》，酉阳州黔江县有白崖关。又，嘉庆重修《四川通志》之《关隘·重庆府·酉阳州·黔江县》，“白崖关，县西六十里，接中路沙溪司界”。“白崖”或即“白石”，意可通；中路沙溪司，即今湖北利川市忠路镇沙溪乡。又，同治《增修酉阳直隶州总志》之《规建志·市镇》，“黔江县县北百六十里白岩关场，交利川界”，该志《关隘》，“黔江县，白崖关，《通志》‘县西六十里’，《县志》‘县西百二十里通彭水、利川、石柱’；彭水县，白岩关，《县志》‘县东北二十五里与忠路沙溪二司接’，按此即黔江白崖关”；卷十《武备志·塘铺》，“黔江县白崖关在县西百二十里”。可见，黔江西部之白崖关，即彭水东北之白岩关，“崖”、“岩”二字相通，且既在彭水、利川、黔江交界处，实即在黔江西北，亦即白岩关场。此地即《纪胜》所谓“白碛山”。白崖关距黔江县之里程，因当时测量技术限制，并不精确。

又，光绪《黔江县志》之《古迹·黔江二十九砦考》，“宋之黔江置二十九砦，今考半在施南府界内……白石关，酸枣乡山峡中，与彭水、利川界交错……或者白石关即白石、关门之统称”。据此，则白石关在当时酸枣乡山峡间，彭水与利川交界，可见，白石关即前述白崖关。该志《里党》载有，“酸枣乡，县西北百四十里，连彭、利界”，则白石关在黔江西北百余里间，又连彭、利，此位置恰与前述白崖关接近，亦可见位于酸枣乡的白石关与白崖关为一处。又，该志《街市》也有，“白岩关场，县北百六十里，今考白岩关在县西北百四十里，接利川界”。此白岩关场，其方位、里程都与前述白石关、白崖关吻合，当为一地异名。盖因“石”、“岩”、“崖”三字意近而通，且岩（巖）、崖二字音近形似。且，此白石（崖、岩）关置于酸枣乡山峡间，符合宋代据险远处设砦扼守的惯例，亦可证此关应为宋代黔州与施州（施南府）交界处。又，新修《黔江县志》[1]之《地理编·建置》亦提到，白石乡驻白石关。此白石关，当即前述之白石关。

又，《彭水县地名录》记有，彭水东北连湖公社东靠黔江县白石，此处之“白石”当即同治《增修酉阳直隶州总志》所谓彭水县东北的白岩关、黔江西北之白崖关。又，《全国乡镇地名录》也记有，黔江县有白石乡。查《渝图·黔江区》，黔江县西北有白石乡，

[1] 四川省黔江县方志编纂委员会蒲祖政等：《黔江县志》，中国社会出版社，1994年。

西接彭水，北接利川，距黔江六十余里。

那么，上述《纪胜》以后诸书所谓“白石（岩、崖）”是否即宋代白石砦呢？

从方位里程来二看，似乎二者不合。不过，《总要》所记里程方位多有误，仅作参考。且，西南山路，里程不确，“一程”之数只能作为参考，今之白石乡距黔江城六十来里，也可以算在一程之内。且该地既在山峡之间，历代作为关隘扼守要路，宋设白石砦于此是有可能的。

大致说来，仍然可以将白石砦址定在今重庆市黔江区白石乡境之山峡间。

白石砦在施州、黔州之间，当有镇扼两地夷人之效，其置在合并与洛、长至两砦之后，估计在仁宗庆历年间（1041）左右，其后历为关隘不废。

2. 与洛砦

《总要》前集卷十九“白石砦……并与洛、长至两砦为一砦把扼”。可见，与洛砦应在白石砦附近，甚或就是白石砦原址，即在今黔江白石乡境内。

此砦当置于宋初，废于其与长至砦合并时，约在宋仁宗庆历年间（1041-1048）左右。

3. 长至砦

《总要》前集卷十九“白石砦……并与洛、长至两砦为一砦把扼”。可见，长至砦应在白石砦附近，甚或就是白石砦原址，即在今黔江白石乡境内。

此砦当置于宋初，废于其与与洛砦合并时，约在宋仁宗庆历年间（1041-1048）左右。

4. 门阑砦

《宋志》记有“门阑砦”，《九域志》卷八记为“马栏（欄）”寨，马、门二字谐音，阑、欄二字形同意通。

《总要》前集卷十九，“马拦（欄）砦在县东一程半”。拦（欄）当为栏（欄）之误。据此，则砦在黔江以东45至60里之间。

光绪《黔江县志》之《古迹·黔江二十九砦考》，“咸丰县北至龙嘴河与利川石门交界，疑即关门故砦……或者白石关即白石、关门之统称”。按此志，关（関）门（門）砦即《宋志》之门阑砦，应为字形相近之误。据此，则门阑或在湖北咸丰北界利川处，一在黔江白石关。咸丰、利川交界处，与《总要》记载相差太大，不知何据。若说白石关为白石、关门合称，虽为臆测，却是可能，因此地距黔江西一程余，比较符合《总要》记载。

又，《彭水县地名录》记有，彭水郁山区联合公社有马栏大队马栏坪，此地或即门阑（马栏）砦址。其在黔江西七十来里，若《总要》误“西”为“东”，则此马栏坪里程甚为符合。查《川省图集·彭水县》，联合乡有马楠村，“楠”当为“栏”字误，此即马栏坪，比较而言，更可能为马栏砦址。此地今属石柳乡弯地村。又，新《彭水县志·地理·建置》亦认为，该砦在今石柳乡马栏坪。

总之，门阑砦当在今重庆市彭水县石柳乡马栏坪。

该砦置废时间不详，仅能确定《总要》时代（仁宗庆历间）与《九域志》时代（神宗元丰间）该砦尚存。或存于整个宋代。

5. 佐水砦

《宋志》、《九域志》有佐水砦。

《总要》前集卷十九，“佐水砦在县东二程，并合蓬、重王两砦为一砦把扼”。可见，该砦当在黔江以东60至80里，且既然合并二砦为一，则应在原两砦之一新置，不大可能异地另置。从砦名看，此砦当在某条水流左面，且此水应为该地一较大河流，为交通要道。又，合蓬砦在阿蓬江边（见下文），则佐水砦显然应在阿蓬江左岸。查《渝图·黔江区》，黔江以东为阿蓬江，该水为黔江境内要道，佐水砦即可能置于其左之黔江河畔，即今黔江区舟白镇舟白村阿蓬江西岸。

该砦应置于《总要》时代（仁宗庆历间），为合并合蓬、重王两砦之后，或废于宋末。

6. 合蓬砦

《总要》前集卷十九，“佐水砦……并合蓬、重王两砦为一砦把扼”。其名“合蓬”，意即汇合阿蓬水，则该砦无疑在今阿蓬水边。

新《黔江县志》之《文化编·文物》记有，今蓬东乡阿蓬江与深溪河交汇处有一两面环水、四面高壁的水寨遗址。从方位记载来看，此地当为原合蓬砦址。据笔者考察，该水寨位于官塘峡中，极为陡峻，一小路可上，且当地人言旧为土家人居住。按，宋代西南砦堡多招本地土丁，“土人”即今土家人，亦可见此地古来即是“土人”聚落，其居住于此当为曾设砦堡之因。

此砦当置于宋初，废于其与重王砦合并时，约在宋仁宗庆历年间（1041–1048）左右。

7. 重王砦

《总要》前集卷十九，“佐水砦……并合蓬、重王两砦为一砦把扼”。此砦当在佐水砦附近，或即与其重合，亦可能在阿蓬江岸边，在今黔江区舟白镇境内。

此砦当置于宋初，废于其与合蓬砦合并时，约在宋仁宗庆历年间（1041–1048）左右。

8. 永安砦

《宋志》、《九域志》有永安砦。

《总要》前集卷十九，“永安砦在县东二程，明道中重修”。可见，该砦约在黔江县东90至120里之间。又，《宋会要·方域·诸寨》，“永安寨，（在）黔州黔江县，明道元年修复”。又，《续通鉴长编》卷一一一，“仁宗明道元年七月，置黔州永安寨”。

光绪《黔江县志》之《古迹·黔江二十九砦考》，“……永丰、乐乡，咸丰县有焉，义与永安、安乐相近”。该志认为，咸丰县之永丰即为永安砦。又，同治《咸丰县志》[1]卷一《疆域志》记有永丰里。

据此，则此砦在今湖北咸丰县南之甲马池镇境内。查《彭水县地名录》清平公社有永安大队，约在彭水县东北90里左右。新《彭水县志》之《地理编·建置》也提到清平乡有永安村。该地今属走马乡。若《总要》本以彭水为基点，误记为县东三程，也是有可能的。

如此看来，永安砦更可能在今彭水走马乡永安村。

永安砦置于宋仁宗明道元年（1032）七月，废时不详。

9. 安乐砦

《宋志》、《九域志》记有安乐砦。

《总要》前集卷十九，“安乐砦在县东三程”。则此砦当在黔江以东90至120里之间，其或与永安砦接近。又，《纪胜》卷一七六《黔州·景物下》，“安乐江，在黔江县北八十里”。按，以西南山地，80里较三程之距差别不大，可知此安乐砦当因水为名，即在安乐江附近。且《纪胜》所谓黔江县，其治即今黔江治地。

光绪《黔江县志》之《古迹·黔江二十九砦考》，“查《彭水志》，安乐故砦在县东北甘棠乡安乐坝……永丰、乐乡，咸丰县有焉，义与永安、安乐相近”。该志认为，安乐砦或在彭水东北甘棠乡安乐坝，又或在咸丰县乐乡。若以咸丰县乐乡看来，即咸丰县甲马池镇境内，显然与《纪胜》所记安乐江方位不符。

又，《彭水县地名录》记有，彭水县东北郁山区连湖公社有安乐大队安乐坝，宋设安乐砦于此。此安乐坝，约在今黔江之西北八九十里、彭水东北九十余里，若《总要》误“西”为东，且以黔江治所为据，则此地即在“县西二程”，又或实为彭水“县东二程”，都是有可能的。查《川省图集·彭水县》，连湖乡东北侧有安乐村，其南有后灶河。又查《渝图·彭水县》，连湖公社今为连湖镇，其境内有后江河，即“后灶河”，当即宋之安乐江，汇入郁江，可见此安乐村即原安乐砦址。又，新《彭水县志》之《地理·县域变迁》亦认为，洪武十三年黔彭分置时，由黔江划入彭水的宋之安乐砦，即今连湖乡安乐坝。

总之，该砦应在今彭水县连湖镇安乐坝，其旁有后江河（安乐江）。

安乐砦设置时间不详，或同于永安砦。

10. 双洪砦

《宋志》、《九域志》记有双洪砦。

《总要》前集卷十九，“双洪砦在县东四程”。即约在县东120至160里之间。

据光绪《黔江县志》之《古迹·黔江二十九砦考》，“查《彭水志》，其疑在彭境者

[1] [清]张梓：《咸丰县志》，《中国地方志集成·湖北府县志辑》，江苏古籍出版社，2001年。

如双洪即昔之洪杜砦”。该志认为双洪砦即洪杜砦，此说过于牵强。

又，《黔江县地名录》[1]记有，县南灌水区西蒲花公社双河大队双河场。河、洪二字意相近。此“双河”后更名为两河镇。查《渝图·黔江区》，两河镇距州治彭水县200里，若《总要》误以该县为基点，虽不完全符合“县东四程”之说，但以西南山路而言，误差并不大，且其位于阿蓬江东边细沙河注流处，与其南之滀潭等砦构成一完整防御序列，为防控思州夷而设。

又，新《黔江县志》之《文化编·文物》记载，今之两河镇细沙河南岸，隧洞外钢架桥至峡口铁索桥头之间有固北关遗址。该地历代为险要隘口，从地理条件上看，更符合宋代设砦险远处之原则，当为原双洪砦址。因此，可以认定，双洪砦在今黔江区南两河镇境之固北关遗址。

双洪砦置废时间无考，或同于黔江其他砦堡。估计其既为防控思州夷，当存在于宋代，至少在南宋中期以前。

11. 射营砦

《宋志》、《九域志》记有射营砦。

《总要》前集卷十九，“社营砦在县东四程”。“社”、“射”同音，估计正字应为“射”。即射营砦约在县东120里至160里之间。

据光绪《黔江县志》之《古迹·黔江二十九砦考》，“查《彭水志》，射营即今李家营，此其字义可寻而素为雄镇者”。该志认为，从聚落的名字、位于紧要处等因素看，射营砦即李家营。此李家营，据该志前附之《黔江县图》，位于当时白石关东侧，约即今黔江区白石乡陈家店子，距彭水东北150余里，符合“县东四程”之说。

射营砦置废时间无考，或同于黔江其他砦堡。宋代军中最重射技，该营之设当为射猎教习之用，则或置于宋初，或置于元丰时代军制改革之时，直到宋亡。

12. 右水砦

《宋志》有右水砦。《九域志》卷八记为古水砦。《总要》前集卷十九，“吉水砦在县东五程”。古、吉、右三字，形近而讹误，既然黔江有“佐水砦”，则此当为“右水砦”以为对应。右水砦方位，当在县东150里至200里之间。

《黔江县地名录》记有，县南有灌水区。此灌水区，查《渝图·黔江区》，即今濯水镇，在彭水东南180余里，且在阿蓬江右岸。若右水曾讹为古水，“古”讹为“灌”，这是有可能的。

笔者暂时将右水砦定在今黔江濯水镇。其位于阿蓬江要道处，设砦于此当是可能的。

右水砦置废时间无考，或同于黔江其他砦堡。估计其既为防控思州夷，当存在于宋代，至少在南宋中期以前。

[1] 黔江县地名领导小组编：《黔江县地名录》，1983年。

13. 蛮塚砦

《宋志》有蛮塚砦。《九域志》卷八记为蛮家。《总要》前集卷十九，“蛮家砦在县东五程”。估计“家”为正字。砦在黔江县东150里至200里之间。

据光绪《黔江县志》之《古迹·黔江二十九砦考》，“蛮王塚，利川有焉，迹与蛮塚相似，此地……天设之险，往往在交界处，所近犹设塘汛，自古扼要屯兵之区”。该志认为蛮家砦在利川某险要处，附近有塘汛，且在交界处。又，同治《施南府志》[1]，前有一幅《施南府疆域全图》，由该图上所标“蛮王塚”较以今之《渝图·黔江》、《鄂图·咸丰县》，该地当在今湖北咸丰县西南朝阳寺镇，与黔江接界，在阿蓬江南岸。此地在彭水东200里左右，较符合“县东五程”之说。且，从交通地理位置看，此处也具有设砦扼守的价值。

因此，可以认为，蛮家砦即今湖北咸丰西南与重庆黔江交界的朝阳寺镇境内，其位于连通鄂、渝两地的省道之上。

蛮家砦置废时间无考，或同于黔江其他砦堡。估计其既为防控思州夷，当存在于宋代，至少在南宋中期以前。

14. 浴水砦

《宋志》、《九域志》记有浴水砦。《总要》前集卷十九，“洛水砦在县东六程”。洛水，当为浴水之误，其在黔江东180里至240里之间。

据光绪《黔江县志》之《古迹·黔江二十九砦考》，“漫水岩，来凤有焉，迹与浴水相似，此数地大都天设之险，往往在交界处，所近犹设塘汛，自古扼要屯兵之区”。该志认为，湖北来凤县漫水岩，其地天险，又设塘汛，为扼要处，即宋之浴水砦，“漫”、“浴”二字意通。又，同治《来凤县志》[2]记有，“南之达德乡智乐里，漫水；废漫水宣抚司在县南智乐里漫水，五代已设漫水土司”；该志之《武备志·塘汛》，“漫水司塘，南距县八十五里”；又，《武备志·铺递》，“漫水铺，城铺南行经红岩堡铺、上寨铺至此七十五里”。可见，漫水历代为土司，且历为塘铺之地，当为一要路，其距来凤七八十里。又，《清史稿·地理志》十四《湖北·施南府》，“宣恩县南之将军山出白水河一名车溪又曰西溪、下流谓之漫水；来凤县，明散毛司，有东流、漫水等司地”。可见，漫水司当因漫水河而名，且漫水得名当因西溪在该地支流散漫芜杂。

再查《鄂图·来凤县》，县南60余里有漫水乡，当为清代漫水铺地，该乡有漫水塘位于县境西南交重庆酉阳兴隆镇界，当为清代漫水塘。漫水乡当为原土司驻地，其距彭水县东250里左右，比较符合“县东六程”之说。

另，同治《增修酉阳直隶州总志》之《古迹·彭水县》，“浴水故砦，浴水即郁水，原无定字”；该志之《关隘·彭水县》，“郁山镇，旧有郁山盐课司在县东三十里，

---

[1] [清]松林:《施南府志》，《中国方志丛书·华中地方》，台湾成文出版社，1976年。
[2] [清]李勖:《来凤县志》，《中国地方志集成·湖北府县志辑》，江苏古籍出版社，2001年。

今裁改巡检司，治理在镇”；该志卷十《武备志·塘铺》，“彭水县郁山镇铺在县东北一百二十五里”。据该志，则浴水砦，即郁水砦，当在郁水附近。而郁水附近重镇有郁山镇，其以巡护盐井而设，且下临郁水，若此郁山镇即郁水砦，比较符合宋代设砦之由，即护盐利。然，从方位里程来看，郁山镇在彭水以东70余里、黔江以西80余里，完全不符合《总要》之说。且郁（玉）山镇距黔州如此之近，又为要镇，若浴水砦确置于此，其里程误差不可能如此之大。

总之，从方位、里程来看，今湖北来凤漫水乡更符合浴水故砦之地，且其设在“蛮夷”境内，镇抚功能明显，又因水而设，颇有扼要之功。至于今彭水郁山镇，虽读音接近浴水砦名，功能上符合设砦条件，然方位里程差距太大，故笔者不取。

该砦既设在五代之漫水土司境内，其后又为塘铺，置废时间当跨越整个宋代。

15. 潜平砦

《宋志》、《九域志》记有潜平砦。《总要》前集卷十九，“潜鱼砦，在县东七程”。潜鱼即潜平之误。据此，则该砦在黔江以东210里至280里之间。或许此砦在浴水砦附近，即今湖北来凤县与湖南龙山县之间，亦即龙山县华塘乡，其功能皆为镇抚五溪蛮夷。

该砦之置废时间无考，或同于浴水砦。

16. 鹿角砦

《宋志》、《九域志》记有鹿角砦。《总要》前集卷十九，“鹿角砦，在县东七程”，若以此里程方位较来，该砦应在潜平砦附近，即在湖北来凤、湖南龙山之间。

据正德《四川志》之《重庆府·山川·彭水》，“鹿角滩在治北”。又，《纪要》卷六九《彭水县》，“县北有鹿角滩，涪陵江经此，水势最险”。显然，《纪要》乃沿袭正德《四川志》，其误亦明显。因涪陵江即今乌江，其在彭水县南，鹿角滩既在该江上，当然不应在县北，而应在县南。此鹿角滩，即鹿角砦址吗？

据同治《增修酉阳直隶州总志》之《古迹·彭水县》，“鹿角废砦，今彭水县南九十里，地名鹿角沱，有古石门具在其地”。又，光绪《黔江县志》之《古迹·黔江二十九砦考》，“查《彭水志》，鹿角故砦在县南九十里鹿角沱”。“沱”即“滩”，鹿角沱即鹿角滩。此数志皆认为彭水县南之鹿角沱（坨）即鹿角砦址。此地地当险滩，控扼乌江，具有设砦的地形条件，其距今黔江县道路里程两百来里，亦大致符合“七程”之说，只是因山水之路弯转，古人将方向误记，以西为东。

又，新《彭水县志》之《地理编·县域变迁》记载，宋之鹿角砦地于洪武十三年划入彭水县，地在今鹿角沱，且指出今鹿角乡即宋鹿角寨、清鹿角镇。

又，《四川省彭水县地名录》也认为，彭水县南鹿角区鹿角公社鹿角大队，其驻地在乌江东岸鹿角沱，即清康熙鹿角镇，宋代在乌江龙门峡设鹿角砦，后因交通不便，集市迁至乌江一沱滨，现为集市。可见，鹿角砦本设在更为险要的龙门峡，鹿角滩当在此峡，后因该地水运交通不便，随着集市逐渐繁盛，而迁至今地，并导致“鹿角沱”之名亦随之迁徙。

因此，鹿角砦当在今重庆彭水南之鹿角镇鹿角沱东2里之龙门峡，其在乌江东岸，为一长约两公里之黄草峡谷，从其险要地势来看，符合置砦条件。至于今之鹿角沱，则为砦随集市转移后之地。无论是龙门峡，还是鹿角镇，都位于今彭（水）西（阳）公路上。

该砦置之时间无考，或同于潜平砦，约在南宋时废为集市，其地亦移至较为平坦的今鹿角沱。

17. 万就砦

《宋志》、《九域志》记有万就砦。《总要》前集卷十九，“万就砦，在县东南一程”。则此砦在县东南三四十里之间。

据同治《增修酉阳直隶州总志》之《古迹·彭水县》，“万就故砦，初讹作万蹵，乾隆间县令去半存足字，故名‘万足’，去彭水县陆路仅三十里，昔以隶黔江”；该志之《规建志·市镇》记录，彭水县西万足乡有万足场。可见，万就砦即“万足”，其字传抄误为“万蹵”，清代又省略为“万足”；其距彭水30里，则可见，《总要》所谓距“县一程”，实为距彭水县一程之误记。又，光绪《黔江县志》之《古迹·黔江二十九砦考》据《彭水志》指出，“万就故砦在今万足乡，原名万蹵，国朝改为万足”。该志亦认为万就即万足。

又，新《彭水县志》之《地理编·县域变迁》也认为，宋之万蹴（“蹵”为异体字）砦在今万足场西北2公里之寨坪，于宋亡后废。该志指出，万“蹴”于乾隆中改为“万足”。查《川省图集·彭水县》可见，万足场位于乌江西岸、长溪河南岸。因此，宋代万就砦当在今万足乡万足场西北之寨坪，乌江西岸、长溪河南岸（今万足乡驻地在乌江东岸）。据笔者考察，位于乌江西岸台地上的万足场大部分已因彭水电站淹没，其北四五里的长溪河口南缘仍为一聚落。又其位于省级公路酉阳至彭水段附近，在宋代则起着控扼鹿角与彭水之水陆要道之效。

万就砦置废时间无考，或同于潜平等砦，存于整个宋代。

18. 六堡砦

《宋志》记有六堡砦。《九域志》卷八记为六保，当为传抄之误。《总要》前集卷十九，“六堡砦在县东北一程”。则，该砦在县东北三四十里之间。

光绪《黔江县志》之《古迹·黔江二十九砦考》据《彭水志》认为，“六保即今保家楼”。该志认为，六堡砦就是彭水保家楼。查《渝图·彭水县》，彭水县东北40来里有保家镇，即原保家楼，既位于郁江东岸上，又位于319国道线上，显然一直处于交通要道，此地当有设置砦堡的地理优势，即为连通宋代彭水、黔江大道。故，今保家镇即宋六堡砦，《总要》所记应为“彭水县东北一程”。

该砦置废时间无考，或同于万就砦，存在于整个宋代。

19. 白水砦

《宋志》、《九域志》记有白水砦。《总要》前集卷十九，“白水砦在县西四程”。据此，砦在县西120里至160里之间，由砦名看，当为因水而名。

关于白水砦，光绪《黔江县志》提出三种看法，即散毛司以南的白水河，咸丰县西南与黔江县交界之白家河，以及黔江“洛里白土乡，县西南百里，连酉、彭界”。

按《明史·地理志》五《湖广·施州卫》，“散毛宣抚司，南有白水河又名酉溪”，散毛司即今来凤县。又《清史稿·地理志》十四《湖北·施南府》，“宣恩县南之将军山出白水河，一名车溪又曰酉溪，下流谓之漫水”。又同治《宣恩县志》[1]，“白水河，治东南百六十里”。此白水河在黔江以东、漫水砦附近，地跨宣恩、来凤两地，其方位里程与《总要》所记差别甚大。

按同治《咸丰县志》卷一《疆域志》，“西南至水井塘老鹰关，与黔江县白家河交界，距县治百四十里”。此白家河在咸丰西南、黔江东北，当不是《总要》所谓白水砦。

那么黔江西南的白土乡呢？光绪《黔江县志》认为，此地为白水、土溪二砦之合称。其既在清代以前酉、彭边界处，当然具有设砦的地理优势。然其距黔江仅五六十里，里程差距较大。

另，《彭水县地名录》记载，彭水县郁山区连湖公社有白水大队，境内大沟水花飞溅甚白，故名。此白水大队，在今黔江县西120里左右，从方位里程上更符合《总要》记载。查《川省图集·彭水县》，连湖乡有白水村。

因此，白水砦定在今重庆市彭水县东北连湖镇白水村，更为可能。

该砦置废时间无考，或同于万就砦，存在于整个宋代。

20. 土溪砦

《宋志》、《九域志》记有土溪砦。《总要》前集卷十九，“土溪砦在县东北一程”，则此砦当在县东北三四十里之间。

光绪《黔江县志》之《古迹·黔江二十九砦考》据《彭水志》认为，“土溪故砦在县东七十里大河乡；或者……白土乡即白水、土溪之省文”；该志之《里党》，“洛里白土乡，县西南百里，连酉、彭界”。该志认为，土溪砦或在彭水东之大河乡，或在黔江白土乡。

按《彭水县地名录》记录，彭水县中部保家区大河坝公社陈园大队有土溪沟。此土溪沟，在彭水县东北70余里，此大河坝公社即光绪《黔江县志》所谓大河乡。从方位上看，此地在郁江东岸，更符合《总要》所记，然其所据之县应为“彭水县”。且新《彭水县志·地理编·县域变迁》也认为土溪砦在今大河坝乡土溪沟。又，大河坝乡，今属保家镇。因此，土溪砦当在今彭水东北保家镇土溪沟。

---

[1] [清]张金澜:《宣恩县志》，《中国地方志集成·湖北府县志辑》，江苏古籍出版社，2001年。

至于黔江西南之白土乡，无论方位里程都不符合。

该砦置废时间无考，或同于万就砦，存在于整个宋代。

21. 小溪砦

《宋志》、《九域志》有小溪砦。《总要》前集卷十九，“小溪砦在县东南五程”，则该砦在县东南150里至200里之间，且因水而名。

据乾隆《四川通志》卷二三《重庆府·黔江县》，“东小溪，源出湖广唐鸡司，流入县界四十里。西小溪，在县西，源出金鸡箐山……入彭水县界……又五十里经郁山镇……”可见，小溪有东西两条，估计小溪砦应在东小溪附近。按《蜀水考》卷三，“西小溪一名郁水”；该书卷四，“涪陵江又北流，黔江县东五里东小溪注之”，显然有误，应为彭水县东西小溪注之。又，光绪《黔江县志》认为，阿蓬水“今曰东小溪”，即乾隆《四川通志》所谓东小溪。因此，小溪砦，应在黔江境内阿蓬水某处。

查《川省图集·黔江县》彭水县以东200里处冯家区南有小溪沟，在阿蓬江西岸，又名寨子，可见其本为古寨。又查《渝图·黔江区》该小溪沟又位于319国道，可见其本为交通要道，且符合《总要》所记。由此，则小溪砦址在今黔江南之冯家坝镇小溪沟。

另，新《彭水县志·地理编·县域变迁》认为小溪砦在今彭水县龙溪乡境内。其无论是距彭水还是黔江，都远远不符合“四程”之距，故笔者不取。

该砦置废时间无考，或同于万就砦，存在于整个宋代。

22. 石柱砦

《宋志》、《九域志》均有石柱砦。《总要》前集卷十九，“石柱砦在县东南一程”。则，此砦在县东南三四十里间。

那么，此砦是否即宋代以后所设之石柱土司、今之石柱县地呢？据道光《补辑石柱厅新志》一五四，“建炎时又置石柱安抚司于（南宾）县地，南宾县东南六十里有高峰状类柱乃置石柱安抚司、马氏世袭……宋元之治在水车坝”；该志之《山川》，“东南六十里万寿山，山右石峰即石柱”；该志之《市场》，“东北四十里悦来场，其南数里为宋元土司旧治”。可见，石柱土司置于建炎间（1127–1130年），位于忠州南宾县境内，其旧治在悦来场。又据《纪要》卷七三，“石柱宣抚司……宋景定中置石柱安抚司”。实则景定中（1260–1263年）为复置。又，《四川州县建置沿革图说》第119页认为，石柱土司1375年徙今县治，1762年石柱厅改流，1959年砫改柱。总之，石柱土司设于南宋初年，其在当时忠州南宾县境内（今石柱县悦来镇），其与《总要》时代（北宋仁宗庆历年间）已有石柱砦不符，且方位里程更是大异。可见，即使北宋已有石柱砦，南宋因砦地而设土司，其方位也完全不对。因此，石柱砦不可能在南宋所设石柱土司境内。至于光绪《黔江县志》之《古迹·黔江二十九砦考》认为，利川县西之挂子山与四川石柱厅梳杆坝交界处即石柱故砦，显然也是误认石柱土司与石柱砦有关。实则此二地虽同名，却毫无关系。

又，同治《增修酉阳直隶州总志》之《山川》，“石柱山，州西北十五里小坝河东”。此酉阳西北十来里处之石柱山，虽远离黔江，仍在黔江羁縻境内，石柱砦有可能在此，但里程差距太大。

当然，若据《总要》方位里程推测，则石柱砦当在今黔江东南之邻鄂镇附近。查《渝图·黔江区》，今黔江东南邻鄂镇下有一地名“石人”，若从名字看来，再较以方位里程，此石人距县40余里，其东为湖北咸丰县，当为石柱故砦址。

另，新《彭水县志·地理编·县域变迁》认为，石柱砦在今彭水东北连湖乡石柱山。查《川省图集·彭水县》，连湖乡有石柱，今合于连湖镇塘八弯村。此地西距彭水100来里，东距黔江近百里，实在不甚符合“一程”之记，暂不取。

该砦置废时间无考，或同于万就砦，存在于整个宋代。

23. 高望砦

《宋志》、《九域志》记有高望砦。《总要》前集卷十九，“高望砦在县东南一程”，则该砦在县东南三四十里之间。

光绪《黔江县志》认为，高望砦或在“高山堡，正谊乡东北”，或在“利川县南至天望坡与咸丰东乡交界，疑即高望故砦”。显然，利川南之天望坡，其方位里程不合于《总要》。而高山堡，即该志卷首《疆域图》所标蓬江西岸“高山圃”，即《川省图集·黔江县》冯家区北高山堡，此地在黔江南30里处，紧邻一小河，从地形及里程上看，当为《总要》所记之高望砦，应有控扼黔江城附近高点之功。

该砦置废时间无考，或同于万就砦，存在于整个宋代。

24. 木孔砦

《宋志》、《九域志》记有木孔砦。《总要》前集卷十九，“木孔砦在县东一程”，则该砦在县东三四十里之间。

光绪《黔江县志》之《古迹·黔江二十九砦考》，“宣恩县西南至杉木孔与利川粗石溪交界，疑即木孔故砦”。查同治《施南府志》卷首《宣恩舆图》，杉木孔在宣恩东北。又同治《宣恩县志》，“施南里杉木岭，治西南七十里，杉木树场在东乡里，治东北九十里”。则，湖北宣恩县有两处杉木孔，一在东北，一在西南即今杉木岭，也就是光绪《黔江县志》所指杉木孔，此二处虽皆在黔江以东，相距却甚远。

又，据光绪《黔江县志》卷首疆域图，黔江城东附近有一山岭亦名“杉木孔”。查《川省图集·黔江县》，黔江城东有杉木村，今属舟白镇，即前志“杉木孔”。从方位里程来看，此地更可能是木孔故砦址。

该砦置废时间无考，或同于万就砦，存在于整个宋代。

25. 东流砦

《宋志》、《九域志》有东流砦。《总要》前集卷十九，“东流砦在县东北两程”，则此砦当在县东北60里至80里之间。

据《明史·地理志》五《湖广·施州卫》，散毛宣抚司下之大旺境内有东流蛮夷长官司。《清史稿·地理志》十四《湖北·施南府》也载，来凤县即明散毛司，下有东流等司地。此东流即明代所谓东流蛮夷长官司。又，同治《来凤县志》也记载，县西聚伦乡孝原里有东流司东流坝，该志《武备志·塘汛》载，"东流司塘，西距县四十五里"。又，光绪《黔江县志》认为，来凤县之东流即宋代黔江东流砦。然，此来凤之东流，在黔江以东两百里外，相距甚远。

新《彭水县志·地理编·县域变迁》则认为，洪武十三年划属彭水的东流即宋代东流砦，今东流乡。又，《彭水县地名录》记有，彭水保家区有东流公社驻地东流坝，现为一集市。《川省图集·彭水县》将此地标为"东立坝"，当为读音之误。又查《渝图·彭水县》，今彭水保家镇东流坝在彭水以东北近60里处，完全符合《总要》所记，故此地当为宋东流砦址。

该砦置废时间无考，或同于万就砦，存在于整个宋代。

26. 李昌砦

《宋志》、《九域志》有李昌砦。《总要》前集卷十九，"李昌砦在县东北一程"，则此砦在县东北三四十里之间。

据光绪《黔江县志》之《古迹·黔江二十九砦考》，"李昌地名见于宣恩李家河"。该志认为李昌砦在宣恩李家河。又同治《宣恩县志》，"李家河，治南百六十里"。查《鄂图·宣恩县》，李家河即今李家河乡，此地距黔江过于遥远，不大可能是李昌砦。

查《渝图·彭水县》，该县东北芦塘乡有李家沟，距彭水60余里，其里程更符合记载，当即此砦。

该砦置废时间无考，或同于万就砦，存在于整个宋代。

27. 仆射砦

《宋志》、《九域志》有仆射砦。《总要》前集卷十九，"仆射砦在县东南二程"，则该砦在县东南60里至80里之间。

从里程来看，此砦或在今彭水县东北60余里之龙射镇。据新《彭水县志·地理编》，至迟在清代康熙初年以前，即有龙射村之名。

该砦置废时间无考，或同于万就砦，存在于整个宋代。

28. 相阳砦

《宋志》、《九域志》有相阳砦。

《总要》前集卷十九，"相阳砦在县东三程，大中祥符中重立，有砦主以管军，兼土丁守把"，可见，此砦当在县东90里至120里之间。又，《宋会要·方域·诸寨》，"相阳寨，在夔州路黔江县，大中祥符三年置"。又，《宋会要·兵》，"绍熙三年十一月四日，臣僚言……自相阳寨以下难溪、细竹、油木、小洞、昆仑、澧潭等寨隘至合蓬江口"。可见，相阳砦为宋代黔江一大要砦，当在难溪至黔江县之间。又据前考难溪等砦可知，此一系列砦，估计应均匀排列在阿蓬江边。且难溪砦前已知在酉阳北界之南溪老，其上溯不远之安家湾，从里程较来，当为宋相阳砦址。

因此，相阳砦应在今黔江南之两河镇安家湾与酉阳交界处，靠阿蓬江北岸，把扼以南之思州夷。

该砦既重立于大中祥符三年（1010），此前应曾毁弃，或置于宋初。其存当至少可延至绍熙三年（1192）之后。

29. 小村砦

《宋志》、《九域志》有小村砦。《总要》前集卷十九，“山村砦在县东二程”。“山村”当为“小村”字误。其砦在县东60里至80里之间。

据同治《咸丰县志》卷一《疆域志》，“礼忠里有小村”。又，光绪《黔江县志》之《古迹·黔江二十九砦考》，“小村地名，见于咸丰县礼忠里”。查《鄂图·咸丰县》，今咸丰县北有小村乡，此地即光绪《黔江县志》认定之小村砦址。此地在黔江东北100余里，虽里程略有误差，应可确定此地即宋代小村砦址。

该砦置废时间无考，或同于万就砦，存在于整个宋代，防范施州、五溪“蛮夷”。

30. 石门砦

《宋志》、《九域志》有石门砦。《总要》前集卷十九，“石门砦在县东南一程”，据此，则石门砦在县东南三四十里处。

光绪《黔江县志》认为，“石门故砦在（彭水）县东北桥梓乡石门坝”。又，《彭水县地名录》记录，县东北邻黔江县之郁山区走马公社，宋置盐井镇，该公社万家大队石门坝，宋曾置砦，一石似门。新《彭水县志·地理编》也记载，石门砦在今走马乡万家村石门坝，而走马乡万灵山上即有鸡冠城址，亦即宋盐井镇址。查《川省图集·彭水县》，桥梓乡东邻即走马乡，此走马乡后从桥梓乡分出，走马乡西南有万家村，村东有万灵山。此地在彭水东北六十余里，当即原石门砦址，显然是为保护附近盐井而设。

总之，石门砦应在今重庆彭水东北走马乡万家村石门坝。

该砦之置，当在宋代盐井镇兴起前后，其后随着附近盐场衰落而沦为一小村庄。

31. 茆田砦

《宋志》有茆田砦，《九域志》记为“茆田”寨。《总要》前集卷十九，“茆田砦在县东四程”。“茆”当为“茆”字误，其在县东120里至160里之间。

据同治《增修酉阳直隶州总志》之《古迹·彭水县》，“峁田废砦在县东五十里，今名茅田乡”。此处之“峁田”当为“茆田”字误。又，光绪《黔江县志》认为，“茅田故砦在（彭水）县东五十里茅田乡”。该志直接将“茆田砦”写作“茅田砦”。又，新《彭水县志·地理编》记载，茅田砦在今桑拓区境内；茅田，民国元年改为福田，1940年更名新田，该乡驻地新田村头党坝。可见，茆田砦应在彭水县东桑拓镇新田乡头党坝，其在黔江西南百余里处，《总要》误记了东西方向。

此砦之置废不详，其在石门砦附近，或置废亦同于石门砦。

32. 木栅砦

《宋志》、《九域志》有木栅砦。《总要》前集卷十九，“木栅砦在县东一程”。可见，该砦当在县东三四十里之间。

据正德《四川志》之《重庆府·山川·黔江》，“栅山在治西三十五里”；该志之《重庆府·邮驿》，“黔江总铺，栅山铺在治”。可见，栅山位于黔江以西交通要路。此栅山，里程上类似木栅，方位相反，名字也比较接近，是否即木栅砦址呢？又，嘉靖《四川总志》卷九《重庆府·山川》，“栅山在黔江西三十五里”。又，《纪要》卷六九《黔江县》，“栅山，县西三十五里，两山壁立若门，中宽衍，有平陆数顷，可以耕屯”。由此看来，此栅山确实具有设砦扼守的地理条件，因宋代砦堡还有一项分屯就近土地给砦丁的功能。又，嘉庆重修《四川通志》之《山川·重庆府·酉阳州·黔江县》，“栅山在县西二十五里”。又，同治《增修酉阳直隶州总志》之《山川·黔江县》，“栅山……在县西三十五里”；该志之《规建志·市镇》，“黔江县西北四十里栅山场”。可见，栅山里程历代不变，较为明确，且其附近形成了一处栅山场。又，光绪《黔江县志》认为县西三十五里之栅山即木栅砦，其《街市》载，“栅山场，县西四十里”；其《里党》载，“栅里栅山乡，县西四十里”。可见，栅山既为一场，又逐渐形成一处乡里。

又，《黔江县地名录》记载，县西册山公社册山大队，境内有册山，本为“栅山”，1980年改“栅”为“册”。查《川省图集·黔江县》，尚标为“栅”山场。

以里程看来，较以光绪《黔江县志·疆域图》与《渝图·黔江区》，今重庆黔江西38里之石会镇即原栅山附近，此地里程接近《总要》所记，唯方位相反，应是木栅砦址吗？

另，《纪要·舆图要览·湖广》，“施州土地关在木栅、忠洞路口，有木栅蛮”。据此，则木栅应在施州，即今湖北恩施州境内。又，《明史·地理志》五《湖广·施州卫》也记有木册长官司。木册，当为木栅之误，或二者是对同一对象的近似写法。又，同治《施南府志》，“木册一长官司，明隶施州卫”。又，同治《宣恩县志》，“《施州卫旧志》‘木册长官司，西至石柱司二百里，南至黔江三百里，卫西南四百里’；木册塘在木册里，治西南一百四十里”。可见，木册在宣恩境内，且已经由长官司地发展为乡里，并因其当要路而置有塘。又，《清史稿·地理志》十四《湖北·施南府》记载，宣恩县有木册等司地。又，光绪《黔江县志》之《古迹·黔江二十九砦考》认为，宣恩县木册司地或为木栅砦地。较以同治《宣恩县志·阖境图》与《鄂图·宣恩县》，木册约今宣恩县晓关乡境，此地距黔江县东两百多里，已不止一程之地，估计不大可能是宋时之木栅砦。

综上，则木栅砦应在今黔江西石会镇册山场，《总要》误记东西方位。此地位于319国道，宋时当为扼守黔江、彭水之要路。

此砦之置废不详，其西南即石门砦，或置废亦同于石门砦，但其后仍为交通要路，置为塘铺。

33. 虎眼砦

《宋志》、《九域志》有虎眼砦。《总要》前集卷十九，“虎眼砦在县东三程”。则此砦在县东90里至120里之间。又，《纪胜》卷一七六《黔州·景物下》，“虎眼寨在黔江县东百里”。可见，三程之距，确在百里左右。

光绪《黔江县志》之《古迹·黔江二十九砦考》认为，“木册相距有二虎砦，疑即虎眼砦”。其所谓木册，在今宣恩县晓关乡，二虎砦当在其附近，若此二虎砦即虎眼砦，则其距黔江当在200里以上。又，同治《宣恩县志》，“忠建里二虎砦，治南一百六十里”；其《关隘》，“虎城关，在忠建里，治南一百六十里，俗名二虎砦”。此地当在今湖北宣恩县中南部，其距黔江两百多里，显然不符合《总要》与《纪胜》之记载。

查《川省图集·黔江县》，县西北60余里之九龙乡有“老虎岩”，高1102米，其侧近即白石等砦。从读音看，“虎眼”、“虎岩”相同，“老”字则为助词，可省略。此地今属石会镇分水岭村。

又查《渝图·黔江区》，今黔江县东交湖北咸丰界有一山名三虎庙，其地当险要，其在彭水县以东160里左右，在黔江以东30里处，此地或即虎眼砦址，但距黔江里程太近。

比较而言，笔者更倾向认为黔江石会镇分水岭村的老虎岩即为原虎眼砦址。

此砦当置于宋初，废于宋末。

附：

渠阳寨

《宋会要·方域·诸寨》，“渠阳寨，元祐五年置在黔江县”。然则渠阳寨在黔江县吗？查《宋史》，显然又并非如此。

按《宋史》卷八八《地理志》四《荆湖北路》，“沅州……元丰三年并镇江砦人户入黔江城，为黔阳县，五年升旧渠阳砦为县，元祐六年省为砦，崇宁二年复为县，县四，渠阳，砦八……渠阳，元祐三年以渠阳军改来隶”。可见，荆湖北路之沅州另有一黔江城，此城于元丰三年升为黔阳县，此县附近有一渠阳砦（县），此渠阳县于元祐六年再降为砦，《宋会要》即因混淆此事而误记，并将荆湖北路之黔阳县黔江城误为夔州路之黔江县。此渠阳寨实在今湖南省靖州县境内，其既非宋代夔州路境内或其军事管辖权下，故本文不考。

竹滩寨

《宋会要·方域·诸寨》，“竹滩寨，元祐五年置在黔江县”。查《宋史》卷八八《地理志》四《荆湖北路》，“沅州，黔阳县，有竹砦”。《宋会要》应为混淆荆湖北路之黔江城（黔阳县）与夔州路之黔江县，误将黔阳县之竹砦记在黔江县下，并误为竹滩寨。此砦当在今湖南境内，无论管辖权还是地域，都不属于宋夔州路，本文不考。

另外需要指出，《总要》所记黔江二十九砦之里程，并非完全以黔江县治为基准，时而以黔州治之彭水县为准，时而以黔江县为准，这是导致其里程记载混乱之因。且西南山地，里程数本不确切，山路转圜之际，方位更是变换复杂，导致其方位里程真实性大打折扣。

第三章 贵州宋代夔州路砦堡考

珍州、思州、播州及其治所主要在今贵州省范围内，故其砦堡并作一章讨论。

第一节 珍州砦堡时空演变考

欲确定珍州境内砦堡，首先需要确定宋代珍州治所、辖境、领县及其境之今地。据《旧唐书》卷四十，《新唐书》卷四一及《元和志》卷三一等，唐代贞观十六年建珍州，后于元和二年废属溱州，唐末没于蛮，其治在夜郎县，且因夜郎县境之降珍山而改播川镇为珍州，另有丽皋、乐源县；《通典》卷一八三认为珍州夜郎郡治荣德县，或误。

《宋志》五《夔州路·珍州》，“大观二年，大骆解上下族帅献其地，复建为珍州，宣和三年，承州废，以绥阳县来隶，县二：乐源，绥阳、本夷州，大观三年献地建为承州”；又《播州》条，“咸淳末，以珍州来属”。由此，宋代经制珍州置废于大观二年至咸淳末，其在宣和三年之后并有原承州（唐夷州）之地。宋珍州并非于唐珍州原地复置。又，《宋史·蛮夷传·西南溪洞诸蛮》，“乾德三年七月，珍州田景迁内附，开宝元年请改为高州；咸平五年正月，溪蛮誓约‘天子济我以食盐，我愿输与兵食’”。又，《宋会要·方域·州县升降废置》，“开宝六年二月二十六日诏改溪洞珍州为高州”。可见，乾德三年珍州内附，开宝元年（六或为元字误）改名高州，尚为羁縻州。《寰宇记》卷一二二，“西高州夜郎郡，今理夜郎县……因川中有降珍山乃以镇为珍州”，这表明，西高州即珍州，其在宋初为羁縻州时首县为夜郎。又，《广记》卷三三，“大观二年大骆解献地，复建为珍州，东西四百五里、南北三百五十一里，亦曰乐源郡，乐源县为州治；承州，大观三年蕨平帅任汉崇献地，东西三百五十九里、南北六百六十五里，有绥阳、都上、义泉、宁夷、洋川县，宣和三年州及都上等县废，绥阳隶珍州”。可见，原承州都上等四县皆废入绥阳、并入珍州，且大观二年时珍州治所在乐源县。又，《总要》前集卷十九，“夷州绥阳郡，牂牁地，荆州之外，历代不臣附，隋置夜州，唐置夷州于宁夷县，领夜郎等县，古外徼蛮夷也”。

由此看来，宋代珍州分为两个发展阶段。宋初田氏时为羁縻州，其名由珍州改为高州，旋即改为西高州，治所当仍在夜郎县，其后该州部分由骆氏所据。骆氏于大观二年献地建为珍州，直至咸淳末废属播州，治所在乐源县，其间于宣和三年合并承州及其属县（都上、义泉、宁夷、洋川、高富等皆并入绥阳隶珍州）。

那么，这些州县分别在今何地？

据正德《四川志》卷二三《播州宣慰使司·古迹》，“都上废县在旧承州西南十五里，义泉废县在旧承州西南百里，洋川废县在旧承州西北百里，高富废县在旧承州东北百一十里，宁夷废县”；《播州宣慰使司·古迹·真州》，“废珍州在治西南四十五里，唐贞观播州镇，后为珍州；绥阳废县在治东南百五十里，大观中于此置承州，宣和初废州，隶珍州；乐源废县在治西七十里，宋末废”。可见，唐珍州在明代真州西南45里，宋绥阳（唐夷州、宋承州治）在真州东南150里，其辖境还包括都上（今凤冈境）、义泉（今湄潭）、洋川（今绥阳、凤冈之间）、高富（今德江、务川间）及宁夷。又，弘治《贵州图经新志》[1]，“宋置绥阳，废绥阳县在龙泉司西北”。该志认为宋绥阳在龙泉司西北，亦即真州东南。又，嘉靖《四川总志》卷十四《播州宣慰司·古迹》，“绥阳废县在真州司东南二百五十里”。此说同于前，里程数或为传抄之误。又《蜀记》卷二十《真安州》，“乐源废县在治西六十里，有乐道书院，汉尹珍建，又云尹珍以俗敦稼稿，并建务本堂；绥阳废县……在真州长官司西北二百五十里外”。其有关绥阳记载里程误同前，方位亦误；其认为乐源在真安州西60里。

又，康熙《贵州通志》之《山川关梁·石阡府·龙泉县》，“绥阳山在县西北三十里，唐绥阳县故址”。该志明确认为旧绥阳在龙泉西北35里绥阳山。又康熙《龙泉县志草》[2]，“（龙泉县）宋为珍州地，元龙泉司隶思南，平播后改龙泉县”；该志之《山川名胜》，“绥阳山，县西北十里，唐绥阳县故址”。除里程差异外，此志亦认为旧绥阳即在其境之绥阳山。又，乾隆《贵州通志》卷七《古迹·遵义府》，“废珍州在正安州西南四十里，唐贞观中置，遗址尚存；旧正安州在今正安州之东南七十里，地名滴水园，明万历间平杨应龙置，城垣尚存；废乐源县在正安州西七十里，宋嘉熙间置，后废；废夜郎县在桐梓县北七十里，唐贞观十六年与珍州同置”。该志亦认为唐珍州在正安西南40里，同于前说，万历平播后所置之旧正安州在正安东南70里滴水园，废乐源县在正安西70里，接近《蜀记》之说。废夜郎县在桐梓北70里（今夜郎镇），此即唐珍州治所，若此，则珍州与夜郎显然为两地，且相距遥远。若夜郎之说不误，则关于唐珍州里程之说有误。又，乾隆《黔南识略》，“绥阳县，绥阳故城在今县西三里；正安州……贞观十七年播川镇，后因降珍山名为珍州，宋乾德四年田迁乞改为高州，寻为西高州，治夜郎县，大观二年复建为珍州，明玉珍改为珍州，万历二十九年改真安州，国朝改正安州，州治万历二十九年于思宁里潏水园，故州城在城东南七十里，后迁三江里，清初迁德溪土坪，乾隆三年定地古

---

[1] [明]沈庠:《贵州图经新志》，《中国西南文献丛书·西南稀见方志文献》，兰州大学出版社，2003年。

[2] [清]张其文:《龙泉县志草》，《中国地方志集成·贵州府县志辑》，巴蜀书社，2006年。

凤即今州城，废珍州在城西，乐源废县在城西，荣懿废县在城东南”。据此，潏（滴）水园在今正安东南70里，废珍州在城西，乐源也在城西，同于前说。该志将荣懿定在正安东南，有误。又，嘉庆《正安州志》[1]之《古迹》，“珍州，正安州西南四十里，唐贞观置；乐源县，州西七十里，嘉熙间置”。其说同前，且认为乐源置于嘉熙（1237年）间，有误。又，道光《遵义府志》，“废珍州，在真州，与湘西舞、鹤二州非同；乐源废县，真州西七十里；唐夷州治绥阳，今龙泉县左右；宁夷废县，旧承州绥阳东二百里，今龙泉县东南，湄潭境；绥阳废县，真州司东南二百五十里；旧正安州城，今州东南七十里滴水园，万历平播置，城垣尚存”。据此，则宣和三年废入绥阳的宁夷，当在今凤冈（清代龙泉）东南，其余记录同前。又，光绪《石阡府志》[2]卷二《地舆志·沿革》，“宋珍州，元石阡司，隶思州，永乐十一年升为府；贞观十六年徙夷州治于绥阳，宋大观二年献地为承州，苗民长官司考，在府西南八十里，唐废洋川县，宋为乐源县，洪武十年置苗民司隶思南，康熙五十年裁；石阡司，唐宁夷县，贞观元年归入婺州，宋归入绥阳县”。据此，今之石阡亦曾为宋珍州境。光绪《续修正安州志》[3]之《地理志·场市》，“古旧州城场在州东百三十里”；《古迹》，“真安州，州东百三十里，思宁里一甲潏水园，万历二十八年建；新真安州，州北百二十里，二江里七甲，万历末建；珍州在止安州西南四十里，遗址尚存，乐源县在州西七十里”。其记载基本同前。民国《桐梓县志》有，“正安旧州城在今州东南七十里滴水园”；并在“废珍州”引《丹铅录》认为，桐梓夜郎即唐珍州治之夜郎，“四至八到均合”。按，《丹铅续录》[4]卷十二原文为：“汉夜郎县……唐属珍州……在今播州界，珍州在今施州歌罗寨，夜郎在桐梓驿西三十里，有夜郎城，尚有古碑。”认为珍州在施州，当为混淆了西高州（珍州）与高州之误，实际上珍州夷人游弋范围应包括此数州之境，并在其活动区域留下“珍州”地名，但唐宋珍州当不在施州境，而邻播州。

因此，可以确定，唐珍州在今正安西南40里，或在今桐梓夜郎镇夜郎坝。宋乐源县在今正安西70里，交桐梓界，此亦宋经制珍州之地。宋绥阳县，在今凤冈县（原龙泉）西30里之绥阳山，今有绥阳镇，接湄潭东北界，其辖境包括今泥潭、凤冈及绥阳东境、德江西南境、务川南境以及石阡境。确定了这个大致范围，则珍州砦堡之所在，当不出此。

另，明万历平播所建真安州在今正安东南70里滴水园，万历后期真安州在今正安以北120里之新州镇。又，唐沅州夜郎、辰州龙标建为舞州—鹤州—业州—蒋州，因与珍州夜郎混，而误将珍州视为舞州。

---

[1] [清]赵宜霖：《正安州志》，《中国地方志集成·贵州府县志辑》，巴蜀书社，2006年。
[2] [清]邱任伟：《石阡府志》，《中国西南文献丛书·西南稀见方志文献》，兰州大学出版社，2003年。
[3] [清]彭惇：《续修正安州志》，《中国西南文献丛书·西南稀见方志文献》，兰州大学出版社，2003年。
[4] [明]杨慎：《丹铅续录》，文渊阁四库本。

该州有遵义砦，白崖、丽皋、思义、安定、寿山五堡。

1. 遵义砦

《宋志》五《夔州路》，“珍州……遵义砦，大观二年播州杨文贵献地，建遵义军及遵义县，宣和三年废军及县，以遵义砦为名，隶珍州；播州……乐源县，有遵义砦，开禧三年升军，嘉定十一年复为砦”。据此，则遵义军自宣和三年废为砦，即为珍州直辖，其中于开禧三年至嘉定十一年又为军，后又为砦，并于咸淳末随珍州乐源县一起属播州。

因遵义砦本为遵义军降置，并有反复，且其地与播州关系密切，故其地理演变，实则与遵义军、播州二郡演变有关。

然则宋代遵义军在哪里，播州又在何处？

《广记》卷三三《夔州路·遵义军》，“遵义军，历代地理与播州同，贞观十六年更名遵义，后自播川徙州治焉，唐衰，播州为杨氏两族所分据，一居播川一居遵义，以仁江水为界，其后居播州者曰光荣，居遵义者曰文贵，大观二年各献地……议者以光荣为族长，重违其意乃以播川立州、遵义立军”。其中，“居播州者曰光荣”之“播州”当为“播川”之误。可以肯定，杨光荣所据之播川地，当为唐天宝元年改播州而来治遵义县之播川郡[1]，其地望自唐迄宋未变，在仁江以西，即今遵义市（含遵义县）境，但未保有播州、遵义县旧名；杨文贵所据之遵义则为仁江以东、“自播川徙州治”之地，即今绥阳县境，保有播州、遵义县之旧名。故杨文贵地本当复建为播州，因杨光荣为族长，“重（众）违其意”以播川郡故地立播州。由此，则《寰宇记》卷一二〇《江南西道》“黔州……西南至播州八百里”，卷一二一“播州播川郡，今理遵义县……西北至珍州二百里”，以及仁宗康定年间编成之《武经总要》前集卷十九，“播州播川郡，即秦夜郎宜兰二郡，西南隅之地，贞观中置郡于播川，东北至（黔）州八百一十里，羁縻州十”，此两书所记之播州当为杨光荣地，因当时播州尚在宋版图之外，其地理远近因袭唐代，并不清楚播州（夷）内部分据仁江两岸之事。

宋代播州之建，在大观二三年之间，《宋志》五《播州乐源郡》：“大观二年南平夷人杨文贵等献其地建为州，领播川、琅川、带水三县，宣和三年废为城，隶南平军”；同卷《珍州·遵义砦》，“大观二年播州杨文贵献其地建遵义军及遵义县，宣和三年废州及县以遵义砦为名隶珍州”。这里的矛盾是，杨文贵既献地建播州、又献地建遵义军？这颇不合理，且与《广记》所载杨光荣、杨文贵各有所据不符。不过，杨文贵既据迁后之播州治，其理论上的政治地位本高于杨光荣，以其为播州夷之代表也不为过。《宋史》卷二十《徽宗本纪》对此有准确记录：“大观三年二月丙子朔播州杨文贵纳土以其地置遵义军。”卷四九六《蛮夷传》四《西南诸夷》：“大观二年播州夷族杨光荣以地内属，诏建播州，后废。”这样的记载与《广记》所载符合，可见宋代以杨光荣地建为播州，杨文贵

[1]《旧唐书》卷四〇《地理·江南西道·播州》。

地建为遵义军。

杨光荣之播州范围，南以播川县为主，在仁江以西。《宋会要·方域·州县升降废置》，“播州，大观二年建，宣和三年废为城，播川县，宣和三年废为城”；《宋会要·方域·诸城修改移并》，“播川城，宣和三年以播州并播川县改”。则此播川县地即宋建之播州治，也可以作为播州之代称。据笔者考证，此播州即在今贵州遵义县，后迁至今遵义市红花岗区。

那么遵义军在哪里呢？

按《广记》，播州既在仁江以西，遵义军当在仁江以东。

《宋会要·方域·州县升降废置》，“遵义军，大观二年以杨文贵献地建，宣和三年废为寨，遵义县大观二年建，宣和三年废为寨”，可见军、县、寨同地而置；又，《宋会要·方域·诸寨》，“遵义寨，在遵义军，宣和三年以军并遵义县改”。遵义寨即原遵义军治之遵义县。《宋史》卷三九，“宁宗嘉定五年九月庚戌，遵义砦夷杨焕来献马”，则此时遵义砦尚存，这与前述嘉定十一年军废为砦矛盾，估计砦虽升为军，砦尚存，且地名因循，时人尚未改称。

《纪要》卷七十《遵义府》，“遵义废县，在府东北百里”。据其行文，此遵义废县，即宋析播州地别置之遵义军（砦）；显然，作者意识到宋之遵义与唐之遵义县不同地，也不是后世之遵义，而是别置之地，这与《广记》相符。可见，遵义砦当在今遵义市东北百里之外，实则今绥阳境，仁江之东岸。此地以北即为宋之乐源县，今之绥阳西界。也唯有将遵义砦确定在这里，乐源县方能领有遵义砦，并一同隶属播州。又据李昌宪《中国行政区划通史·宋西夏卷》[1]第671页，认为遵义军在今遵义，又认为或在今绥阳东北旺草镇。又，《贵州省绥阳县地名志》[2]之《建置沿革》提到，唐代贞观年间更罗蒙县为遵义县，治所在今绥阳境，乾元年间的播州所领芙蓉县在今绥阳县旺草区芙蓉江畔五把车，尚有城址。芙蓉江即唐宋之洋水，此江今名当因芙蓉县而名。且，唐末杨氏两族分据播州于仁江两岸时，完全可能其中一支移播州于其所领之芙蓉县境，由此，则宋代遵义砦（军）更可能就置在原芙蓉县，即今绥阳旺草镇五把车，邻芙蓉江。

较以里程，今旺草镇确在遵义市东北百里许。因此，可以确定遵义砦即在今贵州绥阳东北之旺草镇。

另，《地名辞典》认为，“唐遵义县治今贵州遵义市”，此说大致不差。其认为“宋大观二年复置，移治今遵义市西南”，此西南即今遵义县，实则唐置当在今遵义县，宋大观初置亦在今遵义县，南宋才迁至今遵义市。其又认为“宣和三年废为寨”，却是混淆了遵义军降置之遵义砦与播州治所之白锦堡。其又认为，“北宋大观二年置遵义军，治所遵义县，宣和三年废，南宋开禧二年复置，治今遵义市，嘉定十一年废”，则是完全将遵义

[1] 李昌宪:《中国行政区划通史·宋西夏卷》，复旦大学出版社，2007年。
[2] 绥阳县人民政府编印:《贵州省绥阳县地名志》，1987年。

军与播州混为一谈。又，《贵州通史》第360页也认为，遵义军废为砦，治今遵义市红花岗区，其误同于《地名辞典》。

其余众说，包括《地图集》均误标播州及遵义军辖境，皆为混淆二地之误。只有确认了遵义砦（军）所在，方可正确绘制宋代该地域之历史地图。

遵义砦于大观二年（1108）为遵义军，宣和三年（1121）废为砦，属珍州，直至开禧三年（1207）复为军，至嘉定十一年（1218）复降为砦，又属珍州，终于咸淳末年（1274）隶属播州，其废当在宋末。

2. 白崖堡

《胜览》卷六一《珍州·山川》，“白崖堡乃官军于此把守之地”。可见，此地为一扼要镇抚珍州“夷人”之地。

据乾隆《贵州通志》卷六《关梁·正安州》，“白岩关，城西二百八十里”。白岩关，当即白崖堡所在，岩、崖二字形似意通。又，嘉庆《正安州志》之《关津》，“白岩关，城西二百八十里”。又，道光《遵义府志》，“白崖关在正安州城西二百八十里”。可见“白岩关”确系“白崖关”。又，光绪《续修正安州志》之《地理志·关津》，“白岩关在城西二百八十里”。据此，则白崖堡（白岩关）当在正安以西两三百里处。从正安地形来看，此白崖当在正安交桐梓界处。果然，据民国《桐梓县志》，“县东二十里，白崖，今名官崖，界近绥阳”。绥阳在清代属正安州。此白崖当即正安州西界之白岩关，也就是宋代白崖堡址，今名官崖。

今桐梓东接近绥阳界有岩口坝，当即白崖堡址。

白崖堡当置于珍州建置之后，即大观二年（1108），并存在于此后历代，宋亡之后该堡成为白岩关。

3. 丽皋堡

《胜览》卷六一《珍州·建置沿革》，“唐……置珍州并置夜郎、丽皋、乐源三县”；该卷《山川》，“有丽皋堡”。显见丽皋堡即为唐丽皋县。又，《锦绣万花谷》[1]续集卷十二《夔州》记有：“珍州四堡，此地在官军把守之处，有丽皋堡、思义堡、安定堡、寿山堡。”

据《旧唐书》卷四十《地理》三《江南道·珍州》条，丽皋县乃贞观十六年开山洞置，且应在夜郎县附近。又据《新唐书》卷四一《地理》五《黔中道·溱州》条，丽皋县于元和二年珍州废属溱州，而并属溱州。可见，唐时珍州即有丽皋县，当为宋之丽皋堡，其在珍州夜郎县周边某处。又，《元和志》卷三一《江南道·珍州》条亦有，“右（夜郎、丽皋、乐源）并贞观十六年开山洞与州同置，三县并在州侧近，或十里或二十里，随所畲种田处移转不常厥所”。则唐时丽皋等县相距不远，皆在唐珍州附近，当离夜郎附近

---

[1] [宋]无名氏:《锦绣万花谷》，作于淳熙十五年前，文渊阁四库本。

的降珍山不远。又，《通典》卷一八三《州郡》十三记载，珍州“今理荣德县”，领有丽皋等县。据《寰宇记》卷一二二《西高州》条，该州领有丽皋县。又《广记》卷三十三《夔州路化外州》，“西高州……元和三年州废属溱州，后复立，领县四，内乐源地先归附，别立珍州，夜郎县……丽高县或作丽皋……荣德县”。可见，在宋代珍州建为经制州之前，羁縻丽皋县自唐代贞观十六年置于珍州附近，宋建经制珍州后，丽皋即为堡，当与夜郎等县并入乐源境内，且应在今夜郎坝附近。但是，宋代珍州既非原地，虽置丽皋堡，也不一定即唐丽皋县原地，当依“夷人”畲居习性而在新置珍州附近。

《纪要》卷七十，“丽皋废县，在真安州西30里，唐元和之后没于蛮，宋大观中复置乐源县，属之”。道光《遵义府志》亦引用此说法。民国《桐梓县志》也认为，“丽皋废县，在真安州西三十里许”。此处所指真安州即今正安，则丽皋在今正安西30里，而宋珍州又在今正安西70里，恰符合《元和志》所记丽皋二县在州附近。又，《地名辞典》也认为，丽皋县治所在今贵州正安县西北。

另，嘉庆《黔史》[1]则认为，乐源县在今黄平旧州城，丽皋县在今余庆县。此二地离宋珍州过于遥远，且不知何据。

综上，则丽皋堡当在今贵州正安县西北瑞溪镇至扶焉乡之间。

丽皋堡当置于大观二年（1108）建立珍州之时，废于宋末。

4. 思义堡

《胜览》卷六一《珍州·山川》，“有……思义堡”。又，《锦绣万花谷》续集卷十二《夔州》记有思义堡。又，《宋会要·方域·诸寨》，“思义寨，在遵义军，宣和三年废”。思义寨当即思义堡，估计本隶遵义军，故《宋会要》如此记录，后来随遵义军一起隶属珍州。

据嘉靖《贵州通志》卷一《建制沿革·石阡府》，“武德四年以思州宁夷县置夷州义泉郡即今府治，领思义等十二县，贞观元年思义等四县隶婺川，元置石阡司，石阡司、附郭、唐宁夷县，宋入绥阳属珍州”。据此，则唐宁夷县为今石阡，且思义本为唐代废县。据《纪要》卷七十，“真安州……东南九十里有思义寨，唐初为思义县，属夷州，贞观初属务州，后废；珍州五堡，丽皋、思义，皆因故县置，白崖、安定、寿山，则择险置戍处，万历中官军征播，皆屯驻于此；真安州南百里有芙蓉江……东经故思义寨……”据此，则思义寨在明代真安州东南90里，位于芙蓉江畔。又，乾隆《清统志》卷四〇三《遵义府》，“思义废县在正安州东南；思义堡在正安州东”。其说同前。又，乾隆《黔南识略》，“芙蓉江东经故思义寨；旧（正安州）州东南九十里有思义寨”。又，道光《遵义府志·古迹》，“思义寨，唐思义县，真安州东南九十里”。又，民国《续遵义府志》卷七《古迹》，“思义废县在正安州东南”。又，民国《岑巩县志》[2]卷六《地理志·沿

[1] [清]犹法贤:《黔史》，《中国地方志集成·贵州府县志辑》，巴蜀书社，2006年。
[2] 蔡仁辉：《岑巩县志》，《中国地方志集成·贵州府县志辑》，巴蜀书社，2006年。

革》亦引用乾隆《清统志》之说，认为思义废县在今正安州东南。

从诸志看来，思义堡应在正安东南90里，芙蓉江自其西来，且应该距遵义砦不远。综合看来，较以《黔图》第14页《正安县、绥阳县》，思义堡当在今贵州省绥阳县东北温泉镇境内鱼家湾附近，此段恰为芙蓉江自西而东向北大拐弯处，思义堡当在此弯道内，其北即接正安县界，其南不远即旺草镇也就是宋之遵义砦（军）。

又，《地名辞典》认为思义寨在今遵义市东。其似乎不错，但范围定得太大，且从逻辑上定在了遵义市境内，有误。

思义堡之置废时间当同于白崖、丽皋等堡，皆为监视镇抚南平诸夷而设。

5. 安定堡

《胜览》卷六一《珍州》，"有……安定堡"。又，《锦绣万花谷》续集卷十二《夔州》记有安定堡。

据嘉靖《贵州通志》卷八《古迹・镇远府》，"废安定县，元置隶镇远司，寻废"。该志认为安定县在镇远府境。又，万历《黔记》卷七，"邛水司在镇远府东八十里，宋邛水县，古迹有废安定县"。据此，则安定废县在镇远府境。又，《纪要》卷七十，"珍州五堡……白崖、安定、寿山，则择险置戍处"，可见安定堡当为一要隘。按，上述诸志所谓安定废县，皆在今镇远附近，显然不在宋时珍州境内。

又，光绪《湄潭县志》[1]之《武备志・营砦》，"启里安定砦，城北九十里马头山场外"。此湄潭县北90里马头山之安定砦，估计即为原安定堡。湄潭县本在宋绥阳境内，后属珍州。

较以《黔图》第18页《湄潭县》，宋代安定堡当在今贵州湄潭北 90里之马山镇内山头，其北与凤冈县接界。

安定堡置废时间同于白崖等堡。

6. 寿山堡

《胜览》卷六一《珍州・山川》，"有……寿山堡"。又，《锦绣万花谷》续集卷十二《夔州》记有寿山堡。此寿山堡当因山而设，因山而名。

据乾隆《贵州通志》卷五《山川・石阡府》，"万寿山，城西二十里，地名乐松山"。或许此万寿山即原寿山，则寿山堡或在今贵州石阡县西龙井乡境内。

寿山堡置废时间同于白崖等堡。

第二节　思州砦堡时空演变考

要确定思州砦堡地望，需先确定思州治所演变。

[1] [清]吴宗周:《湄潭县志》，《中国地方志集成・贵州府县志辑》，巴蜀书社，2006年。

思州，治务川县，北宋思州今务川都濡镇，其境“苗蛮环伺”，另有务川县（元酉阳州）。

《元和志》卷三一，“贞观四年改为思州，以思邛水为名”。《宋志》五，“思州，政和八年建，领务川、邛水、安夷三县，宣和四年废州及县，并隶黔州，绍兴元年复为思州”。《胜览》卷六一《思州》，“郡非旧城，思州旧城去今务川城一百八十里；一寨四堡，运使庞恭孙建筑思州，奏州治务川，因山川控扼建云云，以备要害；山川，唐山在州东四里，南连河只水，北枕内江水；河只水，在务川县东二十里，河只者獠姓名”。可见，思州旧城（唐思州）离宋务川（思州）180里，宋经制思州则在唐山（思唐山）附近；内江水即今乌江（涪陵江）。当然，也可能思州旧城既为唐思州，亦为政和八年至宣和四年之思州（北宋思州），其后绍兴初年复置思州时，州、县移治今务川（南宋思州）。《总要》前集卷十九，“思州，隋巴东之务州县也，唐置务州，改为思州，当牂牁要路以招慰生獠”。《宋会要·方域·州县升降废置》，“思州，宣和四年废为城，今复；务川县政和八年建，宣和四年废为城，隶黔州；印水县、安夷县，政和八年建，宣和四年废为堡，隶黔州”。按，宋思州只有邛水县，此印水当为邛水，“印”、“邛”二字形近而讹。

《明一统志》卷八八《思南府》，“唐置务州治务川县，贞观间改为思州，天宝初改宁夷郡，乾元初复为思州，宋为羁縻州，政和间始置思州，宣和中废，绍兴初复置，元置思州军民安抚司，至元间改宣抚司隶湖广行省，本朝洪武初改思南宣慰使司隶湖广布政司，永乐十一年改宣慰司为府隶贵州布政司”；该志《古迹》，“故思州城，《元志》云去今思州一百八十里”。按，《大元一统志》修成于大德七年（1303），则其所谓“今思州”，当为至元十二年（1275）后之思州（都坪），明清属镇远府。不过，此故城为唐思州还是宋思州呢？《元志》之说当沿袭《胜览》。又，嘉靖《思南府志》，“思州故城，去今思州一百八十里，即今镇远府，疑实在武隆彭水，或即沿河司城子头，又云在务州；城子头，在沿河司北五里高广处”。该志认为故思州即镇远府，距南宋思州180里，又或在沿河司北5里城子头，离武隆彭水不远，此两处，或即一为北宋思州，一为唐思州。又，嘉靖《贵州通志》卷一《建制沿革·思州府》，“宋为思州安夷县地，至元十二年白龙泉坪徙思州宣抚司于清江郡，即称此为思州，故思州为思南隶湖广，都坪峨异溪长官司，隋清江郡，唐宋思州地，元徙思州司治于此，都素司，宋婺川地”；该志《思南府》，“宋思州，元思州司，徙治龙泉坪，后毁于火，徙清江郡，元末还旧治，伪夏徙今治设思南道，田琛分治都坪，思州分为二，洪武五年思南司治今镇远府，二十三年徙治水德江，永乐十一年废改思南府，弘治六年改思印江长官司为印江县；水德江长官司，宋婺川地，元置司，永乐十一年改府治，沿河祐溪司”。据此，则元明之思州（都坪）即后之镇远府，亦即宋安夷县地，在思唐山附近；由思州分治之思南（龙泉坪）历经水德江等地，属唐宋思州婺川境。又，万历《黔记》卷七《思南府古迹》也认为，“思州故城，或即沿河司城子头”。

康熙《思州府志》[1]卷七《事记》，“绍兴元年置思州军领安彝、邛水、思邛、婺川四县”。《宋志》未提思邛县，或此县为绍兴初年复置。乾隆《清统志》卷三九六《思南府·古迹》，“思州故城在府城北，本隋婺川县地，唐武德四年于县置务州，后改为思州”。若以沿河司城子头为唐思州故城，则在思南以北。又，光绪《秀山县志》，“秀山，宋政和中属思州，务川在今思南沿河司北五里城子头，即旧思州治，而非安化县北”。该志亦认为唐思州在沿河司城子头，不在安化县（思南境）北。又，嘉庆《黔史》卷二《宋元》，“宝祐五年闰四月己酉，诏筑思州三隘”。又，民国《思县志稿》[2]卷一《大事记》，“绍兴元年置思州军，领安夷、邛水、思邛、务川四县，宝祐五年二月壬戌筑思州三隘”。又，民国《岑巩县志》卷六《地理志·沿革》，“唐置务川县，贞观元年省思义，宋思州，元初新军万户府，至元十四年沿江司，思州自务川徙治龙泉坪，思州移治都坪即今县治，思州分为二，原处为思南，雍正五年改玉屏清溪二县，民国思州称思县，十九年以城西二十里有岑巩山改为岑巩县；武德四年置务州，今安化县北三百里有思渠场，渠邛声近，思州治所必在其北不远；隋唐务川移今之务川城，始于宋”。可见，今岑巩县即元明思州（都坪），时属镇远府；思渠场即今沿河县思渠镇，且宋务川已经移治今务川。民国《贵州通志·古迹·思南府》，“关索城在婺川县北五十里，《思南续志》在县南五十里，地名丰乐河，亦名城子头”。可见，思南县也有一地名城子头，又名丰乐河，其方位记载则颇为混乱，查今务川县南有一丰乐镇，当即此。

综上，再较以《地图集》之唐宋图组，唐思州（务川）在今沿河县乌江东岸，思邛水即乌江（见后），北宋思州（务川）在今岑巩县，思邛水即鹿洞河（见后），南宋思州（务川）在今务川县，思邛水即印江（见后）。该州有务川、邛水（印水）、安夷、石南、风门、旧思、洛浦7堡，酉阳寨。

1. 务川堡

《宋志》五《思州》，“宣和四年，废州为城及务川县，以务川城为名”。据《纪要》卷一二二，乾隆《清统志》卷三九六《思南府》，乾隆《黔南识略》所载，则废州县为务川堡。从邛水、安夷同时降为堡来看，估计务川县也废为堡，宋时城、砦、堡区别主要在空间大小，记载上时有混乱，且各有“城”栅。本文暂将务川城处理为一处“堡”城。

《隋书》[3]卷二九，“巴东郡，务川（县），开皇末置”。《元和志》卷三一《思州》，“隋开皇九年置务川县，属庸州，庸州，黔江县地是也，大业二年废，武德四年于

---

[1] [清]蒋深:《思州府志》，《中国西南文献丛书·西南稀见方志文献》，兰州大学出版社，2003年。

[2] 杨焜：《思县志稿》，《中国地方志集成·贵州府县志辑》，巴蜀书社，2006年。

[3] [唐]魏徵:《隋书》，中华书局，1975年。

县置务川郡，贞观四年改为思州，以思邛水为名”。则唐思州务川县在思邛水附近。《旧唐书》卷四十《地理》（下称《旧唐志》）三，“思州……武德四年置务州领务川、涪川、扶阳三县，贞观元年以废夷州之伏远、宁夷、思义、高富、明阳、丹川六县，废思州之丹阳、城乐、感化、思王、多田五县来属，其年省思义、明阳、丹川三县，二年又省丹阳，四年改务州为思州，其年以涪川、扶阳二县割入费州，八年又以多田、城阳二县割入费州，其年又废感化县，十年以高富隶黔州，十一年又省伏远县，天宝元年改为宁夷郡，乾元元年复为思州……务川，州所治……当牂柯要路……改为思州，以思邛水为名；思王，武德三年置”。可见，唐思州治所即务川县，其旁有思邛水，即今乌江。

《寰宇记》卷一二二《江南西道》，“思州宁夷郡，今理务川县”。从《宋志》所记废思州为务川城之行文看，宋思州治所务川县。然而唐宋务川县是否为同一地？从上文关于思州的考索看来，唐务川县在今贵州沿河县东5里城子头，即今团结村；南宋务川县距唐务川约180里，即今务川县。

又，《纪要》卷一二二，“思南府北二百四十里，务川县，宋政和八年置为州治，宣和四年废为务川堡，隶黔州，绍兴初复为县，思州治”。从里程上看，此务川堡或在今沿河县东北，或在今务川县，都有可能。乾隆《清统志》卷三九六《思南府》，“婺川县在府城西四百里，宋政和中复置思州及务川县于此，宣和中废为堡隶黔州，绍兴初复为县，仍属思州；务川故城即今婺川县治”。可见，宋置思州务川即后之婺川，即今务川县，亦即宣和中务川堡。乾隆《黔南识略》，“婺川县在（思南）府治西二百四十里，省城东北八百八十里，宣和四年废为务川堡隶黔州，绍兴初复，元改务为婺”。此亦认为婺川县（今务川）即宣和四年至绍兴初之务川堡。

《地名辞典》也认为，“务川县，隋开皇十九年置，治所今贵州沿河县北，五代废，北宋政和中复置，移治今贵州务川县，宣和中废为堡，南宋绍兴初复为县，元改为婺川县”。

总之，务川堡所在，若政和八年置州在唐思州故城，则当在今贵州沿河县东北团结乡；若政和八年置州在今岑巩县，则堡或在此；若宣和四年废州及县时即异地置堡，或即后所置南宋思州治所务川县，今贵州务川县。

务川堡置废时间为宣和四年（1122）至绍兴元年（1131）之间。随着宋廷对西南田氏夷人控制力度的升降而置废。

2. 邛水堡

《宋志》五《思州》记有“宣和四年，邛水、安夷二县皆作堡，并隶黔州，绍兴二年复”。又，《宋会要·方域·诸堡》载，“邛水堡，在潼川府路遵义军，宣和三年以思州邛水县改”。按，遵义军属夔州路，思州邛水县废为堡隶黔州，与遵义军无关。邛水堡址，当为原邛水县址。又，《宋会要·方域·州县升降废置》，“印水县、安夷县，政和八年建，宣和四年废为堡，隶黔州”。则邛水县（堡）又讹写为印水县（堡）。

《明统志》卷八八《镇远府》，“邛水十五洞蛮夷长官司，在府城东八十里，元置安定县，后改邛水县，本朝洪武五年改置邛水十五洞蛮夷长官司”；该卷《山川》，“思邛山在府东南八十里，连思印水，旧在思王县东”。据此，则邛水堡（县）在镇远以东80里，且附近有思邛水、思邛山。按《旧唐志》，思邛水当流经思州（务川县）附近，据前，思州（务川县）在今贵州沿河县东北，则邛水县及思邓水皆应在其附近。由此，则《明统志》与《旧唐志》矛盾，两者所记思邛水相距甚远，可能是由于地名古（唐）今（明）迁移，也可能是其中之一记载有误。通常，应以较早记载为准，具体情况则要辨别。且按《明统志》，元代后之邛水县（司）当为改置，不知是异地改置，还是原地复置？

又，弘治《贵州图经新志》，“镇远府，邛水十五洞司，旧名大田，邛水即思邛水，邛水司在府东八十里，唐思州城，宋邛水县；今镇远府东南六十里思邛山下有思王废县，南九十里都来山一有思邛废县，思州治今婺川县，思印江，府东三十里，即古思邛水，思州故城，在元思州一百八十里”。据此，今贵州镇远东80里之三穗县即原邛水司（县、堡），更为唐思州城，唐思邛县、思王县亦在其西部附近；且今镇远东南流经三穗县之鹿洞河即古思邛水，讹写为思印江，亦即邛水。至于思州故城离元思州180里，则为沿袭《明统志》之误，按《胜览》，实则为距北宋以前之思州180里。

又嘉靖《贵州通志》卷一《建制沿革·镇远府》，“邛水十五洞蛮夷长官司，大观元年置邛水县，元安定县，至元二十年复为邛水县，洪武五年邛水等五长官司，永乐十一年改隶府”；该志《建制沿革·思南府》，“印江县，唐思邛地，元思邛江司，弘治八年废改印江县”。据此，则明代以来之印江县，并非原邛水，而为唐宋思邛县，“印”乃“邛”字误；邛水司即原邛水县。该志卷二《形胜》，“邛水司，邛水在司治，即思邛水，东流入洪江”。则思邛水（今鹿洞河）东注之洪江即今清水江。

又嘉靖《思南府志》，“印江县，唐为思邛县，宋废，元改思印江……思印江，去印江县十里，即古思邛水，俗讹邛为印；废思邛县，府治东南三百九十里”。据此，则思邛水（思邛江）在印江县（唐思邓县）附近，即今印江。这与前述矛盾。估计，今鹿洞河与印江二者之一为古思邛水（邛水），或二者分为北宋、南宋不同时代之思邛水；且三穗县与印江县之一为宋邛水县（堡），若三穗即邛水，则印江即思邛。从里程上看，该志所谓废思邛县当为废邛水县。

又，万历《黔记》卷七，“邛水司在镇远府东八十里，宋邛水县”。又《明史·地理志》七《贵州》，“镇远府邛水十五洞蛮夷长官司，府东，元邛水县，洪武二十九年为邛水司；思南府印江县，府东，本思印江长官司”。此二志均认为镇远府东之邛水司即宋元邛水县，印江县则与此无关。

又，康熙《贵州通志》之《山川关梁》，“思王山在思南府西南三百里，一名龙门山，有思王城；印江县思邛水”；该志《古迹》，“思南府，古思邛县在府东南三百九十里，废思邛司在今都江县治；镇远府，废思邛县在府东九十里，贞观置，废思王县在府东八十里，元和置”。其所指思王、思邛，从里程看均在镇远附近，且应为邛水县。又，乾隆《清统志》卷三九五，“邛水长官司，在（镇远）府城东南八十里，元置安定县，后改邛水县，明洪武五年改置邛水十五洞蛮夷长官司，今为邛水长官司，属镇远县”；卷三九六《思南府》，“印江县，宋政和八年置邛水县属思州，宣和中废为堡……元置思邛江等处长官司，后讹邛为印，弘治七年改置印江县”。可见邛水司为元邛水县，印江县为宋邛水县（堡）。又，乾隆《贵州通志》卷七《古迹》，“镇远府，废思邛县在府东九十里，废思王县在府东南八十里，废安定县在府城东八十里即今邛水司，元置，后改邛水县，明改邛水长官司”，其说同于前志。乾隆《贵州通志·古迹》，“思南府，废宾化县即今安化县治，废思邛江长官司即今印江县”。又，乾隆《镇远府志》[1]卷四《沿革·镇远县》，“邛水司，宋置邛水县，田氏降元改安定县，至元二十年复为邛水县，邛水等司俱在城东八九十里，今属府管”。则镇远东80里之邛水司确系宋邛水县。又，乾隆《黔南识略》，“印江县，思南府治南四十里。开元四年分婺川县地置思印县属思州，后废。宋政和八年置邛水县。明弘治七年改置印江县。思邛江在城南，后讹邛为印，以名县”。据此，则印江县即唐思邛（印）县，亦即宋邛水县，其南之印江即古思邛江。

又，民国《贵州通志·舆地志》，“思州邛水县，洪亮吉《沅水考》：‘宋邛水故城在今镇远府东南八十里。’”。则宋邛水城在镇远东南80里，即今三穗县。

又，《地名辞典》也认为，大观元年置邛水县，治所在今贵州黔东南州三穗县，元安定县，复为邛水县，明邛水十五洞长官司，清为邛水长官司，1913年复置邛水县，1926年改名灵山县。又，《四川州县建置沿革图说》图17则标绘，北宋邛水在今印江县方位。

总之，关于邛水县，乃至邛水堡，有两说，一在今贵州三穗县，一在今贵州印江县。其众说纷纭，在唐、两宋思州置废数次，遂致思邛水（邛水）也随之发生地名迁移，紧邻该水的邛水县（堡）也随之迁移。从前面的分析看来，笔者更赞同三穗邛水说，而定印江县为思邛县，这也与《地图集》唐黔中道、南宋夔州路两图组吻合。

邛水堡置于宣和四年，绍兴二年复为县。其置废当同于务川堡，显示出宋廷对西南田氏夷人控制力度的升降。

3. 安夷堡

《宋志》五《思州》，“宣和四年安夷县……皆作堡，绍兴二年复”。《纪胜》卷一七八也记录思州有安夷堡。《宋会要·方域·诸堡》，“安夷堡，在潼川府路遵义军，宣和三年以思州安夷县改”。《宋会要·方域·州县升降废置》，“安夷县，政和八年建，宣和四年废为堡，隶黔州”。可见，安夷堡即原安夷县。

《明一统志》卷八八《镇远府》，“镇远县，元置镇安县，寻改安夷县”；该卷

[1] [清]蔡宗建:《镇远府志》，《中国地方志集成·贵州府县志辑》，巴蜀书社，2006年。

《思南府》，“废安夷县，唐置宁夷县隶夷州，宋政和中复置隶思州”。据此，则安夷县（堡）当为镇远县，虽曾为思州属县，并不在思南府境。嘉靖《思南府志》记有废安夷县，若认为安夷在思南府境内，则有误。嘉靖《贵州通志》卷一《建制沿革·镇远府》，“镇远县，本镇远金容金达司，大观元年即其地置安夷县，元改正安县，至正二十年复为安夷县，又为镇远司”；卷二《郡名》，“镇远府，宋名安夷，元名安定，永安”；卷八《古迹》，“思南府有废安夷县”。可见，镇远即宋安夷。又，万历《黔记》卷一《大事记》，“绍兴元年置思州军领安夷、邛水、思邛、务川四县”。则安夷堡复县或在绍兴元年，由于当时西南远离宋廷，又会战时，其正式设置则在次年。又，《纪要》卷一二二，“宣和四年废思州安夷县为砦隶黔州”。按，安夷县废为堡，非砦，不过宋时城砦，大则为砦，小则为堡，堡砦之称并不十分严谨。

康熙《贵州通志》之《古迹·思南府》，“古安彝县，古思王县在府南三百里”。则安夷（彝）当在今镇远附近。乾隆《清统志》卷三九六《思南府》，“安夷废县在婺川县南”。其说不知何据。乾隆一《贵州通志》卷二《地理志·建置》，“思州府、宋思州安夷县”；卷七《古迹·镇远府》，“思南府有废安夷县……明改镇远县”。据此，则安夷当在镇远，而不在思南，清思州亦在清镇远府附近。又，乾隆《镇远府志》卷四《沿革·镇远县》，“宋大观元年置安彝县，元改镇安县，至正二年复为安彝县，明弘治十一年设县”。又，乾隆《黔南识略》，“镇远县，宋政和八年置邛水县属思州，宣和四年废为堡，元置镇安县，寻改安夷县”。该志混淆了邛水、安夷，因此二地甚近。又，嘉庆《黔史》卷三《明》，“大观元年改峨山为安彝，元改镇安，至正元年复为安彝，明孝宗弘治十一年春置为镇远县”。

又，民国《贵州通志·舆地志》，“安夷县，元置安夷与宋不同”。该志认为宋安夷在务川县南，与元代不同。又，民国《岑巩县志》卷六《地理志·沿革》，“安夷，唐之宁夷，废县在务川南”。据此，则安夷在务川南。

又，《地名辞典》认为，大观元年置安夷县，治所在今贵州黔东南州镇远县。《地图集·南宋夔州路》也标安夷县于今镇远。

综上，则宋安夷堡（县）当即今贵州省黔东南州镇远县。至于在务川县南之说，暂无确切更早实据。

安夷堡置于宣和四年，绍兴二年复为县。其置废当同于务川堡，显示出宋廷对西南田氏夷人控制力度的升降。

4. 石南堡

《纪胜》卷一七八，思州有石南堡。

嘉靖《思南府志》，犵楠关“在印江县东七十里”。“犵楠关”从读音字形上均与石南堡有相近处，从方位来看也在思州境内，或即石南堡？

查《黔图》第21页《印江县》，该县东五十余里处有一犵猡营，当即原犵楠关，或即原石南堡，其效用当在镇抚思州夷人。

石南堡之置当在政和八年（1118）建思州后，其当一直存在到思州1275年没于元之时。

5. 风门堡

《纪胜》卷一七八，思州有风门堡。

该堡今无考，其效用当在镇抚思州夷人。其置废当同于石南堡。

6. 旧思堡

《纪胜》卷一七八，思州有旧思堡。

旧思堡或因思州故城而名。据前考，则唐思州在今贵州沿河县东北团结乡，此或即旧思堡。其当存于整个宋代。

7. 洛浦堡

嘉靖《贵州通志》卷八《古迹》，“镇远府有废洛浦县，唐置隶夷州，后废，宋政和中复置隶思州，宣和间废为堡隶黔州”。可见，洛浦堡本为宋思州属之洛浦县，在镇远附近，该县《宋志》不载。又，万历《黔记》卷七，“邛水司，宋邛水县，古迹有废洛浦县”。则洛浦堡（县）当在邛水附近。又，乾隆《贵州通志》卷七《古迹》，“镇远府，废洛浦县在府东”。该志亦认为洛浦县在镇远府东，邛水（今三穗）即在其东。

总之，洛浦堡具体方位虽无考，但大致在今贵州三穗县附近。

洛浦堡置时当同于安夷等县废为堡之时，即宣和四年（1122），似乎并未再复为县，而一直为堡，直到宋亡。

8. 酉阳寨

正德《四川志》卷二三《酉阳宣抚司·沿革》，“宋政和六年于婺川县置思州，酉阳寨隶焉，后升为州”。又，嘉靖《四川总志》卷十四《酉阳宣慰司》，酉阳“宋属思州”。同治《增修酉阳直隶州总志》，“南宋时冉氏改寨为州，绍兴元年功封守酉阳，孝宗淳熙初改为酉阳州，光宗绍熙改酉阳安抚司，宁宗庆元二年废司称酉阳州”。又据《酉阳县地名录》，1129至1131年冉守忠封为酉阳知寨；酉阳寨，地在今酉阳县南甘龙河西岸李溪镇蚂蝗井官坝；1131年改寨为羁縻州，1197年移至官潭，即今县西南铜鼓乡铜鼓潭；宋末移治忠孝坝今钟多镇，即今重庆酉阳治地。

该寨之置，当为安抚冉氏夷人，《纪胜》卷一七八所谓“思州一寨四堡”，寨当即酉阳寨。其存在于1129年至1174年，此后即为酉阳州。

第三节 播州砦堡时空演变考

播州砦堡不多，却在南宋后期有着重要的军事地理意义，也是南宋朝廷与西南夷人关系的一个特例，故其砦堡考定有着独特价值。在考定砦堡之前，需先确定播州方位，并辨析其与遵义军的区别。

《地图集》将播州标在今桐梓附近，遵义军标在今遵义市与县之间。众人多赞同此说，实则对播州及遵义军方位有着重大的误判。

误判的根源在于《纪胜·南平军·县沿革》称，“播川城在军正南三百八十里”，该卷《南平军·景物下》又有，“白锦堡去播川三百里……曲崖隘在军西南九十里，去白锦夷五里”。由此，则自然得出白锦堡在南平军南八九十里处，即今桐梓北境。实则，《纪胜》此处的“白锦堡”更有可能是白锦夷，即播州白锦夷畜牧于此之一支，或者说，为播州白锦夷之北界，而不是作为地理实体的白锦堡。就算有堡，也只是白锦夷的一处新置城堡，而非原堡所在（白锦堡详考见后）。此误判导致后人或以为白锦堡就在桐梓北、綦江南，或以为《纪胜》记载有误。至于郑珍在附于《道光遵义府志》中的《白锦堡考》认为，《纪胜》此处是倒置了白锦堡与播川的方位，以为原文本来应该是“白锦堡去南平军三百里”，则显然是没有通篇理解《纪胜》该卷关于白锦堡、白锦夷、播川城的记述。

然则播州何在?

《广记》卷三三《夔州路·遵义军》，“遵义军，历代地理与播州同，贞观十六年更名遵义，后自播川徙州治焉。唐衰，播州为杨氏两族所分据，一居播川一居遵义，以仁江水为界，其后居播州者曰光荣，居遵义者曰文贵，大观二年各献地……议者以光荣为族长，重违其意乃以播川立州、遵义立军”。其中，“居播州者曰光荣”之“播州”当为“播川”之误。可以肯定，杨光荣所据之播川地，当为唐天宝元年改播州而来之治遵义县之播川郡[1]，其地望自唐迄宋未变，在仁江以西，即今遵义市（含遵义县）境，但未保有播州、遵义县之旧名；杨文贵所据之遵义则为仁江以东、“自播川徙州治”之地，即今绥阳县境，保有播州、遵义县之旧名。故杨文贵地本当复建为播州，因杨光荣为族长，“重（众）违其意”以播川郡故地立播州。由此，则《寰宇记》卷一二〇《江南西道》，“黔州……西南至播州八百里”；卷一二一，“播州播川郡，今理遵义县……西北至珍州二百里”。仁宗康定年间之《总要》前集卷十九，“播州播川郡，即秦夜郎苴兰二郡，西南隅之地，贞观中置郡于播川，东北至（黔）州八百一十里，羁縻州十”。此两书所记之播州当为杨光荣地，因当时播州尚在宋版图之外，其地理远近因袭唐代，并不清楚播州（夷）内部分据仁江两岸之事。

宋代播州之建，在大观二三年之间，《宋史》卷八九《地理志》五《播州乐源郡》，“大观二年南平夷人杨文贵等献其地建为州，领播川、琅川、带水三县，宣和三年废为城，隶南平军”；同卷《珍州·遵义砦》大观二年播州杨文贵献其地建遵义军及遵义县，宣和三年废州及县以遵义砦为名隶珍州。这里的矛盾是，杨文贵既献地建播州，又献地建

[1] 《旧唐书》卷四〇《地理·江南西道·播州》。

遵义军不合理，且与《广记》所载杨光荣、杨文贵各有所据不符。不过，杨文贵既据迁后之播州治，政治地位本高于杨光荣，以其为播州夷之代表也不为过。又，《宋史》卷二十《徽宗本纪》二有准确记录，“大观二年二月丙子朔播州杨文贵纳土以其地置遵义军”；卷四九六《蛮夷传》四《西南诸夷》，“大观二年播州夷族杨光荣以地内属，诏建播州，后废”。这样的记载与《广记》所载符合，可见宋代以杨光荣地建为播州，杨文贵地建为遵义军。

杨光荣之播州范围，南以播川县为主，《宋会要·方域·州县升降废置》，“播州，大观二年建，宣和三年废为城，播川县，宣和二年废为城”；《宋会要·方域·诸城修改移并》，“播川城，宣和三年以播州并播川县改”。则此播川县地即宋建之播州治，也可以作为播州之代称。播州之北域，根据上述《纪胜》之载，则包括播州（实则为播川县或城）其北300里之白锦堡（实为白锦夷，详见后），约略在南平军以南附近。即从播川到白锦堡，仁江以西都是“杨光荣子孙世袭守之”地域。

又，《宋会要·蕃夷五之三三》，“绍圣四年五月二十八日，泸南沿边安抚司言：蕃官播夷界都巡检杨光荣与弟文翰不和，光荣势弱，欲倚汉界为重，乞以播州东南、北分作两面，并权充都巡检，杨光荣、杨文翰仍望以检校祭酒名目降告施行，从之”。关于此条，需明确，此时“白锦”仍为旧堡时期地望。（1）杨光荣与杨文翰为叔侄，非兄弟，且据宋濂《文宪集·杨氏家传》[1]（下称《家传》），“文广……少孤，仲父光荣潜谋篡立”，杨光荣应为僭兄光震之都巡检使职，光震诸子皆“文”字辈，文翰当为其中之一，或即光震子文广、文贵等人之异名，或为误记。另一可能则是，杨光荣所领旧播州地（白锦地）曾分为二，据《家传》，“（杨光荣叔祖）蚁据白锦南近邑号扬州”，可见白锦地南早有分立之势力，到杨光荣时代，其弟（侄？）又一次据白锦地南也是可能的。但杨光震死后，杨光荣僭袭为族长，势力增长，当有可能代表旧播州地献纳于宋廷，甚至其时已经吞并了文翰地（白锦地南）。（2）以上述第一种情况，则播州以东南、北分为二，当为追认既成事实，将播州自唐末五代杨氏分为二的事实由宋廷官方确认，非杨光荣实辖之播州分为二。（3）杨光荣势弱，恰因其并非播州正统，唐廷所封之“播州”已迁至杨文翰所在的仁江东北、后来杨文贵献地建之遵义军地，今绥阳境。（4）杨光荣地在唐播州旧地播川，即白锦旧地，由《宋会要·蕃夷五之三五》“杨光荣同孙杨光琏状：所管系唐朝所遗地”亦可知，光荣、光琏当为兄弟辈，非祖孙辈。（5）杨文贵据地为唐末五代播州迁地，即仁江东北，由《宋会要·蕃夷五之三五》“播首部（都）指挥使杨文贵”可知，其地为理论上合法的播州，方称为“播首部”。又，《宋会要·蕃夷五之三五》：“据南平军有播州夷人杨光荣同孙杨光琏状，所管系唐朝所遗地，唐州平生户一万余家，乞献纳朝廷；又据夔州状：据播首部（都）指挥使杨文贵等状。近年以来，闻今上皇帝

[1] [明]宋濂:《文宪集》，文渊阁四库本。

圣德圣慈，百姓贫穷者官破衣粮养活，病患之人官破粥药疗疾，文贵等久限外界，无路得达，今涪州乞依例献纳田土。”关于此条：（1）杨光荣与光琏为兄弟辈。（2）杨光荣等辖地为唐播州旧地，即白锦地。（3）杨文贵辖地为唐末五代所迁之播州新治地，即后来所建之遵义军地、仁江东北，且据《家传》，此时文贵兄文广已殁，杨光荣欲谋取播州合法治权不得，遂愤而献地于宋廷，此为正式献地建为经制州，与绍圣四年（羁縻性质）的都巡检使不同。（4）南平军乃熙宁八年收西番部以建，并割恭州南川县（省入隆化）、涪州隆化县来隶，杨文贵献地于朝不似杨光荣般献于南平军，而献于涪州，这是有可能的；另一可能则是由于隆化割隶未久，奏报中仍误以隆化为涪州地，则杨文贵向南平军投诚，仍可记为“涪州乞依例献纳田土”。至于杨文贵所献之地，毫无疑问，为其所辖之“播首部”，即后来之遵义军，因其时杨光荣僭为族长，故而此“播首部”未能建为播州，反而杨光荣之播州旧地再次成为宋廷经制之播州。

又，民国《绥阳县志》[1]之《地理志·古迹》，“废播州，唐播州旧治，今县治左右”。该志所谓播州旧治，即宋遵义军治地，即贵州绥阳县东北旺草镇。

播州有白绵堡、柔远寨、遵义砦。

1. 白绵堡

《宋史》卷八九《地理》五《播州》，“端平三年复以白绵堡为播州”。此白绵堡即为播州治所，白“绵”堡实为白“锦”堡字误。前人关于白锦堡之考述，主要有南白锦说、南平军境说两大类。

持南白锦说者，以郑珍《白锦堡考》[2]为代表。郑文首先指出，“绵”乃“锦”之误，自王象之《舆地纪胜》谓“南平军在白锦堡，去播州三百里”后皆沿误，堡遂在綦江境。接着，郑文据宋濂《潜溪杨氏家传》，认为今（遵义）府城南40里有市懒板凳[3]或即南白锦，即古白锦堡。此后道光《遵义府志》、民国《遵义新志》[4]、民国《桐梓县志》、民国《贵州通志》俱采此说。民国《续遵义府志》虽没有明确肯定此说，却认为白绵堡在府治南20里之半边街，此半边街与懒板橙相距不远，根据郑文，应该都属于南“白锦堡”范围之内。今贵州遵义县即设治于前之懒板橙、今之南白镇。

南平军境说，源自《纪胜》卷一八〇《南平军·景物下》，“白锦堡，去播川三百里，杨光荣子孙袭守”。稍晚出之《胜览》卷六十《南平军·山川》亦载，“白锦堡去播州三百里，系纳土官杨光荣世守之”。其后方志诸说因袭，遂认为白锦堡在南平军境内。

[1] 谭其骧编：《清人文集地理类汇编》（第一册），浙江人民出版社，1986年；民国《桐梓县志》（下称《民国志》）引为《郑珍白绵考》，《中国方志丛书·华南地方》第154号，台湾成文出版社，1976年。

[2] 谭其骧编：《清人文集地理类汇编》（第一册），浙江人民出版社，1986年；民国《桐梓县志》（下称《民国志》）引为《郑珍白绵考》，《中国方志丛书·华南地方》第154号，台湾成文出版社，1976年。

[3]《汇编》印为“嫩板凳”，《民国志》为“懒板凳”，皆音、字相近。

[4] 张其昀：《遵义新志》，《中国地方志集成·贵州府县志辑》，巴蜀书社，2006年。

宋代之南平军主要包括今綦江、南川、万盛、桐梓境。此说自郑文斥为谬误之后，基本不再有人主张。

通常以先出之说为准，在无确实证据之前，不能断然推翻前说。显然，南宋王象之的记录，早于明初宋镰之说[1]，郑文以后出之宋说否定前出之王说，或误。问题还不仅于此。考诸唐宋以来正史地理志及川贵方志，发现作为播州杨氏统治核心之白锦堡地望，实与播州地望密切相关，而播州在唐宋两朝废置分合迁徙不定，从而导致白锦堡之地望变迁不定。再加上唐遵义县、宋遵义军、遵义县之废置不定，从而使白锦堡地望问题愈加扑朔。在仔细分析诸说之后，可以设想：作为杨氏初据播州时之据地，白锦堡之名或如播州杨氏一般，随其迁徙而迁徙；同时，“白锦”甚至与“播州”一样成为杨氏夷人之族属代称，遂有“白锦夷”之说。由此，方可解决宋代白锦堡忽而在南（今遵义县治所）、忽而在北（今綦江县南）之矛盾。此外，由于播州与白锦堡有时具有二而一、一而二的性质，也唯有搞清了白锦堡演变之后，才能彻底理清唐宋播州与遵义军的变迁。

白锦堡之最早见诸正史记载，当为《宋会要·方域·诸寨》：“绍兴二十八年九月四日夔州路奏，南平军白锦知堡夷官带领夷人自白锦堡入江津县清溪寨雁门。”据此，白锦堡在绍兴二十八年（1158）时隶于南平军；白锦堡邻江津县清溪寨。又，《性善堂稿》卷六《奏疏·重庆府到任条奏便民五事》：“江津县旧有寨口清溪……其后因白锦堡部曲透漏作过，又别措置土丁以三百人为额专以控扼诸羌。”其所指当为同一事件，白锦堡之方位亦同于《宋会要》。《可斋杂稿续稿》[2]卷十二《长沙保境青词》：“一则由白锦堡而薄辰酉五溪之隅。”该文提示了一个关于白锦堡的大致方位，即在辰、酉、五溪等数地之边角外，即在当时辰州以西、酉阳（属思州）之西南、五溪（属辰州沅州）之西。不过，此地域范围过于广大，很难确定白锦堡之确址，说是在南平军以南，或者播州附近，都可以。

又，《宋会要·方域·诸寨杂录·移寨》：“嘉定六年十一月二十一日言，泸州合江县与南平军白锦堡杨光荣族连接。”据此，白锦堡在嘉定六年（1213）仍然隶属南平军；白锦堡邻泸州合江县。参看《地图集》之两宋川峡四路图，北宋泸州合江县东邻江津县、溱州、南平军，南邻滋州、播州、遵义军，南宋合江县东邻江津县、南平军（溱州省入），南邻遵义军（播州省入），滋州则省入泸州；且不论播州、遵义军其省并关系如何，单就图看，嘉定六年之白锦堡与绍兴二十八年之白锦堡似应为一地，若此二地重合，则白锦堡当西邻泸州合江县，北邻重庆府江津县，东为南平军境。但是，从“白锦堡杨光荣族”来看，如果把白锦堡或白锦当作播州杨氏之族属代称来看，也同样可以。以某族核

[1] [明]宋濂:《文宪集》卷十《杨氏家传》，文渊阁四库本。
[2] [宋]李曾伯:《可斋杂稿续稿》，成于宝祐甲寅四月既望，文渊阁四库本。

心地域代其族称，这在史籍中并不鲜见[1]，而地虽不可移动，杨氏夷人则可以迁移，进入江津县的可能只是北迁到南平军附近、紧邻江津县的一支“白锦夷”。如此一来，道光《重庆府志》提到的“白锦夷”[2]当实有所据。由此看来，则白锦堡也可指合江县以东、江津县以南、南平军西南的广大地域，无论是唐代还是宋代播州、遵义县都在这个范围内。因此，仅仅从《宋会要》看来，还不能确指白锦堡地望，而只能定“白锦夷”也就是播州夷[3]主要分布区域之西界、北界。

在现存宋代诸总志中又是如何记载白锦堡地望的呢？宋初的《寰宇记》以唐代政区地理为主，其卷一二〇至一二一《江南西道》所记之播州为唐代播州方位[4]。《九域志》卷十《化外州》记夔州路有播州，然此时播州尚未纳入宋版图，播州白锦堡既不属宋域，也未见于记载。在播州已内附的政和年间，《广记》卷三三《夔州路》恰有缺文，有遵义军而缺播州[5]。

南宋王象之撰于嘉定宝庆年间（1208–1228）的《舆地纪胜》卷一八〇《南平军》记载，“白锦堡为南平军治，去播州三百里，杨光荣子孙袭守”。该书首次指出了作为地理实体的白锦堡其相对位置，（1）白锦堡在南平军，此处“治”，不是治所，而是治理，表示所属关系。白锦堡至少在宣和三年到端平三年（1121–1236）间随播州一起隶属于南平军，《宋志》五有载[6]，由此亦可知上述《宋会要》所记“南平军白锦堡杨光荣族”不误。《宋志》所谓“南平夷人杨文贵献地建播州”作为一种追述记法亦不误。当然，据此还不能明确此“白锦”究竟是族称还是地名。（2）“去播州二百里”，是明确的地理方位，故可确定此“白锦”是地理实体的白锦堡。只要明确了播州地望，就可定出白锦堡地望。但是，此“播州”是“唐播州”还是“宋播州”？宋人记当代事，当然以当代地理方位为准，此播州当指大观年间杨光荣献地所建之播州。

自《纪胜》之后，撰于理宗年间的《胜览》卷六十《南平军·山川》载，“白锦堡去播州三百里，系纳土官杨光荣世袭守之”。这一说法几乎是《纪胜》之翻版，不再阐述。

其后历代诸书多沿用其说。

《明一统志》卷七二《遵义府》载，“白锦堡去播州二百里，昔杨光荣子孙承袭守

---

[1] 《宋史》卷四九六《西南诸蛮四》：“渝州蛮……西南接乌蛮、昆明、哥蛮、大小播州，唐南平獠。”此处的播州当指播州杨氏夷人。

[2] 道光《重庆府志·沿革·綦江县》：“曲崖隘在县西南九十里，界白锦夷五里。”

[3] 白锦、播州二词在族称与地望上具有互指互换功能，见后考释。

[4] 《太平寰宇记》卷一二〇《江南西道》：“黔州……西南至播州八百里”；卷一二一：“夷州……西南至播州二百四十里；播州播川郡，今理遵义县……西北至珍州二百里。”

[5] 《舆地广记》卷三三《夔州路》：“遵义军，历代地理与播州同，皇朝大观二年蕃州的杨文贵献地，东西二百二十二里、南北六百一十二里，置遵义军，今县一，贞观十六年更名遵义，后自播川徙州治焉。唐衰，播州为杨氏两族所分据，一居播川一居遵义，以仁江水为界，其后居播州者曰光荣得唐所给州铜牌，居遵义者曰文贵得州铜印，皇朝大观二年两族各献其地皆自以为播州，议者以光荣为族长，重违其意乃以播川立州、遵义立军焉。”同时人李攸《宋朝事实》卷十九《升降州县二》有类似记载。

[6] 《宋史地理志》卷八九《地理五·播州乐源郡》：“大观二年南平夷人杨文贵等献其地建为州，领播川、琅川、带水三县。宣和三年废为城，隶南平军。端平三年，复以白绵堡为播州。”

此，宋端平中于此置播州”。嘉靖《四川总志》卷十四《播州宣慰司·古迹》，“白锦堡去播州三百里”。《蜀记》卷十八《上川东道·重庆府》，其“南川县”条直接引用《胜览》“去播州三百里为白锦堡”。《纪要》卷六九《綦江县》更进一步引申，指出，“白锦堡在县南八十里，南去遵义府三百里”。但是，《纪要》同卷又引用《播州旧志》“堡在司东二十里”，明代播州司在宋代播川城附近，即今之遵义市、县之间，这样的记载，显然又与堡在“綦江县南、去遵义府三百里”之说矛盾。此外，该书卷七十引《宋志》“端平中复以白锦堡为播州”，又或可见“绵”确为“锦”之误。可见，明人更进一步将白锦堡定在了綦江县南80里。按，明代以来之綦江县，为宋代南平军及南川县境，据乾隆《四川通志》卷二六《綦江县》，“南川故县在县南九十里，元丰元年复置南川县为（南平）军治”，则綦江县南八九十里处，当为宋南平军治所。由此，则白锦堡与南平军治几乎重合，或堡即在军左近，这显然都不合常理。又据道光《重庆府志》之《沿革·綦江县》，“曲崖隘在县西南九十里，界白锦夷五里；白锦堡在县南八十里”。则白锦堡或许就在宋南平军附近十里之内。若此“白锦”只是播州夷人北界之一支，即作为族称，只有畲居畜牧地，而无“堡”之实体，则也是可能的。播州夷（白锦夷）既有随处畲居之性，亦有畜牧之长[1]，这在唐宋人眼中是一种常识。

乾隆《清统志》卷二九六《重庆府》：“白锦堡在綦江县南，旧志白锦堡在县南八十里，按白绵白锦字相似而误耳。”可见该书之述白锦堡乃直接因袭旧说。该志卷四〇三《遵义府·古迹》：“播州废司在府城东，宋大观中置播州治播川县，在今桐梓县界，端平中复置播州治白绵堡，在今南川县界，万历中改于白田坝复置遵义县，盖今州治即唐芙蓉县之地”，“家训碑在府城北白绵堡、宋忠烈公杨璨以十训刻石示子孙”。这里提出了三条新的说法：第一，宋大观中所置播州播川县在今桐梓县界，前面已说明，播州播川城在仁江以西，当非清桐梓界[2]，该志以宣和六年后新建于今桐梓城南旧城坡之播川县与大观中所建播川县混淆；第二，明确指出端平中[3]复置播州之白绵堡在今南川县界，这显然误将宋代南平军南川县与清之南川县混淆，宋南川县即明清至今之綦江县，明清至今之南川则为宋代隆化县；第三，指出白锦堡有杨璨（粲）家训碑，则此碑可为白锦地望之信物。该志同卷《关隘》“白绵堡在府城北二百里”则是沿用旧说。乾隆《四川通志》卷四下《重庆府》，“白锦堡在綦江县南三十里”，除了里程数与上述有差异，其关于白锦堡之方位无新意，且距离数更无根据。乾隆《贵州通志》卷七《古迹·遵义府》：“废播州

---

[1]《明史》卷三一二《四川土司·播州宣慰司》：“（刘綎）追奔（杨应龙军）至养马城，连破龙爪、海云。”乾隆《大清一统志》卷四〇三《遵义府》：“养马城在府城北五十里，杨氏据播时所筑。”乾隆《贵州通志》卷七《古迹·遵义府》：“养马城在遵义县北三十里，唐末杨氏建牧马地。”南宋所谓“川马”，实为“播马”、广马，唐末播州即有养马城，在今遵义市北海龙屯对面，址存。《寰宇记》卷一二二《珍州》：“其县并在州侧近或十里或二十里，随所畲田处为寄理移转，不定其所。”此虽述珍州，然邻近之播州夷应该有类似舍居状况。

[2] 清代桐梓与今之桐梓大致相当。

[3]《宋志》为端平三年。

在府北三百里白绵堡，家训碑在白绵堡”，该志说法同于上述乾隆《清统志》。嘉庆《重修四川通志》之《重庆府綦江县·关隘》“白锦堡在县南八十里”，一仍前旧。嘉庆《黔史》，“白绵堡置播州，皆非今遵义府治，皆珍州溱州境、惟置遵义军则今府治”。该书作者大概看出了白锦堡位置的部分真相，即不一定在清遵义府[1]、宋大观置播州播川城境，而在播州以北之珍溱二州境；其中，溱州在宣和中既已废属南平军，而播州亦在同时废属南平军，重建播州后或已蚕食部分溱州地；珍州在宋代两度置废，咸淳末废属播州，故而白锦堡或许不在今遵义境，却可能在靠近宋代南平军的珍溱二州旧境。

从以上记述综合看来，《宋会要》及《纪胜》所记之播州白锦堡在今綦江县南80余里、遵义府北300里。但是，此“白锦堡”更大可能不是一地理实体的“堡”，而是播州白锦夷北界畲居畜牧之一支。从白锦堡到白锦夷的地望变迁中，透露出南宋后期播州杨氏在南平军诸夷中地位与势力的急剧上升，吞并周边珍溱诸夷的历史地理事实。

若仅有上述记录，白锦堡或白锦堡夷之地望方位大致可以确定，但《宋志》却有一条导致混淆的记录。《宋志》五《播州》，“大观二年南平夷人杨文贵等献其地建为州，领播川、琅川、带水三县，宣和三年废为城，隶南平军。端平三年，复以白绵堡为播州，三县仍废，嘉熙三年复设播州，充安抚使”。由此，并结合前述可知，播州治在播川县、即后之播川城，此城与后来复建播州之白锦堡是否同一呢？或者地望接近？若同一或接近，则播州岂非就在远离仁江的今綦江县南境了，这显然与《广记》所载宋大观中建之播州地望有着较大差异。

又《鹤山集》[2]卷六九《显漠阁直学士提举西京嵩山崇福宫许公奕神道碑》，“夷酋杨粲世服王官，守白锦堡，乞升堡为锦州，事未行，粲已浮杉板”。从这些记载看来，白锦堡当为播州夷之核心势力范围，或者说根据地也不为过，否则杨粲也不会有将白锦堡升为锦州（实为播州）的要求了。由于杨粲在嘉定年间早死，据《宋志》，播州之再次复置延至“端平三年，复以白绵堡为播州”。可见，在杨氏看来，白锦堡与播州同一，白锦堡在哪里，锦州（播州）就在哪里，反之亦然。此外，白锦堡作为杨氏根据地，当为世代居所，累世经营，才会有再次升堡为州之可能，则此堡当不出杨光荣献地所建播州之播川城左近。甚至与此播川城重合，而绝不会远在播州北300里之南平军左近。

那么，作为地理实体的白锦堡，或者说，杨氏世守的、端平三年升为播州的白锦堡，既然不在南平军附近，又在哪里呢？

关于白锦堡位于播州南部而非北部的最早记载，是明初宋濂《文宪集》卷十《杨氏家传》，该文对播州杨氏源流及地望有着颇为翔实的记述。由于系明朝人述唐宋事，其史料可信度需要仔细鉴别。“僖宗乾符三年，杨端乃诣泸州合江径入白锦，军高遥山据险立砦，结土豪□蒋黄三氏为久驻计，蛮出寇，端出奇兵击之大败，子孙遂家于播。（杨）光

[1] [宋]魏了翁:《鹤山集》，文渊阁四库本。
[2] [宋]魏了翁:《鹤山集》，文渊阁四库本。

荣患，籍播州二县地千七百里往献于朝，诏即其地建白锦堡；（杨）轮常病旧堡隘陋，乐堡北二十里穆家川山水之住，徙治之，是为湘江。杨氏居播十三传至粲始大，生三子价、佐、佑。端平中，北兵犯蜀，围青野原，价率家兵五千戍蜀口，围解，价功居多，未几复白锦堡为播州，（其子）文领郡，价统兵。”这段记述透露了如下信息：（1）播州杨氏鼻祖杨端入播时，已有“白锦”地名，其后人于此世守；（2）杨端由泸州合江入白锦，其关于“白锦”之大致方位同于前述《宋会要》记载；（3）此处更有了确定白锦地望的参照物，“高遥山”；（4）白锦堡建于杨光荣献地建播州之后；（5）杨珍迁白锦堡于旧堡北20里之穆家川，即明代以来之湘江；（6）杨轸子杨粲时播州杨氏势力更加强大，且在宋廷的政治地位上升；（7）端平中复白锦堡为播州之直接原因，在杨价领兵助宋廷抗元。可见，白锦地名先有，而堡后建。此外，白锦堡有两处，即杨光荣至杨轸时期的旧堡，以及杨轸之后建于穆家川附近的新堡。前面已经知道，杨光荣献地，宋廷诏即其地建播州、播川县，该处后废为播川城，据《家传》，则此播川城与白锦旧堡地望同一，此堡在白锦新堡之南，其名遂发展为“南白锦”。据《家传》提到的“高遥山”与“穆家川”两处地名，则可确定新旧白锦堡方位。其后，凡是提到杨端及杨轸迁穆家川的诸说，都是因袭宋濂此说。杨端其人其事虽属捏造[1]，而《家传》所记播州杨氏事迹及白锦地望则大致不差。

据《寰宇通志》[2]卷六九《播州·山川》，“定军山，杨端驻军于此”。可见，从明代开始，杨端驻军的高遥山已等同于定军山。《明史·地理志》卷四《四川·遵义县》，“东为定军山”。乾隆《贵州通志》卷五《山川·遵义府遵义县》，“定军山在城北四十里，唐杨端驻军于此”。郑珍《白锦堡考》认为“高遥山在府西三十里”。按，今遵义市北40里有定军山。

穆家川的位置，则更是没有疑义。《家传》已指出，穆家川即湘江。正德《四川志》卷二三《播州宣慰使司·山川》，“湘江在治东，又名穆家川”。又，《明史·地理志》卷四《四川·遵义县》“东有湘江”。又，乾隆《黔南识略》三十，“湘江，在城东四里，一名穆家川，《四裔传》‘遵义军迁于此’”。笔者遍查《宋史》《元史》《明史》及《文献通考》，未见遵义军迁于穆家川之载，未知其《四裔传》何所出。又，乾隆《贵州通志》卷五《山川·遵义府遵义县》，“湘江，城西四里，一名穆家川”。又，道光《遵义府志》“湘江，在（遵义）城东，亦曰穆家川”。又，民国《续遵义府志》“穆家川，即治城东门外河也，自明始称湘江”。另，民国《遵义新志》第十章《区域地理》，“老城，宋孝宗时杨轸移于此，湘江斩切，明代始称穆家川为湘江”。今遵义市区有湘江。

---

[1] 关于杨端属捏造，参看禹明先《杨端考》，《贵州文史丛刊》1997年第1期。不过，杨端事迹究竟是否捏造，尚待深考。

[2] [明]陈循:《寰宇通志》，《玄览堂丛书续集》本。

既然穆家川即今湘江，则白锦新堡也就是今遵义市区附近，白锦旧堡在其南二十里之处。当然，白锦最初作为一地名，应该是一片区域，而非一个点，应该包含新旧白锦堡在内，即使囊括几十里之外的定军山，也是有可能的。

又，正德《四川志》卷二三《播州宣慰使司·沿革》，“宋大观中，杨文贵献地建遵义军于白锦堡，淳熙迁治穆家川即今地”，此处误记播州为遵义军，沿用《宋志》之笼统说法，肯定了新堡所在的穆家川即明代古播州司所在地。同卷《古迹》，“白锦堡在司治东二十里，宋端平中置播州”，此处之白锦堡应为白锦旧堡，与播州司也就是宋代新堡距离不差，惟方向误记为东，据《家传》，旧堡应在新堡以南。又《蜀记》卷二十《遵义道》，“按唐永徽中废带水县在府北三十里，宋大观建遵义军于白绵堡亦在府北三十里，似同一地”，此处同样误以播州为遵义军，且误以白锦旧堡为明代遵义府地望，将《家传》杨轸迁堡于旧堡北加里之事与宋人观时建遵义军（实为播州）事混淆，故将唐带水废县与白锦旧堡混为一地。又《纪要》卷六九《綦江县》引《播州旧志》“堡在司东二十里”，与正德《四川志·播州司古迹》中关于白锦堡方位地望相同，其误不赘述。又，《明史·地理志》卷四《四川·遵义县》，“万历二十九年四月与（遵义）府同徙治白田坝，在故（播州）司城西”。按，白田坝，即白锦新堡，也就是今遵义市老城区红花岗区。《明史》卷三一二《四川土司》，“遵义府即播州，乾符初南诏陷播，太原杨端应募复其城”，显见其关于杨端之说沿用《家传》。又乾隆《黔南识略》卷三十，“遵义县，大观二年建军，宣和三年废为砦属珍州……嘉熙中复置播州，迁至穆家川，遵义故县在（遵义府）城东北百里”。这里指播州（白锦堡）迁至穆家川不误，但混淆了播州与遵义军，并误认清遵义县为宋遵义军地，惟其指遵义故县在府东北百里不误[1]。同卷又有“废播州在（遵义府）城北三十里，曰白绵堡”，其误同《蜀记》。又，乾隆《清统志》卷四〇三《遵义府·古迹》，“遵义故城在府城西，唐置为播州治，宋末废”。按，此遵义故城，即曾置为播州的白锦旧堡。又，道光《綦江县志》卷五《兵制·关隘》，“白锦堡在县南三十里”。

郑珍等人所编之道光《遵义府志》有《白绵堡考》，据《家传》指出杨光荣建播州治播川县即“白绵堡”，也就是“懒板凳，遵义县城南四十里”，杨轸迁居之穆家川“即今府治地”，并指出王象之《纪胜》颠倒了播州与南平军，误以“堡为南平军治，去播州三百里”。该志关于白锦堡之考述实际上是白锦旧堡地望。至于《纪胜》以堡在南平军境，并非颠倒之误，而是另有原因，前面已述。同时，该志认为，宣和六年重建之隶于南平军的播川县，其前身播川城并非宣和三年废播川县之播川城（即白锦旧堡），而是位于今桐梓县城南三里旧城坡，也就是宝祐六年所置之鼎山县，估计这也是《纪胜》记白锦堡在播州以北的原因。若关于此播川城（今桐梓境）之记述不误，则此当为播州夷势力北

[1] 宋遵义军地，也就是遵义砦，实在仁江东岸今绥阳县境。

扩，并在该处建立畲居畜牧据点，也就是成为白锦夷的另一支所在。此外，该志还载，“废播州，唐播州，在今绥阳，非宋播州；遵义废县，唐遵义县，宋大观三年军、县，宣和三年废为寨，今绥阳左右”。实际上，此废播州，也即遵义废县，大观间杨文贵建遵义军、后废为遵义寨之处，应是唐末杨氏据播后，其中一支迁居仁江以东之唐末五代宋初之播州，而非唐前期播州，唐前期播州仍在大观间播川城，即白锦旧堡。今遵义县治所在之南白镇，即前懒板凳，当郑珍所谓白锦堡，也就是白锦旧堡所在地。自郑珍《白锦堡考》之后，诸志多沿袭其说，而实本于《家传》。

民国《贵州通志·播州》，“宋白绵堡在今遵义县南四十里懒板凳”。民国《桐梓县志》，“淳熙三年迁播川县于穆家川即今府城；大观所建州治在白绵堡，潜溪所称旧堡即此，今之懒板凳”。按此二志白锦新堡在民国遵义府城，旧堡均在懒板凳。

又，民国《续遵义府志》，“明万历中平播，并立府县治于白田坝、今治东，治南二十里半边街，半白双声、边田绵叠韵，则白田坝即杨轸时白绵新旧堡；播州废司，万历中改于白田坝复遵义县即今治”。据此，则半边街即白锦旧堡，地望与上述懒板凳接近。估计懒板凳沿袭“南白锦”之名，而半边街沿袭“白锦”之名，两地之间即白锦旧堡。白田坝即“白锦堡”也就是白锦新堡，在民国遵义县附近略东。

民国《遵义新志》第十一章《历史地理》直接将“杨保前期”定为“白绵堡期”，即将杨端入播（876年）至杨轸迁堡（1176年）之播州等同白绵堡，“白绵堡一名南白镇，俗讹懒板凳，在遵义城南四十里，城垒可见”。该志将“杨保中期”定为“穆家川期”，即“孝宗淳熙三年（1176）杨轸自堡徙于穆家川即今遵义山城地”。在这样的分期中，含有以播州首邑地为播州杨氏代称之义，却没有进一步意识到白锦堡有新旧之分。

综合以上考述，可以得出这样的一些结论：

宋代白锦堡至少有两处，即白锦旧堡与白锦新堡，其各有历史地理演变序列。

白锦旧堡。自唐太宗贞观十一年（637）建播州，贞观十六年改罗蒙县为遵义县，玄宗天宝元年（742）改为播川郡，至僖宗乾符三年（876）杨端入播，直至宋徽宗大观二年（1108），该地都称为白锦，估计“白锦”或即“播州”、“播川”之谐音。自大观二年杨光荣献地建播州，该地建为播川县，始筑白锦堡为州治，宣和三年（1121）废州为播川城，此城即堡，直至孝宗淳熙三年（1176）杨轸迁堡于穆家川，此堡遂称为南白锦，至宋末废，后其境遂讹称为懒板凳、半边街，其中心即今贵州省遵义县治所之南白镇，离遵义市区约20至40里之间。

白锦新堡。自1176年杨轸迁于穆家川、端平三年（1236）杨价复建播州、1277年杨邦宪降元，其间此地被称为“白锦堡”。元明以降，播州司在堡址附近偏西处，堡废，名则讹称为“白田坝”，万历二十九年平播后，遵义府建于白田坝，即今贵州省遵义市红花岗区。

此外，今遵义市（包括县）境有大量宋代以来杨氏墓，亦可见白锦堡地望在此。

宋代，白锦堡（或白锦）除了有实际的地理含义外，还作为播州夷人之族称。

因唐代以来播州故地即有白锦之名，而播州夷有畬居畜牧迁徙之性，出现地虽不可迁，但地名可以随该族人之迁而改变。在播州废属南平军之后，白锦堡（白锦夷）至少还向北移动到南平军西南八九十里的曲岩隘附近，即今綦江县赶水镇附近，并在今桐梓县城南三里旧城坝建立了白锦夷据点。在作为族称之时，白锦堡（或白锦夷）等同于播州（或播州夷），甚至由于播州曾属南平军而被误记为南平夷。

从白锦堡之名北扩的过程中，应该看出播州杨氏统辖的播州夷势力在南宋后期愈益强大，乃至吞并溱、珍二州故地的民族地理变迁实质，这也是播州杨氏终在元明时期成为西南最大土司世家的历史地理过程。

白锦堡正式设置，当在播州建置之大观二年（1108），且一直延续到宋亡，播州出降。

2. 柔远寨

《宋会要·方域·诸寨》，“柔远寨，（在）播州，宣和三年废”。这是今天所见最早关于柔远寨的记录。

《元史·地理志》六《湖广行省》记载播州军民安抚司，下有六洞、柔远等处长官司，此六洞柔远司或即原柔远寨。又，民国《贵州通志》之《舆地志》，“元六洞柔远等处，《纪要》在都匀府西南一百五十里，明黄平州六洞长官司，《都云县志》‘即今平舟县南三十里六洞汛地’，本属播州”；该志《古迹志》，“都匀府六洞山，平州六洞长官司西南七十里有大六洞砦”。可见，六洞柔远等司地，当在都匀西南之平舟（今平塘县）西南附近。且六洞、柔远等地应相距不远，几乎可视为一地。

查《黔图》第54页《平塘县》，该县略西南近30里处有六洞村，其距都匀市恰为150里左右。此地，或即宋柔远寨址。

该寨既与播州同废于宣和二年（1120），其建置当亦同于播州，为大观二年，目的则为安抚当地夷人，并起到分化、自后方监视播州杨氏势力的作用。

3. 遵义砦

《宋志》五《播州》条记有，遵义砦于咸淳末，随珍州乐源县来隶。《宋会要·方域·州县升降废置》亦有，“遵义砦，在珍州乐源县，大观二年建”。可见，此砦实在珍州境内，详考见前珍州节。

第四章 湖北宋代夔州路施州砦堡考

施州主要在今湖北范围内，即今湖北恩施州。《总要》前集卷十九，“施州十二砦，管义军、土丁、砦将一千二百余人”。则砦均一百人左右。其中，广积监，绍圣三年置，铸铁钱，暂不确定有无砦堡。

第一节 清江县砦堡时空演变考

清江县为施州首县，大致即今恩施市，其北有清江。黔江自黔江县入于施州谓之清江。该县有歌罗、永宁、细沙、宁边（暗利）、尖木、夷平、永兴、行廊、安确、静边、施度、太平、施州南砦及七女寨（栅），共十四砦。

1. 歌罗砦

《宋志》五《施州》条有歌罗砦，《九域志》卷八《施州》条有歌罗寨。

《总要》前集卷十九，“歌罗砦东至施度砦十五里，西南至永宁砦，西北至州二百四十五里”。据此，则歌罗砦在施度砦以西15里，其西南有永宁砦，且歌罗砦在施州东南245里。确定了施度砦、永宁砦、施州方位，则基本上可以确定歌罗砦地望。当然，此三者相对方位及里程不一定精确，需要实际校订。查《鄂图》第65页《恩施市》，其南略东之150里处，宣恩县有高罗乡，高罗当为歌罗谐音。又，《胜览》卷六十，“东门山，在歌罗寨西北五十里东，即夜郎故地，古来夷夏分界入贡之门户也，又云竹王祠在歌罗寨西北五十里东门山，崇宁间赐灵惠庙额；歌罗寨本夜郎县，乾德四年蛮酋珍州刺史田景迁内附纳土，以西江为界，自是西江以北所谓夜郎县故地尽入施州矣”。据此，则歌罗砦西北有东门山，山上有竹王祠，歌罗砦本为珍州夜郎县西江以北故地，其管辖范围则不仅为一个点，而是一大片区域。西江，亦即今湖北宣恩、来凤境内之白水河、漫水河，歌罗砦中心点当距此不远。高罗乡，恰在西江以北。《古今事文类聚》[1]后集卷十三，“唐南蛮歌罗，其俗嫁娶纳槟榔多至三百盘”。可见，“歌罗”本为一“南蛮”族称，其活动范围都可能留下“歌罗”之名，宋代歌罗砦只是其中一个点而已。

《明一统志》卷六六，“施州卫军民指挥使司……菖蒲溪在卫城西南一百九十里歌罗寨”，施州卫即今恩施市，菖蒲溪在其西南190里歌罗寨，则歌罗寨在施州卫西南190里，这与《总要》不符，但若方位记载略误，或歌罗砦本为一大片地域，亦跨至施州西南，菖蒲溪流经其一角，则是有可能的。查《鄂图·恩施市》，其西南190里，咸丰县治高乐山镇，或即菖蒲溪流经的歌罗寨一角；高乐即歌罗谐音。然此高乐山镇离西江太远，不太可能是原歌罗砦址中心点。又，《肇域志》[2]之《湖广》，“高罗安抚司，北里许有劳喜山，白龙溪至司前会西溪，名三江口”。其所谓高罗司，当即宣恩县高罗乡，其南即白水河、西江汇流之处。又，《纪要》卷六九，“黔江县东北九十里有大歌罗山，旧置歌罗驿”。从方位里程看，此歌罗驿即今咸丰县高乐山镇。卷八二，“湖广施州军民卫菖蒲溪，源亦出东门山，山在卫东南二百余里，西流经歌罗寨，会黄姑溪，其下流合于西溪，旁多菖蒲，因名”。东门山本在歌罗砦北，则菖蒲溪亦在歌罗砦北，且西南流经该砦、再

[1] [宋]祝穆:《古今事文类聚》，文渊阁四库本。
[2] [清]顾炎武:《肇域志》，上海古籍出版社，2004年。

会黄姑溪后合于西江，查《鄂图·思施市》，唯有高罗乡符合此水系流势，其东北有水自今苦草坪来，在高罗乡附近汇一水，下流汇入西江；至于高乐山镇，则不符合此情状。又《地图集·清代湖北》亦在今苦草坪附近标绘东门关，其南有歌罗寨；则《明统志》所谓菖蒲溪，当在今高罗乡附近，而非高乐山镇附近。同卷，“歌罗寨，卫西南百九十里，宋置，又尝置驿于此”，此歌罗寨又并非前所谓菖蒲溪流经之歌罗寨，而是曾置歌罗驿之地，即今咸丰县高乐山镇。此地是否即宋代置寨之处，恐有混淆，或确曾有歌罗寨移治情况，或因其为歌罗寨之一角。又，《明史·地理志》五《湖广》记载，施州卫忠建宣抚司下有高罗安抚司，忠建司在今宣恩县境，高罗司当即今高罗乡。

又，乾隆《清统志》卷二七四《施南府》，“歌罗砦在恩施县西南；菖蒲溪在恩施县西南一百九十里，源出东门山，西流经歌罗砦，会黄姑溪下流，合于西溪，傍多菖蒲因名”。与《纪要》所载雷同。又，《清史稿·地理志》十四《湖北·施南府》记载，宣恩县有高罗等司地。又，同治《宣恩县志》记有高罗里，此高罗里当即原高罗寨。该志又记，“元设高罗等土司；《施州卫旧志》‘高罗安抚司，元改高罗寨司，在卫东南九十里’；高罗里歌罗寨，治南九十里；高罗汛，治南九十里”。可见，高罗司即歌罗寨，因其当要道，又设高罗汛，在宣恩南90里。又，同治《施南府志》，“东乡五路安抚司，南至高罗四十里，在卫南一百五十里”，据此，则高罗在施州卫南190里，与前记载同。该志又记，“高罗安抚司……大历五年以州有珍山改名珍州，宋乾德三年内附……后改高罗寨长官司……在（施州）卫东南九十里”，实则高罗（歌罗）并不在珍州夜郎境，而在舞州夜郎境，诸志混淆珍州为舞州，不过，高罗地望在施州南，则是无疑的。又，同治《咸丰县志》卷一《疆域志》，“角楼山，又名高罗山，县治前”。此高罗山，即黔江东北90里的歌罗山，位于今咸丰县治高乐山镇，不同于歌罗寨或高罗司、高罗乡。又，光绪《黔江县志》，“大哥罗山，县东北一百九十里，施南宣恩县南九十里，旧置歌罗驿”。该志混淆了咸丰歌罗山（置歌罗驿）与宣恩歌罗寨（司）。

又，《地名辞典》记有，“歌罗驿，北宋置，今湖北恩施市西南，同时有歌罗砦”。此歌罗驿并非宣恩境内之原歌罗寨址，按其说，当在今咸丰县高乐山镇。

总之，宋歌罗寨应在今湖北宣恩县南之高罗乡，其境域包括今湖北咸丰县高乐山镇，当为“歌罗蛮”活动地域，其设置亦为镇抚该“蛮”。

该砦存在时间，当为整个宋代。《宋史》卷六三《五行志》“嘉祐六年八月施州歌罗砦生芝四本”。又，《续通鉴长编》卷四一三，“元祐三年八月乙未，东头供奉官施州歌罗寨主幸则追三官”。从这些记载看来，该砦在当时都是存在的，且为施州一重要大砦。

2. 永宁砦

《宋志》五《施州》有永宁砦。

《总要》前集卷十九，“永宁砦东北至州二百六十里；歌罗砦西南至永宁砦”。则该砦应在施州西南260里，在歌罗砦西南。按该卷记载歌罗砦又在施州东南245里，若该卷方位记载不确，则两砦当同在施州南，相距约15里。由此，则永宁砦当在今湖北宣恩县南之高罗乡至李家河乡之间。

该砦或亦置于宋初。《续通鉴长编》卷一一〇，“天圣九年十月壬中，施州言溪洞蛮覃彦绾等寇永宁寨”；卷三〇六“元丰三年七月戊子，废施州永宁寨，置行廊、安确二寨”。可见，该砦在天圣九年（1031）之前已存在，废于元丰三年（1080）七月戊子。又，《宋史》卷四九三，“天圣九年，施州属蛮覃彦绾等寇永宁砦”。又，《宋志》五，“元丰三年七月，废永宁砦，置行廊、安确二砦”。又，《宋会要·方域·诸寨》，“永宁寨，在施州，元丰三年置”，其说则误将废年记为置年。

3. 行廊砦

《宋志》五《施州》，“元丰三年七月，废永宁砦，置行廊、安确二砦”。《九域志》记有行廊寨。则该砦当在永宁、安确二砦附近，或即在原永宁砦址。其大致方位，当亦在今湖北宣恩县高罗乡至李家河乡之间，由其名看来，当为两地间之大道上某段狭窄扼要处。

然，成书于明永乐帝以前的《夔州府志》[1]残卷《山川》记有，“马骔岭，在施州建始县行廊寨”。其为现存最早关于行廊砦方位的记录。若其不误，则行廊砦当在建始县境内大道上某段狭窄扼要处，其具体方位无考。

行廊砦之置年，当在元丰三年（1080）。《宋会要·方域·诸寨》，“行廊寨在施州，元丰三年置”。又，《续通鉴长编》卷三〇六，“元丰三年七月戊子，废施州永宁寨，置行廊、安确二寨”。其或长存直到宋末。

4. 安确砦

《宋志》五《夔州路施州》，“元丰三年七月，废永宁砦，置行廊、安确二砦”。则该砦当在永宁、行廊二砦附近，或即在原永宁砦址。《九域志》卷八记为安碓。其大致方位，当亦在今湖北宣恩县高罗乡至李家河乡之间，由其名看来，当为两地间之大道上某段扼要处。

安确砦之置年，当在元丰四年（1081）。《宋会要·方域·诸寨》，“安确寨在施州，元丰三年置”。又，《续通鉴长编》卷三〇六，“元丰三年七月戊子，废施州永宁寨，置行廊、安确二寨”。其或长存直到宋末。

5. 细沙砦

《宋志》五《施州》有细沙砦，《九域志》有细沙寨。

《总要》前集卷十九，“细沙砦北至州二百八十五里”。则砦当在施州以南285里。又，《海录碎事》[2]卷三下，“雨至溪在施州细沙寨，其源甚微，稍旱即干，雨过则湍涨”。则寨有雨至溪流过。

---

[1] 马蓉等点校：古本《夔州府志》残卷，《永乐大典方志辑佚》，中华书局，2004年。
[2] [宋]叶庭珍：《海录碎事》，文渊阁四库本。

《纪要》卷八二《湖广》，“施州卫军民指挥使司，卫东南二百余里有东门山流出细沙溪，合龙平溪、卫东南二百余里，共注清江”。据此，则细沙溪当在东门山北侧，其南侧流出为菖蒲溪。查《鄂图·宣恩县》，东门山以北水系皆流入牛草河，该河又汇入清江，则牛草河即龙平溪，东门山北侧众水系之一即为细沙溪。同卷，“东乡五路安抚司，宋置细沙寨，北去施州二百八十里，元仍为细沙寨，明玉珍改置东乡五路宣抚司……司东二十里有细沙溪”，可见细沙寨即元末后之东乡司。查《鄂图·宣恩县》，长潭河侗族乡西侧有东乡村，其在东门山水系间，其东南之水即细沙溪，亦可见细沙砦及东乡司皆为镇抚当地侗族先民而设。又，《肇域志》之《湖广》，“施南宣抚司，施州卫东一百里，细沙溪在司东二十里”。施南司，即今宣恩县，细沙溪在其东，则细沙砦亦在其东，今之东乡村恰在其东二十来里。

又，乾隆《清统志》卷二七四，“细沙溪在宣恩县境，源出东门山下，流入龙平溪；龙平溪在恩施县东南二百余里，合细沙溪”。该志所记同前。又，同治《施南府志》，“东乡五路安抚司，明隶施南宣抚司，宋为细沙砦……西至施南二十里……在卫南一百五十里”，其记录同前。同治《宣恩县志》引《施州卫旧志》，“东乡安抚司，宋细沙砦……在卫南一百五十里；细沙坝塘，在东乡里，治东九十里”。可见，关于东乡即细沙砦之说，来自此失传的《施州卫旧志》。

又，《地图集》两宋及元图组均在今宣恩东北侧标有细沙寨。可见，细沙砦即今湖北宣恩县东侧长潭河侗族乡东乡村。

细沙砦存在于宋元两代，明玉珍始改为东乡司。

附：添平台宜寨。《肇域志》之《湖广》，“施南宣抚司……九溪卫，添平守御千户所，本宋添平台宜寨，辖细沙等十隘”。据此，则细沙隘砦等，皆辖于添平台宜寨，此寨后来改名九溪卫，当因其附近溪水众多。查《鄂图·宣恩县》，可见东北山水系众多，细沙溪为其一；该水系间有地名九坝，估计即原九溪卫。

又，乾隆《清统志》卷二八七《澧州》，“磨冈隘在石门县西北，接安福县添平所界，自磨冈而东北为一长梯隘，又东为龙溪隘，又东南为鹞儿隘，自磨冈而西为遥望隘，又南为细沙隘，又西为渔洋隘，又西南为石磊隘，又西南为忠靖隘，又西为走避隘，是为十隘”。此所记十隘，当为《肇域志》所谓九溪卫所辖十隘，其中多半在今石门县，其中龙溪隘当在龙平溪畔。同治《石门县志》之《舆地志·关隘》，“细沙隘，东抵磨冈隘、南抵桑植界、西抵长梯隘、北抵五峰”，此细沙隘或并非原细沙砦地。

6. 宁边砦

《宋志》五《施州》有宁边砦，《九域志》有宁边寨。

《总要》前集卷十九，“宁边砦，旧名暗利，天圣中赐今名，北至州三百里，西至五路溪口八蛮界约五十里，南至安化州蛮界”。据此，则宁边砦本名暗利砦。砦在施州南300里，西、南皆近“蛮”界，其设置显然为深入控扼众蛮。《宋会要·方域·诸寨》，

"宁边寨，旧暗利寨，天圣元年改，在施州"。《续通鉴长编》卷六八，"大中祥符元年二月己亥，夔州路转运使言五团蛮啸聚，谋劫高州，欲令暗利寨援之"，似乎暗利砦附近确有一高州，未知是否即珍州又名之西高州者；卷七六，"大中祥符四年十二月壬寅夔州路转运使言，近置暗利寨，有为恶蛮人能率属归投者"，亦可见其设置为招抚"蛮夷"；卷九九，"乾兴元年十二月辛亥，以曹克己为辰澧鼎州缘边都巡检使兼辰澧鼎峡施等州安抚，以顺州蛮田彦晏焚劫暗利寨故也"，可见施州等曾另立安抚使，以应对当时尚未安顺的"顺州蛮"；卷一〇〇，"天圣元年一月戊子，改施州暗利寨为宁边寨，初为蛮寇所焚，既葺之，因易是名"，可见该砦位置突出，深入"蛮"境，故屡遭焚劫。又，《宋史》卷四九三，"大中祥符元年，夔州路言：五团蛮啸聚，谋劫高州，请令施州暗利寨援之；乾兴初，顺州蛮田彦晏率其党田承恩寇施州暗利砦，纵火而去"，其记载同前。

《纪要》卷八二《湖广》，"施州军民卫，卫南二百余里有暗利寨，即宁边寨，又南七十里有七女栅"。则暗利砦当在施州南二百余里。又，乾隆《清统志》卷二七四，"暗利砦在恩施县南二百里"，恩施县即原施州卫，二百里或为三百里之误。又，《纪胜》卷一七〇《施州·碑记》记有，"蛮人田思忠等受降碑文，碑在宁边寨南五里，元丰六年立；蛮人廖万崇等誓柱文碑，在宁边寨南五里，元丰六年立誓刻石界首"。则宁边砦南5里有此二碑，由此二碑亦可确定宁边砦位置。《六艺之一录》卷一〇八《施州碑记》也提到此二碑。又，光绪《利川县志》[1]，"利川疑以暗利砦得名，则暗利砦当在县境"，利川在恩施西北，与记载完全不合。

总之，宁边砦当在湖北宣恩县与湖南龙山县之间，在歌罗寨、永宁砦以南。

暗利砦置于大中祥符元年（1008）之前，由于屡遭焚劫，再次修葺后，于天圣元年（1023）一月戊子改为宁边砦，直至宋亡。

7. 尖木砦

《宋志》五《施州》有尖木砦，《九域志》有尖木寨。

《总要》前集卷十九，"尖木砦东北至州二百里七日程，砦城咸平中置，初高州蛮人抄掠汉界，乃置砦守之，溪洞帖息；西高州夜郎郡……北至尖木砦五日程"。可见，该砦在施州西南200里，其南5日程约143里为西高州。此西高州当为宋初田景迁内附之高州，又称为南高州，实则并非西高州，与后来大观二年大骆解所献地建之珍州（西高州）不同。大骆解当为原高州夷人一支，其转迁至今贵州境内，献地建为珍州，其命名有渊源，其地域则随着蛮夷部族迁徙而转变。《续通鉴长编》卷五四，"咸平六年四月壬戌，丁谓乃置尖木寨于施州界以控扼之"。《宋史》卷四九三《蛮夷传·西南溪洞诸蛮》，"咸平六年四月，夔路转运使丁谓置尖木砦施州界以控扼之，七月南高州田彦强来贡"，此亦可确证施州有南高州，不同于后来之西高州（珍州），这也是导致珍州地名紊乱之因。又，

[1] [清]黄世荣：《利川县志》，《中国方志丛书·华中地方》，台湾成文出版社，1976年。

《海录碎事》卷三上，“八住山在施州尖木寨，其山陡绝”，则该砦当在八住山。

《纪要》卷八二《湖广》八，“尖木寨，在（施州军民）卫西南”。则尖木砦在施州西南，同于前述。又，《纪胜》卷一七〇《施州·碑记》记有，“知保顺州田承恩誓状，天圣五年刻石在尖木砦”，则该砦尚有刻石一块。乾隆《御定佩文斋书画谱》[1]卷六四亦沿袭《纪胜》此说。又，同治《施南府志·古迹》载有“咸平石柱，宋丁谓立，距城三百里，今应在宣恩县境”。显然，丁谓立石柱，应为划定界限、使夷人明晓内外，且应该与“田承恩刻石”有类似功效，立石柱当在尖木砦。则，尖木砦距施南府城约300里，较以里程，应在今宣恩县边境。

查《地图集·南宋夔州路》，高州（南高州）在今宣恩县南，尖木砦即在其附近。又查《鄂图·宣恩县》，该县南端有八大公山，与湖南龙山县交界，应即八住山，则尖木砦当在此。

尖木砦由丁谓置于咸平六年（1003）四月壬戌，为控扼南高州田氏而设。此后则一直存在到宋末。

8. 永兴砦

《宋志》五《施州》有永兴砦。

《总要》前集卷十九，“永兴砦南控五路溪口，入天赐州界，控蛮夷五路溪口，北至州二百六十里”，则该砦当五路溪蛮夷路口以控扼，深入羁縻天赐州界，在施州南260里，约今湖北来凤县南。《宋会要·方域·诸寨》，“永兴砦，在施州，熙宁六年废”。《宋志》五及《续通鉴长编》卷二四五均记有，“熙宁六年五月，省施州永兴砦，置夷平砦”。

综上，永兴砦当在今湖北来凤县南部。永兴砦废于熙宁六年（1073）五月。

9. 夷平砦

《宋志》五《施州》有夷平砦，《九域志》有夷平寨。

《宋会要·方域·诸寨》，“夷平砦在施州，熙宁六年置”。《宋志》五及《续通鉴长编》卷二四五均记有，“熙宁六年五月，省施州永兴砦，置夷平砦”。该砦估计在永兴砦附近偏北，因永兴砦过于插入“蛮”界，难以防卫而后撤。则其位置当在今来凤县某处，永兴砦址以北。

夷平砦置于永兴砦撤后，即熙宁六年五月，终宋不废。

10. 静边砦

《总要》前集卷十九，“静边砦东北至州二百五十里，七日程，南顺州，西尖木砦十五里”。则该砦在施州西南250里，其南为顺州，其西为尖木砦。查《地图集·南宋夔州路》，顺州在来凤县以南、今湖南永顺附近。由此，则静边砦当在今湖北宣恩县南与湖南龙山县北之间某处，该处距恩施两百余里，其附近则为尖木砦所在的八大公山（八住

[1]《御定佩文斋书画谱》，文渊阁四库本。

山）。查《鄂图·宣思县》，湖南龙山县北端有八大公山乡，静边砦当即在此乡境内。

此砦或存在整个宋代。

11. 施度砦

《总要》前集卷十九，“施度砦北至州二百二十五里，西南歌罗砦；歌罗砦东至施度砦十五里”。则施度砦在施州南225里，在歌罗寨东15里。又，《宋会要·食货·商税杂录》载，施州有施度铺，则该地当位于交通要道处。由前已知歌罗寨在今宣恩县高罗乡，其东北十余里大路上有地名瓦屋场，或即原施度砦址。

此砦或存于整个宋代。

12. 太平砦

《总要》前集卷十九，“太平砦北至州一百三十二里”，即该砦在施州南132里。《宋会要·食货·商税杂录》施州有太平铺，则该砦位于交通要路。

同治《宣恩县志》，“泰平坝塘在石虎里，治西一百一十里”，泰平当为太平谐音，或即原太平砦址。又，同治《施南府志》，“恩施县，南至大雅与宣恩县太平坝交界，距城一百五十里”。则太平坝为恩施、宣恩交界处，其距恩施150里，略同于《总要》所记132里。又，同治《咸丰县志》卷一《疆域志》，“东北至石人坪与宣恩县太平坝交界，距县治一百五十里”，则太平坝亦在咸丰与宣恩县界上，当在恩施、咸丰、宣恩三地交界处。查《鄂图·咸丰县》，该县东北石人坪以西有太平坝，当为原太平砦之一角。《宋代川峡四路市镇地理考》认为太平铺、施度铺、支围铺三地无考，或误。

综上，太平砦当在今湖北恩施、咸丰、宣恩交界处，咸丰县太平坝以东、宣恩县晓关侗族乡以西、恩施市盛家坝乡以南，其中心或即今咸丰太平坝，位于恩施至咸丰大路。该砦当存于宋代。

13. 七女寨（栅）

《纪要》卷八二《湖广》，“施州军民卫，卫南二百余里有暗利寨，又南七十里有七女栅”，则七女栅在施州卫南270余里；“乾兴初，顺州蛮田彦晏寇施州暗利寨，知夔州史方发兵击之，追至七女寨，降其众，是也；《志》云：忠建司西二十里有七女栅”，则七女栅或七女寨当在暗利附近，且在忠建司以西20里。查《地图集·明代四川》，忠建司在今宣恩县高罗乡境内。

又，乾隆《清统志》卷二七四，“七女栅在宣恩县境”。同治《宣恩县志》，“七女栅，在忠建里，治西南一百七十里，宋立天圣石柱为界”，则该栅附近有天圣石柱。又，同治《来凤县志》，“天圣石柱，宋史万逐寇至七女栅，立以分界，县东十五里二关口山上”。同治《施南府志·古迹》亦提到，“天圣石柱……距府城二百七十里，今宣恩来凤交界处”。则天圣石柱在来凤、宣恩分界处，二关口山上。

综上，七女寨（栅）应在今湖北宣恩县西南李家河乡四坝水村与来凤县东北交界之二关口山上，位于两县大路之中。该砦当存于宋代。

14. 施州南砦

《宋史·蛮夷传·西南溪洞诸蛮》，“绍兴十二年诏以施州南砦路夷人向再健袭父知懿州事”，这里提到施州南砦。

同治《施南府志》，“龙潭安抚司，明隶散毛宣抚司，后隶大田所，隶咸丰县，宋为施州南砦地，领上下支罗二洞，在施南西二百五十里”。大田所即今咸丰县，据此，则施州南砦地在今咸丰县境内，而不在宣恩县境。查《地图集·元代四川行省》，于今咸丰以北标绘有龙潭安抚司。又查《鄂图·咸丰县》，该县北部大河畔有龙潭司，当即原施州南砦地。又，同治《咸丰县志》卷一《疆域志》，“龙潭安抚司，宋为施州南砦地，领上下支罗洞，在施南西二百五十里”，其说同于前述。

综上，则施州南砦当在今湖北咸丰县清坪镇大河畔的龙潭司村。该砦或存于整个宋代。

第二节 建始县砦堡时空演变考

建始县有连天、罗大、支土隘三砦。正德《四川志》卷十七《夔州府·山川》，“清江河在建始县治南一百五十里”。

1. 连天砦

《宋志》五《施州》有连天砦，《九域志》记有连天寨、连天山。砦当在该山附近，因此山而名。

《总要》前集卷十九，“连天砦，西至州四百五十里，东南罗大砦、松木隘、曲木隘入溪洞懿州路，南至蛮界二十里，又三十里至顺州”，则连天砦在施州东450里，东南邻罗大砦，南入“蛮”界，其设置当为限隔“蛮”汉。《广记》卷三三《建始县》，“有连天山、建始溪”，连天山附近当为连天砦。

《明会典》[1]卷一一三《巴东县》，“连天关巡检司”，此连天关或即原连天砦附近，因巴东在建始县以东。乾隆《湖广通志》[2]卷二五《巴东县》，“土主庙有二，一在寇公祠左，一在连天关”，则该关附近有土主庙。又，乾隆《四川通志》卷四下，“连天寨在建始县界”。又，乾隆《清统志》卷二七三，“连天关在巴东县西南二百五十里，接鹤峰州界；连天砦在鹤峰州北，《新志》连天关在容美土司北二十里”。据此，则连天关在巴东县西南250里、鹤峰州以北，连天砦亦在鹤峰州以北，则连天砦与连天关相邻或重合，而连天关又在容美土司北20里，容美土司即今湖北鹤峰县。又，同治《巴东县志》[3]之《舆地·里甲·后二都》，“连天关在五甲”；该志《山川》，“连台山在县西南后一都”，台或为天之音误；该志《舆图·后一都》，“清江旁有连天关路”；该志《关

[1]《明会典》，文渊阁四库本。
[2] 乾隆《湖广通志》，文渊阁四库本。
[3] 同治《巴东县志》，光绪六年重刊本，台湾成文出版社，1975年。

隘》，“连天关，县西南五百里，明初设巡检司”。可见，连天关在巴东西南，有路连通清江，且该地历代颇为险要而由连天砦演变为连天关，并设置有巡检司。

又，《地名辞典》，“连天砦，北宋置，今湖北鹤峰县北”。其说虽不甚准确，也大致不差。

综上，则连天砦当在今湖北建始县东南、鹤峰县北、巴东县西南三县交界之处。

该砦当存于整个宋代，关隘历代不废。

2. 罗大砦

《总要》前集卷十九，“罗大砦在建始县界北，至县四百七十三里；连天砦……东南罗大砦”；卷二十，“澧州，安福砦……东北施州罗大砦”。此处记载有些紊乱，事实上，罗大砦当在建始县东南473里，其西南为安福砦。查《地图集·北宋荆湖南路》，安福砦即今湖南桑植县，可见罗大砦当在今湖北鹤峰县境，其在宋时亦为建始县境。再较以罗大砦至建始县473里的距离，其当在今鹤峰县东南边界的铁炉乡附近。

该砦或存于整个宋代。

3. 支土隘

《总要》前集卷十九，“支土隘在建始县界，北至界二百七里”，则该砦在建始县北界以南207里。《宋会要·食货·商税杂录》，施州有支围铺，不知是否即此支土隘。此隘今无考，或在建始县北部某处。其存在时间当为宋代。

附录

一、宋代夔州路砦堡分布古今地名统计表

州县	砦堡	今地	出处
夔州	茆田砦	重庆奉节县竹园镇园树屋基村	武经总要
	黄连砦	湖北咸丰县朝阳寺镇黄杨坪东北，或重庆奉节县云雾乡黄莲坝	武经总要
	土场砦	重庆奉节县吐祥镇吐祥坝	武经总要
	石门隘砦	重庆奉节县永乐镇江岸正对白帝城处，一在巫山县曲尺乡江北境	武经总要
	支陇呼石垒砦	长江以南	武经总要
	通安寨	无考	宋会要辑稿
巫山县	松木砦	湖北巴东县沿渡河镇松树桩村	续资治通鉴长编
	三会砦	重庆巫山县两坪乡三会铺	宋朝事实
	巫山砦	重庆巫山县城	宋朝事实
大宁监	分水寨	重庆巫溪县文峰镇分水村	舆地纪胜
	芙蓉隘	重庆巫溪县文峰镇西南界	舆地纪胜

续表：

云安军 云安县	思问砦	湖北利川北境、重庆云阳县南端接境处	武经总要
	平南砦	湖北利川北境之南坪乡	武经总要
	捍技砦	重庆云阳县南蔡草乡歧阳村歧阳关	武经总要
万州南浦县	平云砦	重庆万州区龙驹镇	宋史・地理志
梁山军 梁山县	赤牛堡	重庆梁平县西南仁贤镇仁和场附近牛头村牛头寨，邻高滩河支流	舆地纪胜
忠州南宾县	栢尚寨	重庆丰都县长江南岸三合镇新开村境	宋会要辑稿
涪州	白马砦	重庆武隆县西北白马镇白马场	宋会要辑稿
	安西砦	重庆涪陵镇安镇与义和镇交界处长江北岸	宋史・张珏传
	三台砦	重庆涪陵李渡镇玉屏村东堡寨	宋史・地理志
渝州			
巴县	朝阳寨	重庆渝北区永兴乡朝阳山	元史・张万家奴传
	嘉定栅	无考	元史・张万家奴传
	平康寨	无考	元史・张万家奴传
	太和寨	重庆合川西北涪江畔太和镇	元史・张万家奴传
	怀远寨	重庆合川北境嘉陵江或渠江岸	元史・张万家奴传
	铧铁寨	重庆市大坪鹅岭公园	元史・杨文安传
江津县	小溪寨	重庆江津民福寺小溪东岸、今砖房岗或五岔村河口	元丰九域志
	清溪寨	重庆江津中山镇清溪河东岸清溪村	性善堂稿
	大中山堡	重庆江津支坪街道江口村长江中之上中山坝	元丰九域志
	寨样堡	重庆江津油溪镇石羊坝	元丰九域志
南平军			
南川县	开边砦	重庆綦江县三角镇	宋史・地理志
	通安砦	重庆綦江县打通镇	宋史・地理志
	安稳砦	重庆綦江县安稳镇	宋史・地理志
	归正砦	重庆綦江县石壕镇东南梳头山	宋史・地理志
	溱川堡	重庆綦江县打通镇吹角坝（喻家坡）	宋史・地理志
	溱溪砦	贵州桐梓县松坎镇	宋史・地理志
	荣懿砦	重庆万盛区万盛街道	宋史・地理志
	扶欢砦	重庆綦江县扶欢镇	宋史・地理志
	宝山砦	重庆綦江县三角镇老瀛山脉后山坪	舆地纪胜

续表：

	鹿箇堡	重庆綦江县石壕镇梳头山仙女洞	舆地纪胜
	吼滩砦	贵州习水县仙源镇吼滩村	舆地纪胜
	曲崖隘	贵州习水县官店镇附近	舆地纪胜
隆化县	宾化砦	重庆南川隆化镇	续资治通鉴长编
	七渡水砦	重庆万盛区营寨村	宋史·地理志
	蟠龙砦	重庆南川大有镇马咀村马脑城	四川省南川县地名录
黔州			
彭水县	洪杜砦	重庆酉阳龚滩镇	宋史·地理志
	洋水寨	重庆彭水县黄家镇凉水桥村洋水坝	舆地广记
	小洞砦	重庆酉阳庙溪乡梯子洞村	宋史·地理志
	界山砦	重庆黔江五里乡，或酉阳花田乡水坝子境	宋史·地理志
	难溪砦	重庆酉阳苍岭镇南溪老村	宋史·地理志
	瀶潭隘	重庆酉阳两罾乡上罾潭村	宋史·地理志
	细竹寨	重庆酉阳南溪老村以西浪坪乡唐家弯	宋会要辑稿
	油木寨	重庆酉阳庙溪乡油木村	宋会要辑稿
	昆仑寨	重庆酉阳庙溪乡石柱门村	宋会要辑稿
	老鹰寨	重庆彭水县汉葭镇东门村	正德四川志
黔江县	白石砦	重庆黔江白石乡境山峡之间	宋史·地理志
	与洛砦	重庆黔江白石乡境	武经总要
	长至砦	重庆黔江白石乡境	武经总要
	门阑砦	重庆彭水县石柳乡马栏坪	宋史·地理志
	佐水砦	重庆黔江舟白镇舟白村阿蓬江西岸	宋史·地理志
	合蓬砦	重庆黔江蓬东乡深溪河口水寨遗址	武经总要
	重王砦	重庆黔江舟白镇附近某处	武经总要
	永安砦	重庆彭水县走马乡永安村	宋史·地理志
	安乐砦	重庆彭水县连湖镇安乐坝	宋史·地理志
	双洪砦	重庆黔江两河镇固北关遗址	宋史·地理志
	射营砦	重庆黔江白石乡陈家店子	宋史·地理志
	右水砦	重庆黔江灌水镇	宋史·地理志
	蛮塚砦	湖北咸丰县与重庆黔江交界的朝阳寺镇境	宋史·地理志
	浴水砦	湖北来凤县漫水乡	宋史·地理志
	潜平砦	湖北来凤县与湖南龙山县交界华塘乡	宋史·地理志
	鹿角砦	重庆彭水县鹿角镇龙门峡	宋史·地理志
	万就砦	重庆彭水县万足乡万足场西北之寨坪	宋史·地理志

续表：

	六堡砦	重庆彭水县保家镇	宋史·地理志
	白水砦	重庆彭水县连湖镇白水村	宋史·地理志
	土溪砦	重庆彭水县保家镇土溪沟	宋史·地理志
	小溪砦	重庆黔江冯家坝镇小溪沟	宋史·地理志
	石柱砦	重庆黔江邻鄂镇石人村	宋史·地理志
	高望砦	重庆黔江正阳镇青冈坪高山圃	宋史·地理志
	木孔砦	重庆黔江城东舟白镇杉木村	宋史·地理志
	东流砦	重庆彭水县保家镇东流坝	宋史·地理志
	李昌砦	重庆彭水县芦塘乡李家沟	宋史·地理志
	仆射砦	重庆彭水县龙射镇	宋史·地理志
	相阳砦	重庆黔江两河镇安家湾与酉阳交界处，靠阿蓬江北岸	宋史·地理志
	小村砦	湖北咸丰县小村乡	宋史·地理志
	石门砦	重庆彭水县走马乡万家村石门坝	宋史·地理志
	茆田砦	重庆彭水县桑拓镇新田乡头党坝	宋史·地理志
	木栅砦	重庆黔江石会镇册山场	宋史·地理志
	虎眼砦	重庆黔江东交湖北咸丰界三虎庙山，或黔江石会镇分水岭村老虎岩	宋史·地理志
珍州	遵义砦	贵州绥阳旺草镇	宋史·地理志
	白崖堡	贵州桐梓东接绥阳界之岩口坝	方舆胜览
	丽皋堡	贵州正安县瑞溪镇至扶焉乡之间	方舆胜览
	思义堡	贵州绥阳县温泉镇鱼家湾附近	方舆胜览
	安定堡	贵州湄潭县马山镇境山头	方舆胜览
	寿山堡	贵州石阡县龙井乡境	方舆胜览
思州务川县	务川堡	贵州沿河县东北团结乡，或岑巩县，或务川县	读史方舆纪要
	邛水堡	贵州二穗县，或印江县	宋史·地理志
	安夷堡	贵州镇远县	宋史·地理志
	石南堡	贵州印江县犵狫营	舆地纪胜
	风门堡	无考	舆地纪胜
	旧思堡	贵州沿河县东北团结乡	舆地纪胜
	洛浦堡	贵州三穗县附近	嘉靖贵州通志
	酉阳寨	1129-1196年在重庆酉阳蚂蝗乡官坝村，1197年移至铜鼓乡铜鼓潭，宋末移治酉阳钟多镇	正德四川志

续表：

播州	白绵堡	初在贵州遵义县南白镇，移至遵义市红花岗区	宋史·地理志
	柔远寨	贵州平塘县六洞村附近	宋会要辑稿
施州			
清江县	歌罗砦	湖北宣恩县高罗乡	宋史·地理志
	永宁砦	湖北宣恩县高罗乡至李家河乡之间	宋史·地理志
	行廊砦	湖北宣恩县高罗乡至李家河乡之间	宋史·地理志
	安确砦	湖北宣恩县高罗乡至李家河乡之间	宋史·地理志
	细沙砦	湖北宣恩县长潭河侗族乡东乡村	宋史·地理志
	添平台宜寨	湖北宣恩县九坝村	肇域志
	宁边砦	湖北宣恩县与湖南龙山县之间	宋史·地理志
	尖木砦	湖北宣恩县八大公山	宋史·地理志
	永兴砦	湖北来凤县南部	宋史·地理志
	夷平砦	湖北来凤县某处	宋史·地理志
	静边砦	湖南龙山县八大公山乡境	武经总要
	施度砦	湖北宣恩县高罗乡瓦屋场	武经总要
	太平砦	湖北恩施、咸丰、宣恩交界处，中心在咸丰太平坝	武经总要
	七女寨（栅）	湖北宣恩县李家河乡四坝水村与来凤县东北交界二关口山上	读史方舆纪要
	施州南砦	湖北咸丰县清坪镇大河畔龙潭司村	宋史·蛮夷传
建始县	连天砦	湖北建始县东南、鹤峰县北、巴东县西南，三县交界处	宋史·地理志
	罗大砦	湖北鹤峰县铁炉乡附近	武经总要
	支土隘	无考	武经总要

二、附图

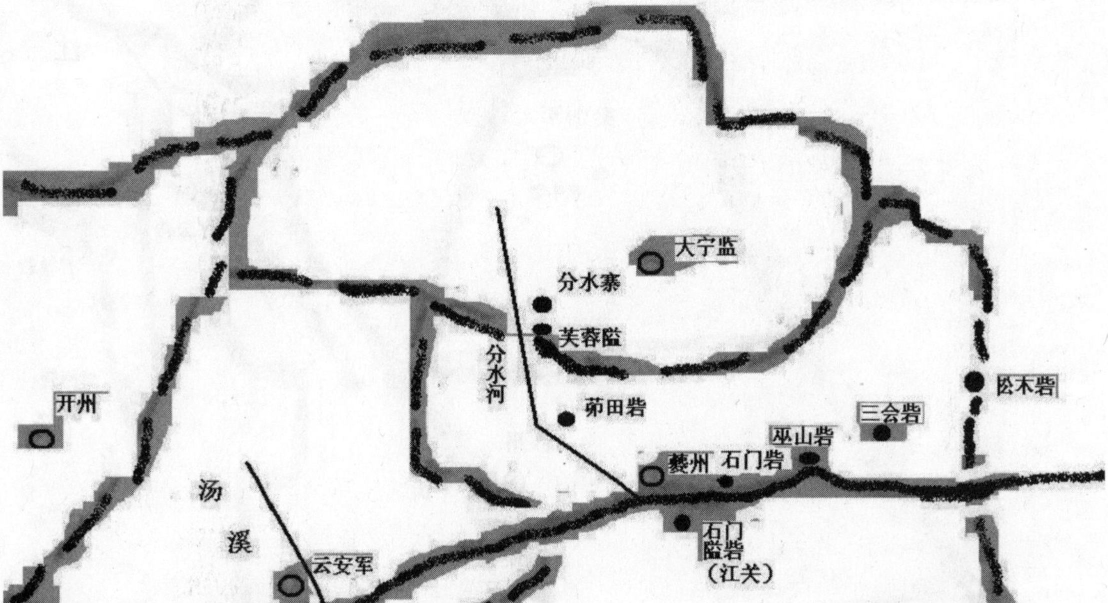

图1 宋代夔州、大宁监、云安军砦堡分布图

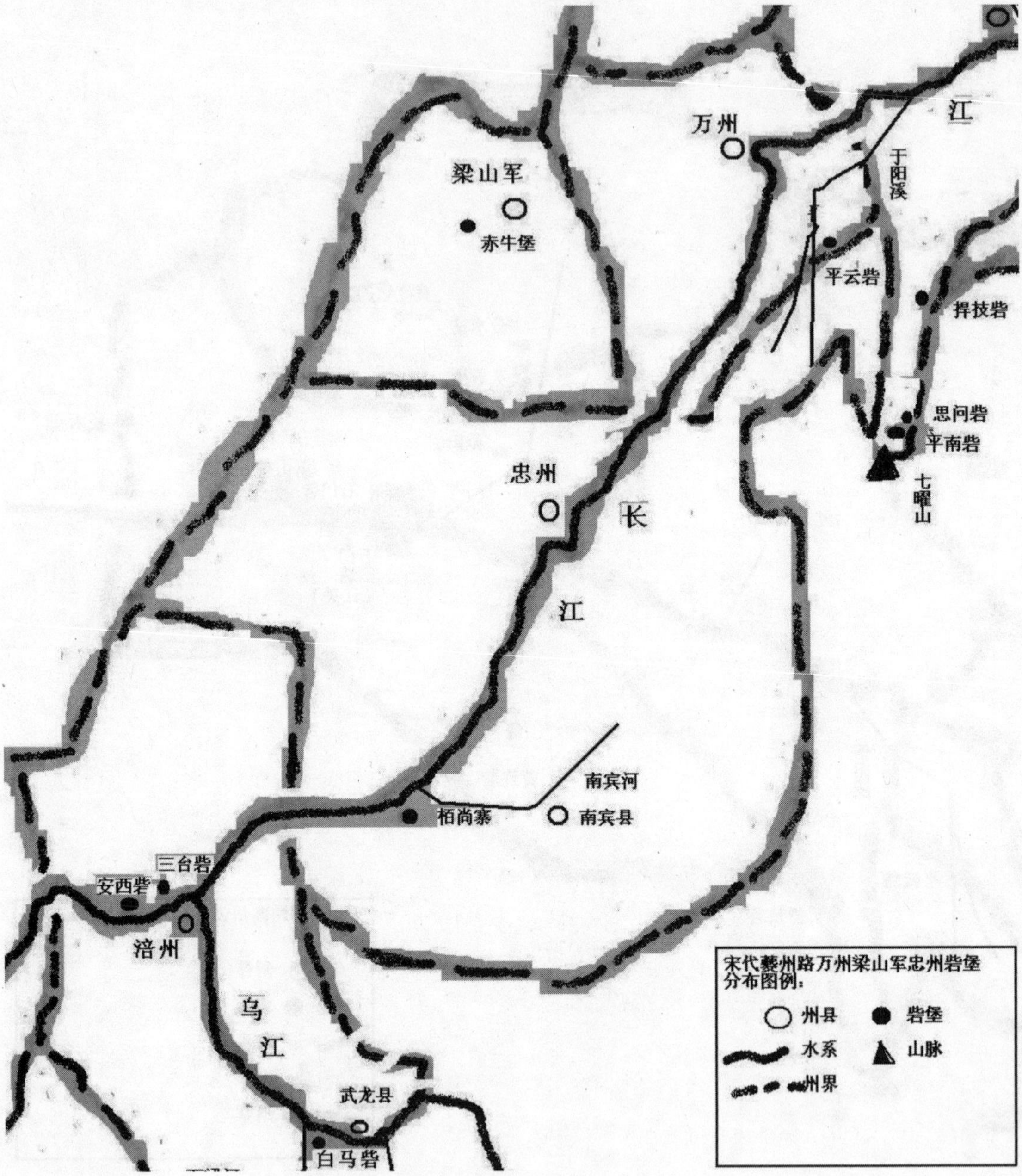

图2 宋代万州、忠州、梁山军砦堡分布图

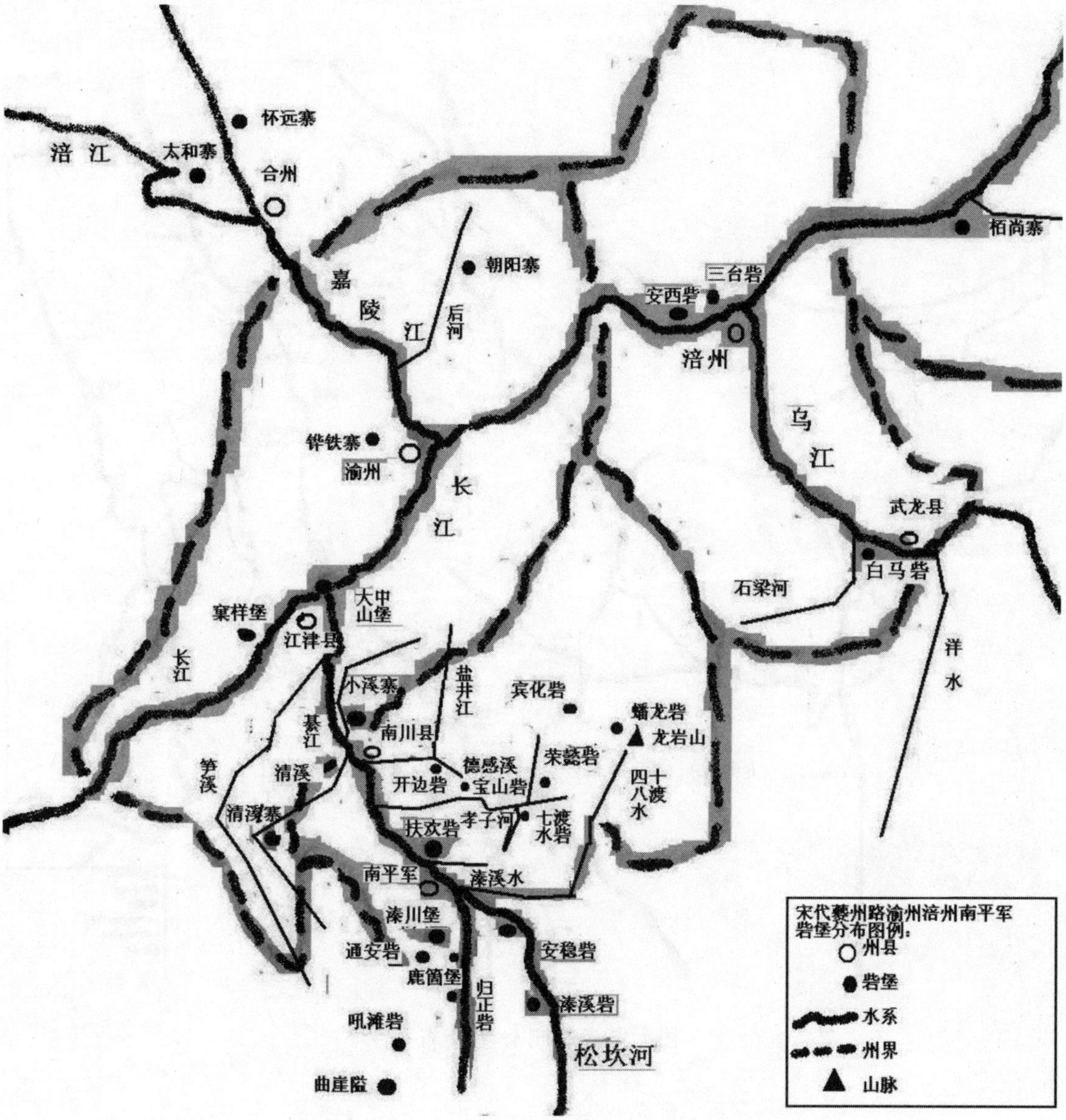

图3 宋代渝州、涪州、南平军砦堡分布图

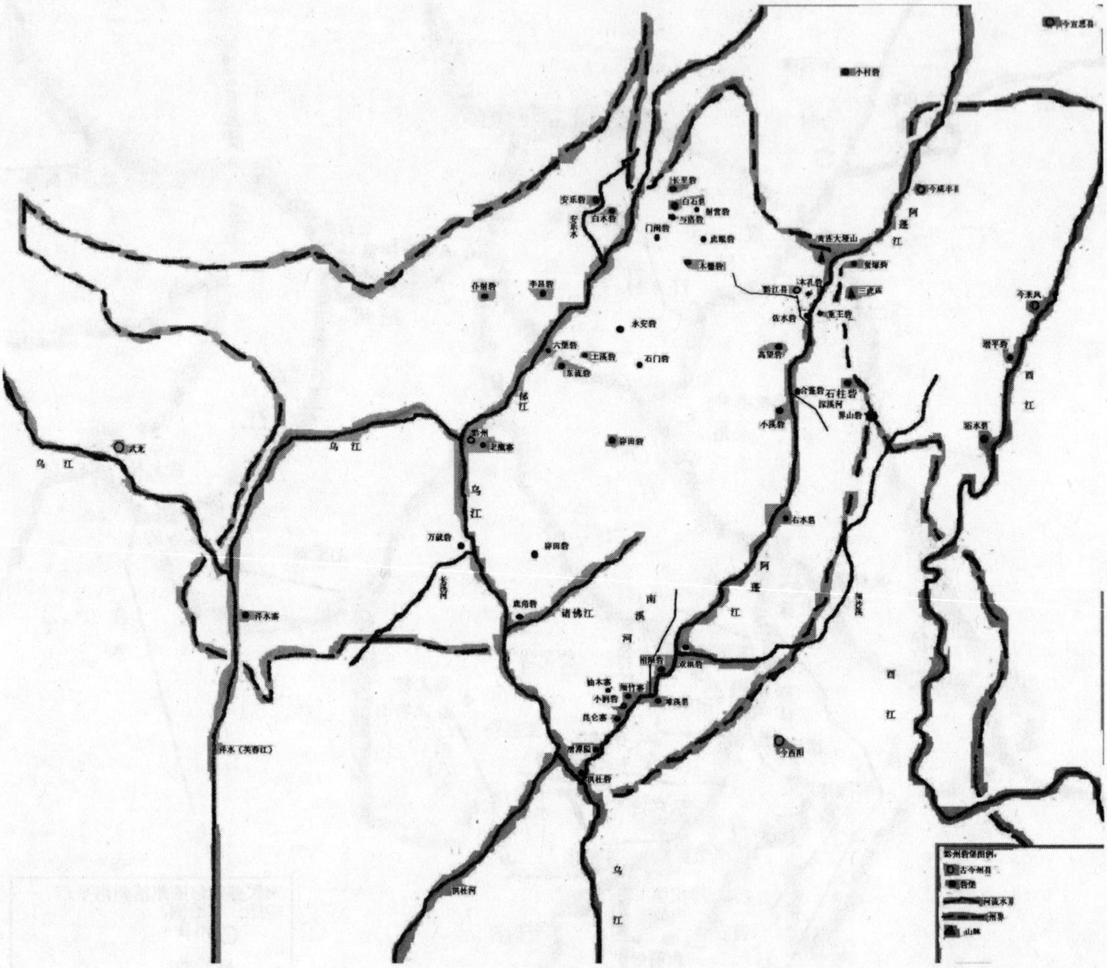

图4 宋代黔州砦堡分布图

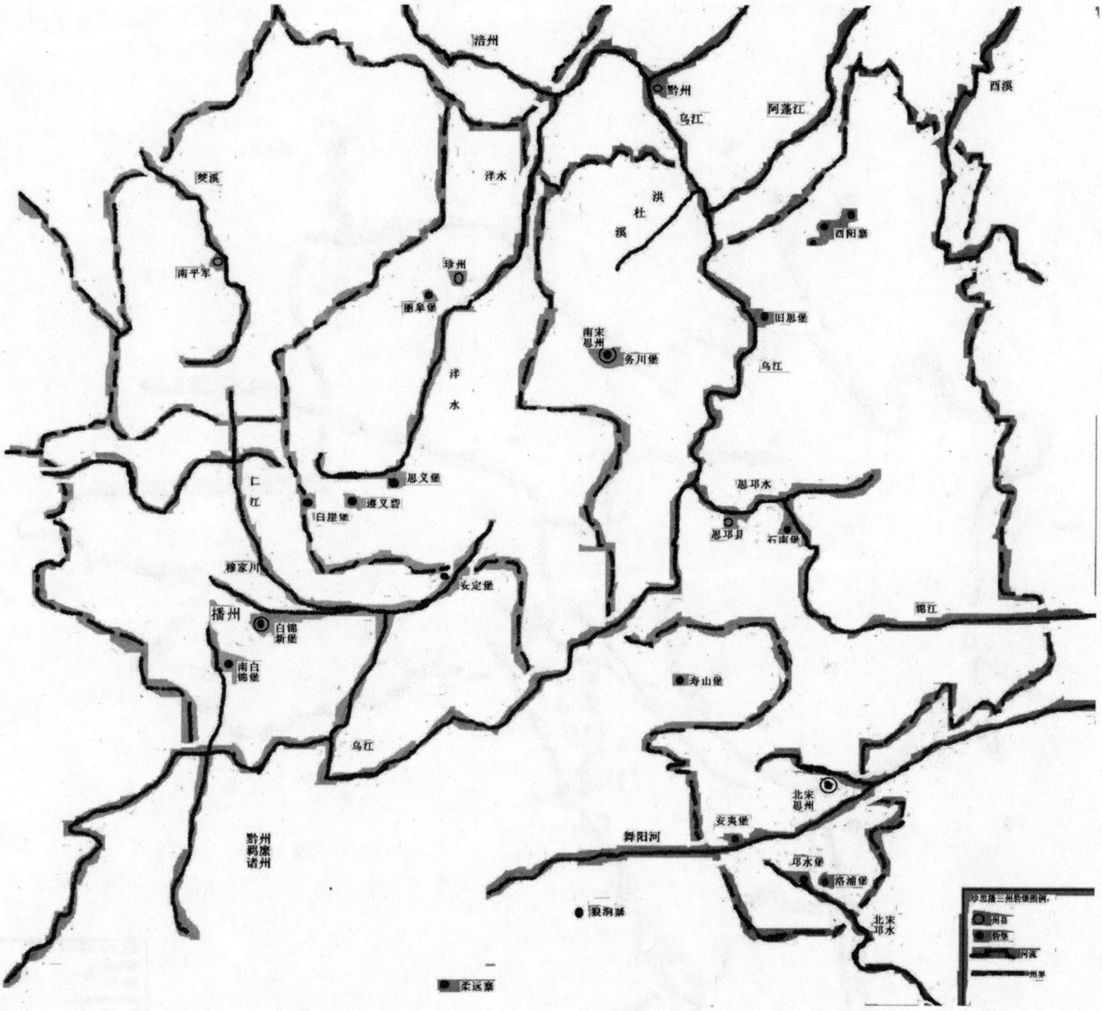

图5 宋代珍州、思州、播州砦堡分布图

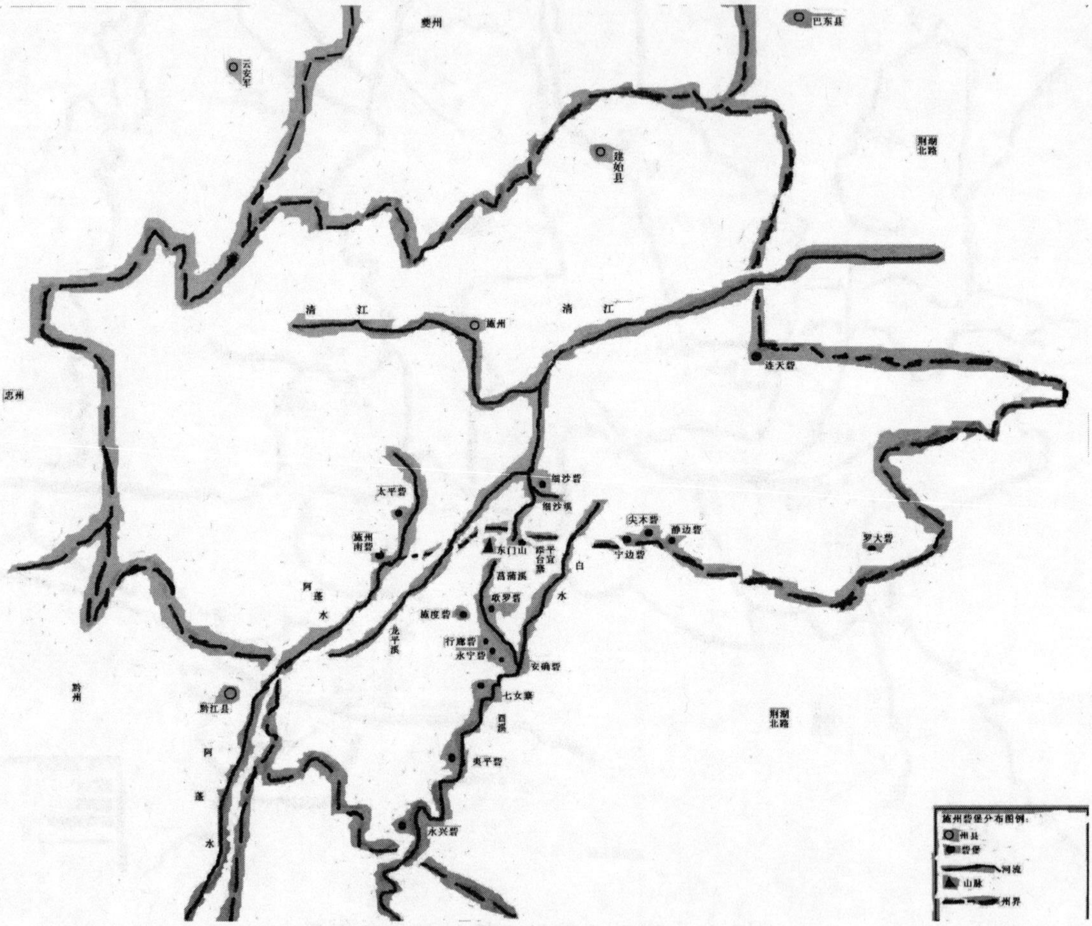

图6 宋代施州砦堡分布图

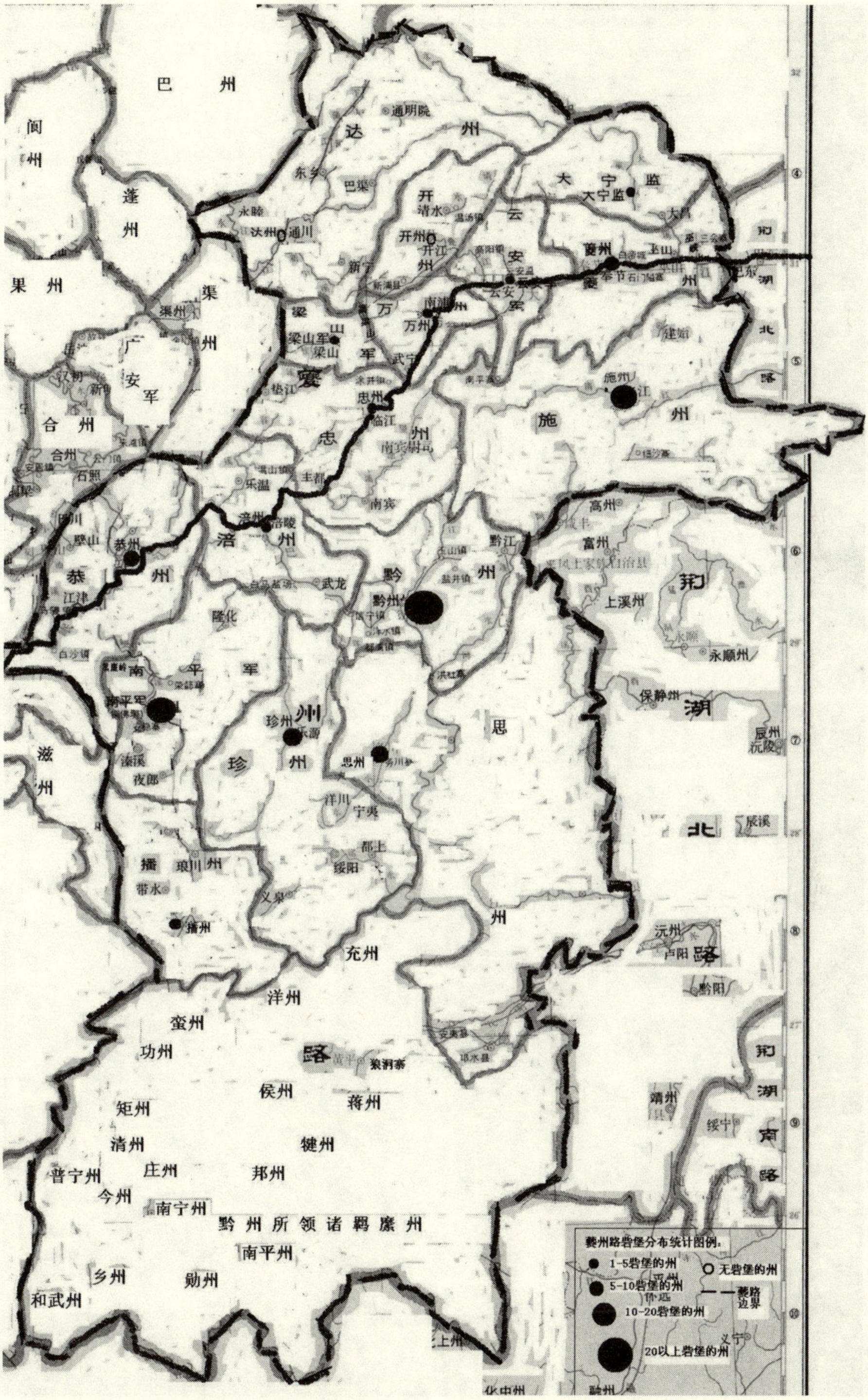

图7 宋代夔州路砦堡分布统计图

本图据谭其骧《中国历史地图集·宋代夔州路》为底图改绘。

图8 清代梁山县西部境域

本图采自光绪《梁山县志》，当时梁山境域图标有牛头寨。

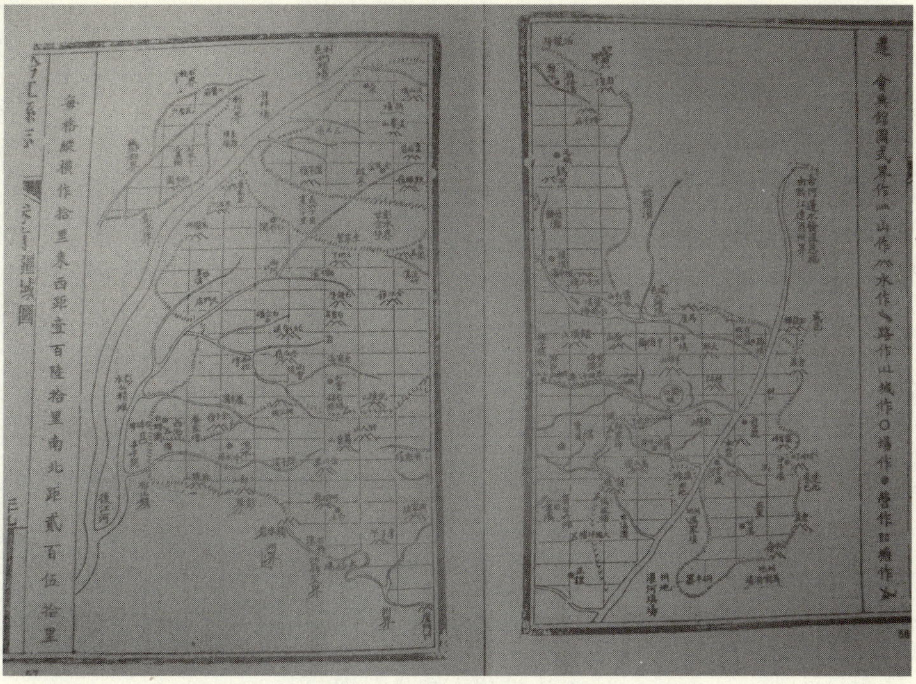

图9 清代黔江县境域图

本图采自光绪《黔江县志》，标有杉木孔（木孔砦）、高山圃（高望砦）、白石关（白石砦）、马栏坪（马栏砦）。

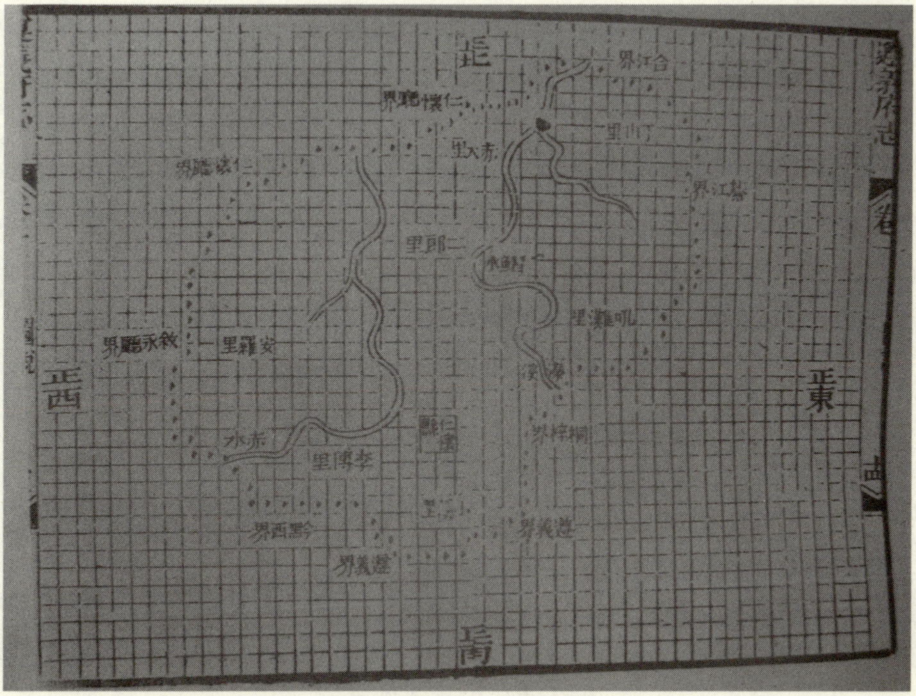

图10 清代仁怀县图

本图采自道光《遵义府志》，标有吼滩里（吼滩砦）。

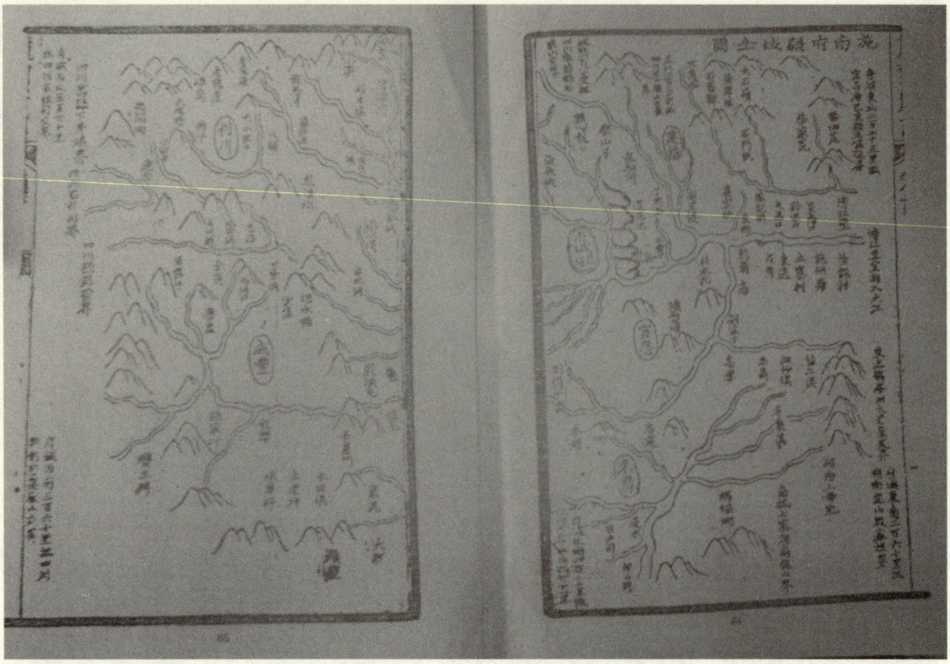

图11 清代施南府境域图

本图采自同治《施南府志》，标有细沙坝（细沙砦）、漫水（浴水砦）、南坪（平南砦）、蛮王塚（蛮塚砦）。

图12 清代宣恩县境图

本图采自同治《施南府志》，标有细沙坝塘（细沙砦）、高罗汛（歌罗砦）、东门关（东门山）、太平坝塘（太平砦）。

参考文献

一、历史文献

1.（宋）曾公亮等. 武经总要. 文渊阁四库本.

2.（清）顾祖禹. 读史方舆纪要. 北京：中华书局，2005.

3. 乾隆《大清一统志》. 文渊阁四库本.

4.（宋）王象之. 舆地纪胜. 北京：中华书局，1992.

5.（清）黄廷桂等. 乾隆《四川通志》. 文渊阁四库本.

6.（清）张九章等. 光绪《黔江县志》. 新修方志丛刊 · 四川方志. 台北：学生书局，1967.

7.（明）熊相. 正德《四川志》. 四川省图书馆据四川大学馆藏原刻钞本影钞，1961.

8.（明）吴潜. 正德《夔州府志》. 天一阁藏明代方志选刊. 台北：新文丰出版公司，1985.

9.（明）刘大漠. 嘉靖《四川总志》. 北京图书馆古籍珍本丛刊 · 史部地理类. 北京：书目文献出版社，1996.

10.（元）脱脱等. 宋史. 北京：中华书局，1977.

11.（清）徐松辑. 宋会要辑稿. 北京：中华书局，1957.

12.（宋）李焘. 续资治通鉴长编. 文渊阁四库本.

13.（宋）章如愚. 群书考索. 文渊阁四库本.

14.（宋）郭允蹈. 蜀鉴. 文渊阁四库本. 又，成都：巴蜀书社，1985.

15.（宋）彭百川. 太平治迹统类. 文渊阁四库本.

16.（元）无名氏. 宋史全文. 文渊阁四库本.

17.（清）徐乾学. 资治通鉴后编. 文渊阁四库本.

18. 乾隆《钦定续通志》. 文渊阁四库本.

19.（宋）李攸. 宋朝事实. 文渊阁四库本.

20.（宋）王应麟. 玉海. 台北：大华书局，1977年.

21.（明）杨士奇等编. 历代名臣奏议. 文渊阁四库本.

22.（清）常明等. 嘉庆《重修四川通志》. 中国西南文献丛书 · 西南稀见方志文献. 兰州：兰州大学出版社，2003.

23.（明）谭纶. 谭襄敏奏议. 文渊阁四库本.

24.（清）张琴. 同治《增修万县志》. 中国方志丛书 · 华中地方. 台北：成文出版社，1976.

25.（宋）欧阳修. 新唐书. 北京：中华书局，1975.

26.（宋）司马光. 资治通鉴. 胡三省音注. 文渊阁四库本. 又. 北京：中华书局，1975.

27.（宋）王存. 元丰九域志. 北京：中华书局，1984.

28. 乾隆《钦定续通典》. 文渊阁四库本.

29.（明）曹学佺. 蜀中广记. 文渊阁四库本.

30.（清）朱言诗. 光绪《梁山县志》. 中国方志丛书・华中地方. 台北：成文出版社，1976.

31. 黄光辉等. 民国《重修丰都县志》. 中国地方志集成・四川府县志辑. 成都：巴蜀书社，1992.

32.（明）彭大翼. 山堂肆考. 文渊阁四库本.

33.（清）刘之益等. 康熙《涪州志》. 日本内阁文部省藏书原刻本影照.

34.（清）多泽厚等. 乾隆《涪州志》. 涪陵区方志办藏原刻本.

35.（清）有庆. 道光《重庆府志》.中国西南文献丛书・西南稀见方志文献. 兰州：兰州大学出版社，2003.

36.（清）吕绍衣. 同治《重修涪州志》. 中国地方志集成・四川府县志辑. 成都：巴蜀书社，1992.

37. 刘湘芦. 民国《涪陵县续修涪州志》. 新修方志丛刊・四川方志. 台北：学生书局，1967.

38.（明）宋濂等. 元史. 北京：中华书局，1978年.

39. 王鉴清. 民国《巴县志》. 新修方志丛刊・四川方志. 台北：学生书局，1967.

40. 聂述文. 民国《江津县志》. 新修方志丛刊・四川方志. 台北：学生书局，1967.

41.（宋）度正. 性善堂稿. 文渊阁四库本.

42.（清）陈登龙. 蜀水考. 成都：巴蜀书社，1989.

43.（明）李贤等. 明一统志. 文渊阁四库本.

44.（清）鄂尔泰等. 乾隆《贵州通志》. 中国地方志集成・贵州府县志辑. 成都：巴蜀书社，2006.

45.（清）黄乐之等. 道光《遵义府志》. 中国方志丛书・华中地方. 台北：成文出版社，1976.

46.（清）戴纶吉. 宣统《綦江县续志》. 新修方志丛刊・四川方志. 台北：学生书局，1967.

47. 杨琅声. 民国《南川县志》. 中国方志丛书・华中地方. 台北：成文出版社，1976.

48.（清）宋灏. 道光《綦江县志》. 同治二年杨铭增刻本. 中国地方志集成・四川府县志辑. 成都：巴蜀书社，1992.

49.（宋）祝穆. 方舆胜览. 北京：中华书局，2003.

50. 周西成等. 民国《桐梓县志》. 中国方志丛书・华中地方. 台北：成文出版社，1976.

51.（清）张廷玉等. 明史. 北京：中华书局，1976.
52.（唐）杜佑. 通典. 文渊阁四库本.
53.（唐）李吉甫. 元和郡县图志. 北京：中华书局，1983.
54.（宋）刘昫等. 旧唐书. 北京：中华书局，1975.
55.（宋）乐史. 太平寰宇记. 文渊阁四库本.
56.（宋）欧阳忞. 舆地广记. 成都：四川大学出版社，2003.
57.（元）马端临. 文献通考. 文渊阁四库本.
58.（明）钟添. 嘉靖《思南府志》. 天一阁藏明代方志选刊. 台北：新文丰出版公司，1985.
59.（清）朱鹤龄. 禹贡长笺. 文渊阁四库本.
60.（宋）韦骧. 钱塘集. 文渊阁四库本.
61.（清）倪涛. 六艺之一录. 文渊阁四库本.
62. 周恭寿. 民国《续遵义府志》. 中国方志丛书·华中地方. 台北：成文出版社，1976.
63.（宋）冯山. 安岳集. 文渊阁四库本.
64.（清）卫既各. 康熙《贵州通志》. 中国西南文献丛书·西南稀见方志文献. 兰州：兰州大学出版社，2003.
65.（清）爱必达. 乾隆《黔南识略》. 中国方志丛书·华中地方. 台北：成文出版社，1976.
66. 柯劭忞等. 清史稿. 北京：中华书局，1976.
67.（清）禺坡. 嘉庆《仁怀县草志》. 中国地方志集成·贵州府县志辑. 成都：巴蜀书社，2006.
68.（清）王鳞飞. 同治《增修酉阳直隶州总志》. 中国地方志集成·四川府县志辑. 成都：巴蜀书社，1992.
69. 刘显世. 民国《贵州通志》. 中国地方志集成·贵州府县志辑. 成都：巴蜀书社，2006.
70.（清）张梓. 同治《咸丰县志》. 中国地方志集成·湖北府县志辑. 南京：江苏古籍出版社，2001.
71.（清）松林. 同治《施南府志》. 中国方志丛书·华中地方. 台北：成文出版社，2001.
72.（清）李勖. 同治《来凤县志》. 中国地方志集成·湖北府县志辑. 南京：江苏古籍出版社，2001.
73.（清）张金澜. 同治《宣恩县志》. 中国地方志集成·湖北府县志辑. 南京：江苏古籍出版社，2001.

74.（清）王槐龄. 道光《补辑石柱厅新志》. 中国地方志集成·四川府县志辑. 成都：巴蜀书社，1992.

75.（明）谢东山. 嘉靖《贵州通志》. 中国地方志集成·贵州府县志辑. 成都：巴蜀书社，2006.

76.（明）郭子章. 万历《黔记》. 中国地方志集成·贵州府县志辑. 成都：巴蜀书社，2006.

77.（清）李台. 嘉庆《黄平州志》. 中国地方志集成·贵州府县志辑. 成都：巴蜀书社，2006.

78. 陈绍令. 民国《黄平县志》. 中国地方志集成·贵州府县志辑. 成都：巴蜀书社，2006.

79.（明）沈庠. 弘治《贵州图经新志》. 中国西南文献丛书·西南稀见方志文献. 兰州：兰州大学出版社，2003.

80.（清）张其文. 康熙《龙泉县志草》. 中国地方志集成·贵州府县志辑. 成都：巴蜀书社，2006.

81.（清）赵宜霖. 嘉庆《正安州志》. 中国地方志集成·贵州府县志辑. 成都：巴蜀书社2006.

82.（清）邱任伟. 光绪《石阡府志》. 中国西南文献丛书·西南稀见方志文献. 兰州：兰州大学出版社，2003.

83.（清）彭焯. 光绪《续修正安州志》. 中国西南文献丛书·西南稀见方志文献. 兰州：兰州大学出版社，2003.

84.（明）杨慎. 丹铅续录. 文渊阁四库本.

85.（宋）无名氏. 锦绣万花谷. 文渊阁四库本.

86.（清）犹法贤. 嘉庆《黔史》. 中国地方志集成·贵州府县志辑. 成都：巴蜀书社，2006.

87. 蔡仁辉. 民国《岑巩县志》. 中国地方志集成·贵州府县志辑. 成都：巴蜀书社，2006.

88.（清）吴宗周. 光绪《湄潭县志》. 中国地方志集成·贵州府县志辑. 成都：巴蜀书社，2006.

89.（清）蒋深. 康熙《思州府志》. 中国西南文献丛书·西南稀见方志文献. 兰州：兰州大学出版社，2003.

90.（清）王寿松. 光绪《秀山县志》. 中国方志丛书·华中地方. 台北：成文出版社，2006.

91. 马震昆. 民国《思南县志稿》. 中国地方志集成·贵州府县志辑. 成都：巴蜀书社，2006.

92.（唐）魏徵. 隋书. 北京：中华书局，1973.

93.（清）蔡宗建. 乾隆《镇远府志》. 中国地方志集成·贵州府县志辑. 成都：巴蜀书社，2006.

94. 杨焜. 民国《思县志稿》. 中国地方志集成·贵州府县志辑. 成都：巴蜀书社，2006.

95.（明）宋濂. 文宪集. 文渊阁四库本.

96. 胡仁. 民国《绥阳县志》. 中国西南文献丛书·西南稀见方志文献. 兰州：兰州大学出版社，2003.

97. 谭其骧编. 清人文集地理类汇编. 第一册. 杭州：浙江人民出版社，1986.

98. 张其的. 民国《遵义新志》. 中国地方志集成·贵州府县志辑. 成都：巴蜀书社，2006.

99.（宋）李曾伯. 可斋杂稿续稿. 文渊阁四库本.

100.（宋）魏了翁. 鹤山集. 文渊阁四库本.

101.（明）陈循. 寰宇通志. 玄览堂丛书续集本.

102.（宋）祝穆. 古今事文类聚. 文渊阁四库本.

103.（清）顾炎武. 肇域志. 上海：上海古籍出版社，2004.

104. 古本《夔州府志》残卷. 永乐大典方志辑佚. 马蓉等点校. 北京：中华书局，2004.

105.（宋）叶庭珍. 海录碎事. 文渊阁四库本.

106.（清）黄世荣. 光绪《利川县志》. 中国方志丛书·华中地方. 台北：成文出版社，1976.

107. 明会典. 文渊阁四库本.

108. 乾隆《湖广通志》. 文渊阁四库本.

109.（清）廖恩树. 同治《巴东县志》. 台北：成文出版社，1975.

110.（北魏）郦道元. 水经注. 文渊阁四库本.

111.（清）高维岳. 光绪《大宁县志》. 巫溪县志编委会校点重印，1985.

112. 万历《重庆府志》残卷. 胶卷. 上海图书馆.

113.（明）刘芳声等. 万历《合州志》. 中国西南文献丛书·西南稀见方志文献. 兰州：兰州大学出版社，2003.

114.（清）曾秀翘，杨德坤. 光绪《奉节县志》. 新修方志丛刊·四川方志. 台北：学生书局，1967.

二、现代文献

（一）专著

1. 傅宗文. 宋代草市镇研究. 福州：福建人民出版社，1989.

2. 顾朝林. 中国城镇体系——历史、现状、展望. 北京：商务印书馆，1992.

3. 马正林. 中国城市历史地理. 济南：山东教育出版社，1998.

4. 蓝勇主编. 长江三峡历史地理. 成都：四川人民出版社，2003.

5. 任乃强，任新建. 四川州县建置沿革图说. 成都：巴蜀书社，2002.

6. 四川省涪陵市志编纂委员会蒲国树等. 涪陵市志. 成都：四川人民出版社，1995.

7. 蒲孝荣. 四川政区沿革与治地今释. 成都：四川人民出版社，1986.

8. 贵州通史. 北京：当代中国出版社，2002.

9. 李昌宪. 中国行政区划通史・宋西夏卷. 上海：复旦大学出版社，2007.

10. 四川省彭水苗族土家族自治县县志编纂委员会蔡盛炽等. 彭水县志. 成都：四川人民出版社，1998.

11. 四川省黔江县方志编纂委员会蒲祖政等. 黔江县志. 北京：中国社会出版社，1994.

12. 四川省酉阳土家族苗族自治县酉阳县志编纂委员会. 酉阳县志. 重庆：重庆出版社，2002.

13. 重庆万州区龙宝移民开发区地方志编纂委员会魏志和等. 万县市志. 重庆：重庆出版社，2001.

14. 四川省云阳县志编纂委员会贾聚星等. 云阳县志. 成都：四川人民出版社，1999.

15. 四川省奉节县志编纂委员会.奉节县志. 北京：方志出版社，1995.

16. 四川省巫山县志编纂委员会鲁良朝等. 巫山县志.成都：四川人民出版社，1991.

17. 四川省巫溪县志编纂委员会汤绪泽等. 巫溪县志.成都：四川辞书出版社，1993.

18. 四川省梁平县志编纂委员会龙建平等. 梁平县志.北京：方志出版社，1995.

19. 丰都县志编纂委员会何嘉万等. 丰都县志. 成都：四川科学技术出版社，1991.

20. 重庆市渝北区地方志编纂委员会吴锡南等. 江北县志. 重庆：重庆出版社，1996.

21. 四川省合川县志编纂委员会王爵英等. 合川县志. 成都：四川人民出版社，1995.

22. 重庆市沙坪坝区方志编纂委员会刘国庆等. 重庆市沙坪坝区志. 成都：四川人民出版社，1995.

23. 重庆市志编纂委员会总编室. 重庆市志. 第14卷. 重庆：西南师范大学出版社，2005.

24. 四川省江津县方志编纂委员会钟永毅等. 江津县志. 成都：四川科学技术出版社，1995.

25. 四川省綦江县志编纂委员会梁仲恒等. 綦江县志. 成都：西南交通大学出版社，1991.

26. 重庆市万盛区人民政府地方志办公室. 重庆市南桐矿区志. 重庆：重庆出版社，2002.

27. 南川县志编纂委员会. 南川县志. 成都：四川人民出版社，1991.

（二）论文

1. 王涯军. 宋代川峡四路市镇地理考.西南师范大学历史地理学硕士论文，1998.

2. 温翠芳. 五代十国时期草市镇发展研究. 山西大学历史学硕士论文，2003.

3. 王绚. 传统堡寨聚落研究——兼以秦晋地区为例. 天津大学建筑学博士论文，2004.

4. 李蕾. 晋陕、闽赣地域传统堡寨聚落比较研究. 天津大学建筑学硕士论文，2004.

5. 李严. 榆林地区明长城军事堡寨聚落研究. 天津大学建筑学硕士论文，2004.

6. 李忠. 四川盆地的寨堡式民居. 重庆大学建筑历史及理论硕士论文，2004.

7. 刘缙. 北宋西北地区城寨制度研究. 西北大学中国古代史硕士论文，2005.

8. 孙伟. 北宋时期黄土高原地区城寨堡体系演变研究. 陕西师范大学历史地理学硕士论文，2005.

9. 邓群. 明清陕西乡村寨堡研究. 西北农林科技大学科学技术史硕士论文，2005.

10. 刘缙. 北宋西北地区城寨述论. 文博，2004.

11. 金勇强. 北宋西北沿边堡寨商业化研究. 历史学研究，2006（12）.

12. 王绚. 传统堡寨聚落的精神防卫功能. 天津大学学报：社科版，2006（11）.

13. 王绚. 陕西传统堡寨聚落类型研究. 人文地理，2006（6）.

14. 郑东军. 河南地区传统聚落与堡寨建筑. 传统聚落研究，2005（6）.

15. 吕卓民. 简论北宋在西北近边地区修筑城寨的历史作用. 西北大学学报：哲社版，1998（3）.

16. 强文学. 宋夏战争中的乡兵与堡寨. 天水师范学院学报，2003（6）.

17. 程龙. 论北宋西北堡寨的军事功能. 中国史研究，2004（1）.

18. 蓝勇. 对古代交通里程记载的运用要审慎. 中国历史地理论丛，1995（10）.

19. 流潺. 合川地名文化特色趣谈之二. 三江文化产学研，2008（夏季刊，内部资料）.

（三）地图

1. 谭其骧主编. 中国历史地图集. 北京：地图出版社，1982.

2. 重庆市地图册. 中国分省系列地图册. 北京：中国地图出版社，2003.

3. 湖北省地图册. 中国分省系列地图册. 北京：中国地图出版社，2005.

4. 涪陵地图. 成都：成都地图出版社，2008.

5. 贵州省地图册. 中国分省系列地图册. 北京：中国地图出版社，2000.

6. 四川省地图集. 四川省测绘局，1981.

（四）地名录

1. 四川省巫山县地名录.巫山县地名领导小组，1983.

2. 四川省梁平县地名录.梁平县地名领导小组，1981.

3. 魏嵩山编. 中国历史地名大辞典. 广州：广东教育出版社，1995.

4. 全国乡镇地名录. 民政部，1985.

5. 四川省武隆县地名录. 武隆县地名领导小组，1985.
6. 四川省涪陵县地名录. 涪陵县地名领导小组，1985.
7. 四川省江津县地名录. 江津县地名领导小组，1987.
8. 四川省重庆市地名录. 重庆市地名领导小组，1984.
9. 四川省綦江县地名录. 綦江县地名领导小组，1986.
10. 四川省重庆市南桐矿区地名录. 南桐矿区地名领导小组，1984.
11. 四川省南川县地名录. 南川县地名领导小组，1983.
12. 四川省酉阳县地名录. 酉阳县地名领导小组，1984.
13. 彭水县地名录. 彭水县地名领导小组，1984.
14. 黔江县地名录. 黔江县地名领导小组，1983.
15. 贵州省绥阳县地名志. 绥阳县人民政府，1987.
16. 四川省奉节县地名录. 奉节县地名领导小组， 1982.

明代长江三峡乡镇里地理考[1]

韩平

（广东省深圳市南山实验学校荔林中学部 深圳 518054）

绪 论

（一）选题原由及意义

关于乡里的研究，前人已有不少成果，多是从制度层面探讨乡里作为县以下基层单位的职能及其演变，但研究乡里之间相互关系的则很少，因此有必要做更深入的研究。长江三峡地区历来是学界研究的重点，该地区的研究多集中在州县及以上的行政单位，它们的沿革变迁、地理定位都做得比较详尽了，但对县以下乡镇里等基层单位的研究，尤其是乡镇里的地理研究很少，这个选题恰好可以弥补这方面研究的不足。此外，正值我院历史地理研究所“长江三峡历史地图集编绘”这个教育部重大课题启动，将“明代长江三峡乡镇里地理考”作为我的论文选题，对三峡沿线的乡镇里进行准确定位，不仅可以为长江三峡历史地图集的编绘提供资料的支持，还能将前人的研究引向深入，更加细化。同时，随着三峡库区水位的不断上升，大量乡镇即将淹没，其地理信息也将随水位的上升而消失，在这些乡镇还没有被淹没的时间内，充分利用现有的资源，复原其历史风貌是一个既现实又紧迫的工程。因此，开展对乡镇里等县以下基层组织的研究具有重大的学术价值和现实意义。

在大多数朝代，乡里组织不是一级行政政权，而是县以下的基层行政单位。开展长江三峡地区乡镇里等基层单位的研究，一方面可以使三峡地区的研究更加深入，更加细微化，开辟地方政治制度史研究的新领域，提供新思路；另一方面，这些细微的研究，尤其是对乡镇里的地理定位，将会使“长江三峡历史地图集”的编绘更加详尽。在“中国历史地图集”编绘中，往往只是标注至县一级，县以下就很少标注了，因此开展这个选题的研究实属必要，对于弥补以往历史地图集编绘中的不足有极大的学术意义。

随着三峡库区蓄水线的不断提升，库区内大量的乡镇即将被淹没，以前对这些地区的

---

[1] 基金项目：教育部人文社会科学重大攻关项目《长江三峡历史地图再现研究》阶段性成果，项目编号：07JZD0039。项目主持人：蓝勇。此文亦为西南大学2009年硕士学位论文，指导教师：蓝勇。

研究不少，如郡县的建置沿革、故城址、县治所等，但多是点的考证，缺乏面的支持，不利于全面恢复该地区的历史面貌。面对不断上升的水位，这项工作显得更加急迫。因此，开展对乡镇里的地理研究，不仅是在点面上的资料支持，更具有积极的现实意义。

（二）重难点及创新

本文基于对长江三峡地区县以下基层单位乡、镇、里研究的不足和长江三峡历史地图集编绘的迫切需要，运用历史地理学的方法，分析乡、镇、里等基层单位的统属关系、层级关系等，并按照今天的行政区划将三峡地区各县的乡、镇、里进行定位，以期为全面的复原三峡地区各县历史风貌和长江三峡历史地图集的编绘提供一定的资料支持。

本文重点之一在于对乡、镇、里关系的梳理，作为县以下的基层单位，乡、镇、里之间的层级与统属关系在不同的历史时期、不同的区域是有区别的，因此要根据特定的时期、特定的地点来加以考察；重点之二在于对各县乡、镇、里的地理定位，明代的乡、镇、里其名称是否还保存至今，其大致区域是否有变动，在现今行政区划中的哪个位置，这些都是本文必须要解决的重难点问题。关于明代长江三峡地区的历史地理研究原本就不多，而对这一地区县以下基层单位的历史地理考证更少，因此本文的选题“明代长江三峡乡镇里地理考”姑且可以算是一个创新吧。

（三）研究现状

就“明代长江三峡乡镇里地理考”这个选题而言，其内容主要分为两个部分，一个是乡镇里等基层单位的制度研究，另一个是对这些基层单位的地理定位。从笔者视野所及[1]，学术界对这两方面的关注都很少，尤其在对乡、镇、里的地理定位上极其缺乏，仅见王涯军《宋代长江三峡地区草市镇地理考》一篇。具体来看，现阶段的研究状况有以下几个特点。

1. 明代乡里基层组织的研究比较薄弱

目前，关于明代乡里制度的研究比较多，主要集中在对乡、镇、里等县以下基层单位的社会职能、演变沿革等制度层面上，赵秀玲在《中国乡里制度研究及展望》[2]一文中也充分认识到这些不足。主要成果有：唐文基《试论明代里甲制度》[3]、李文治《明代宗

[1] 杜瑜、朱玲玲：《中国历史地理学论著索引（1900-1980）》；中国人民大学：《报刊资料索引》（1987-2006）；上海图书馆：《全国报刊资料索引》（1988-2007）。
[2] 赵秀玲：《中国乡里制度研究及展望》，《历史研究》1998年第4期。
[3] 唐文基：《试论明代里甲制度》，《社会科学战线》1987年第4期。

法制的体现形式及在基层政权中的作用》[1]、战继发《明代里甲制浅论》[2]、王日根《明清基层社会管理组织系统论纲》[3]、夏维中等《明代乡村地域单位的主要类型及其作用考述》[4]。

关于乡里相互关系、层级统属的研究较少，目前看到的仅有王昊《明代乡、都、图、里及其关系考辨》[5]、黄忠怀《明代县以下区划的层级结构及其功能》[6]，余清良《明代福建地区基层乡治组织研究》[7]有所论及。

研究乡里基层组织的专著目前还没有，仅在赵秀玲《中国乡里制度》[8]、何朝晖《明代县政研究》[9]、栾成显《明代黄册研究》[10]、白钢《中国政治制度通史》（明代卷）[11]等著作中涉及乡里基层单位的研究。

2. 三峡地区乡、镇、里的地理研究十分缺乏

目前，对三峡地区地理考证的成果不少，如蒲国树、陈世松《宋末涪州治所——三台寨考察》[12]、曾立人《涪陵巴国首府小考》[13]、蓝勇《三峡历史地理考证三则》[14]、熊炜《忠州镇巴王庙略考》[15]、乔富政《大昌古城踏勘综考》[16]、杨光华《宋代大昌县治考》[17]、马雪芹《唐代三峡述略》[18]、杨光华《晋宋齐涪陵郡废置及属州考》[19]、中国雪《古万州景观纪略》[20]、杭侃《重庆忠州城址调查》[21]、杨光华《北周隋朝乐乡县治地今释》[22]、杨光华《两晋南北朝涪陵郡置废、州属、领县杂考》[23]、杨铭《巫山得名、诸多地望及其历史内涵考》[24]、刘刚《巫山考——宋玉辞赋地名考之三》[25]、杨光华《楚国设

[1] 李文治：《明代宗法制的体现形式及在基层政权中的作用》，《中国经济史研究》1988年第1期。

[2] 战继发：《明代里甲制浅论》，《大庆社会科学》1992年第3期。

[3] 王日根：《明清基层社会管理组织系统论纲》，《清史研究》1997年第2期。

[4] 夏维中等：《明代乡村地域单位的主要类型及其作用考述》，《江苏社会科学》2002年5月。

[5] 王昊：《明代乡、都、图、里及其关系考辨》，《史学集刊》1991年第2期。

[6] 黄忠怀：《明代县以下区划的层级结构及其功能》，《史学月刊》2003年第4期。

[7] 余清良：《明代福建地区基层乡治组织研究》，厦门大学硕士论文，2001年。

[8] 赵秀玲：《中国乡里制度》，社会科学文献出版社，1998年。

[9] 何朝晖：《明代县政研究》，北京大学出版社，2006年。

[10] 栾成显：《明代黄册研究》，中国社会科学出版社，2007年。

[11] 白钢：《中国政治制度通史》，人民出版社，1996年。

[12] 蒲国树、陈世松：《宋末涪州治所——三台寨考察》，《四川文物》1987年第3期。

[13] 曾立人：《涪陵巴国首府小考》，《西华师范大学学报》（哲学社会科学版）1993年第1期。

[14] 蓝勇：《三峡历史地理考证三则》，《重庆师范学院学报》1995年第4期。

[15] 熊炜：《忠州镇巴王庙略考》，《古建园林技术》1996年第2期。

[16] 乔富政：《大昌古城踏勘综考》，《四川文物》1999年第5期。

[17] 杨光华：《宋代大昌县治考》，《中国历史地理论丛》1999年第 4期。

[18] 马雪芹：《唐代三峡述略》，《西南师范大学学报》（哲学社会科学版）1999年第2期。

[19] 杨光华：《晋宋齐涪陵郡废置及属州考》，《西南师范大学学报》（人文社会科学版）1999年第4期。

[20] 中国雪：《古万州景观纪略》，《中国三峡建设》2001年第4期。

[21] 杭侃：《重庆忠州城址调查》，《四川文物》2001年第4期。

[22] 杨光华：《北周隋朝乐乡县治地今释》，《中国历史地理论丛》2001年第3期。

[23] 杨光华：《两晋南北朝涪陵郡置废、州属、领县杂考》，《中国历史地理论丛》2006年第3期。

[24] 杨铭：《巫山得名、诸多地望及其历史内涵考》，《中华文化论坛》2007年第1期。

[25] 刘刚：《巫山考——宋玉辞赋地名考之三》，《社会科学辑刊》2007年第2期。

置巴郡考》[1]等，在蓝勇主编的《长江三峡历史地理》[2]、韩湘亭编著的《历代郡县地名考》[3]以及蒲孝荣著《四川政区沿革与治地今释》[4]等著作中也涉及了部分地区的考证，但以上成果多是对州县以上行政单位的沿革变迁、地理定位以及著名的风景点进行考证，很少涉及县以下的基层单位，尤其缺乏对乡镇里等基层单位的地理定位研究。目前看到的仅有王涯军《宋代长江三峡地区草市镇地理考》[5]，此文通过对有关历史文献记载的分析研究，对长江三峡地区的20个县的市镇进行了梳理，考证出了宋代51个草市镇，并按照今天的行政区划将这些市镇进行了定位。因此，开展这方面的研究还是大有可为的。

（四）概念界定

1.“镇”

关于镇的起源，最早的记载，据高承《事物纪原》：“《通典》曰：镇将，后周之通班也。隋亦曰镇，唐分上、中、下三等。历代未闻，疑镇始于宇文周代也。宋朝之制，地要不成州而当津会者，则为军，以县兼军使；民聚不成县而有税课者，则为镇，或以官监之。”[6]可知，当时镇相当于县的级别，只是人口不够设一县而已。隋唐时在边境及内地要塞处聚兵屯田，建立藩镇，以节度使统领。由于节度使有行政与财政权利，在藩镇范围内，商品与人口相对集中的草市，往往成为他们的武装据点，设置镇寨，由军官主持镇务，勾当商税，于是草市多带镇号[7]。唐代以“镇”为名的市镇，都是先作为军事行政据点，而后具备商品交易功能，再演变为名副其实的市镇的[8]。

宋代兴起了大量“草市镇”，其经济功能已经占据主导地位，小者曰市大者曰镇，故有“市镇”之称。至明代，“镇”则完全定型，据万历《归州志》记载：“市廛之居，曰街曰镇曰河街、远安街……旧州镇、香溪镇、拽滩镇、牛口镇、南逻口镇……诸镇唯新滩颇称喧嚣，有南岸北岸上沱下沱之别，每年春冬水涸滩险，舟行上下必搬运行李财货，空载而后可行，附近民多立牙行为之雇直，夏秋水泛，舟不停而众亦散而归农矣。”[9]可见，明代“镇”已经成为当地商品交换与集散的中心。

至于“镇”与“乡”、“里”的关系，据明代方志中的记载，显示镇并非由乡、里来统属，而是独立于乡、里之外，形成于工商业发达、交通便利、人口集中的地方。如万历

[1] 杨光华：《楚国设置巴郡考》，《中国历史地理论丛》2007年第4辑。
[2] 蓝勇：《长江三峡历史地理》，四川人民出版社，2003年。
[3] 韩湘亭：《历代郡县地名考》，北京图书馆出版社，2002年。
[4] 蒲孝荣：《四川政区沿革与治地今释》，四川人民出版社，1986年。
[5] 王涯军：《宋代长江三峡地区草市镇地理考》，《中国历史地理论丛》1998年第1期。
[6] [宋]高承：《事物纪原》卷七《州郡方域部三十四·镇》。
[7] 参见李敬洵：《四川通史》（第三册），四川大学出版社，1993年，第258-261页。
[8] 参见张学君等：《长江上游市镇的历史考查》，《社会科学研究》2006年第5期。
[9] 万历《归州志》卷三《津要》。

《重庆府志》载："乡凡十有二，里凡七十……镇凡十。"[1]万历《重庆府志》载："乡凡八，里凡二十四……镇凡三。"[2]万历《重庆府志》载："里凡五……镇凡八。"[3]成化《重庆府志》载："本县所辖五里，东乡、白渡、扶欢、永城、遵化，南川镇。"[4]甚至有些乡、里，本身就是交通便利、工商发达的市镇。如万历《重庆府志》记载，巴县的江北、北崖、乐碛、井口、柳市、木洞等镇，即为巴县江北里（乡）、白崖里、乐碛里、井口里、柳市里、木洞里；涪州的李渡、蔺市、韩市等镇，即为李渡里、蔺市里、韩市里。

2. 明代的"乡"

"乡"的概念自先秦以来已有，先作为基层行政单位，而后逐渐淡化为纯粹的地理概念。秦汉设立乡官制度，乡是县以下重要的一级基层单位，在基层管理上发挥着重要作用。高承《事物纪原》记载："周礼，六乡以为军政，谓比闾、族党、州乡也，盖周制矣。秦制，大率十里一亭，十亭一乡，汉以属县也。"[5]《汉书》记载："大率十里为一亭，亭有亭长。十亭一乡，乡有三老、有秩、啬夫、游徼。三老掌教化。啬夫职听讼，收赋税。游徼徼循禁盗贼。县大率方百里，其民稠则减，稀则旷，乡、亭亦如之。皆秦制也。"[6]唐代亦设乡，《旧唐书》："百户为里，五里为乡。"[7]明代也有乡，方志中有大量的记载。如万历《重庆府志》载："乡凡十有二，里凡七十；来凤乡，有梓潼、石英、虎峰、沙溪、含谷、虎溪、茶店、高滩、封文、冠山、凤来十一里；依来乡，有井泉、新市、多荣、宝积、大同五里；何李市乡，有刘何市、刘市、刘石马、宝胜、刘石子五里。"[8]万历《重庆府志》载："乡凡八，里凡二十四。东乡，有杜周、阳关、祥符、纳溪、阳岳四里；西乡，有沙溪、菩提、碛溪、鼓楼、广伏五里。"[9]但是明代的"乡"，不同于汉唐的"乡"，不再是行政单位，不具备行政管理功能，而只是一个习惯上的地理概念。如正德《顺昌邑志》载："在城立坊，在野立乡，乡有四。"[10]嘉靖《长泰县志》也说："宋在城为坊，城外为乡。"[11]嘉靖重修《如皋县志》也载："近郭曰厢，厢外曰乡。"[12]

3. 明代的"里"

"里"作为基层行政单位的历史十分悠久，几乎各代都有里的设置。汉代百家为一

[1] 万历《重庆府志》卷二《疆域·巴县》。
[2] 万历《重庆府志》卷二《疆域·长寿县》。
[3] 万历《重庆府志》卷二《疆域·綦江县》。
[4] 成化《重庆府志》之《綦江县·里镇》。
[5] [宋]高承：《事物纪原》卷七《州郡方域部三十四·乡》。
[6] 班固：《汉书》卷十九《百官公卿表第七上》。
[7] [后晋]刘昫等：《旧唐书》卷四三《职官二》。
[8] 万历《重庆府志》卷二《疆域·巴县》。
[9] 万历《重庆府志》卷二《疆域·长寿县》。
[10] 正德《顺昌邑志》卷三《坊乡志》。
[11] 嘉靖《长泰县志》卷一《乡都》。
[12] 嘉靖重修《如皋县志》卷一《乡都》。

里，设里魁，《后汉书》注曰："里魁掌一里，百家。"[1]唐代亦以百家为一里，设里正，《旧唐书》："百户为里，五里为乡……里及坊村皆有正。"[2]宋元亦皆沿用里制。明初保留了元代延续下来的里，但是其建制与职能都很混乱，于是洪武十四年，在全国颁行了里甲制，"洪武十四年诏天下编赋役黄册，以一百十户为一里，推丁粮多者为长，余百户为十甲，甲凡十人。岁役里长一人，甲首一人，董一里一甲之事。先后以丁粮多寡为序，凡十年一周，曰拍年。在城曰坊，近城曰厢，乡都曰里。里编为册，册首总为一图。"[3]使"里"成为了县以下唯一由政府统一设置的基层行政单位。

4. 明代"乡"、"里"的关系

明代县以下基层组织层级的划分，即乡里之间的关系，因各地人口、传统及地理环境等因素的不同而差异很大。据学者考证，基层组织层级的划分存在南北差异，南方地区多采用"乡—都—里、图"三级制，北方则多为"乡—社、屯"二级制[4]。万历《合州志》记载："今则乡之名虽存，而分之为里。"[5]虽然"乡"不再作为县以下的一级行政单位，但是在明代的方志中仍有大量记载。如正德《夔州府志》载："编户一十里二乡。清平乡五里，桂溪、水西、丰胜、虎城、川西；万安乡六里，市郭、乐胜、水东、福德、永安、乐安。"[6]万历《归州志》："编户凡五里，分为前后，前四里曰在市、龙池、归化、归仁，后一里曰龙城……里所统者曰三闾乡、建东乡、东阳乡。"[7]嘉靖《云阳县志》："邑分二乡九里。居仁乡五里，东市、西市、从善、仁慈、仁受；安义乡四里，路阳、高阳、云兴、上温。"[8]可以看出，明代在西南地区，尤其是三峡地区基层组织的层级，是"乡—里"二级，即乡统里。当然，"里"仍然是法定的最基层的行政单位。但是也有个别地区，其乡即里，里即乡，乡、里并没有相互统属关系，而是同一事物的不同称谓而已。如同治《东湖县志》载："邑之有里，犹司府之有州县也，或称曰乡。先是彝陵设有九里，即称九乡。乡土著而里随之也。"[9]嘉靖《归州全志》："归州编户四里半，在市里、龙池乡、龙城乡、归化乡、归仁乡。巴东编户九里，在市、在市里、长丰乡、青平乡、安居乡、前一都、前二都、后一都、后二都、新兴里。兴山编户五里，公平乡、永安乡、长安乡、长和乡、长顺乡。"[10]可知在当地，里即是乡。

[1] 范晔：《后汉书》之《志》第二十八《百官五》。
[2] [后晋]刘昫等：《旧唐书》卷四三《职官二》。
[3] 《明史》卷七七《食货一·户口》。
[4] 参见何朝晖：《明代县政研究》，北京大学出版社，2006年，第65页。
[5] 万历《合州志》卷一《乡镇》。
[6] 正德《夔州府志》卷一《梁山县·沿革》。
[7] 万历《归州志》卷一《地理志》。
[8] 嘉靖《云阳县志》卷上《图分》。
[9] 同治《东湖县志》卷四《疆域上·乡里》。
[10] 嘉靖《归州全志》卷上《乡都》。

一、重庆府

（一）巴县

该县有70里13乡10镇。万历《重庆府志》：“乡凡十有三，里凡七十。来凤乡，有梓潼、石英、虎峰、沙溪、含谷、虎溪、茶店、高滩、封文、冠山、凤来十一里；依来乡，有井泉、新市、多荣、宝积、大同五里；何李市乡，有刘何市、刘市、刘石马、宝胜、刘石子五里；迁善乡，有龙山、善庆、乐碛、大城、大洪、铜鼓六里；白崖乡，有沙平、宝轮二里；怀仁乡，有清溪、湖崖、怀石马、青崖、新丰、居义六里；茅柴乡，有永安、云篆、固城、龙门四里；广阳乡，有金子、木洞、钟楼三里；龟停乡，有甕坝、石洞、龟停三里；江北乡，有鸳鸯、石城、江右、石虎、子里、江北六里；德义乡，有赵市、石桥、白市、凤山、双山、柳市、复安七里；利蒙乡，有梁滩、利石马、东阳、龙东、云台、井口六里；卧龙乡，卧石马、土沱二里……镇凡十。北岸五里，江北镇；西三十里，北崖镇；西八十里，葶溪镇；东一百里，乐碛镇；北六十里，井口镇；西一百四十里，新市镇；北一百五十里，水东镇；西四十里，柳市镇；西北七十里，安仁镇；东八十里，木洞镇。[1]”

里

1. 梓潼里

见万历《重庆府志》。乾隆《巴县志》：“梓潼桥，县西六甲，关防溪。”[2]今无考。

2. 石英里

见万历《重庆府志》。正德《四川志》：“石英铺，在治北。”[3]乾隆《巴县志》：“石英镇，通志在县东南，按宋有石英镇，明有石英里，今无考，或即今之怀石里。”[4]嘉庆《四川通志》：“石英镇，在县界。”[5]道光《重庆府志》：“石英镇，旧志在县东南，按县志宋四镇，石英、峰玉、蓝溪、新兴也，今无考。”[6]民国《巴县志》：“石英镇，通志在县东南。按：宋有石英镇，见《元丰九域志》及《宋史·地理志》，明亦有石英里，今无考。”[7]

3. 虎峰里

见万历《重庆府志》。在今重庆市沙坪坝区曾家镇虎峰山。明代虎峰里有虎峰铺，

[1] 万历《重庆府志》卷二《疆域·巴县》。
[2] 乾隆《巴县志》卷二《桥梁·直里》。
[3] 正德《四川志》卷十三《重庆府·邮驿》。
[4] 乾隆《巴县志》卷二《关隘》。
[5] 嘉庆《四川通志》卷二七《舆地关隘·重庆府巴县》。
[6] 道光《重庆府志》卷一《山川》。
[7] 民国《巴县志》卷三《古迹》。

皆以虎峰山得名。正德《四川志》："虎峰铺，在治南。"[1]嘉庆《四川通志》："虎峰铺，在县东二十里。"[2]道光《重庆府志》记载："虎峰山，县西七十里。"[3]今虎峰山为重庆市沙坪坝区与璧山县交接地，山下有虎峰山村，属沙坪坝区曾家镇，明代虎峰里即在此处。

4. 含谷里

见万历《重庆府志》。在今重庆市九龙坡区含谷镇。清代有含谷场，民国后设含谷乡。乾隆《巴县志》："含谷场，四甲，离城七十里。"[4]民国《巴县志》："含谷乡，距治六十里，在二区"、"含谷乡，距白市八里、西永二十里、龙凤十五里、石桥三十里。"[5]今重庆市九龙坡区含谷镇，驻地含谷场，位于原巴县西北，南距白市驿镇约5公里，北有西永镇，东有石桥铺，西有金凤镇，为民国含谷乡。又据乾隆《巴县志》："含谷桥，县西二甲，含谷河。"[6]乾隆《巴县志》："含谷河，出清水河至北碚入江。"[7]民国《巴县志》："含谷寺，在含谷乡。"[8]可知含谷乡附近有含谷寺与含谷河，今含谷镇旁有梁滩河，自南向北流至北碚入嘉陵江，且因宋代在河岸建有含谷寺，后在此逐渐形成集市，故取名含谷场，明代含谷里当在该地。

5. 虎溪里

见万历《重庆府志》。在今重庆市沙坪坝区虎溪镇。明代虎溪里以虎溪得名。清代有虎溪场，民国亦设虎溪乡，皆以虎溪得名。乾隆《巴县志》："虎溪场，九甲，离城八十里。"[9]民国《巴县志》："虎溪乡，距治八十里，在一区。"[10]乾隆《巴县志》："虎溪河，出虎峰山至高滩河入江。"[11]今重庆市沙坪坝区虎溪镇，在原巴县西北，其境内有一条小河，河旁有山岗，其状如虎饮水，即虎溪河，因场建于河旁，故名虎溪场，民国亦在此设虎溪乡，明代虎溪里当在该地。

6. 茶店里

见万历《重庆府志》。在今重庆市沙坪坝区西永镇茶店桥。明代茶店里因茶店而得名，民国有地名茶店桥，在梁滩河上。民国《巴县志》："茶店桥，在西永乡梁滩河上游，清同治十年建。"[12]今重庆市沙坪坝区西永镇有茶店桥一地，其境内有一桥名茶店桥，同治十年建，因桥头有卖茶小店，故称，此地亦以茶店桥命名。民国19年在此地设西

---

[1] 正德《四川志》卷十三《重庆府·邮驿·璧山县》。
[2] 嘉庆《四川通志》卷八九《武备·铺递·重庆府璧山县》。
[3] 道光《重庆府志》卷一《山川·巴县》。
[4] 乾隆《巴县志》卷二《场镇·直里》。
[5] 民国《巴县志》卷二上《镇乡表》。
[6] 乾隆《巴县志》卷二《桥梁·直里》。
[7] 乾隆《巴县志》卷一《川·河·直里》。
[8] 民国《巴县志》卷二下《庙宇表》。
[9] 乾隆《巴县志》卷二《场镇·直里》。
[10] 民国《巴县志》卷二上《镇乡表》。
[11] 乾隆《巴县志》卷一《川·河·直里》。
[12] 民国《巴县志》卷二上《桥梁表》。

永乡，新中国成立后沿用此名，故民国《巴县志》所载茶店桥即在此。此桥乃清同治时建，可见此地卖茶小店在清同治以前已经存在，且此地与虎溪镇、曾家镇、含谷镇等临近，应属来凤乡所辖，明代茶店里即应在此地。

7. 高滩里

见万历《重庆府志》。在今重庆市九龙坡区石板镇高滩。正德《四川志》载："高滩桥，在治西南一百里。"[1]今重庆市九龙坡区石板镇有地名高滩，以一小溪流经此地高岩滩，故名，位于原巴县西南。此小溪即高滩河，乾隆《巴县志》卷一《川·河·祥里》记载："高滩河，出虎耳山至澄江口入江"[2]，今高滩河为梁滩河上游，梁滩河自南向北在北碚入嘉陵江，与记载一致。高滩桥应该是以跨高滩河而得名，而今石板镇之高滩，临近高滩河，且在原巴县西南，考虑到古代计算里程的不精确性，明代高滩里应该在此处。

8. 封文里

见万历《重庆府志》。在今重庆市沙坪坝区陈家桥镇丰文山村。"丰文"即"封文"。嘉庆《四川通志》："丰文山，在县西北七十里，高二里，三面悬崖峻壁，山左文昌宫，后有洗墨古池。"[3]道光《重庆府志》："丰文山，县西北七十里。"[4]民国《巴县志》："丰文山寨，土主乡，高二里三面悬崖，清嘉庆时创修，咸丰重修。"[5]今重庆市沙坪坝区陈家桥镇有地名丰文山，清乾隆年间曾建庙于此，庙门匾额题"丰文圣景，天下第一山"，故名。在原巴县西北部，资料所载七十里范围内，仅有陈家桥镇丰文山符合条件，且民国时丰文山寨在土主乡，土主乡即今重庆市沙坪坝区土主镇，今丰文山在土主镇以西两公里，明代封文里即在此处。

9. 凤来里

应即来凤乡，在今璧山县来凤镇。见来凤乡。

10. 新市里

见万历《重庆府志》。在今重庆市璧山县八塘镇。万历《重庆府志》记载，新市镇在"（巴县）西一百四十里。"[6]。乾隆《巴县志》："新市镇，六甲，离城百六十二里。"[7]嘉庆《四川通志》："新市铺，在县北九十里。"[8]道光《重庆府志》："西北路……八塘铺，西北一百四十二里；新市铺，西北一百五十四里；九塘铺，西北一百六十七里。"[9]可知明清两代新市镇都在巴县西北、璧山县北部。今重庆市璧山县八

---

[1] 正德《四川志》卷十三《重庆府·关津·巴县》。
[2] 乾隆《巴县志》卷一《川·河·祥里》。
[3] 嘉庆《四川通志》卷十一《舆地山川·重庆府巴县》。
[4] 道光《重庆府志》卷一《山川》。
[5] 民国《巴县志》卷二下《阨塞表》。
[6] 万历《重庆府志》卷二《沿革疆域·巴县》。
[7] 乾隆《巴县志》卷二《场镇·祥里》。
[8] 嘉庆《四川通志》卷八九《武备·铺递·重庆府璧山县》。
[9] 道光《重庆府志》卷六《塘铺·巴县》。

塘镇，位于原巴县西北部、璧山县北部，距璧山县城37公里，原名新市镇，因清代实行里塘制度，每 20里为一塘，从重庆市江北区的头塘算起，至八塘即第八站是160里。除去由于地形所造成的里程差异，八塘与新市镇应该为同一地点，明代新市里应在此地。

11. 宝积里

见万历《重庆府志》。民国《巴县志》："宝积寺，人和乡。"[1]今无考。

12. 刘市里

见万历《重庆府志》。在今重庆市渝北区龙安镇紫金村。嘉庆《四川通志》："紫金山，在厅东北九十里，面华蓥，背铁山，左风岭，右大城，为郡城之表，山上有法济寺。"[2]《江北厅乡土志》："会水桥，刘市坝，桥头建有三圣宫，四围石壁。"[3]道光《江北厅志》："云贵督学胡积学隐居处在义里刘市坝。"[4]道光《重庆府志》："胡公积学隐居处，厅志在紫金山刘市里，碑存法济寺"；"紫金山，厅东北九十里，上有法济寺。"[5]道光《江北厅志》："紫金山，三甲厅北六十里，臂铁山，面华蓥山，左风门，右大成，为郡城之华表。"[6]由资料可知刘市里应该在紫金山一带，今紫金山在渝北区龙安镇紫金村境内，紫金村位于渝北区东北30公里处，在资料所载的（江北）厅东北六十至九十里范围内，则清代刘市里应该在紫金村附近。由于清代巴县继承明代里甲且变化很小，故明代巴县刘市里亦应在紫金村周围。

13. 宝胜里

见万历《重庆府志》。正德《四川志》："宝胜寺，在治北三十里。"[7]今无考。

14. 乐碛里

见万历《重庆府志》。在今重庆市渝北区洛碛镇。"乐碛"即"洛碛"。万历《重庆府志》载，乐碛镇在"（巴县）东一百里。"[8]乾隆《巴县志》："乐碛镇，六甲，离城二百里。"[9]乾隆《巴县志》："东路水塘，金紫水门，三十里唐家沱，三十里海坝碛，俱右营，每塘兵二名，二十五里木洞，四十里落碛，交长寿县。"[10]《江北厅乡土志》："乐碛场（镇），去城一百二十里。"[11]道光《江北厅志》："乐碛，岸有市镇。"[12]由上述资料得知，明代乐碛镇应该在巴县东部，靠近长寿，在木洞以东，并且濒临长江。环顾这一地区，只有重庆市渝北区洛碛镇符合条件，洛碛镇位于江北县城东南30公里处，长

[1] 民国《巴县志》卷二下《庙宇表》。
[2] 嘉庆《四川通志》卷十一《舆地·山川·江北厅》。
[3] 《江北厅乡土志》之《桥梁·义里》。
[4] 道光《江北厅志》卷二《舆地·古迹》。
[5] 道光《重庆府志》卷一《山川·江北厅》。
[6] 道光《江北厅志》卷二《舆地山·义里》。
[7] 正德《四川志》卷十三《重庆府·寺观·巴县》。
[8] 万历《重庆府志》卷二《沿革疆域·巴县》。
[9] 乾隆《巴县志》卷二《场镇·仁里》。
[10] 乾隆《巴县志》卷五《塘汛》。
[11] 《江北厅乡土志》之《场镇·仁里》。
[12] 道光《江北厅志》卷一《舆地·滩·大江下游》。

江北岸，在木洞镇下游，顺长江而下即进入长寿界，同时洛碛镇地处长江之滨，上下有沙石大坝，形成天然码头，航运十分便利，应是明代乐碛里。

15. 大城里

见万历《重庆府志》。在今重庆市渝北区明月镇大城村。明代大城里以“大城”而得名，清代有大城寨、大城山，二者应有继承关系。嘉庆《四川通志》：“大城寨山，在厅东北二百里，东南北三面石壁陡峻，西面土崖，旧有四门，年久仅余垒堑残垣。”[1]《江北厅乡土志》：“大城寨山，三甲，厅东二百里，东南北石壁陡峻，西面土崖，旧有四门，年久垒堑崩颓，上有平田曰百亩，东门崖口有古钟一，万历年间置。”[2]道光《江北厅志》：“大城寨，三甲，厅东二百里，东南北三方峭壁巉岩，足称险绝，西方一面俱是土崖，设立寨门独挡一面。”[3]由上可知，大城寨应在江北厅东北，按照道光《江北厅志》卷首《江北舆图》所示，大小城寨均在明月场附近。今大城寨，在重庆市渝北区明月镇大城村境内，位于江北县城东北36公里，为清初所建之大寨，其实际情况与记载略同，方位也一致，考虑到古代里程计算的不精确性，则今明月镇大城村之大城寨应该是清代之大城寨。由于清代继承明代里甲且变化不大，故明代大城里亦应在此地。

16. 大洪里

见万历《重庆府志》。在今重庆市渝北区太洪镇。明代大洪里，以大洪江得名，其地曾设大洪江巡检司，有铺递。万历《四川总志》：“大洪江巡检司，府城东一百里。”[4]正德《四川志》：“大洪铺，在治东南。”[5]清代，其地聚为市镇，名大洪江镇，大洪江亦名太洪江。嘉庆《重修一统志》：“大洪江镇，在巴县东百里，亦曰大红江镇，明置巡司，今裁。”[6]嘉庆《四川通志》：“大洪江镇，在县东一百里，明置巡检司，今裁。”[7]道光《江北厅志》：“太洪江，去城一百零五里。”[8]道光《江北厅志》：“太洪江，岸有市镇。”[9]资料记载明代在大洪江曾设巡检司并有集镇，须知设巡检司应该在大江边，据《江北厅乡土志》载：“仁里之太洪江发源于邻水县……入厅仁里境名御临河……与西河合流名太洪江……至沙溪镇入岷江”[10]，可知太洪江为御临河下游入长江段，因此大洪江镇应该在大洪江入江口附近。今重庆市渝北区太洪镇，驻地彭家岚垭，位于江北县城东南26公里，在御临河与长江汇合的三角洲上，由于清代御临河下游原名太洪江，则明代大洪里即在今渝北区太洪镇。

---

[1] 嘉庆《四川通志》卷十一《舆地·山川·江北厅》。
[2]《江北厅乡土志》之《山》。
[3] 道光《江北厅志》卷二《舆地·寨·仁里》。
[4] 万历《四川总志》卷九《郡县志·重庆府·公署》。
[5] 正德《四川志》卷十三《重庆府·邮驿·巴县》。
[6] 嘉庆《重修一统志》卷三八八《重庆府二·关隘》。
[7] 嘉庆《四川通志》卷二七《舆地关隘·重庆府巴县》。
[8] 道光《江北厅志》卷二《舆地·场镇·仁里》。
[9] 道光《江北厅志》卷二《舆地·滩·大江下游》。
[10]《江北厅乡土志》之《水道》。

17. 铜鼓里

见万历《重庆府志》。嘉庆《重修一统志》："铜鼓山，在长寿县西北，《舆地纪胜》：在乐温县北一里。"[1]嘉庆《四川通志》："铜鼓山，在县西北，《舆地纪胜》：在乐温县北一里，又有白虎山，山有龙崖。"[2]《江北厅乡土志》："铜鼓山，二甲厅东一百三十里，山有石如鼓，击之铜音铿而不绝。"[3]道光《江北厅志》："铜鼓山，二甲厅东一百三十里，山有石如鼓，击之铜音铿而不绝。"[4]道光《江北厅志》："铜鼓山，八甲，厅北十余里，三峰耸峙，团圞如鼓。"[5]今无考。

18. 沙平里

见万历《重庆府志》。"沙平"应为"沙坪"。在今重庆市渝北区双凤桥街道沙坪社区。明代沙平里，其地有沙坪铺，在巴县东部。正德《四川志》："沙坪铺，在治东。"[6]清代在沙坪铺设立沙坪场，亦在巴县东部，乾隆《巴县志》："沙坪场，四甲，离城八十里。"[7]乾隆《巴县志》："东路旱塘，三圣殿底塘，十五里观音铺，二十五里尖山铺，二十里沙坪铺……交长寿县界。"[8]嘉庆《四川通志》："沙坪铺，在厅东五十五里。"[9]《江北厅乡土志》："沙坪场，去城五十五里。"[10]道光《江北厅志》："沙坪铺，在厅东五十五里。"[11]今重庆市渝北区双凤桥街道沙坪社区，位于江北县城东北4公里处，为清代沙坪场、沙坪铺，即明代沙坪里之所在。

19. 宝轮里

见万历《重庆府志》。在今重庆市沙坪坝区磁器口。明代宝轮里以宝轮寺得名，在巴县西部。正德《四川志》："宝轮寺，在治西四十里。"[12]万历《四川总志》："宝轮寺，（巴县）西四十里。"[13]清代宝轮寺在巴县西部龙隐镇，嘉庆《四川通志》："龙隐山，在县西三十里，即白崖镇，脉出歌乐山，宋咸平间建宝轮寺。"[14]民国时龙隐镇为附近生产的磁器的集散地，故习称该地为磁器口。民国《巴县志》："宝轮寺，在龙隐镇，宋治平年间修，原名白崖寺，有圣可禅师碑。"[15]民国《巴县志》："歌乐山东衍为龙隐山……按白崖山即龙隐山，白崖寺为宝轮寺……龙隐、石壁二山之间为龙隐镇……陶器甲

[1] 嘉庆《重修一统志》卷三八七《重庆府一·山川》。
[2] 嘉庆《四川通志》卷十一《舆地山川·长寿县》。
[3]《江北厅乡土志》之《山》。
[4] 道光《江北厅志》卷一《舆地·山·仁里》。
[5] 道光《江北厅志》卷一《舆地·山·义里》。
[6] 正德《四川志》卷十三《重庆府·邮驿》。
[7] 乾隆《巴县志》卷二《场镇·义里》。
[8] 乾隆《巴县志》卷五《塘汛》。
[9] 嘉庆《四川通志》卷八九《武备·铺递·重庆府江北厅》。
[10]《江北厅乡土志》之《场镇·义里》。
[11] 道光《江北厅志》卷二《铺递》。
[12] 正德《四川志》卷十三《重庆府·寺观·巴县》。
[13] 万历《四川总志》卷九《重庆府·祠庙》。
[14] 嘉庆《四川通志》卷十一《舆地山川·巴县》。
[15] 民国《巴县志》卷二下《庙宇表》。

生县，故里人称曰磁器口。”[1]今重庆市沙坪坝区磁器口位于原巴县西部，有一古寺名宝轮寺，故其地即明代宝轮里。

20. 清溪里

见万历《重庆府志》。在今重庆市渝北区悦来镇清溪口。明代清溪里以境内清溪得名，清代清溪在江北厅境内入嘉陵江，入江口名清溪口。嘉庆《四川通志》：“清溪道院，在县西。”[2]《江北厅乡土志》：“清溪，出鲤鱼沱，跳石河两水并入双河口，合流从清溪入江。”[3]《江北厅乡土志》：“清溪口，在亭溪下，源出华蓥山，自后河、三江口，经跳石河，合玉带溪至此入江。”[4]《江北厅乡土志》：“嘉陵江……水土沱；二里至狮子口；三里至亭溪，厅礼里九曲河之水来会焉；下五里至清溪口，厅义里跳石河之水来会焉；五里至悦来场”，“跳石河……与后河合流出跳石河大桥至清溪口入嘉陵江。”[5]清溪口即今重庆市渝北区悦来镇清溪口，其地即明代清溪里。

21. 青崖里

见万历《重庆府志》。正德《四川志》：“青崖铺，在治西南。”[6]嘉庆《四川通志》：“青崖铺，在县南二十五里。”[7]道光《重庆府志》：“南路，黄葛铺……曹坝铺……青崖铺，南三十五里……苦竹铺……冬青铺……大窝铺……鸡公铺……白节铺。”[8]今无考。

22. 新丰里

见万历《重庆府志》。正德《四川志》：“新丰铺，在治东南。”[9]乾隆《巴县志》：“新丰楼，在府署北，乾隆二十四年郡守书敏移署坐山而江，于白象街后开街曰新丰街，建谯楼，南与丰瑞楼相对，曰新丰楼，额曰声闻四达。”[10]民国《巴县志》：“新丰乡，距治四十里，在一区。”[11]民国《巴县志》：“新丰楼，王志云在府署北，乾隆二十四年郡守书敏移署坐山面江于白象街后开街，曰新丰街，建谯楼南与丰瑞楼相对，曰新丰楼，额曰声闻四达。按：楼已废。”[12]今无考。

23. 云篆里

见万历《重庆府志》。在今重庆市巴南区鱼洞街道云篆山村。明代巴县云篆里以境内云篆山得名，云篆山在江津县东部与巴县交界处。正德《四川志》：“云篆山，在治东

[1] 民国《巴县志》卷一《疆域·山脉》。
[2] 嘉庆《四川通志》卷三九《舆地·寺观·巴县》。
[3] 《江北厅乡土志》之《水道·义里》。
[4] 《江北厅乡土志》之《水道·礼里》。
[5] 《江北厅乡土志》之《水道》。
[6] 正德《四川志》卷十三《重庆府邮驿·本府》。
[7] 嘉庆《四川通志》卷八九《武备·铺递·重庆府巴县》。
[8] 道光《重庆府志》卷六《塘铺·巴县》。
[9] 正德《四川志》卷十三《重庆府·邮驿》。
[10] 乾隆《巴县志》卷一《古迹》。
[11] 民国《巴县志》卷二上《镇乡表》。
[12] 民国《巴县志》卷三《古迹》。

七十里，山有云气如烟篆。”[1]万历《四川总志》：“云篆山，（江津）治东七十里，上有云气若烟篆。”[2]乾隆《巴县志》：“云篆山，二甲，城南八十里，高五里，绵亘至七甲，长二十余里入江津县界。”[3]嘉庆《四川通志》：“云篆山，在县东七十里，山势险绝，跨江南岸，状若篆纹，山势秀耸，曲折蜿蜒，与巴县接壤。”[4]道光《重庆府志》：“云篆山，县南八十里。”[5]又据乾隆《巴县志》：“云篆寺，二甲云篆山。”[6]民国《巴县志》：“云篆寺，石马乡，明成化九年建。”[7]民国《巴县志》：“云篆大寨，石马乡。”[8]民国《巴县志》：“石马乡，距治六十五里，距鱼洞十五里，距江津珞璜市十五里。”[9]可知民国时云篆山在巴县南部石马乡，石马乡后因境内云篆山而更名为云篆山乡，在今巴南区鱼洞街道办事处境内。今鱼洞街道办事处有云篆山村，故明代云篆里应在该地附近。

24. 固城里

见万历《重庆府志》。在今重庆市巴南区界石镇云峰村。乾隆《巴县志》：“固城山，二甲，城东南八十里，长一里，四面岩堑固若城郭，古烟墩基址尚存，时代无考，有洪岩仑、岳家山、喻家岩。”[10]嘉庆《四川通志》：“固城山，在县东南二十里；《元统志》：在县东南一百二十里，其山四垂而上平；《明统志》：在县东一百二十里，有山雨，峰特起，青翠可爱。”[11]今重庆市巴南区界石镇云峰村，有固城塆一地名，此塆地处固城山麓得名，可知固城山在云峰村附近。界石镇原是重庆到綦江和南川的大路分界处，清康熙年间此处岔路口立有指路界石碑一块，刻有“上走綦江，下走南川”八字。在此交通要津，为了治安与军事的需要，建立城寨是必要也是必须的，固城山四面峭壁，是一座天然的城堡。民国《巴县志》：“固城寨，南彭乡，三面巉崖惟北面狭而平。”[12]南彭乡即今南彭镇，在界石镇南，民国《巴县志》载固城寨在南彭乡，固城寨建在固城山上，今南彭镇无“固城”这个地名，可推知固城山在民国时应属南彭乡，今属界石镇。故明代固城里应在今巴南区界石镇云峰村附近。

25. 龙门里

见万历《重庆府志》。在今重庆市巴南区鱼洞街道。道光《重庆府志》：“龙门浩，

---

[1] 正德《四川志》卷十三《重庆府·山川·江津县》。
[2] 万历《四川总志》卷九《重庆府·山川·巴县》。
[3] 乾隆《巴县志》卷一《山·孝里》。
[4] 嘉庆《四川通志》卷十一《舆地山川·江津县》。
[5] 道光《重庆府志》卷一《山川·巴县》。
[6] 乾隆《巴县志》卷二《寺观·孝里》。
[7] 民国《巴县志》卷二下《庙宇表》。
[8] 民国《巴县志》卷二下《阨塞表》。
[9] 民国《巴县志》卷二上《镇乡表》。
[10] 乾隆《巴县志》卷一《山·忠里》。
[11] 嘉庆《四川通志》卷十一《舆地山川·江津县》。
[12] 民国《巴县志》卷二下《阨塞表》。

太平门对岸”[1]，即今重庆市南岸区龙门浩，因宋人刻“龙门”二字于江边石梁上而得名，“龙门皓月”更是“巴渝十二景”之一。若龙门浩为龙门里，稍有牵强，万历《重庆府志》：“茅柴乡，有永安、云篆、固城、龙门四里”[2]，云篆里、固城里已经推证在巴南区鱼洞云篆村与界石镇，龙门里应该在云篆、固城附近，龙门浩在鱼洞、界石以北，距离甚远，显然不符合条件，而民国《巴县志》所载：“龙门寺，在鱼洞镇，明永乐间建”[3]，今巴南区鱼洞街道东距界石镇（固城）24公里，西距云篆村（云篆）8公里，似更为妥当。龙门寺既然在鱼洞镇，则龙门里亦应在今鱼洞街道境内。

26. 金子里

见万历《重庆府志》。在今重庆市南岸区迎龙镇。明《蜀中名胜记》：“明月沱边有高冢，横刻‘伯喈墓’三大字。过此有金紫山，有寺名金紫寺。”[4]道光《江北厅志》：“明月峡，《通志》：在厅东六十五里，峡南为明月沱。”[5]今明月沱在长江南岸，则金紫山、金紫寺亦在长江南岸。“金紫”即“金子”，民国时广阳乡有金紫寺，民国《巴县志》卷二下《庙宇表》：“金紫寺，广阳乡，明成化二十年建。”[6]金紫山在迎龙乡境内，民国《巴县志》：“金紫山寨，在迎龙乡，离城四十里。”[7]“迎龙乡，距治五十里，距长生乡十五里、大兴乡二十里、广阳乡二十里。”[8]民国巴县迎龙乡即今重庆市南岸区迎龙镇，则明代巴县金子里应在其地。

27. 木洞里

见万历《重庆府志》。在今重庆市巴南区木洞镇。正德《四川志》：“木洞水驿，在治东九十里。”[9]嘉庆《重修一统志》：“木洞镇巡司，在巴县东九十里，明置水驿于此，本朝雍正七年置巡司。”[10]乾隆《巴县志》：“木洞水驿，在城东九十里大江中坝，水驿久裁，雍正九年设立巡检一员。”[11]乾隆《巴县志》：“木洞镇，县东一百里，仁九里，渡船八，通南川、涪州口节里、仁里米口。”[12]乾隆《巴县志》：“东路水塘，金紫水门，三十里唐家沱，三十里海坝碛，俱右营，每塘兵二名，二十五里木洞，四十里落碛，交长寿县。”[13]道光《重庆府志》：“木洞镇，巴县东九十里大江中坝，明设水驿，

[1] 道光《重庆府志》卷一《山川·巴县》。
[2] 万历《重庆府志》卷二《沿革疆域·巴县》。
[3] 民国《巴县志》卷二下《庙宇表》。
[4] [明]《蜀中名胜记》卷十七《上川东道·重庆府》。
[5] 道光《江北厅志》卷一《舆地·峡·大江下游》。
[6] 民国《巴县志》卷二下《庙宇表》。
[7] 民国《巴县志》卷二下《扼塞表》。
[8] 民国《巴县志》卷二上《乡镇表》。
[9] 正德《四川志》卷十三《重庆府·邮驿》。
[10] 嘉庆《重修一统志》卷三百八十八《重庆府二·关隘》。
[11] 乾隆《巴县志》卷二《驿站·水站》。
[12] 乾隆《巴县志》卷二《津渡·大江下游》。
[13] 乾隆《巴县志》卷五《塘汛》。

今裁，巡检分驻。”[1]道光《重庆府志》：“木洞水驿，县东九十里。”[2]民国《巴县志》：“木洞镇，距治陆路九十里，水道八十里，在四区。”[3]由上述资料可知，明代设木洞水驿作为沿江水路的重要站点，清代沿袭并形成木洞镇。今重庆市巴南区木洞镇，在原巴县城东北，濒临长江南岸，江中有一中坝，上游至唐家沱，下游至洛碛镇，处于长江水路交通路线上，是津渡航运的重要枢纽，符合上述资料所载，应为明代木洞里无误。

28. 甕坝里

见万历《重庆府志》。在今重庆市九龙坡区西彭镇泥壁沱。乾隆《巴县志》：“甕坝沱，县西一百二十里，智八甲，渡船一，通江津米口。”[4]乾隆《巴县志》：“西南水塘，珊瑚坝，五十里钓鱼嘴，三十里甕坝沱，交江津县界，俱左营。”[5]道光《重庆府志》：“黄磏渡，县西一百四十里；甕坝溪，县西一百二十里；太平渡，县西百一十里；铜罐驿，县西百里；白沙沱，县西九十里。”[6]由此可知甕坝溪在铜罐驿与黄磏渡之间，今九龙坡区铜罐驿镇与黄磏渡之间有一小河，经永安、华南、泥壁等地入江，江边有一地名泥壁沱，铜罐驿镇与黄磏渡之间江边仅有该地以沱命名，且位于铜罐驿与黄磏渡之间，故泥壁沱应即甕坝沱，明代甕坝里即在该地。

29. 石洞里

见万历《重庆府志》。在今重庆市江北区江北城梁沱。正德《四川志》：“石洞峡，在治境，刘备置关之所，《华阳国志》：巴亦有三峡谓此也。”[7]乾隆《巴县志》：“石洞峡，《通志》：县东二里；《寰宇记》：谓刘先主置关之所，约长二里。按：今县东北，左观音石梁，绵亘江中，右石岩壁立，迤逦江岸夹束江水，宛若洞然，其为石洞峡无疑。水落石出，石梁内水聚，名观音沱，贾客舣舟可避风浪。”[8]嘉庆《重修一统志》：“石洞峡，在巴县东北。”[9]嘉庆《四川通志》：“石洞峡，在县东二里。”[10]道光《重庆府志》：“阳关，《寰宇记》：州东北二十里有石洞峡，即刘先主置关之所；《旧志》：今亦名石洞关。”[11]今江北城梁沱在两江交汇处下游不远，横亘江中，上有灌口，下有灵地尾，船只可以由此两处进出，此地清代名观音梁，故此地应即石洞峡，明代石洞里亦在此。

---

[1] 道光《重庆府志》卷一《山川》。
[2] 道光《重庆府志》卷六《驿传・巴县》。
[3] 民国《巴县志》卷二上《镇乡表》。
[4] 乾隆《巴县志》卷二《津渡・岷江上游》。
[5] 乾隆《巴县志》卷五《塘汛》。
[6] 道光《重庆府志》卷一《山川・巴县・岷江上游》。
[7] 正德《四川志》卷十三《重庆府・山川》。
[8] 乾隆《巴县志》卷一《川・峡・岷江》。
[9] 嘉庆《重修一统志》卷三八七《重庆府一・山川》。
[10] 嘉庆《四川通志》卷十一《舆地山川・重庆府巴县》。
[11] 道光《重庆府志》卷一《山川》。

30. 龟停里

见万历《重庆府志》。在今重庆市大渡口区跳蹬镇小南海村。正德《四川志》："龟停山，在治西百里岷江之中，宛若龟形。"[1]万历《四川总志》："龟停山，（巴县）治西岷江之中，宛若龟形。"[2]嘉庆《重修一统志》："龟停山，在江津县西江中；《舆地纪胜》：山若龟形；《元统志》：在县东北五十里江中，周二百步，高十二丈，接巴县境。"[3]嘉庆《四川通志》："龟停山，在县西大江中，宛如龟形。又见江津县县志，山在县西六十里。"[4]嘉庆《四川通志》："龟停山，在县西一里江中，若龟形。《明统志》：在县东北五十里江中，周二百步，高十二丈。又见巴县境。"[5]民国《巴县志》："龟亭溪，发源于新丰乡之麻地沟……南趋经熊家堰至人和乡长田坎之双河口……曲转而西至跳蹬乡，迤而南趋，经赛弓桥蜿蜒至龟亭溪南入大江。"[6]民国《巴县志》："龟亭寺，跳蹬乡。"[7]今大渡口区跳蹬镇小南海村，是位于白沙沱镇东南长江中的一小岛，古名"龟亭"，其北岸有一小河，名跳蹬河，源自大渡口区人和，南流经跳蹬入江，即民国之龟亭溪。按资料记载，龟亭山应在巴县与江津县交界处，且在大江中。鉴于小南海古名"龟亭"，其北岸有龟亭溪，又处于巴县与江津县交界的长江中，可知此地即明代龟停里。

31. 鸳鸯里

见万历《重庆府志》。在今重庆市渝北区鸳鸯街道。今重庆市渝北区鸳鸯街道，驻地鸳鸯场，曾名鸳鸯桥，清道光时名鸳鸯场。乾隆《巴县志》之《场镇·义里》："鸳鸯场，六甲，离城四十里。"[8]乾隆《巴县志》之《桥梁·义里》："鸳鸯桥，县北六甲。"[9]《江北厅乡土志》："鸳鸯场，去城三十里。"[10]《江北厅乡土志》："鸳鸯桥，厅北四十里，鸳鸯场。"[11]明代鸳鸯里即在此地。

32. 石城里

见万历《重庆府志》。在今重庆市渝北区沙坪镇玉皇村。嘉庆《四川通志》："在厅东北三十五里，高一里，周五里，山上平坦，东西南三面陡壁悬崖，北路通山，天然石城，又名石坪寨，有玉皇观。"[12]道光《重庆府志》："石城山，厅东北三十五里，又名

[1] 正德《四川志》卷十三《重庆府·山川·巴县》。
[2] 万历《四川总志》卷九《重庆府·山川》。
[3] 嘉庆《重修一统志》卷三八七《重庆府一·山川》。
[4] 嘉庆《四川通志》卷十一《舆地山川·重庆府巴县》。
[5] 嘉庆《四川通志》卷十一《舆地山川·江津县》。
[6] 民国《巴县志》卷一《溪流》。
[7] 民国《巴县志》卷二《庙宇表》。
[8] 乾隆《巴县志》卷二《场镇·义里》。
[9] 乾隆《巴县志》卷二《桥梁·义里》。
[10]《江北厅乡土志》之《场镇·义里》。
[11]《江北厅乡土志》之《桥梁·义里》。
[12] 嘉庆《四川通志》卷十一《舆地山川·江北厅》。

石坪寨，上有玉皇观。”[1]今重庆市渝北区东北10里左右有玉皇村，辖区有玉皇观，清嘉庆建庙，供有玉皇大帝，村以此得名。该地丘陵与平坝相间，石城山又名石坪寨，顾名思义山石较为平坦，玉皇村地势平坦在浅丘之上，则石城山应在玉皇村附近，明代石城里亦在此。

33. 石虎里

见万历《重庆府志》。在今重庆市北碚区蔡家岗镇石龙村附近。道光《江北厅志》之《舆地·山·义里》：“石龙山，二甲，厅北五十五里，山垭一石，大数围，长七八丈，宛若龙形。”[2]道光《江北厅志》之《舆地·石·义里》：“石虎，三甲，与石龙相对”、“石龙，三甲，厅北五十五里。”[3]道光《江北厅志》之《舆地·寨·仁里》：“石龙寨，四甲。”[4] 民国《巴县志》：“石龙庙，在北碚乡。”[5]今北碚区蔡家岗镇石龙村有石龙寨，以此寨靠石龙寺，故名。此地即石龙，由于石虎与石龙相对，则石虎亦应在此地附近。

34. 江北里

见万历《重庆府志》。在重庆市江北区江北城。正德《四川志》：“江北铺，在治东。”[6]万历《重庆府志》：“北岸五里，江北镇。”[7]道光《江北厅志》：“厅属……明为巴县之江北镇”；“乾隆十九年因镇所形势冲要，以重庆府同知移驻江北……二十四年……奉颁江北镇理民督捕同知关防”[8]。《江北厅乡土志》：“厅城在重庆府隔江一隅，故曰江北。”[9]今江北区，明代为江北镇，清代为江北厅，民国改称江北县，均驻地江北城，故明代江北里应在今江北区江北城。

35. 石桥里

见万历《重庆府志》。在今重庆市九龙坡区石桥铺。明代石桥里设有铺递，在巴县西。正德《四川志》：“石桥铺，在治西。”[10]乾隆《巴县志》之《场镇·直里》：“石桥铺，一甲，离城三十里。”[11]乾隆《巴县志》之《塘汛》：“西路旱塘，三圣殿，十里佛图关，十五里石桥铺，十五里二郎关，二十里白市驿，十里凤山铺，十里走马岗，交璧山县界，俱左营，每塘兵二名。”[12]民国《巴县志》：“石桥乡，距治三十里，在一

[1] 道光《重庆府志》卷一《山川》。
[2] 道光《江北厅志》卷一《舆地·山·义里》。
[3] 道光《江北厅志》卷二《舆地·石·义里》。
[4] 道光《江北厅志》卷二《舆地·寨·仁里》。
[5] 民国《巴县志》卷二下《庙宇表》。
[6] 正德《四川志》卷十三《重庆府·邮驿》。
[7] 万历《重庆府志》卷二《沿革疆域·巴县》。
[8] 道光《江北厅志》卷一《舆地沿革》。
[9] 《江北厅乡土志》之《地理》。
[10] 正德《四川志》卷十三《重庆府·邮驿》。
[11] 乾隆《巴县志》卷二《场镇·直里》。
[12] 乾隆《巴县志》卷五《塘汛》。

区。”[1]由上述文献得知，石桥铺应该在治西30里的地方，考虑到当时县治在渝中半岛，只有九龙坡区的石桥铺符合条件，此地在清代有驿站、石桥和店铺，故得名石桥铺，民国时设石桥乡，至今石桥铺仍是重庆市区至成都的交通要道，明代石桥里即在此。

36. 白市里

见万历《重庆府志》。在今重庆市九龙坡区白市驿镇。正德《四川志》：“白市铺马驿，在治西七十里”，“白市铺，在治西”[2]。万历《四川总志》卷九《重庆府·公署》：“白市马驿，府城西七十里。”[3]乾隆《巴县志》之《场镇·直里》：“白市驿，五甲，离城六十里。”[4]乾隆《巴县志》之《驿站·陆站》：“白市驿，在县西六十里，赴成都冲站。”[5]嘉庆《重修一统志》：“白市驿，在巴县西五十里，明置马驿。”[6]道光《重庆府志》：“白市驿，县西六十里。”[7]乾隆《巴县志》：“西路旱塘，三圣殿，十里佛图关，十五里石桥铺，十五里二郎关，二十里白市驿，十里凤山铺，十里走马岗，交壁山县界，俱左营，每塘兵二名。”[8]道光《重庆府志》：“西路，佛图铺，县西十五里；石桥铺，西三十里；二郎铺，西四十五里；白市铺，西六十里；凤山铺，西七十二里；走马铺，西八十七里。”[9]民国《巴县志》：“白市镇，距治六十里，在二区。”[10]可知白市驿（铺）是重庆至成都间的重要驿站，今重庆市九龙坡区白市驿镇，在原巴县西部，位于明清古驿道上，向东为二郎、石桥铺，往西为走马镇直至璧山县，其距原巴县治里数与资料大致相同，至今仍是成渝高速公路必经之地，明代白市里即在此处。

37. 凤山里

见万历《重庆府志》。在今重庆市九龙坡区金凤镇。正德《四川志》：“凤山铺，在治西。”[11]乾隆《巴县志》之《场镇·慈里》：“凤山铺，九甲，离城九十里。”[12]乾隆《巴县志》之《塘汛》：“西路旱塘，三圣殿，十里佛图关，十五里石桥铺，十五里二郎关，二十里白市驿，十里凤山铺，十里走马岗，交璧山县界，俱左营，每塘兵二名。”[13]道光《重庆府志》：“西路，佛图铺，县西十五里；石桥铺，西三十里；二郎铺，西四十五里；白市铺，西六十里；凤山铺，西七十二里；走马铺，西八十七里。”[14]白市铺

[1] 民国《巴县志》卷二《镇乡表》。
[2] 正德《四川志》卷十三《重庆府·邮驿》。
[3] 万历《四川总志》卷九《重庆府·公署》。
[4] 乾隆《巴县志》卷二《场镇·直里》。
[5] 乾隆《巴县志》卷二《驿站·陆站》。
[6] 嘉庆《重修一统志》卷三八八《重庆府志·关隘》。
[7] 道光《重庆府志》卷一《山川》。
[8] 乾隆《巴县志》卷五《塘汛》。
[9] 道光《重庆府志》卷六《塘铺·巴县》。
[10] 民国《巴县志》卷二《镇乡表》。
[11] 正德《四川志》卷十三《重庆府·邮驿》。
[12] 乾隆《巴县志》卷二《场镇·慈里》。
[13] 乾隆《巴县志》卷五《塘汛》。
[14] 道光《重庆府志》卷六《塘铺·巴县》。

距凤山铺约6公里，凤山铺距走马铺约7.5公里，纵观这一区域，只有金凤镇符合条件，金凤镇距白市驿镇约6公里，距走马镇约8公里，且金凤镇在白市驿镇和走马镇之间，可以推断金凤镇即凤山里。

38. 双山里

见万历《重庆府志》。在今重庆市大渡口区八桥镇双山村。嘉庆《巴县志》："智里双山，四甲，城西南三十里，高一里，又名凤凰山，两峰并峙，翠黛平分，下有丰门。"[1]民国《巴县志》："双山寺，人和乡，明成化建。"[2]今重庆市大渡口区西北2公里处有双山，以两山并峙得名，因人烟聚集形成村落，取名双山村。清代智里四甲的范围大概在九宫庙至双山一带，可知此双山即清代双山，明代双山里亦在此处。

39. 柳市里

见万历《重庆府志》。万历《重庆府志》："西四十里，柳市镇。"[3]乾隆《巴县志》："柳市桥，县西，四甲，九盘子溪。"[4]民国《巴县志》："柳市桥，在人和乡退溪，清咸丰二十三年募建。"[5]乾隆《巴县志》认为柳市桥在县西九龙坡沙坪坝一带，而民国《巴县志》认为柳市桥应该在江北县人和乡，两者记载差异明显，不宜轻下判断。乾隆《巴县志》："云南巡抚都御史刘世曾墓，县柳市里。"[6]道光《重庆府志》之《陵墓·巴县》亦载："明刘世曾墓，县治柳市里。"[7]只要找到明代刘世曾的墓，就能判定柳市里的方位。但是关于明代刘世曾墓址无法确认，故柳市里不可考。

40. 梁滩里

见万历《重庆府志》。在今重庆市沙坪坝区回龙坝镇梁滩桥。乾隆《巴县志》之《川·河·正里》："梁滩河，出直六甲戚家坝转北碚入江。"[8]今梁滩河发源于重庆市九龙坡区福寿乡，自南向北流贯白市驿、虎溪、青木关等11个乡镇，经北碚区汇入嘉陵江，即古之梁滩河。乾隆《巴县志》之《桥梁·正里》："梁滩桥，县北九十里，十甲，梁滩河。"[9]嘉庆《四川通志》："梁滩桥，在县北九十里。梁滩，乡名也……此桥之名所起，而乡乃因桥而得名也。"[10]道光《重庆府志》："梁滩桥，在治北。"[11]民国《巴县志》："梁滩桥，在兴隆乡梁滩河，民国十年建。"[12]今沙坪坝区回龙坝镇有梁滩桥村，正在梁滩河边。回龙坝原名兴隆，以驻地兴隆场得名，民国19年建兴隆乡，1981年以

[1] 嘉庆《巴县志》。
[2] 民国《巴县志》卷二下《庙宇表》。
[3] 万历《重庆府志》卷二《沿革疆域·巴县》。
[4] 乾隆《巴县志》卷二《桥梁·智里》。
[5] 民国《巴县志》卷二上《桥梁表》。
[6] 乾隆《巴县志》卷二《陵墓·明》。
[7] 道光《重庆府志》卷一《陵墓·巴县》。
[8] 乾隆《巴县志》卷一《川·河·正里》。
[9] 乾隆《巴县志》卷二《桥梁·正里》。
[10] 嘉庆《四川通志》卷三一《舆地津梁·重庆府巴县》。
[11] 道光《重庆府志》卷一《山川·巴县》。
[12] 民国《巴县志》卷二上《桥梁表》。

境内回龙坝更名。既然是民国重建的梁滩桥，应该离清代梁滩桥不远，清代梁滩桥在县北九十里，但是古代计算里程不甚准确，回龙坝镇大致在其范围内，故明代梁滩里应该在今回龙坝镇梁滩桥附近。

41. 东阳里

见万历《重庆府志》。在今重庆市北碚区东阳镇。曹学佺的《蜀中名胜记》："《志》云，治西十里，石壁绘佛像，一径仅容舆马，即佛图关也。又三十里为多功城……又四十里为长安洞……又二十里为东阳镇。"[1]嘉庆《重修一统志》："东阳城，《舆地纪胜》：在巴县西一百里；《旧志》云：齐建武元年，割巴县，置东阳郡；《旧志》：周时废；今为东阳镇。"[2]乾隆《巴县志》之《古迹》："古东阳郡，《通志》：县西一百里，今为东阳镇。"[3]乾隆《巴县志》之《场镇·礼里》："东阳镇，三甲，离城一百里。"[4]乾隆《巴县志》之《津渡·嘉陵江上游》："东阳镇，县北一百里，礼三甲，渡船十，对河白碚场，通梁滩坝米口。"[5]《江北厅乡土志》："东阳镇，去城百里，昔名东阳郡。"[6]民国《巴县志》："东阳镇，今在江北境内。"[7]今重庆市北碚区有东阳镇，位于北碚区嘉陵江以北，南距区政府约2公里，即明代东阳里。

42. 云台里

见万历《重庆府志》。在重庆市北碚区蔡家岗镇云台村。乾隆《巴县志》："云台山，二甲，城西北一百里，山左云台寺，建自宋祥符元年。"[8]嘉庆《四川通志》："云台山，在县西北一百里，峰势高骞，林光绰约，山左云台寺，建自宋祥符元年。"[9]《江北厅乡土志》："云台山，六甲高五丈。"[10]民国时巴县蔡家乡有云台观，即云台寺，民国《巴县志》："云台观，（在）蔡家乡，宋祥符元年修。"[11]则云台山应在蔡家乡，蔡家乡即今北碚区蔡家岗镇，境内有云台村，即明代云台里。

43. 井口里

见万历《重庆府志》。在重庆市沙坪坝区井口镇。道光《重庆府志》："澄江口，县西北百一十里……井口镇，县西北七十里；白崖镇，县西北三十里"[12]。民国《巴县志》："井口乡，距治四十五里，（距）龙隐十五里，（距）同兴十五里，（距）新发

---

[1] [明]曹学佺：《蜀中名胜记》卷十七《上川东道·重庆府》。
[2] 嘉庆《重修一统志》卷三八八《重庆府·古迹》。
[3] 乾隆《巴县志》卷一《古迹》。
[4] 乾隆《巴县志》卷二《场镇·礼里》。
[5] 乾隆《巴县志》卷二《津渡·嘉陵江上游》。
[6] 《江北厅乡土志》之《场镇·礼里》。
[7] 民国《巴县志》卷三《古迹》。
[8] 乾隆《巴县志》卷一《山·正里》。
[9] 嘉庆《四川通志》卷十一《舆地山川·重庆府巴县》。
[10] 《江北厅乡土志》之《山》。
[11] 民国《巴县志》卷二下《庙宇表》。
[12] 道光《重庆府志》卷一《山川·巴县·内江上游》。

二十里。”[1]今沙坪坝区井口镇位于嘉陵江边，在磁器口（即白崖镇，后名龙隐镇）上游，再往上游可通北碚区澄江口，其地即井口里。

44. 土沱里

见万历《重庆府志》。在重庆市北碚区水土镇。正德《四川志》：“土沱水驿，在治北九十里。”[2]万历《四川总志》：“土沱水驿，府城北九十里。”[3]乾隆《巴县志》：“西北水塘，朝天门，三十里白岩……三十里七孔子……三十里土沱……三十里草街，交合州界。”[4]乾隆《巴县志》：“土沱，县北八十五里，礼十甲，渡船四，通正里蔡家场及本里静观场米口。”[5]《江北厅乡土志》：“水土沱，去城八十里。”[6]因明代土沱为水驿，故后来演变成水土沱这一地名。今重庆市北碚区水土镇，以驻地水土沱得名，此地在豿溪桥河与嘉陵江汇合处，泥沙淤积成土沱，水路交通十分便利，嘉陵江南岸可通蔡家岗镇，北岸水路可通静观镇，与资料所载相符。水土镇在原巴县北部，至渝中区的距离在资料所载的90里内，但考虑到古代计算里程的差异及地形带来的误差，此范围内只有水土镇条件符合，当为明代土沱里。

此外，沙溪里、冠山里、井泉里、多荣里、大同里、刘何市里、刘石马里、刘石子里、龙山里、善庆里、湖崖里、怀石马里、居义里、永安里、钟楼里、江右里、子里、赵市里、复安里、利石马里、龙东里、卧石马里，见万历《重庆府志》，今皆无考。

乡

1. 来凤乡

见万历《重庆府志》。在今重庆市璧山县来凤镇。正德《四川志》之《重庆府·山川·巴县》：“来凤山，在治西一百里，形如来凤。”[7]正德《四川志》之《重庆府·关津·巴县》：“来凤桥，在治西一百里。”[8]正德《四川志》之《重庆府·邮驿·巴县》：“来凤马驿，在治西一百五十里。”[9]万历《四川总志》：“来凤驿，治东南五十里。”[10]乾隆《巴县志》：“来凤书院，《通志》：在府治右，今无考。”[11]嘉庆《重修一统志》：“来凤马驿，在璧山县东南五十里，去巴县五十里，旧属巴县，明成化后改属永川。”[12]嘉庆《四川通志》：“来凤铺，在县南五十里。”[13]同治《璧山县志》：“来

[1] 民国《巴县志》卷二上《镇乡表》。
[2] 正德《四川志》卷十三《重庆府·邮驿》。
[3] 万历《四川总志》卷九《重庆府·公署》。
[4] 乾隆《巴县志》卷五《塘汛》。
[5] 乾隆《巴县志》卷二《津渡·嘉陵江上游》。
[6] 《江北厅乡土志》之《场镇·礼里》。
[7] 正德《四川志》卷十三《重庆府·山川·巴县》。
[8] 正德《四川志》卷十三《重庆府·关津·巴县》。
[9] 正德《四川志》卷十三《重庆府·邮驿·巴县》。
[10] 万历《四川总志》卷九《重庆府·公署》
[11] 乾隆《巴县志》卷四《书院》。
[12] 嘉庆《重修一统志》卷三八八《重庆府二·关隘》。
[13] 嘉庆《四川通志》卷八九《武备·铺递·重庆府璧山县》。

凤桥，县南五十里来凤驿，乾隆甲申年修。”[1]今重庆市璧山县来凤镇，古名百岁场，蜀汉时已有驿站，据传刘备、孟知祥曾至此，故名王来镇。元成宗铁穆耳曾在此娶妃，遂名来凤驿。可知来凤这一地名在明代以前即已形成，一直延续至今。今来凤镇位于璧南河与成渝公路的交叉点，在璧山县东南四十里，与记载符合，且万历《重庆府志》记载：“来凤乡辖有梓潼、石英、虎峰、沙溪、含谷、虎溪、茶店、高滩、封文、冠山、凤来十一里”[2]，其中虎峰、含谷、虎溪、茶店等均在原巴县西部，与来凤镇相近，故明代来凤乡应在此处。

2. 依来乡

见万历《重庆府志》。万历《重庆府志》：“依来乡，有井泉、新市、多荣、宝积、大同五里”[3]。井泉、多荣、宝积、大同四里无考，新市里在今重庆市璧山县八塘镇，位于原巴县西北，故推断依来乡大致位于原巴县西北，具体位置不可考。

3. 迁善乡

见万历《重庆府志》。万历《重庆府志》：“迁善乡，有龙山、善庆、乐碛、大城、大洪、铜鼓六里。”[4]已知乐碛里在今重庆市渝北区洛碛镇，大城里、大洪里在今重庆市渝北区太洪镇，上述几里均在渝北区的东部与东北部，故推断迁善乡大致亦应在这一区域范围内，具体位置不可考。

4. 白崖乡

见万历《重庆府志》。在今重庆市沙坪坝区磁器口。万历《四川总志》：“白崖山，治西北五十里，又名朝阳山。”[5]乾隆《巴县志》：“西北旱塘，三圣颠，十里佛图关，三十里白崖镇。”[6]可见在清初仍叫白崖镇，到后期则更名为龙隐镇了。嘉庆《四川通志》：“龙隐山，在县西三十里，即白崖镇，脉出歌乐山，宋咸平间建宝轮寺。”[7]民国后，龙隐镇再次更名，因此地为磁器集散地，故习称磁器口。民国《巴县志》：“宝轮寺，在龙隐镇，宋治平年间修，原名白崖寺，有圣可禅师碑。”[8]民国《巴县志》：“歌乐山东衍为龙隐山……按：白崖山即龙隐山，白崖寺为宝轮寺……龙隐、石壁二山之间为龙隐镇……陶器甲生县，故里人称曰磁器口”[9]。故今重庆市沙坪坝区磁器口即明代白崖乡。

5. 茅柴乡

见万历《重庆府志》。万历《重庆府志》：“茅柴乡，有永安、云篆、固城、龙门四

---

[1] 同治《璧山县志》卷一《舆地山川》。
[2] 万历《重庆府志》卷二《沿革疆域·巴县》。
[3] 万历《重庆府志》卷二《沿革疆域·巴县》。
[4] 万历《重庆府志》卷二《沿革疆域·巴县》。
[5] 万历《四川总志》卷九《重庆府·山川》。
[6] 乾隆《巴县志》卷五《塘汛》。
[7] 嘉庆《四川通志》卷十一《舆地山川·巴县》。
[8] 民国《巴县志》卷二下《庙宇表》。
[9] 民国《巴县志》卷一《疆域·山脉》。

里。”[1]今云篆里在重庆市巴南区石马乡云篆山，固城里在重庆市巴南区界石镇云峰村，龙门里在重庆市巴南区鱼洞镇，可推知茅柴乡大致应在长江南岸、今巴南区西部，具体位置不可考。

6. 广阳乡

见万历《重庆府志》。在今重庆市南岸区广阳镇。《蜀中名胜记》：“明月沱边有高冢，横刻‘伯喈墓’三大字。过此有金紫山，有寺名金紫寺。”[2]民国《巴县志》之《庙宇表》：“金紫寺，广阳乡，明成化二十年建。”[3]可知明月沱应在广阳乡。民国《巴县志》之《镇乡表》：“广阳乡，距治五十里，距木洞三十里、栋青三十里、大兴二十里、迎龙二十里。”[4]今南岸区广阳镇隔明月峡与江北区鱼嘴镇相对，明月沱在其境内，则明代广阳乡即在此。因万历《重庆府志》记载：“广阳乡，有金子、木洞、钟楼三里”[5]，金子里在今重庆市南岸区迎龙镇，木洞里在今巴南区木洞镇，故广阳乡的范围应该包括今南岸区广阳镇、迎龙镇以及巴南区木洞镇等地区。

7. 龟停乡

见万历《重庆府志》。即龟停里，在今重庆市大渡口区跳蹬镇小南海。又据万历《重庆府志》载：“龟停乡，有甕坝、石洞、龟停三里”[6]，已知石洞里在今重庆市江北区梁沱，甕坝里在今重庆市九龙坡区西彭镇泥壁沱，龟停里在今重庆市大渡口区跳蹬镇小南海，则龟停乡的范围大致在三地之间的长江水道上。

8. 江北乡

见万历《重庆府志》。即江北里，在今重庆市江北区江北城。又据万历《重庆府志》载：“江北乡，有鸳鸯、石城、江右、石虎、子里、江北五里。”[7]已知鸳鸯里在今重庆市渝北区鸳鸯，石城里在今重庆市渝北区王家镇玉皇村，石虎里在今重庆市北碚区蔡家岗镇石龙寨，江北里在今重庆市江北区江北城，则江北乡的范围大致在包括上述地区在内的江北区与渝北区西部。

9. 德义乡

见万历《重庆府志》。万历《重庆府志》：“德义乡，有赵市、石桥、白市、凤山、双山、柳市、复安七里”[8]。已知石桥里在沙坪坝区石桥铺，凤山里在九龙坡区金凤镇，白市里在九龙坡区白市驿，双山里在大渡口区双山，可以推断德义乡大致在原巴县西部，地跨今重庆市沙坪坝、九龙坡与大渡口三区，具体位置不可考。

---

[1] 万历《重庆府志》卷二《沿革疆域·巴县》。
[2] [明]曹学佺：《蜀中名胜记》卷十七《上川东道·重庆府》。
[3] 民国《巴县志》卷二下《庙宇表》。
[4] 民国《巴县志》卷二上《镇乡表》。
[5] 万历《重庆府志》卷二《沿革疆域·巴县》。
[6] 万历《重庆府志》卷二《沿革疆域·巴县》。
[7] 万历《重庆府志》卷二《沿革疆域·巴县》。
[8] 万历《重庆府志》卷二《沿革疆域·巴县》。

10. 利蒙乡

见万历《重庆府志》。万历《重庆府志》："利蒙乡，有梁滩、利石马、东阳、龙东、云台、井口六里。"[1]已知梁滩里在沙坪坝区回龙坝镇，东阳里在北碚区东阳镇，云台里在北碚区静观镇，井口在沙坪坝区井口镇，可以推断利蒙乡大致在原巴县西北，地跨沙坪坝、北碚等区，具体位置不可考。

11. 卧龙乡

见万历《重庆府志》。在重庆市长寿区江南镇龙山寨。成化《重庆府志》："卧龙山，县西八十里。"[2]万历《四川总志》："卧龙山，（府）治东一百二十里。"[3]嘉庆《重修一统志》："卧龙山，在江北厅东百二十里，高四里，无路可通。"[4]嘉庆《四川通志》："卧龙山，在厅东一百二十里，高四里，无路可行，山顶有石垣旧寨，未详何代营垒。"[5]道光《江北厅志》："卧龙山，一甲，厅东百一十里；《通志》：在厅东百二十里，高四里，嘉庆四年重修掘得碑记，是明时闵中珠创建，山上遇晴时尝有云气，土人疑为卧龙嘘云状。"[6]可知卧龙山在巴县与长寿县交界处附近，山上有寨。民国时卧龙山在长寿县境内，民国《长寿县志》："卧龙山，千佛南半里，治南三十里有奇"；"千佛乡，治南三十里……在大江之南"[7]。今长寿区江南镇即民国千佛乡，有龙山寨一地，以山岗地形似龙，寨建其上故名，则此山应即卧龙山，明代卧龙乡即在此处。

此外，何李市乡、怀仁乡，见万历《重庆府志》，今无考。

镇

1. 江北镇

万历《重庆府志》："北岸五里，江北镇。"[8]即江北里，在今重庆市江北区江北城。

2. 北崖镇

万历《重庆府志》："西三十里，北崖镇。"[9]应为白崖镇，即白崖乡，在今重庆市沙坪坝区磁器口。

3. 葶溪镇

见万历《重庆府志》。在今重庆市北碚区水土镇狮子口。万历《重庆府志》："西八十里，葶溪镇。"[10]嘉庆《四川通志》："黑水滩河，出华蓥山至亭溪入江"；"亭

[1] 万历《重庆府志》卷二《沿革疆域·巴县》。
[2] 成化《重庆府志》之《长寿县·山川》。
[3] 万历《四川总志》卷九《重庆府·山川》。
[4] 嘉庆《重修一统志》卷三八七《重庆府·山川》。
[5] 嘉庆《四川通志》卷十一《舆地山川·江北厅》。
[6] 道光《江北厅志》卷一《舆地·山·仁里》。
[7] 民国《长寿县志》卷一《山川》。
[8] 万历《重庆府志》卷二《沿革疆域·巴县》。
[9] 万历《重庆府志》卷二《沿革疆域·巴县》。
[10] 万历《重庆府志》卷二《沿革疆域·巴县》。

溪，出华蓥山至黑水滩入江，内有方山寺，僧南范曾卓锡于此”[1]。可知葶溪应是黑水滩河下游入江段。嘉庆《四川通志》：“江玠墓，在县西北亭溪高现台左。”[2]《江北厅乡土志》：“清溪口，在亭溪下”；“亭溪，源出华蓥山下，邓家沟至偏岩场下龙塘，由三圣场、复兴场至清溪口入嘉陵江”[3]。《江北厅乡土志》：“九曲河……至黑水滩、三溪口、亭溪镇入嘉陵江”；“嘉陵江……水土沱，二里至狮子口，三里至亭溪……下五里至清溪口……五里至悦来场”[4]。据以上可知，亭溪镇应在水土沱与清溪口之间的黑水滩河入江处，今北碚区黑水滩河河口地为水土镇狮子口，位于水土镇与清溪口之间，当即其地。

4. 乐碛镇

万历《重庆府志》：“东一百里，乐碛镇。”[5]即乐碛里，在今重庆市渝北区洛碛镇。

5. 井口镇

万历《重庆府志》：“北六十里，井口镇。”[6]即井口里，在今重庆市沙坪坝区井口镇。

6. 新市镇

万历《重庆府志》：“西一百四十里，新市镇。”[7]即新市里，在今重庆市璧山县八塘镇。

7. 水东镇

万历《重庆府志》：“北一百五十里，水东镇。”[8]今无考。

8. 柳市镇

万历《重庆府志》：“西四十里，柳市镇。”[9]今无考。

9. 安仁镇

万历《重庆府志》：“西北七十里，安仁镇。”[10]今无考。

10. 木洞镇

万历《重庆府志》：“东八十里，木洞镇。”[11]即木洞里，在今重庆市巴南区木洞镇。

（二）长寿县

该县有24里8乡3镇。万历《重庆府志》：“乡凡八，里凡二十四。东乡，有杜周、阳关、祥符、纳溪、阳岳四里；西乡，有沙溪、菩提、碛溪、鼓楼、广伏五里；麻堆乡，

[1] 嘉庆《四川通志》卷十一《舆地志·山川·重庆府江北厅》。
[2] 嘉庆《四川通志》卷四四《舆地·陵墓·重庆府巴县》。
[3]《江北厅乡土志》之《水道·礼里》。
[4]《江北厅乡土志》之《水道》。
[5] 万历《重庆府志》卷二《沿革疆域·巴县》。
[6] 万历《重庆府志》卷二《沿革疆域·巴县》。
[7] 万历《重庆府志》卷二《沿革疆域·巴县》。
[8] 万历《重庆府志》卷二《沿革疆域·巴县》。
[9] 万历《重庆府志》卷二《沿革疆域·巴县》。
[10] 万历《重庆府志》卷二《沿革疆域·巴县》。
[11] 万历《重庆府志》卷二《沿革疆域·巴县》。

有龙山一里；光阳乡，有山蹇、安乐、龙合、葛南四里；隆安乡，有玉溪一里；白市乡，有峰门、杜市二里；巾子乡，有三台、太平二里；丛昌乡，有何市、龙市、明月、相乐四里……镇凡三，河镇，即沙镇公馆；双江镇，在双江滩上，址存；桃源镇，即桃花街。”[1]

里

1. 杜周里

见万历《重庆府志》。在今重庆市长寿区渡舟镇。明代曰“杜周”，在县东。万历《重庆府志》：“东乡，有杜周、阳光、祥符、纳溪、阳岳五里。”[2]成化《重庆府志》：“杜周桥，县东八里。”[3]清代名“杜舟”，在县北十里左右。康熙《长寿县志》之《赋税》记载，明编户二十四里中“杜舟”即其一。康熙《长寿县志》之《虚市》：“杜舟场，北十里，一名万古桥。”[4]嘉庆《四川通志》：“杜舟桥，在县北十五里，一名万古桥……康熙三十六年重修。”[5]道光《重庆府志》：“杜舟桥，县北十五里。”[6]光绪《长寿县志》之《市镇》：“杜舟场，治北十里。”[7]光绪《长寿县志》之《桥梁》：“杜舟桥，县北十里。”[8]光绪《长寿县志》：“杜舟寺，北十里。”[9]民国时，又称“渡舟”，在县北十二里处。民国《长寿县志》之《里甲》记载：“据旧志，明编户为太平、渡舟。”[10]民国《长寿县志》之《城市附区、乡、镇》：“一区，渡舟乡，治北十二里。”[11]民国《长寿县志》之《保甲》：“渡舟乡，驻渡舟场。”[12]民国《长寿县志》之《乡镇表》：“渡舟乡，（有）渡舟场、太平场、焦家场、永兴场，驻渡舟场。”[13]民国《长寿县志》之《各场之区域与方向及其界限》：“渡舟场，城北十二里。”[14]民国《长寿县志》之《寺观》：“渡舟场，（有）渡舟寺，场南二里；晶山寺，在场东之晶山。”[15]民国《长寿县志》之《桥梁》：“渡舟场，（有）广生桥、长生桥、冉师桥、德胜桥。”[16]民国《长寿县志》之《寨堡》：“渡舟场，（有）菩山寨、晶山寨、鸡冠寨、盘龙寨、张家寨、灵台寨、对公嘴寨。”[17]今重庆市长寿区渡舟镇，驻地渡

---

[1] 万历《重庆府志》卷二《疆域·长寿县》。
[2] 万历《重庆府志》卷二《疆域·长寿县》。
[3] 成化《重庆府志》之《长寿县·桥梁》。
[4] 康熙《长寿县志》卷四《虚市》。
[5] 嘉庆《四川通志》卷三一《舆地津梁·长寿县》。
[6] 道光《重庆府志》卷一《山川·长寿县》。
[7] 光绪《长寿县志》卷一《市镇》。
[8] 光绪《长寿县志》卷一《桥梁》。
[9] 光绪《长寿县志》卷五《祠祀》。
[10] 民国《长寿县志》卷一《里甲》。
[11] 民国《长寿县志》卷二《城市附区乡镇》。
[12] 民国《长寿县志》卷十《保甲》。
[13] 民国《长寿县志》卷一《乡镇表》。
[14] 民国《长寿县志》卷三《各场之区域与方向及其界限》。
[15] 民国《长寿县志》卷三《寺观》。
[16] 民国《长寿县志》卷三《桥梁》。
[17] 民国《长寿县志》卷三《寨堡》。

舟场，位于长寿县城北面10公里的渡舟河畔，其境内有晶山、渡舟寺、冉师桥等，当为明代杜周里。

2. 阳关里

见万历《重庆府志》。《水经注》之《江水一》：“江水东经阳关巴子梁，江之两岸犹有梁处，巴之三关斯为一也。延熙中蜀车骑将军邓芝为江州都督，治此。江水又东经黄葛峡，山高现，全无人居，江水又左经明月峡。”[1]可知阳关在巴县黄葛渡上游，今无考。

3. 纳溪里

见万历《重庆府志》。在今重庆市长寿区新市镇纳溪桥附近。明代纳溪里以纳溪命名，故可知纳溪应在纳溪里境内。纳溪桥跨纳溪而建，亦应在明代纳溪里范围内。清代纳溪桥在县北三十里处，康熙《长寿县志》：“纳溪桥，（县）北三十里。”[2]光绪《长寿县志》：“纳溪桥，县北三十里。”[3]民国时，纳溪桥在新市场附近，民国《长寿县志》之《桥梁》：“纳溪桥，（新市）场南十里。”[4]民国《长寿县志》之《河流·纳溪》：“发源于治东北五十里之叶家渡，在罗围场向西流，至蛮坡荡入新场境，西流至场东，过徐家桥，折而南流至江家河坎，过江家桥，又转而西流过五龙寨之南，至纳溪桥，交付何场界，又西流至车家桥入桃溪。”[5]民国《长寿县志》之《桥梁》：“新场，纳溪桥，场南十里。”[6]今长寿区新市镇有纳溪桥，是纳溪河上的一小石桥，即清代纳溪桥，则明代纳溪里应在新市镇附近。

4. 沙溪里

见万历《重庆府志》。在今重庆市长寿区晏家街道沙溪村。成化《重庆府志》之《长寿县·邮传》中有“沙溪铺”。正德《四川志》：“沙溪桥，在治西九十里。”[7]康熙《长寿县志》：“沙溪铺，县西三十五里。”[8]光绪《长寿县志》：“沙溪铺，县西五十里。”[9]乾隆《巴县志》：“东路旱塘……沙溪塘交长寿县界。”[10]乾隆《巴县志》：“沙溪渡，县东一百九十里。”[11]《江北厅乡土志》：“沙溪场，去城二百一十里交长寿界。”[12]道光《重庆府志》：“沙溪铺，东一百八十五里。”[13]道光《江北厅志》：“沙

[1]《水经注》卷三三《江水一》。
[2] 康熙《长寿县志》卷四《津梁》。
[3] 光绪《长寿县志》卷一《津梁》。
[4] 民国《长寿县志》卷一《桥梁》。
[5] 民国《长寿县志》卷一《河流·纳溪》。
[6] 民国《长寿县志》卷三《桥梁》。
[7] 正德《四川志》卷十三《重庆府·关津·长寿》。
[8] 康熙《长寿县志》卷四《铺舍》。
[9] 光绪《长寿县志》卷一《铺递》。
[10] 乾隆《巴县志》卷五《塘汛》。
[11] 乾隆《巴县志》卷二《津渡·大江下游》。
[12]《江北厅乡土志》之《场镇·仁里》。
[13] 道光《重庆府志》卷六《塘铺·巴县》。

溪铺，在厅东二百里。”[1]可知沙溪铺（场）位于长寿县与巴县的交界处。民国《长寿县志》：“沙溪，又名石门溪……江北张关场、乐碛场与本境沙溪场以溪为界。”[2]今重庆市长寿区晏家街道沙溪，位于沙溪河畔，南抵长江，西接渝北区张关，其地即明代沙溪里。

5. 菩提里

见万历《重庆府志》。在今重庆市长寿区渡舟镇菩提村。明代菩提里以境内菩提山得名，菩提山在县北，山上有菩提寺。成化《重庆府志》之《长寿县·山川》：“菩提山，县北十五里。”[3]成化《重庆府志》之《长寿县·寺观》：“菩提寺，县北十五里。”[4]万历《四川总志》：“菩提山，治北一十里，上有菩提寺。”[5]清代菩提山，在县西，又名晶山。康熙《长寿县志》之《山川》：“菩提山，治北十里。”[6]康熙《长寿县志》之《寺观》：“晶山寺，一名菩提寺，治西十里。”[7]道光《重庆府志》：“龚文选墓，县西菩提山下”，“杨乔然墓，在菩提山下”[8]。光绪《长寿县志》：“菩提山，县西十里，一名晶山，明进士戴锦改名也。高峰特立，山顶中凹，四面望之或如仰盂或如屏或如髻，佳气葱郁，为县巨镇。”[9]光绪《长寿县志》：“菩提寺，县西十里，在晶山上，旧有灯笼树，寺后数十里外皆见之。”[10]民国时，菩提山在渡舟场附近。民国《长寿县志》：“菩提山，治西北十里，东距渡舟场十里，一名晶山。”[11]今菩提山在长寿县城西北，位于渡舟镇菩提境内，其地即明代菩提里。

6. 碛溪里

见万历《重庆府志》。在今重庆市长寿区晏家街道十字村。明代碛溪里以境内碛溪命名，有铺递，境内有碛溪桥，因跨碛溪，故名。成化《重庆府志》之《长寿县·邮传》中有“碛溪铺”。成化《重庆府志》：“碛溪桥，县西六十里。”[12]正德《四川志》：“碛溪铺，在治。”[13]康熙《长寿县志》：“碛溪桥，治西二十里。”[14]光绪《长寿县志》之《津梁》：“碛溪桥，县西南十里，桥有二，其上名大碛溪，其下名小碛溪，皆入大江。”[15]光绪《长寿县志》之《川》：“小碛溪，治西南五里，源出晶山下，西南流八

[1] 道光《江北厅志》卷二《铺递》。
[2] 民国《长寿县志》卷一《河流·沙溪》。
[3] 成化《重庆府志》之《长寿县·山川》。
[4] 成化《重庆府志》之《长寿县·寺观》。
[5] 万历《四川总志》卷九《重庆府·山川》。
[6] 康熙《长寿县志》卷一《山川》。
[7] 康熙《长寿县志》卷六《寺观》。
[8] 道光《重庆府志》卷一《陵墓·长寿县》。
[9] 光绪《长寿县志》卷二《山》。
[10] 光绪《长寿县志》卷五《祠祀》。
[11] 民国《长寿县志》卷一《山脉》。
[12] 成化《重庆府志》之《长寿县·桥梁》。
[13] 正德《四川志》卷十三《重庆府·邮驿·长寿》。
[14] 康熙《长寿县志》卷四《津梁》。
[15] 光绪《长寿县志》卷一《津梁》。

里入江”；“大碛溪，治西南六里，源出西山下，众流交汇，经张虹桥、清渊洞下流入江。”[1]民国《长寿县志》之《河流》：“大碛溪，一名大石溪，上源二……南流经大坡寨东北麓，至龙门桥二水合流，黄门桥、宝善桥折而东北流，过碛溪，又东流绕罗家寨南麓”；“小碛溪，源出南厢北界之菩提山西南麓治西南十里，西南流过古佛桥、倒石桥，又南流入江。”[2]民国《长寿县志》之《桥梁》：“晏家场，七星桥，亦称碛溪桥，场北六里……跨大碛溪。”[3]可知七星桥即碛溪桥，今七星桥在晏家街道十字村境内，其地即明代碛溪里。

7. 龙山里

见万历《重庆府志》。在今重庆市长寿区江南镇龙山寨村。万历《四川总志》：“凤山，长寿县治西一里，形似凤故名。”[4]康熙《长寿县志》：“凤山，治西，有翱翔千仞之势故名。”[5]康熙《长寿县志》之《山川》：“龙寨山，治南。”[6]光绪《长寿县志》：“凤山，即今县治，四周盘石形如飞凤。”[7]光绪《长寿县志》之《山》：“龙寨山，在县之南俯瞰大江。”[8]道光《重庆府志》：“凤山，县治西南一里”；“龙寨山，县南八里。”[9]民国《长寿县志》之《山脉》：“凤山，即县治所在”；“龙寨山，千佛西北十五里，治西南十五里，北临大江。”[10]民国《长寿县志》之《寨堡》：“龙山寨，千佛西北十五里。”[11]据以上可知，清代以来凤山在长江北岸县治，龙寨山在长江南岸。自古有龙必有凤，龙凤相对，明代有凤山在江北，则必有龙山在江南。由民国《长寿县志》可知，龙寨山上有龙山寨，今龙山寨在重庆市长寿区江南镇龙山寨村境内，则龙寨山亦在此地，明代龙山里即在此。

8. 安乐里

见万历《重庆府志》。成化《重庆府志》：“预备仓三所……一在县东安乐里”[12]，可知安乐里在县境东部。康熙《长寿县志》：“明编户二十四里……国朝康熙六年编户二里，太平里、安乐里。”[13]具体不可考。

9. 龙合里

见万历《重庆府志》。在今重庆市长寿区龙河镇境内。民国《长寿县志》之《桥

[1] 光绪《长寿县志》卷二《川》。
[2] 民国《长寿县志》卷一《河流》。
[3] 民国《长寿县志》卷三《桥梁》。
[4] 万历《四川总志》卷九《山川》。
[5] 康熙《长寿县志》卷一《山川》。
[6] 康熙《长寿县志》卷一《山川》。
[7] 光绪《长寿县志》卷二《山》。
[8] 光绪《长寿县志》卷二《山》。
[9] 道光《重庆府志》卷一《山川·长寿县》。
[10] 民国《长寿县志》卷一《山脉》。
[11] 民国《长寿县志》卷一《寨堡》。
[12] 成化《重庆府志》之《长寿县·公署》。
[13] 康熙《长寿县志》卷二《赋役》。

梁》：“龙合桥，双河场东南，三义河转入龙溪。”[1]民国《长寿县志》之《河流》：“三义河……南岸为深溪场界，北岸为仁和场界，又东流过油房沟至龙河口入龙溪。”[2]可知龙合桥应在龙河口附近，其地在今长寿区龙河镇境内。

10. 葛南里

见万历《重庆府志》。在今重庆市长寿区葛兰镇。正德《四川志》：“葛兰铺，在治。”[3]成化《重庆府志》：“预备仓三所……一在县北葛兰里。”[4]成化《重庆府志》：“葛兰桥，县北七十五里。”[5]康熙《长寿县志》之《津梁》：“葛兰桥，治北五十里。”[6]康熙《长寿县志》之《铺舍》：“葛兰铺，县东北五十里。”[7]康熙《长寿县志》之《虚市》：“葛兰场，县北五十里。”[8]光绪《长寿县志》之《铺递》：“葛兰铺，县北七十里。”[9]光绪《长寿县志》之《市镇》：“葛兰场，治北七十里。”[10]光绪《长寿县志》之《津梁》：“葛兰桥，县北七十里。”[11]民国《长寿县志》之《桥梁》：“葛兰桥，葛兰场中。”[12]民国《长寿县志》之《城市附区乡镇》：“葛兰乡，治北七十里。”[13]民国《长寿县志》之《塘铺》：“葛兰铺，县北七十里。”[14]民国《长寿县志》之《保甲》：“葛兰乡，（驻地）葛兰场。”[15]以上资料显示，明清直至民国葛兰铺、葛兰桥、葛兰场的方位都没有太大的变化，都在县北七十里左右，可以判断应在同一地方，今重庆市长寿区葛兰镇驻地葛兰场，位于县城北面28公里处，与资料所载方位大致相同，当即其地。

11. 玉溪里

见万历《重庆府志》。在今重庆市长寿区万顺镇。明代玉溪里以境内玉溪得名，有玉溪镇，在县西北。成化《重庆府志》：“玉溪镇，在县北百里。”[16]万历《四川总志》：“玉溪，长寿县西北七十一里。”[17]康熙《长寿县志》：“玉溪，治西七十里。”[18]道光

---

[1] 民国《长寿县志》卷一《桥梁》。
[2] 民国《长寿县志》卷一《河流》。
[3] 正德《四川志》卷十三《重庆府·邮驿·长寿》。
[4] 成化《重庆府志》之《长寿县·公署》。
[5] 成化《重庆府志》之《长寿县·桥梁》。
[6] 康熙《长寿县志》卷四《津梁》。
[7] 康熙《长寿县志》卷四《铺舍》。
[8] 康熙《长寿县志》卷四《虚市》。
[9] 光绪《长寿县志》卷一《铺递》。
[10] 光绪《长寿县志》卷一《市镇》。
[11] 光绪《长寿县志》卷一《津梁》。
[12] 民国《长寿县志》卷一《桥梁》。
[13] 民国《长寿县志》卷二《城市附区乡镇》。
[14] 民国《长寿县志》卷十《塘铺》。
[15] 民国《长寿县志》卷十《保甲》。
[16] 成化《重庆府志》之《长寿县》。
[17] 万历《四川总志》卷九《重庆府·山川》
[18] 康熙《长寿县志》卷一《山川》。

《重庆府志》："玉溪，县西北七十里，《通志》：即邻水。"[1]光绪《长寿县志》："玉溪，县西北一百二十里……至江北厅界名交龙溪，溪侧古木盘曲，状如交龙因名，又南流至太洪岗入大江。"[2]民国《长寿县志》之《河流》："玉溪，上源曰水碾河，出邻水界之冷水垭，在万顺北二十里，治北一百一十里，东南流至水碾河，下牛马洞，绕盘石寨西、安顺寨东，过玉溪桥，折而南流至踏水桥，折而东流过玉滩桥，至晶空寺南，入东河。"[3]东河，即大洪河。民国《长寿县志》之《道路》："西北路……万顺场十里经玉溪镇至黑簇岩，（黑簇岩）十里至水碾河，（水碾河）三里入邻水界。"[4]因此，玉溪镇应在万顺场以北，今重庆市长寿区万顺镇驻地万顺场，位于县城西北47公里大洪湖旁，境内有玉溪河、黑崇岩、水碾河等地名，则明代玉溪里即玉溪镇亦应在万顺镇境内。

12. 杜市里

见万历《重庆府志》。正德《四川志》之《重庆府·邮驿·长寿》载有"杜市铺。"[5]今无考。

13. 三台里

见万历《重庆府志》。在今重庆市长寿区云台镇境内。成化《重庆府志》之《长寿县·乡里》记载为"云台里"，因境内云台山得名。明清两代云台山均在县北，山上有云台观。成化《重庆府志》："云台山，县北一百二十里。"[6]成化《重庆府志》："云台观，在县北一百二十里。"[7]正德《四川志》之《重庆府·山川·长寿》："云台山，在治北百二十里，上有云台观基。"[8]正德《四川志》之《重庆府·邮驿·长寿》："云台铺，在治。"[9]康熙《长寿县志》之《山川》："云台山，治北八十里，一名安乐山，有云台观。"[10]康熙《长寿县志》之《古迹》："云台观，治北八十里。"[11]道光《重庆府志》之《山川·长寿县》："云台山，县北一百二十里，一名安乐山"，"云台观，在山上。"[12]道光《重庆府志》之《塘铺·长寿县》："云台铺，北一百里。"[13]光绪《长寿县志》之《铺递》："云台铺，县北一百二十里。"[14]光绪《长寿县志》之《市镇》："云台场，治北一百二十里。"[15]光绪《长寿县志》之《祠祀》："云台观，县北

[1] 道光《重庆府志》卷一《山川·长寿县》。
[2] 光绪《长寿县志》卷二《山川》。
[3] 民国《长寿县志》卷一《河流》。
[4] 民国《长寿县志》卷一《道路》。
[5] 正德《四川志》卷十三《重庆府·邮驿·长寿》。
[6] 成化《重庆府志》之《长寿县·山川》。
[7] 成化《重庆府志》之《长寿县·寺观》。
[8] 正德《四川志》卷十三《重庆府·山川·长寿》。
[9] 正德《四川志》卷十三《重庆府·邮驿·长寿》。
[10] 康熙《长寿县志》卷一《山川》。
[11] 康熙《长寿县志》卷六《古迹》。
[12] 道光《重庆府志》卷一《山川·长寿县》。
[13] 道光《重庆府志》卷六《塘铺·长寿县》。
[14] 光绪《长寿县志》卷一《铺递》。
[15] 光绪《长寿县志》卷一《市镇》。

一百二十里。"[1]民国时，云台山亦在县北，山上有云峰寨。民国《长寿县志》之《山川》："云台山，治北一百二十里，上有云峰寨。"[2]民国《长寿县志》之《城市附区乡镇》："云台乡，治北一百二十里。"[3]民国《长寿县志》之《庙宇·云台乡》："云台观，在云峰寨内。"[4]民国《长寿县志》之《塘铺》："云台铺，县北一百二十里。"[5]民国《长寿县志》之《保甲》："云台乡，（驻地）云台场。"[6]今重庆市长寿区云台镇，驻地云台场，距县城45公里，有云峰寺，以在云峰寨内故名，当为明代云台观，则明代云台里在其境内。

14. 太平里

见万历《重庆府志》。在今重庆市长寿区石堰镇境内。万历《重庆府志》："巾子乡，有三台、太平二里。"[7]三台即云台，在今长寿区云台镇，太平里应该在云台镇附近。成化《重庆府志》："太平桥，在县北九十二里。"[8]成化《重庆府志》："云台山，县北一百二十里。"[9]康熙《长寿县志》："国朝康熙六年编户二里，太平里、安乐里。"[10]道光《重庆府志》："杨庆墓，县北太平场。"[11]光绪《长寿县志》之《市镇》："太平场，治北二十五里。"[12]光绪《长寿县志》之《祠祀》："太平寺，治北三十里。"[13]以上所载太平场、太平寺与明代记录相差太大。民国《长寿县志》之《寨堡》："太平寨，在（石堰）场西北十五里。"[14]民国《长寿县志》之《道路》："西北塘路……葛兰场……过普子场至太平桥，十里至石堰场……云台场。"[15]民国所载太平寨、太平桥在石堰场附近，而石堰场与云台场临近，符合条件，民国《长寿县志》之《城市附区乡镇》："石堰乡，治北一百里"；"普子乡，治北八十七里"[16]，今普子场在石堰镇境内，则明代太平里亦应在石堰镇境内。

15. 何市里

见万历《重庆府志》。在今重庆市长寿区新市镇境内。民国《长寿县志》之《茔墓》："诰授振威将军固原提督胡超墓，治北四十里和市井。"[17]民国《长寿县志》之

[1] 光绪《长寿县志》卷五《祠祀》。
[2] 民国《长寿县志》卷一《山川》。
[3] 民国《长寿县志》卷二《城市附区乡镇》。
[4] 民国《长寿县志》卷二《庙宇·云台乡》。
[5] 民国《长寿县志》卷十《塘铺》。
[6] 民国《长寿县志》卷十《保甲》。
[7] 万历《重庆府志》卷二《沿革疆域·长寿县》。
[8] 成化《重庆府志》之《长寿县·桥梁》。
[9] 成化《重庆府志》之《长寿县·山川》。
[10] 康熙《长寿县志》卷二《赋役》。
[11] 道光《重庆府志》卷一《陵墓·长寿县》。
[12] 光绪《长寿县志》卷一《市镇》。
[13] 光绪《长寿县志》卷五《祠祀》。
[14] 民国《长寿县志》卷一《寨堡》。
[15] 民国《长寿县志》卷一《道路》。
[16] 民国《长寿县志》卷二《城市附区乡镇》。
[17] 民国《长寿县志》卷一《茔墓》。

镇铺”。正德《四川志》：“沙镇铺，在治。”[1]清代沙镇铺在县西北。康熙《长寿县志》：“沙镇铺，县西二十里。”[2]嘉庆《四川通志》：“沙镇铺，在县北三十里。”[3]光绪《长寿县志》：“沙镇铺，县西三十里。”[4]民国时，沙镇铺更名为梓潼乡，在县西北。民国《长寿县志》之《山川》：“喻家溪……出八颗场西北……东流至梓潼之沙镇桥，又东南五里入桃（花）溪。”[5]民国《长寿县志》之《桥梁》：“沙镇桥，（梓潼）场中跨喻家溪上流。”[6]民国《长寿县志》之《城市附区乡镇》：“梓潼乡，治北稍西三十里……原名沙镇铺。”[7]可知河镇（即沙镇）在梓潼乡，即今长寿区八颗镇梓潼村。

2. 双江镇

万历《重庆府志》：“双江镇，在双江滩上，址存。”[8]今无考。

3. 桃源镇

见万历《重庆府志》。在今重庆市长寿区凤城街道桃花社区。明代长寿县桃源镇，又名桃花街。万历《重庆府志》：“桃源镇，即桃花街。”[9]康熙《长寿县志》《图》显示“桃花街”在县城以北桃花溪畔。今重庆市长寿区凤城街道桃花社区，驻地桃花街，位于县城北面约两公里的桃花溪畔，即明代桃源镇。

（三）綦江县

该县有5里8镇。万历《重庆府志》：“里凡五，思滩、附郭、永兴、安稳、遵化；镇凡八，永安、明月、盐仓、三溪、石角、石桥、赶水、鹿鸣。”[10]

里

1. 思滩里

见万历《重庆府志》。在今重庆市綦江县古南镇思南村。嘉庆《四川通志》：“杨为栋墓，在县东十里思滩坝”；“杜长春墓，在县东十里思滩坝”[11]。道光《綦江县志》：“思滩里，在治东北。”[12]今重庆市綦江县古南镇思南村，位于县城东北6公里，以境内思南坝得名，思南坝原名思滩坝，后讹为思南坝，其地当为明代思滩里。又据道光《綦江县志》记载：“思滩里，德胜场东三十里，回龙场东二十里，观镇场即新场东北五十

[1] 正德《四川志》卷十三《重庆府·邮驿·长寿县》。
[2] 康熙《长寿县志》卷四《铺递》。
[3] 嘉庆《四川通志》卷十九《铺递·重庆府长寿县》。
[4] 光绪《长寿县志》卷一《铺递》。
[5] 民国《长寿县志》卷一《山川》。
[6] 民国《长寿县志》卷一《桥梁》。
[7] 民国《长寿县志》卷二《城市附区乡镇》。
[8] 万历《重庆府志》卷二《沿革疆域·长寿县》。
[9] 万历《重庆府志》卷二《沿革疆域·长寿县》。
[10] 万历《重庆府志》卷二《沿革疆域·綦江县》。
[11] 嘉庆《四川通志》卷四四《陵墓·重庆府綦江县》。
[12] 道光《綦江县志》卷二《疆域·里甲》。

步外。"[1]道光《綦江县志》之《津梁》："明月渡，在南关外，因明月沱名。"[2]道光《綦江县志》之《关隘》："明月镇，在县南明月渡口，今新街子，左南川路，右通故瀛山县。"[3]今重庆市綦江县古南镇新街子居委会即其地。

3. 盐仓镇

见万历《重庆府志》。在今重庆市綦江县古南镇北渡场。道光《綦江县志》之《关隘》："盐仓镇，在县北二十里，今北渡场。"[4]道光《綦江县志》之《里甲》："白渡场，北二十里。"[5]今重庆市綦江县古南镇北渡场，位于县城西北部，距城8公里，即明清之盐仓镇。

4. 三溪镇

见万历《重庆府志》。在今重庆市綦江县三江镇。明代三溪镇以"三溪"得名，清代亦名三溪场、三溪镇。嘉庆《四川通志》："三溪，在县东南四十里，盖即僰溪、东溪、葛溪也，发源于播州……四十里至綦江捍水镇三岔河，又至三岔顺流一百五十里至綦江县城。"[6]道光《綦江县志》之《疆域·里甲》："三溪场，南四十里。"[7]道光《綦江县志》之《关隘》："三溪镇，在县南三十里，古三溪场。"[8]今重庆市綦江县三江镇，位于县城南面18公里，唐时为三溪县驻地，宋代废县为三溪场，至民国34年更今名，其地即明清之三溪镇。

5. 石角镇

见万历《重庆府志》。在今重庆市綦江县石角镇。成化《重庆府志·綦江县·寺观》中有"石角寺"。嘉庆《四川通志》："石角渡，在县南五十里，渡前有石如角，故名。"[9]道光《綦江县志》之《疆域·里甲》："石角镇，南六十里。"[10]道光《綦江县志》之《津梁》："石角渡，在遵里石角镇。"[11]今重庆市綦江县石角镇，位于县城东南25公里处，以境内有一石如牛角得名，其地即明代石角镇。

6. 石桥镇

见万历《重庆府志》。在今重庆市綦江县新盛镇石桥村。道光《綦江县志》："思里……（有）石桥坝。"[12]民国《四川綦江续志》："磨刀桥，思里石桥镇，明时建。"[13]

---

[1] 道光《綦江县志》卷二《山川》。
[2] 道光《綦江县志》卷五《津梁》。
[3] 道光《綦江县志》卷五《关隘》。
[4] 道光《綦江县志》卷五《关隘》。
[5] 道光《綦江县志》卷一《里甲》。
[6] 嘉庆《四川通志》卷十一《山川·重庆府綦江县》。
[7] 道光《綦江县志》卷二《疆域·里甲》。
[8] 道光《綦江县志》卷五《关隘》。
[9] 嘉庆《四川通志》卷三一《津梁·重庆府綦江县》。
[10] 道光《綦江县志》卷二《疆域·里甲》。
[11] 道光《綦江县志》卷五《津梁》。
[12] 道光《綦江县志》卷二《疆域·乡村》。
[13] 民国《四川綦江续志》卷一《津梁》。

可知清代石桥镇在綦江县思里。据道光《綦江县志》记载："思滩里，（有）德胜场东三十里，回龙场东二十里，观镇场即新场东北五十里"[1]，思滩里的范围即这三个场镇，德胜场后更名新盛，即今新盛镇，回龙场即今横山镇，以上三地仅新盛镇境内有石桥这一地名，即今重庆市綦江县新盛镇石桥村，其地当为明清之石桥坝、石桥镇。

7. 赶水镇

见万历《重庆府志》。在今重庆市綦江县赶水镇。又作"捍水镇"，以其地有赶水关得名，在綦江县南。嘉庆《四川通志》之《山川·重庆府綦江县》："三溪，在县东南四十里，盖即僰溪、东溪、葛溪也，发源于播州……四十里至綦江捍水镇三岔河，又至三岔顺流一百五十里至綦江县城。"[2]嘉庆《四川通志》之《关隘·重庆府綦江县》："赶水关，在县南一百五十里，元置东溪巡司，明嘉靖十一年移置于此，今裁。"[3]嘉庆《四川通志》之《铺递·重庆府綦江县》："赶水铺，在县南一百一十里。"[4]道光《綦江县志》："安里……赶水镇，南一百二十里。"[5]今重庆市綦江县赶水镇，位于县城南面59公里，松坎、藻渡、洋渡三河在此汇入綦江，其地即明清之赶水镇。

8. 鹿鸣镇

见万历《重庆府志》。在今重庆市綦江县古南镇石佛岗居委会。道光《綦江县志》："鹿鸣镇，在县东对河，今石佛岗，左重庆大路，右通南川。"[6]可知石佛岗即鹿鸣镇，石佛岗为今重庆市綦江县古南镇石佛岗居委会，其地即明清之鹿鸣镇。

（四）南川县

该县有8里。万历《重庆府志》："里凡八，白土、梁坚、福禄、罗秀、富顺、丰隆、明新、德政。"[7]

1. 白土里

见万历《重庆府志》。在今重庆市南川区大观镇境内。明代白土里，有铺递，白土桥在其境内。正德《四川志》之《重庆府·关津》："白土桥，在治西六十里。"[8]正德《四川志》之《重庆府·邮驿》："白土铺，在治。"[9]成化《重庆府志》："白土桥，县西五十里。"[10]清代有白土铺，亦在县西。嘉庆《四川通志》："白土铺，在县西四十

[1] 道光《綦江县志》卷二《疆域·里甲》。
[2] 嘉庆《四川通志》卷十一《山川·重庆府綦江县》。
[3] 嘉庆《四川通志》卷二七《关隘·重庆府綦江县》。
[4] 嘉庆《四川通志》卷八九《铺递·重庆府綦江县》。
[5] 道光《綦江县志》卷二《疆域·里甲》。
[6] 道光《綦江县志》卷五《关隘》。
[7] 万历《重庆府志》卷二《沿革疆域·南川县》。
[8] 正德《四川志》卷十三《重庆府·关津》。
[9] 正德《四川志》卷十三《重庆府·邮驿》。
[10] 成化《重庆府志》之《南川县·桥梁》。

里。”[1]道光《重庆府志》：“隆化底塘铺，县城内；船溪铺，西十里；尖峰铺，西二十里；玉崖铺，西三十里；白土铺，西四十里；福禄铺，西五十里；桫数铺，西六十里；白沙井铺，西七十里。”[2]民国《南川县志》：“西路十里船溪铺，二十里尖峰铺，三十里玉崖铺，四十里白土铺，五十里福禄铺。”[3]今福禄关即福禄铺在南川区大观镇，福禄铺与白土铺相距不过十里，故推断白土铺大致也应在大观镇境内，则明代白土里亦应在大观镇境内。

2. 福禄里

见万历《重庆府志》。在今重庆市南川区大观镇。明代福禄里因境内福禄关得名，设有福禄铺。正德《四川志》：“福禄铺在治。”[4]清代福禄铺，即福禄关，在县西。嘉庆《四川通志》：“福禄铺，在县西五十里。”[5]道光《重庆府志》之《山川·南川县》：“福禄关，县西八十里。”[6]道光《重庆府志》之《塘铺·南川县》：“隆化底塘铺，县城内；船溪铺，西十里；尖峰铺，西二十里；玉崖铺、西三十里；白土铺，西四十里；福禄铺，西五十里；桫数铺，西六十里；白沙井铺，西七十里。”[7]民国时，福禄关在县西观桥乡。民国《南川县志》之《形胜》：“福禄关，西路八十里，下临白沙井。”[8]民国《南川县志》之《铺递》：“西路十里船溪铺，二十里尖峰铺，三十里玉崖铺，四十里白土铺，五十里福禄铺。”[9]民国《南川县志》之《地名》：“观桥乡，中央，观音桥区域，福禄关。”[10]民国《南川县志》之《寺院》：“玉泉寺，福禄关侧。”[11]民国时的观桥乡即今南川区大观镇，位于县城西北，驻地观音桥，境内有福禄村，其地即明代福禄里。

3. 罗秀里

见万历《重庆府志》。在今重庆市南川区东城街道永生居委会。民国《南川县志》：“杨氏崖，北路二十里罗秀坝，西北窑罐厂所在”；“流金渡，城北十里罗秀坝西龙崖下流也。”[12]民国《南川县志》之《名胜》：“观音阁，城北十五里罗秀坝，东面龙崖江右岸。”[13]民国《南川县志》之《古迹》：“铜鼓塘崖石题辞，塘在北路罗秀坝龙崖江中

---

[1] 嘉庆《四川通志》卷八九《铺递》。
[2] 道光《重庆府志》卷六《塘铺·南川县》。
[3] 民国《南川县志》卷一《铺递》。
[4] 正德《四川志》卷十三《重庆府·邮驿·南川县》。
[5] 嘉庆《四川通志》卷八九《铺递》。
[6] 道光《重庆府志》卷一《山川·南川县》。
[7] 道光《重庆府志》卷六《塘铺·南川县》。
[8] 民国《南川县志》卷一《形胜》。
[9] 民国《南川县志》卷一《铺递》。
[10] 民国《南川县志》卷一《地名》。
[11] 民国《南川县志》卷五《寺院》。
[12] 民国《南川县志》卷一《崖洞井泉》。
[13] 民国《南川县志》卷一《名胜》。

流，由塘东岸上五里，凤顶山半，崖石有七绝一首。”[1]民国《南川县志》之《地名》：“城区，北，罗秀坝。”[2]民国《南川县志》之《区划》：“福里三甲，罗秀坝、土桥场。”[3]民国《南川县志》之《市集》：“土桥场，正东路十二里，旧有东升场，后移更东三里外龙崖江南岸，属半河乡。”[4]民国《南川县志》之《寺院》：“明月寺，一在北城外，罗秀坝东面山上，一在鸣玉乡境内。”[5]民国《南川县志》之《明墓》：“吴孝子墓，名仕坤，治北十里罗秀坝。”[6]民国《南川县志》之《清墓》：“举人袁蔼如墓，治北十里罗秀坝。”[7]由上可知，罗秀坝在县城北面，今南川城区北面有地名乐秀坝，旁有流金，当即罗秀坝，在今南川区东城街道永生居委会境内，其地即明代罗秀里。

4. 丰隆里

见万历《重庆府志》。在今重庆市南川区兴隆镇金花村。民国《南川县志》：“金花井，北路五十里丰隆场关帝庙门外。”[8]民国《南川县志》之《形胜》：“丰隆场，北路五十里最高峰，极其荒寂。”[9]民国《南川县志》之《区划》：“福里上四甲，丰隆场。”[10]民国《南川县志》之《市集》：“丰隆场，北路四十里，建高峰上，创自明代。”[11]可知丰隆场有金花井，而金花在今南川区兴隆镇金花村，则丰隆场应在该地，明代丰隆里亦应在今南川区兴隆镇金花村。

5. 明新里

见万历《重庆府志》。在今重庆市南川区石溪乡。民国《南川县志》：“明新桥，土溪场石牛溪过太平场。”[12]可知明新桥在石牛溪，今南川区石溪乡驻地石牛溪，其地即明代明新里。

此外，梁坚里、富顺里、德政里，见万历《重庆府志》，今无考。

（五）忠州

该州有7里。万历《重庆府志》：“里凡七，在城、大谙、塗谙、毛店、上毛店、下隆翘、新立。”[13]（嘉庆《四川通志》卷二一《山川·忠州直隶州》：“溣讹作谙，字书无此，系土音之误”。）

---

[1] 民国《南川县志》卷一《古迹》。
[2] 民国《南川县志》卷一《地名》。
[3] 民国《南川县志》卷二《区划》。
[4] 民国《南川县志》卷二《市集》。
[5] 民国《南川县志》卷五《寺院》。
[6] 民国《南川县志》卷五《明墓》。
[7] 民国《南川县志》卷五《清墓》。
[8] 民国《南川县志》卷一《崖洞井泉》。
[9] 民国《南川县志》卷一《形胜》。
[10] 民国《南川县志》卷二《区划》。
[11] 民国《南川县志》卷二《市集》。
[12] 民国《南川县志》卷一《津梁》。
[13] 万历《重庆府志》卷二《沿革疆域·忠州》。

1. 在城里

见万历《重庆府志》。在今重庆市忠县忠州镇。“在城”，顾名思义，此里是在县城，今忠县忠州镇历来为县城驻地，其地即明代在城里。

2. 大㽘里

见万历《重庆府志》。在今重庆市忠县甘井镇。“㽘”字来源，传说当地古代盛产盐水，建井数口，因咸淡二水不混，且合饮而甘之，故组成会意字“㽘”，附以通名“井”为“㽘井”。明代大㽘里，因㽘井得名。清代㽘井在忠县北部，有㽘溪流经。嘉庆《四川通志》：“报恩寺，在㽘井”；“云崖寺、白崖寺、长安寺，俱在㽘井”、“同缘寺，在㽘井河。”[1]道光《忠州直隶州志》之《山川》：“㽘溪，在州东十里，发源于梁山老龙洞，曲折经二百余里至三角滩与黄金滩水合流，又十五里达㽘井，又十五里由㽘井口入江。”[2]道光《忠州直隶州志》之《街市坊表》：“北乡……㽘井场，距城二十五里。”[3]同治《忠州直隶州志》之《方舆志・山川》：“㽘溪，发源于梁山老龙洞，出治东十里。”[4]同治《忠州直隶州志》之《建置志・村镇》：“㽘井，在治北二十五里，一名石桥井。”[5]今重庆市忠县甘井镇，即㽘井镇，位于县城以北10公里，以驻地㽘井场得名，其地当为明代大㽘里。

3. 塗㽘里

见万历《重庆府志》。在今重庆市忠县涂井乡。涂井和㽘井本是两个单独的地名，但是历史上涂井又称㽘井、㽘高井。嘉庆《四川通志》：“涂井镇，在州东八十里，《九域志》：临江县有涂井、㽘井两镇；《宋史》：元祐三年，临江涂井镇雨黑黍即此，今井设有州判，俗名㽘井。”[6]道光《忠州直隶州志》：“㽘井，在州北涂溪中……去㽘井可十五里名高井”；“涂井，在州东涂溪内，其井相传与㽘井同时凿，去㽘井十五里，一名㽘高井。”[7]由此判断涂㽘里当为涂井里。又据嘉庆《四川通志》：“涂山，在州东南八十里，亦曰方斗山，有盘龙洞、涂溪出此”；“涂溪，在州东八十里，《旧志》：源出梁山县蟠龙溪东南，流经州东，经涂井至石宝寨入江；按：兴国作涂井河，其西又有㽘溪河自州北发源，东南流经㽘井又南入江。㽘井，在州东北二十里”[8]。道光《忠州直隶州志》：“涂山，在州东七十里”；“涂溪，在州东五十五里，发源与梁邑蟠龙洞，一百三十五里达涂井，又十五里入江，有涂石”；“汝溪滩，在州东北一百一十里，发源

---

[1] 嘉庆《四川通志》卷四三《寺观・忠州直隶州》。
[2] 道光《忠州直隶州志》卷一《山川》。
[3] 道光《忠州直隶州志》卷二《街市坊表》。
[4] 同治《忠州直隶州志》卷一《方舆志・山川》。
[5] 同治《忠州直隶州志》卷二《建置志・村镇》。
[6] 嘉庆《四川通志》卷三十《关隘・忠州直隶州》。
[7] 道光《忠州直隶州志》卷二《古迹》。
[8] 嘉庆《四川通志》卷二一《山川・忠州直隶州》。

于梁邑蟠龙洞……达涂井溪口入江。”[1]可知涂溪即汝溪河，今重庆市忠县涂井乡，位于县城东北30公里，以驻地涂井场得名，汝溪河下游流经全境，其地即明代塗溍里。

4. 毛店里

见万历《重庆府志》。在今重庆市忠县永丰镇。明清两代均设毛店铺。正德《四川志》：“丰门铺、白石铺、毛店铺、杨柳铺、新立铺、漕溪铺、高盈铺、香水铺、花林铺、濯溪铺，俱在治。”[2]嘉庆《四川通志》：“底塘铺在州城内……丰门铺在州西北三十里，官厅铺在州西北六十里，白石铺在州西北九十里，毛店铺在州西北一百二十里，拔山铺在州西北一百五十里，新立铺在州西北一百八十里，金银铺在州西北二百一十里。”[3]后来交通要道上的铺递多因人们聚集交易而设场。道光《忠州直隶州志》：“西乡……白石铺场，距城七十里；永丰场，距城九十里；拔山寺场，距城一百四十里；新立铺场，距城一百七十里。”[4]白石铺、拔山铺、新立铺均设有场，则毛店铺亦应设场，推测其可能是因设场而更名，已知清代三十里设一铺，在白石铺场与拔山场之间的是永丰场，故永丰场当为毛店铺，其地即今重庆市忠县永丰镇，明代毛店里亦应在此。

5. 新立里

见万历《重庆府志》。在今重庆市忠县新立镇。明清两代均设有新立铺。正德《四川志》：“丰门铺、白石铺、毛店铺、杨柳铺、新立铺、漕溪铺、高盈铺、香水铺、花林铺、濯溪铺，俱在治。”[5]嘉庆《四川通志》：“底塘铺在州城内……丰门铺在州西北三十里，官厅铺在州西北六十里，白石铺在州西北九十里，毛店铺在州西北一百二十里，拔山铺在州西北一百五十里，新立铺在州西北一百八十里，金银铺在州西北二百一十里。”[6]后来新立铺设场，取名新立场。道光《忠州直隶州志》：“西乡……白石铺场，距城七十里；永丰场，距城九十里；拔山寺场，距城一百四十里；新立铺场，距城一百七十里。”[7]今重庆市忠县新立镇，位于县城以西61公里，驻地新立铺，其地即明代新立里。

此外，上毛店里、下隆翘里，见万历《重庆府志》，今无考。

（六）丰都县

该县有4里。万历《重庆府志》之《沿革疆域·忠州》：“里凡四，市郭、南宾、丰

[1] 道光《忠州直隶州志》卷一《山川》。
[2] 正德《四川志》卷十三《重庆府·邮驿·忠州》
[3] 嘉庆《四川通志》卷八九《铺递·忠州直隶州》。
[4] 道光《忠州直隶州志》卷二《街市坊表》。
[5] 正德《四川志》卷十三《重庆府·邮驿·忠州》。
[6] 嘉庆《四川通志》卷八九《铺递·忠州直隶州》。
[7] 道光《忠州直隶州志》卷二《街市坊表》。

乐上、丰乐下。”[1]

1. 市郭里

见万历《重庆府志》。在今重庆市丰都县名山镇。“郭”字，现代汉语词典解释是“古代在城的外围加筑的一道城墙”，故“市郭”从字面上看应是城周围的区域。今重庆市丰都县原驻地在长江北岸的名山镇，因此明代市郭里大致在今名山镇附近。

2. 南宾里

见万历《重庆府志》。在今重庆市石柱县南宾镇。今丰都县龙河，古名涂溪，因流经古南宾县，故在石柱境内又名南宾河。《蜀中名胜记》：“望途溪，在古南宾县地，今为南宾里，旧属忠州，邻石柱司。”[2]康熙《丰都县志》：“涂溪，治南七十里，溪在古南宾地，今为南宾里，邻石柱”；“南宾河，治南一百里，自石柱司来，大山阻之，从山底伏流曰沁上，经龙河出葫芦溪口入大江”[3]。民国《重修丰都县志》：“南宾河，治南一百里，发源于湖北利川鱼筌口，入邑属义顺乡，有野鹤溪自忠属来汇，复西流入石属，经邑属观音寺至邑南乌杨坝大山阻之，伏流山底，经龙河出葫芦溪口入江”；“涂溪，治南七十里”[4]。古南宾县后被废为南宾里，并入丰都县，嘉庆《四川通志》：“南宾废县，在县东南，《寰宇记》：县在忠州西南百里，本汉临江县地；《旧志》：明洪武初始省入丰都县，在县东南七十里。”[5]民国后又将原并入丰都县的南宾里划归石柱县管辖，合并成为今天石柱县南宾镇，其地为古南宾县地，明代南宾里亦在此。

3. 丰乐上里

见万历《重庆府志》。在今重庆市彭水县郁山镇。康熙《丰都县志》：“明永乐十年，盐井三座。修人井，治北五十里，坐落丰乐上里……隶郁山井盐课司（在旧武隆县东一百五十里）。观音井，丰乐上里，隶郁山井盐课司。楠木井，封闭未开。”[6]万历《四川总志》：“郁山盐课司，（武隆）县东一百五十里。”[7]郁山井盐课司在今重庆市彭水县郁山镇，故丰乐上里亦应在今郁山镇境内。

此外，丰乐下里，见万历《重庆府志》，今无考。

（七）垫江县

该县有12里。万历《重庆府志》：“里凡十二，新兴、水东、东湖、永丰、永安、新

---

[1] 万历《重庆府志》卷二《沿革疆域·忠州》。
[2] [明]曹学佺：《蜀中名胜记》卷十九《上川东道·丰都县》。
[3] 康熙《丰都县志》卷一《山川》。
[4] 民国《重修丰都县志》卷八《山川》。
[5] 嘉庆《四川通志》卷五七《古迹·忠州直隶州丰都县》。
[6] 康熙《丰都县志》卷三《盐铁》。
[7] 万历《四川总志》卷九《重庆府·公署》。

庙、万安、荣安、太平、水西、八庄、市城。”[1]

1. 新兴里

见万历《重庆府志》。在今重庆市垫江县沙坪镇。正德《四川志》：“新兴仓，在治东。”[2]正德《四川志》之《重庆府·邮驿·垫江县》：“新兴铺。”乾隆《垫江县志》之《铺递》：“新兴铺，治正北五十里，交梁山县界。”[3]乾隆《垫江县志》之《食货志·里甲》：“国朝康熙年间，并十二里为三里，以新兴、水东、永丰、东湖为新兴里，即今之东里。”[4]嘉庆《四川通志》：“新兴铺，在县北五十里。”[5]可知新兴里应在县境北部与今梁平县交界。据乾隆《垫江县志》《图考》记载，新兴铺该地又名沙坪关；而沙坪关又在县境北部与梁山交界，光绪《垫江县志》《北里图》：“沙坪关，北五十里，界牌交梁山界。”故推断明代新兴里应在沙坪关，沙坪关即今重庆市垫江县沙坪镇。

2. 水东里

见万历《重庆府志》。乾隆《垫江县志》：“国朝康熙年间，并十二里为三里，以新兴、水东、永丰、东湖为新兴里，即今之东里。”[6]今无考。

3. 东湖里

见万历《重庆府志》。嘉庆《四川通志》：“瞿士良墓，在县东湖里，赠朝议大夫。”[7]乾隆《垫江县志》之《邱墓》：“赠朝议大夫瞿士良墓，治东湖里。”乾隆《垫江县志》：“国朝康熙年间，并十二里为三里，以新兴、水东、永丰、东湖为新兴里，即今之东里。”[8]光绪《垫江县志》：“东湖，县北七十里，广三四丈，长百十丈。”[9]光绪《垫江县志》之《冢墓》：“瞿士良墓，在县东东湖里。”可知东湖里应在垫江县县境东部，具体不可考。

4. 永丰里

见万历《重庆府志》。在今重庆市垫江县永安镇。明代永丰里应在垫江县东部，正德《四川志》：“永丰仓，在治东。”[10]乾隆《垫江县志》：“国朝康熙年间，并十二里为三里，以新兴、水东、永丰、东湖为新兴里，即今之东里。”[11]清代永丰场与五龙场同在北里五甲，光绪《垫江县志》：“北五甲，永丰场……五龙场……梅家场。”[12]五龙场在今重庆市垫江县东部永安镇，则永丰场亦应在永安镇境内，明代永丰里亦应在其境内。

---

[1] 万历《重庆府志》卷二《沿革疆域·垫江县》。
[2] 正德《四川志》卷十三《重庆府·储恤·垫江县》。
[3] 乾隆《垫江县志》卷二《铺递》。
[4] 乾隆《垫江县志》卷四《食货志·里甲》。
[5] 嘉庆《四川通志》卷八九《铺递·垫江县》。
[6] 乾隆《垫江县志》卷四《食货志·里甲》。
[7] 嘉庆《四川通志》卷四七《陵墓·垫江县》。
[8] 乾隆《垫江县志》卷四《食货志·里甲》。
[9] 光绪《垫江县志》卷一《山川》。
[10] 正德《四川志》卷十三《重庆府·储恤·垫江县》。
[11] 乾隆《垫江县志》卷四《食货志·里甲》。
[12] 光绪《垫江县志》卷三《食货志四·仓储》。

5. 永安里

见万历《重庆府志》。在今重庆市垫江县黄沙乡。正德《四川志》："永安仓，在治东。"[1]正德《四川志》之《重庆府·关津·垫江县》："永安桥，治北百步，成化中知县杨瑞建。"乾隆《垫江县志》："国朝康熙年间，并十二里为三里……以永安、水西、八庄、新庙为八庄里，即今之南里。"[2]光绪《垫江县志》："永安寨，治南三十二里。"[3]由上可知永安里应在垫江县南部。今重庆市垫江县黄沙乡，在县城南部，清代该地名永兴场，因境内有永安寨得名，其地即明代永安里。

6. 新庙里

见万历《重庆府志》。在今重庆市垫江县五洞镇。乾隆《垫江县志》："新庙，治南六十里。"[4]光绪《垫江县志》："新庙，李炳灵重修新庙记，邑治南去郭六十里许，一山巍然曰凤凰，明时梵宇于上，额曰新庙，考志乘垫江明分十二里，其一为新庙里，因是得名盖庙之最古者，时移岁变，庙貌倾圮。"[5]今重庆市垫江县五洞镇，有地名新庙，据说此庙很早以前就已经存在，叫新庙，该地又在县南，则明代新庙里当在五洞镇境内。

7. 万安里

见万历《重庆府志》。在今重庆市垫江县沙坪镇境内。正德《四川志》卷十三《重庆府·邮驿·垫江县》记载有"万安铺"。乾隆《垫江县志》："万安铺，铺司三名，治正北三十里。"[6]乾隆《垫江县志》之《食货志·里甲》："国朝康熙年间，并十二里为三里……太平、乐安、万安、市郭为太平里，即今之北里。"[7]嘉庆《四川通志》："万安铺，在县北三十里。"[8]光绪《垫江县志》："母家桥，北三十五里；万安铺，北四十里；沙坪关，北五十里；界牌交梁山界。"[9]母家桥场在今重庆市垫江县沙坪镇建安村，沙坪关场即今垫江县沙坪镇，万安铺在母家桥与沙坪关之间，则万安铺应在今沙坪镇境内，明代万安里也应在沙坪镇境内。

8. 太平里

见万历《重庆府志》。在今重庆市垫江县太平镇。正德《四川志》卷十三《重庆府·邮驿·垫江县》记载有"太平铺"。乾隆《垫江县志》："八耳铺、太平铺、通集铺、登溪铺，正南四十里至登溪铺，交长寿县界。"[10]乾隆《垫江县志》之《虚市》：

---

[1] 正德《四川志》卷十三《重庆府·储恤·垫江县》。
[2] 乾隆《垫江县志》卷四《食货志·里甲》。
[3] 光绪《垫江县志》卷二《关寨》。
[4] 乾隆《垫江县志》卷三《寺观》。
[5] 光绪《垫江县志》卷五《寺观》。
[6] 乾隆《垫江县志》卷二《铺递》。
[7] 乾隆《垫江县志》卷四《食货志·里甲》。
[8] 嘉庆《四川通志》卷八九《铺递·垫江县》。
[9] 光绪《垫江县志》之《北里图》。
[10] 乾隆《垫江县志》之《图考》。

“太平铺场，正南二十里。”[1]乾隆《垫江县志》之《津梁》：“太平桥，治南二十里。”[2]嘉庆《四川通志》：“八耳铺，在县南十里；通集铺，在县南三十里；太平铺，在县南五十里；登溪铺，在县南七十里。”[3]光绪《垫江县志》：“太平铺场，治南二十里。”[4]今重庆市垫江县县南太平镇，驻地太平铺场，在垫江县通长寿县大道上，过通集、澄溪等地入长寿界，其地即明代太平里。

9. 水西里

见万历《重庆府志》。乾隆《垫江县志》：“国朝康熙年间，并十二里为三里……以永安、水西、八庄、新庙为八庄里，即今之南里。”[5]今无考。

10. 八庄里

见万历《重庆府志》。在今重庆市垫江县澄溪镇。光绪《垫江县志》：“瞿应墓，在县南八庄里三星伴月，有记”；“瞿鹤龄墓，在县南八庄里瞿家大湾”[6]。今县境有两个瞿家湾，一在县北，一在县南，根据资料判断符合条件的应该是县南的瞿家湾，该地在今重庆市垫江县澄溪镇，故明代八庄里应在澄溪镇境内。

11. 市城里

见万历《重庆府志》。在今重庆市垫江县桂溪镇。顾名思义此里当在城内，且城内有市场，乾隆《垫江县志》之《虚市》：“本城场，二五八集。”[7]今重庆市垫江县治所桂溪镇即明代市城里。

此外，荣安里，见万历《重庆府志》，今无考。

（八）涪州

该县有13里8镇。万历《重庆府志》：“里凡十三，黑石、白石、通济、石龙、芋池、罗回、李渡、长滩、罗云、附州、韩市、蔺市、谢市。镇凡八，李渡、罗市、蔺市、韩市、白璧、贞溪、孟市、新市。”[8]《明一统志》：“涪州，编户一十二里，领县二：武隆县，编户二里；彭水县，编户七里。”[9]康熙《涪州志》：“明十三里，白石、黑石、通济、罗回、李渡、石龙、韩市、长滩、在郭、罗云、芋池、谢石、蔺市。国朝定鼎编户三里，白石里、长滩里、罗云里。”[10]

---

[1] 乾隆《垫江县志》卷二《虚市》。
[2] 乾隆《垫江县志》卷三《津梁》。
[3] 嘉庆《四川通志》卷八九《铺递·垫江县》。
[4] 光绪《垫江县志》卷二《场市》。
[5] 乾隆《垫江县志》卷四《食货志·里甲》。
[6] 光绪《垫江县志》卷八《冢墓》。
[7] 乾隆《垫江县志》卷二《虚市》。
[8] 万历《重庆府志》卷二《沿革疆域·涪州》。
[9] 《明一统志》卷六九《重庆府·建置沿革》。
[10] 康熙《涪州志》卷一《建置沿革·村镇》。

里

1. 黑石里

见万历《重庆府志》。在今重庆市垫江县鹤游镇。乾隆《涪州志》：“（明）诰赠资政大夫夏友纶墓，在白里黑石坪。”[1]民国《涪陵县续修涪州志》：“锦里新编：涪州张修言伊祖某本湖广麻城人，明洪武任涪州牧，卒，官贫不能归，其子谋葬地未得，一日至州境之黑石里徐坪……坪因是名鹤游坪。”[2]由此可知黑石坪即鹤游坪，鹤游坪在今重庆市垫江县鹤游镇境内，其地新中国成立前属涪陵县管辖，故明代黑石里当在今垫江县鹤游镇境内。

2. 白石里

见万历《重庆府志》。在今重庆市武隆县白马镇。正德《四川志》：“白马滩，在治西三十里，石如白马形。”[3]乾隆《涪州志》：“白石滩，州东南，在武隆司西三十里，滩石形如白马，因此为名。”[4]可知清代白马滩即明代白石滩。白马滩有白马石，后因有盐场而设白马镇，在武隆司西部。同治《重修涪州志》：“白马石，（武隆）司西三十里，江岸白石如马，下饮江中，一石两端起中凹，波摇石动。”[5]同治《重修涪州志》：“白马盐场……《舆地纪胜》：白马津在武隆司三十五里，有盐官，宋置白马砦，今白马镇。”[6]今白马镇在重庆市武隆县西部乌江畔，其地即明代白石里。

3. 通济里

见万历《重庆府志》。在今重庆市武隆县巷口镇。正德《四川志》：“通济桥，在治东五十步。”[7]乾隆《涪州志》：“通济桥，武隆司西。”[8]可知明代通济桥在武隆县治附近，则明代通济里亦应在县治附近，即今重庆市武隆县巷口镇境内。

4. 石龙里

见万历《重庆府志》。在今重庆市涪陵区石龙乡。乾隆《涪州志》之《里甲》：“白石里村落地名……石龙寺坝。”乾隆《涪州志》之《坔墓》：“奉直大夫夏克明墓，在白里石龙寺。”嘉庆《四川通志》：“石龙寺，在州北六十里。”[9]今重庆市涪陵区石龙乡，位于区境北部，驻地石龙寺场，其地即明代石龙里。

5. 罗回里

见万历《重庆府志》。乾隆《涪州志》：“白石里村落地名……罗回坝。”[10]嘉庆

[1] 乾隆《涪州志》卷一《坔墓》。
[2] 民国《涪陵县续修涪州志》卷二六《拾遗》。
[3] 正德《四川志》卷十三《重庆府·山川·武隆》。
[4] 乾隆《涪州志》卷一《山川》。
[5] 同治《重修涪州志》卷一《山川》。
[6] 同治《重修涪州志》卷二《古迹》。
[7] 正德《四川志》卷十三《重庆府·山川·武隆》。
[8] 乾隆《涪州志》卷二《津梁》。
[9] 嘉庆《四川通志》卷三九《寺观·重庆府涪州》。
[10] 乾隆《涪州志》卷一《里甲》。

《四川通志》：“刘养充墓，在州治螺回坝。”[1]今无考。

6. 李渡里

见万历《重庆府志》。在今重庆市涪陵区李渡镇。正德《四川志》：“李渡铺，在治。”[2]康熙《涪州志》之《古迹》：“李渡，治西三十里，昔唐李青莲过此入夜郎因名。”[3]乾隆《涪州志》：“李渡镇，州西三十里。”[4]乾隆《涪州志》：“水塘……李渡镇。”[5]今重庆市涪陵区李渡镇，位于区境西北部长江畔，即明代李渡里。

7. 长滩里

见万历《重庆府志》。在今重庆市彭水县长滩乡。乾隆《涪州志》：“西里村落地名……长滩坝。”[6]道光《重庆府志》：“桂岩，州南长滩里。”[7]长滩坝在今重庆市彭水县长滩乡，其地即明代长滩里。

8. 罗云里

见万历《重庆府志》。在今重庆市涪陵区罗云乡。正德《四川志》：“罗云铺，在治。”[8]康熙《涪州志》：“罗云溪，治东九十里。”[9]乾隆《涪州志》：“罗云溪，又名小岁溪，州东五十里，发源罗云坝水洞，流入大江。”[10]嘉庆《四川通志》：“罗云溪，在州东五十里，发源罗云坝水洞，流六里入江。”[11]民国《涪陵县续修涪州志》：“大江，既会黔江，又东北至南沱，又东北……南岸受小水二（曰罗云溪，北流入江，其口正对北岸之马滩河）。”[12]已知罗云坝在今重庆市涪陵区东部的罗云乡，其地即明代罗云里。

9. 附州里

见万历《重庆府志》。康熙《涪州志》中作“在郭里”，表明此里应该在州治附近，即今重庆市涪陵市区及周围地区。

10. 韩市里

见万历《重庆府志》。在今重庆市涪陵区石沱镇团结村。乾隆《涪州志》：“韩市场，州西九十里。”[13]今重庆市涪陵区石沱镇团结村驻地韩市镇，位于县境西部，应为明代韩市里。

---

[1] 嘉庆《四川通志》卷四四《陵墓·重庆府涪州》。
[2] 正德《四川志》卷十三《重庆府·邮驿·武隆》。
[3] 康熙《涪州志》卷一《古迹》。
[4] 乾隆《涪州志》卷一《街市》。
[5] 乾隆《涪州志》卷四《塘房》。
[6] 乾隆《涪州志》卷一《里甲》。
[7] 道光《重庆府志》卷一《山川·涪州》。
[8] 正德《四川志》卷十三《重庆府·邮驿·武隆》。
[9] 康熙《涪州志》卷一《山川》。
[10] 乾隆《涪州志》卷一《山川》。
[11] 嘉庆《四川通志》卷十一《山川·重庆府涪州》。
[12] 民国《涪陵县续修涪州志》卷二《沿革》。
[13] 乾隆《涪州志》卷一《街市》。

11. 蔺市里

见万历《重庆府志》。在今重庆市涪陵区蔺市镇。康熙《涪州志》："蔺市驿站，治西六十里，今裁。"[1]乾隆《涪州志》："蔺市镇，州西南六十里。"[2]乾隆《涪州志》："长滩里村落地名……蔺市坪、蔺市镇。"[3]乾隆《涪州志》："知州何振虞墓，在蔺市镇对岸硃沙坪"；"文林郎张元俊墓，在长里蔺市坪鱼溪河"；"粮驿道陈于中墓，在长里蔺市坪石楼门"；"知县夏道署墓，在蔺市坪龚家坝"；"翰林院庶吉士陈于午墓，在长里蔺市坪控鹤坪"[4]。今重庆市涪陵区蔺市镇，在区境西部长江畔，水陆交通方便，历来为交通要道，应为明代蔺市里。

12. 谢市里

见万历《重庆府志》。在今重庆市涪陵区李渡镇谢石村。清代名"谢石"，在涪州西部。康熙《涪州志》："明十三里……谢石里。"[5]康熙《涪州志》之《建置沿革·塘铺》："谢石坝，治西五十里。"乾隆《涪州志》："旱塘……谢石坝。"[6]今谢石坝在重庆市涪陵区李渡镇谢石村，位于县境西北，应为明代谢市里。

此外，芋池里，见万历《重庆府志》，今无考。

镇

1. 李渡镇

见万历《重庆府志》。即李渡里，在今重庆市涪陵区李渡镇。

2. 蔺市镇

见万历《重庆府志》。即蔺市里，在今重庆市涪陵区蔺市镇。

3. 韩市镇

见万历《重庆府志》。即韩市里，在今重庆市涪陵区石沱镇团结村。

4. 新市镇

见万历《重庆府志》。今重庆市长寿区长寿湖镇紫竹村，南界涪陵区石龙乡，解放前为涪陵县所辖，原名新市，其地应为明代涪州新市镇。

此外，罗市镇、白璧镇、贞溪镇、孟市镇，见万历《重庆府志》，今皆无考。

[1] 康熙《涪州志》卷一《建置沿革·邮传》。
[2] 乾隆《涪州志》卷一《街市》。
[3] 乾隆《涪州志》卷一《里甲》。
[4] 乾隆《涪州志》卷一《垄墓》。
[5] 康熙《涪州志》卷一《建置沿革·村镇》。
[6] 乾隆《涪州志》卷四《塘房》。

二、夔州府

（一）奉节县

该县有4里1镇。正德《夔州府志》：“编户四里，市郭上、市郭下、永宁、都会。”[1]正德《夔州府志》之《街坊附市镇·奉节县》：“龙喷街镇”。

里

1. 市郭上

无考。

2. 市郭下

无考。

3. 永宁里

见正德《夔州府志》。正德《夔州府志》：“永宁驿，在府城西三里，洪武十年创，弘治寅申郡守杨公奇重建。”[2]正德《四川志》：“永宁水驿，在治西三里。”[3]万历《四川总志》：“永宁驿，府治城外。”[4]嘉庆《四川通志》：“永宁驿、南沱水驿皆久废，今复设马站。”[5]今无考。

4. 都会里

无考。

镇

龙喷街镇

见正德《夔州府志》。正德《夔州府志》：“龙喷街镇，在府城南。”[6]今重庆市奉节县永安镇，历来为夔州府、奉节县治所在，龙喷街镇在府城南，故推断其大致在今永安镇境内。

（二）云阳县

该县有2乡9里7镇。正德《夔州府志》：“居仁乡五里，东市、西市、从善、仁慈、仁寿；安义乡四里，路阳、高阳、云兴、尚温。”[7]嘉靖《云阳县志》：“新军、洞口、

[1] 正德《夔州府志》卷一《沿革·奉节县》。
[2] 正德《夔州府志》卷二《邮驿·本府》。
[3] 正德《四川志》卷十七《夔州府·邮驿·本府》。
[4] 万历《四川总志》卷十四《夔州府·公署》。
[5] 嘉庆《四川通志》卷八八《驿传·夔州府奉节县》。
[6] 正德《夔州府志》卷二《街坊附市镇·本府》。
[7] 正德《夔州府志》卷一《沿革·云阳县》。

安渡、古灵、江口、南阳、云兴。”[1]

里

1. 路阳里

见正德《夔州府志》。在今重庆市云阳县路阳镇。明代云阳县设两乡九里，路阳里为九里之一。嘉靖《云阳县志》：“路阳坝，县西北八十里。”[2]嘉靖《云阳县志》卷上《关堡》：“路阳堡。”清代为崇善里路阳甲。咸丰《云阳县志》：“钟定寺，治北一百里，在路阳甲”；“仙女寺，治北一百二十里，路阳甲，峭壁巉岩，高万余仞，相传昔有一仙女栖身于此半岩洞，亦名仙女洞，至今石壁足迹朗然”；“太子寺，治北一百三十里，路阳下甲冉家沟，相传昔有太子栖身于此，迄今碑志半归磨灭不详”[3]。到民国时又改称路阳乡。民国《云阳县志》：“路阳乡，（旧路阳上甲、路阳中甲、路阳下甲）场五，江口、团滩、下坝桥、中坝场、新林坝。”[4]其地在今重庆市云阳县路阳镇，位于云阳县城北58公里，因境内路阳坝得名，即明代路阳里。

2. 高阳里

见正德《夔州府志》。在今重庆市云阳县高阳镇。明代为云阳县九里之一，位于县北。正德《四川志》：“高阳铺，在治东北。”[5]正德《夔州府志》：“高阳铺，县北五十里。”[6]嘉靖《云阳县志》卷上《关堡》：“高阳堡。”清代为崇善里高阳甲，在县西北。嘉庆《云阳县志》：“高阳，县西北五十里，开新东达州县通焉。”[7]嘉庆《四川通志》：“高阳镇，在县西北五十里。”[8]咸丰《云阳县志》：“张王庙，治北九十里，高阳甲，有记。”[9]民国后为高阳乡，在彭溪旁。民国《云阳县志》：“高阳乡，（旧高阳上甲、高阳下甲、黄连半甲）场四，高阳、关口市、洞溪坝、大兴厂。”[10]民国《云阳县志》：“滨彭溪即高阳场，距城九十里。”[11]民国《云阳县志》：“彭溪……高阳场，有下渡。”[12]今重庆市云阳县高阳镇，位于县城西北53公里，因境内洞溪与彭溪汇合处有一坝叫高阳坝而得名，即民国之高阳乡，明代高阳里亦在此。

3. 云兴里

见正德《夔州府志》。嘉靖《云阳县志》卷上《关堡》：“云兴堡。”嘉靖《云阳县

[1] 嘉靖《云阳县志》卷上《镇》。
[2] 嘉靖《云阳县志》卷上《山》。
[3] 咸丰《云阳县志》卷一《寺观》。
[4] 民国《云阳县志》卷一《地理》。
[5] 正德《四川志》卷十七《夔州府·邮驿·云阳县》。
[6] 正德《夔州府志》卷二《邮驿·云阳县》。
[7] 嘉庆《云阳县志》卷上《镇》。
[8] 嘉庆《四川通志》卷十四《山川·夔州府云阳县》。
[9] 咸丰《云阳县志》卷一《寺观》。
[10] 民国《云阳县志》卷一《地理》。
[11] 民国《云阳县志》卷三《山水上》。
[12] 民国《云阳县志》卷六《阨塞·津渡表》。

志》卷上《镇》："云兴，县西北九十里，山后诸路通焉。"[1]今无考。

4. 从善里

见正德《夔州府志》。在今重庆市万州区恒合土家族自治乡。嘉靖《云阳县志》："石桶寨，县南二百四十里，为从善里地，四围皆夷。"[2]民国《云阳县志》之《阨塞·关隘寨洞硐垒道路表》："恒合乡，石桶寨。"民国《云阳县志》："恒合乡，石桶甲，太平桥，民国九年修。"[3]后恒合乡改属万州，即今重庆市万州区恒合土家族乡，石桶寨在其境内，已知石桶寨在从善里境内，故明代从善里应在今恒合乡周围。

此外，尚温里、东市里、西市里、仁慈里、仁寿里，见正德《夔州府志》，今皆无考。

乡

1. 居仁乡

正德《夔州府志》："居仁乡五里，东市、西市、从善、仁慈、仁寿。"[4]居仁乡五里中，仅知从善里在云阳县县境南端，故居仁乡不可考。

2. 安义乡

正德《夔州府志》："安义乡四里，路阳、高阳、云兴、尚温。"[5]已知路阳里在今重庆市云阳县北路阳镇，高阳里在今重庆市云阳县西北高阳镇，云兴里虽不可考，但据记载应在县西北九十里处，嘉靖《云阳县志》："云兴，县西北九十里，山后诸路通焉。"[6]故推断安义乡应该在今重庆市云阳县北部，具体位置不可考。

镇

1. 新军镇

见嘉靖《云阳县志》。在今重庆市云阳县新津乡。正德《夔州府志》："新军山，在县北岸二里。"[7]嘉靖《云阳县志》："新军河，县东南十里，源自金洞出，经东桥樟井至新军镇入大江。"[8]咸丰《云阳县志》："新军河，在县东南三十里，源出湖北恩施界，东北流二百余里入大江。"[9]嘉庆《四川通志》："新军河，在县东南三十里，源出湖北恩施县界，东北流二百余里入大江。"[10]可知新军河应是由湖北至云阳境内入江，入江处即新军镇，且在云阳县境东南部。嘉靖《云阳县志》："新军，县东十里，通施夷

---

[1] 嘉靖《云阳县志》卷上《镇》。
[2] 嘉靖《云阳县志》卷上《山》。
[3] 民国《云阳县志》卷六《阨塞·桥梁表》。
[4] 正德《夔州府志》卷一《沿革·云阳县》。
[5] 正德《夔州府志》卷一《沿革·云阳县》。
[6] 嘉靖《云阳县志》卷上《镇》。
[7] 正德《夔州府志》卷三《山川》。
[8] 嘉靖《云阳县志》卷上《川》。
[9] 咸丰《云阳县志》卷一《山川》。
[10] 嘉庆《四川通志》卷十四《山川·夔州府云阳县》。

南陆。”[1]嘉靖《云阳县志》：“汉高祖庙，一在县北十里洞口镇，一在县南十里新军镇。”[2]民国时新军河又名磨刀溪，入江处叫新军口。民国《云阳县志》：“五龙乡……新军口。”[3]民国《云阳县志》：“新军水……新军口，有小河渡，道光中设。”[4]民国《云阳县志》：“新军水，源出湖北利川县，与万县界之磨刀溪北流经其县之十一保塘房，过奉节县之九甲，东行约六十里入县境。”[5]后由于民众抗拒寇盗，在新军口设关以扼之，改称新津口。今新津口在磨刀溪入长江口处，属新津乡，其地即明代新军镇。

2. 洞口镇

见嘉靖《云阳县志》。在今重庆市云阳县云阳镇硐村社区。嘉靖《云阳县志》：“龙登溪，县北洞口。”[6]嘉靖《云阳县志》卷上《关堡》：“洞口堡。”嘉靖《云阳县志》：“洞口，县北十里，商贩至云安场水路经此，旧山势险碍，陆路未尽开，惟操舟逆流往达盐场，春夏霖雨江泛，阻碍负贩，四集者苦之，知县杨鸾捐俸激励义民，并立修治，自洞口至盐场约二十里余，巉岩绝堑，咸工凿易治厘为道，凡肩担背负者，早暮通行自是无患，其利溥矣。”[7]由于洞口位于水道逆流上云安盐场中途，则洞口应该在云安镇汤溪下游，且洞口镇旁有一汉高祖庙。嘉靖《云阳县志》：“汉高祖庙，一在县北十里洞口镇，一在县南十里新军镇。”[8]民国时汉高祖庙在汤溪下游一个临溪小市叫洞上的地方。民国《云阳县志》：“汤溪又东入峡南，受金鸡垒水，峡水澄碧，平流如镜，舟行至洞上登岸，三尖坝、洞鹿坝、梅子坝诸水东来注之，小市临溪，居人近百家，运盐驮户之所聚也，市左里许有汉高祖庙。”[9]洞上也是盐贩取道上云安场的聚集地，与洞口记载符合，由于溪水泛滥，被困在洞上的商贩只好食宿在此，于是住户增加而成村，名洞村。民国《云阳县志》：“汤溪，小溪沟，洞村渡。”[10]今云阳县云阳镇硐村社区，位于县城北7.5公里汤溪河畔，其地即明代洞口镇。

3. 安渡镇

见嘉靖《云阳县志》。在今重庆市云阳县云阳镇境内。正德《夔州志》：“安渡，在县北。”[11]嘉靖《云阳县志》卷上《关堡》：“安渡堡。”嘉靖《云阳县志》：“安渡，县北七里，同洞口”；“洞口，县北十里。”[12]嘉靖《云阳县志》：“安渡，县北

---

[1] 嘉靖《云阳县志》卷上《镇》。
[2] 嘉靖《云阳县志》卷下《外志》。
[3] 民国《云阳县志》卷六《阨塞》。
[4] 民国《云阳县志》卷六《阨塞·津渡表》。
[5] 民国《云阳县志》卷五《山水下·新军水》。
[6] 嘉靖《云阳县志》卷上《川》。
[7] 嘉靖《云阳县志》卷上《镇》。
[8] 嘉靖《云阳县志》卷下《外志》。
[9] 民国《云阳县志》卷五《山水下·汤溪》。
[10] 民国《云阳县志》卷六《阨塞·津渡表》。
[11] 正德《夔州志》卷二《关梁津渡》。
[12] 嘉靖《云阳县志》卷上《镇》。

七里。”[1]民国《云阳县志》：“汤溪……安渡河，有驮马渡。”[2]民国《云阳县志》：“云安镇，安渡河，福星桥。”[3]已知洞口在今云阳县云阳镇硐村，而明代安渡镇在县北七里，洞口镇在县北十里，则安渡镇大致亦应在今云阳县云阳镇境内。

4. 古灵镇

见嘉靖《云阳县志》。在今重庆市云阳县故陵镇。《蜀中名胜记》：“《经》旧郡，治故陵溪西二里之故陵村，溪即永谷也。按故陵者，即古陵沱也，郦道元以为旧郡治，今名旧县坝矣。”[4]正德《夔州府志》：“古陵沱，在县东。”[5]嘉靖《云阳县志》：“古灵河，县东南三十里，源自鱼筌山，出至古灵镇入大江。”[6]嘉靖《云阳县志》：“古灵，县东三十里，萃南儌路。”[7]民国《云阳县志》：“古陵乡，（旧石棹上甲、石棹中甲、石棹下甲、兴安上甲、兴安下甲）场三，古淋沱、赶场坝、羊子嵌。”[8]民国《云阳县志》：“永谷水，由利川县南平司北来，至古陵镇下水淹口入江。”[9]可知“古灵”即“故陵”或“古陵”。今云阳县故陵镇，位于县东24公里长江南岸，驻地故陵沱，其地即明代古灵镇。

5. 江口镇

见嘉靖《云阳县志》。在今重庆市云阳县江口镇。明代江口镇设有堡寨，在县西北。嘉靖《云阳县志》卷上《关堡》：“江口堡。”嘉靖《云阳县志》：“江口，县西北八十里。”[10]民国时江口属路阳乡，在汤溪河畔。民国《云阳县志》：“路阳乡……江口，东濒汤溪，为路阳、黄农两乡出入门户。”[11]民国《云阳县志》：“汤溪……江口场，有外渡，咸丰初年设。”[12]今云阳县江口镇，驻地江口，因团滩河与汤溪汇合处，故名，位于县城北40公里，其地即明代江口镇。

6. 南阳镇

见嘉靖《云阳县志》。在今重庆市云阳县南溪镇南阳村。民国《云阳县志》卷六《阨塞》：“南溪乡……南阳寨。”今南阳寨在南溪镇南阳村，其地即明代南阳镇。

7. 云兴镇

见嘉靖《云阳县志》。嘉靖《云阳县志》卷上《关堡》：“云兴堡。”嘉靖《云阳县

[1] 嘉靖《云阳县志》卷下《津梁》。
[2] 民国《云阳县志》卷六《阨塞·津渡表》。
[3] 民国《云阳县志》卷六《阨塞·桥梁表》。
[4] [明]曹学佺：《蜀中名胜记》卷二三《下川东道·云阳县》。
[5] 正德《夔州府志》卷三《山川》。
[6] 嘉靖《云阳县志》卷上《川》。
[7] 嘉靖《云阳县志》卷上《镇》。
[8] 民国《云阳县志》卷一《地理》。
[9] 民国《云阳县志》卷三《山水上》。
[10] 嘉靖《云阳县志》卷上《镇》。
[11] 民国《云阳县志》卷六《阨塞》。
[12] 民国《云阳县志》卷六《阨塞·津渡表》。

志》：“云兴，县西北九十里，山后诸路通焉。”[1]今无考。

（三）万县

该县有5里。正德《夔州府志》：“洪武七年，改州为县及今属编户四里，成化十八年……新增一里，大周、三真、市郭、巴南、新丰。”[2]

里

1. 大周里

见正德《夔州府志》。在今重庆市万州区大周镇。明代大周里因大周溪得名，今万州区城东北16.5公里长江边，有大小两条溪河相隔5公里，一溪较大，名大周溪，明清曾设驿站，名周溪驿、周溪铺。《蜀中名胜记》：“周溪，在县东四十里。”[3]正德《四川志》：“周溪水驿，在治东五十里”；“周溪铺，在治东。”[4]同治《增修万县志》：“周溪水驿，在县东五十里。”[5]同治《增修万县志》：“大石洞，在县大周里古北墙，下有三溪焉，至郎家坝合流，山水会之，迤逦迎送，南注二十余里，两岸忽开环抱，滩水阔数十百丈，深数寻，滩心大石屹立，高数丈，善没者探其下，三足鼎峙，如瞿塘滟滪云。”[6]清代万县划分为大周、市郭、三正三里，大周里在包括县治东西北三面的长江以北区域。同治《增修万县志》：“县治在夔州府西少南，旧编三里，曰大周曰市郭曰三正里，各十甲。”[7]《万县乡土志》：“半以大江划分南北岸，市郭在江岸之南，大周在江岸之北，而三正之一甲、大周之小九甲半九甲，又旧置于南岸”；“大周包县治东西北三面，西起分水，东讫余家嘴一百八十里，北起大垭口，南讫利川界一百七十里”[8]。今大周溪处有大周镇，当为明代大周里驻地，其范围应在今长江南北的部分区域。

2. 三真里

见正德《夔州府志》。在今重庆市万州区分水镇三正村。明代三真在万县西部，有铺递，清代名三正铺，亦在县西部，在大周里境内。正德《夔州府志》：“三真铺，县西九十里。”[9]嘉庆《四川通志》：“三正铺，在县西六十里。”[10]同治《增修万县志》卷三《疆域形胜》：“三正里，在大周里腹地。”同治《增修万县志》卷八《场集》：“大周里……三正铺，七十五里。”清代万县划分为大周、市郭、三正三里，三正里在长江以北的县境西南部，与忠县接壤。同治《增修万县志》：“县治在夔州府西少南，旧编

[1] 嘉靖《云阳县志》卷上《镇》。
[2] 正德《夔州府志》卷一《沿革·万县》。
[3] [明]曹学佺：《蜀中名胜记》卷二三《下川东道·万县》。
[4] 正德《四川志》卷十七《夔州府·邮驿·万县》。
[5] 同治《增修万县志》卷十五《驿传》。
[6] 同治《增修万县志》卷四《山川》。
[7] 同治《增修万县志》卷三《疆域形胜》。
[8] 《万县乡土志》卷七《地理录》。
[9] 正德《夔州府志》卷二《邮驿·万县》。
[10] 嘉庆《四川通志》卷八九《铺递·万县》。

三里，曰大周曰市郭曰三正里，各十甲”[1]。《万县乡土志》：“半以大江划分南北岸，市郭在江岸之南，大周在江岸之北，而三正之一甲、大周之小九甲半九甲，又旧置于南岸”；“三正，在县治西南隅，接忠州境，本里东西袤九十里，南北袤九十里”[2]。今万州区分水镇三正村，原属大周里前三甲，在城区西部20公里，明清曾为铺司，应为明代三真里驻地，其范围应在今长江以北的区境西南部。

3. 市郭里

见正德《夔州府志》。嘉庆《重修一统志》：“市郭里，在万县南，本朝雍正七年设巡司，乾隆中裁。”[3]同治《万县志》：“羊耳山，在县南市郭里，连亘五山，高十余里，惟羊耳最秀。峰具三棱，县治及文昌宫俱向焉”；“香炉山，在县南市郭里二甲，甲内三面皆山，独缺北面，此山突起高数丈，适当其缺，望之若香炉云”；“川洞山，在县南市郭里清水塘西，环绕巉岩，百千丈结，形如垆，垆之右山腰，突开石洞如圆镜，洞壁见巨人足，葫芦形，渐进渐阔，中有泉而甘，其洞直穿山左，又如两月对照，俗呼穿洞印月”[4]。《万县乡土志》：“翟中策，县治南岸市郭里冯家梁，山洞险固，群盗盘踞，为民害，役莫能捕，中策督兵捣穴诛渠魁十三人，境内肃清。”[5]《万县乡土志》：“半以大江划分南北岸，市郭在江岸之南，大周在江岸之北，而三正之一甲、大周之小九甲半九甲，又旧置于南岸”；“市郭里，在县治东南隅，接奉云境，本里东西计九十里，南北计九十里”[6]。由以上可知，明代市郭里的范围应该包括今长江南岸区境东南部。

4. 巴南里

见正德《夔州府志》。同治《万县志》：“永安宁堡，在县大江南巴南里，旧名罗网坝，明嘉靖十一年知县成敏贯建关堡，今废省，《郡志》误为罗网坝，今土人群呼龙王坝，盖罗网声讹也。”[7]今万州区罗田镇马头社区，位于万州区东南，驻地马头场，距城39.5公里，清至民国属市郭里大十甲。同治《增修万县志》：“市郭里……十大甲马头场，一百四十里。”[8]其境内有一地名“龙王坝”，因此该地应在巴南里区域内，但是清代万县仅划分为大周、市郭、三正三里，同治《增修万县志》：“县治在夔州府西少南，旧编三里，曰大周日市郭口三正里，各十甲”[9]。故推断明代巴南里应该在清代被并入了市郭里，因此明代巴南里的范围应该在包括今罗田镇马头社区在内的长江南岸部分地区。

此外，新丰里，见正德《夔州府志》，今无考。

[1] 同治《增修万县志》卷三《疆域形胜》。
[2]《万县乡土志》卷七《地理录》。
[3] 嘉庆《重修一统志》卷三九八《夔州府二·关隘》。
[4] 同治《万县志》卷四《山川》。
[5]《万县乡土志》卷二《政绩录》。
[6]《万县乡土志》卷七《地理录》。
[7] 同治《万县志》卷十七《关隘》。
[8] 同治《增修万县志》卷八《场集》。
[9] 同治《增修万县志》卷三《疆域形胜》。

（四）梁山县

该县有2乡11里4镇。正德《夔州府志》："清平乡五里，桂溪、水西、丰胜、虎城、川西；万安乡六里，市郭、乐胜、水东、福德、永安、安乐。"[1]正德《夔州府志》："虎溪镇、铜角镇、杏市镇、罗市镇。"[2]

里

1. 桂溪里

见正德《夔州府志》。在今重庆市梁平县高滩河流域。明代桂溪里得名于梁山县桂溪，在县西南，其地为唐代桂溪县。嘉庆《四川通志》："桂溪，在县西南三十里，两岸多桂，唐桂溪县以此名，国朝乾隆元年移垫江县丞分驻与此。"[3]清代桂溪穿城而过，溪由城南而出，城南武庙有一桥跨桂溪，名桂溪桥。嘉庆《四川通志》："桂溪桥，在县武庙，前明成化间知县花馨建。"[4]光绪《梁山县志》："康熙三十三年邑令李移武庙于城南桂溪桥。"[5]桂溪又名高滩溪，即今之高滩河。光绪《梁山县志》："桂溪，县西南三十里，两岸多桂，唐忠州有桂溪县，以此得名。一名高滩溪，又名御史滩（明《一统志》云：御史滩在梁山县西五里），源发五斗山北，流三十里至县城西，又西流七十里入垫江县。"[6]今高滩河流经梁平县全境，在县西南云龙镇同心村两汇滩与支流相会后称龙溪河，南流6公里入垫江县，故推断明代桂溪里应在今梁平县境西南高滩河流域。

2. 水西里

见正德《夔州府志》。光绪《梁山县志》："西路万安乡，四里，街甲十二里，由水西里共十六里。"[7]今无考。

3. 丰胜里

见正德《夔州府志》。正德《四川志》："石城……门四，曰乐善、丰胜、安乐、永安。"[8]光绪《梁山县志》："垂云北观，县北丰胜门外。"[9]光绪《梁山县志》："东路丰胜乡，由水东里共十八里。"[10]光绪《梁山县志》："西路……丰胜场。"[11]今无考。

---

[1] 正德《夔州府志》卷一《沿革·梁山县》。
[2] 正德《夔州府志》卷二《街坊市镇·梁山县》。
[3] 嘉庆《四川通志》卷二一《山川·梁山县》。
[4] 嘉庆《四川通志》卷三三《津梁·梁山县》。
[5] 光绪《梁山县志》卷三《坛庙》
[6] 光绪《梁山县志》卷二《山川》。
[7] 光绪《梁山县志》卷四《户赋》。
[8] 正德《四川志》卷十七《夔州府·城池·梁山》。
[9] 光绪《梁山县志》卷二《八景》。
[10] 光绪《梁山县志》卷四《户赋》。
[11] 光绪《梁山县志》卷四《仓储》。

4. 虎城里

见正德《夔州府志》。在今重庆市梁平县虎城镇。明代虎城里，清代名虎城场、虎城寨，在梁山县北。光绪《梁山县志》卷三《场镇》："虎城场，县北一百十里。"光绪《梁山县志》卷五《书院》："书院田租石斗……北路虎城场。"光绪《梁山县志》卷六《寨堡》："虎城寨，县北九十里。"光绪《梁山县志》卷四《户赋》："小西路清平乡，虎城里共八里。"光绪《梁山县志》卷四《仓储》："西路……虎城场。"今梁平县西北虎城镇，在清代名虎城场，其地即明代虎城里。

5. 川西里

见正德《夔州府志》。其地在今重庆市梁平县礼让镇川西村，以境内川西河坝得名。

6. 市郭里

见正德《夔州府志》。在今重庆市梁平县梁山镇周围。光绪《梁山县志》："南乡新旧塘堰……市郭里，旧有千金堰，蓄水引流约三十余里至顶堰桥。"[1]其地应在梁山县治地周围，即今梁平县梁山镇周围。

7. 乐胜里

见正德《夔州府志》。在今重庆市梁平县龙门镇乐胜村。光绪《梁山县志》："北乡新旧塘堰……乐胜里石梁堰，旧有上中下三堰积水灌田。"[2]光绪《梁山县志》："北路乐胜乡，由乐胜里共十五里。"[3]乐胜乡即今梁平县西北龙门镇乐胜村，其地即明代乐胜里。

8. 水东里

见正德《夔州府志》。光绪《梁山县志》："东路丰胜乡，由水东里共十八里。"[4]今无考。

9. 福德里

见正德《夔州府志》。在今重庆市梁平县梁山镇福德铺。明代福德里设有铺，名福德铺，在县西，清代亦设铺递。正德《夔州府志》："福德铺，县西十五里。"[5]正德《夔州府志》："福德桥，县西十五里。"[6]嘉庆《四川通志》："福德桥，在县西十五里。"[7]嘉庆《四川通志》："明来知德墓，在县西十五里福德祠。"[8]嘉庆《四川通志》："福德铺，在县西十五里。"[9]光绪《梁山县志》："南路乐安乡，由福德里共

[1] 光绪《梁山县志》卷二《水利》。
[2] 光绪《梁山县志》卷二《水利》。
[3] 光绪《梁山县志》卷四《户赋》。
[4] 光绪《梁山县志》卷四《户赋》。
[5] 正德《夔州府志》卷二《邮驿·梁山县》。
[6] 正德《夔州府志》卷二《关梁津渡·梁山县》。
[7] 嘉庆《四川通志》卷三三《津梁·梁山县》。
[8] 嘉庆《四川通志》卷四七《陵墓·梁山县》。
[9] 嘉庆《四川通志》卷八九《铺递·梁山县》。

三十一里。”[1]今梁平县梁山镇福德铺，在县城西部，即明清之福德铺，明代福德里应在该地。

10. 永安里

见正德《夔州府志》。在今重庆市梁平县屏锦镇腰塘村。明代永安里得名于县城永安门。正德《四川志》：“石城……门四，曰乐善、丰胜、安乐、永安。”[2]已知明代永安门即今之西门，故永安里应该在县西。嘉庆《四川通志》：“落云潭，在县西七十里。《名胜志》：有云覆潭上，昔渔人网得石老君像，云气遂无，像在永安市，民冉姓园中，背有天汉二年刻字。”[3]光绪《梁山县志》：“响水洞，县西七十余里，屏锦铺永安山下。”[4]光绪《梁山县志》卷三《场镇》：“屏锦铺，县西七十里。”光绪《梁山县志》卷六《寨堡》：“永安寨，县西四十五里”；“永安寨，县西七十里”。据以上资料可知永安市、永安山、永安寨均在梁山县西七十里，应该在同一地方，屏锦铺在该地附近，屏锦铺即今梁平县屏锦镇，其腰塘村境内有永安山，故明代永安里应该在屏锦镇腰塘村周围。

11. 安乐里

见正德《夔州府志》。在今重庆市梁平县大观镇安乐村。明代安乐里得名于县城安乐门，正德《四川志》：“石城……门四，曰乐善、丰胜、安乐、永安。”[5]已知明代安乐门即今之南门，故安乐里应该在县南。光绪《梁山县志》：“南路乐安乡，由福德里共三十一里”[6]。以上可知安乐乡应在梁山县南，今梁平县大观镇安乐村位于县南，以驻地安乐场得名，其地即明代安乐里。

乡

1. 清平乡

见正德《夔州府志》。在今重庆市梁平县碧山镇清坪村。正德《夔州府志》：“清平乡五里，桂溪、水西、丰胜、虎城、川西。”[7]已知桂溪在今梁平县西南，虎城、川西在西北，故明代清平乡亦应在梁山县西部。又据光绪《梁山县志》卷四《户赋》：“小西路清平乡”、卷六《寨堡》：“清平寨，县西九十里”，可知清代清平乡亦在县西，其地即今梁平县碧山镇清坪村，故明代清平乡亦在此地。

2. 万安乡

见正德《夔州府志》。在今重庆市梁平县和林镇万安村。正德《夔州府志》：“万安

---

[1] 光绪《梁山县志》卷四《户赋》。
[2] 正德《四川志》卷十七《夔州府·城池·梁山》。
[3] 嘉庆《四川通志》卷二一《山川·梁山县》。
[4] 光绪《梁山县志》卷二《山川》。
[5] 正德《四川志》卷十七《夔州府·城池·梁山》。
[6] 光绪《梁山县志》卷四《户赋》。
[7] 正德《夔州府志》卷一《沿革·梁山县》。

乡六里，市郭、乐胜、水东、福德、永安、安乐。”[1]已知乐胜里在县北龙门镇，福德里在梁山镇，永安里在县西屏锦镇，安乐里在县南大观镇，故推断明代万安乡的范围应该是县境南北以及西部部分地区。清代万安乡在县西，光绪《梁山县志》：“西路万安乡，四里，街甲十二里，由水西里共十六里。”[2]其地即今梁平县和林镇万安村，在县西南，当为明代万安乡驻地。

镇

1. 虎溪镇

正德《夔州府志》：“虎溪镇，在县西北四十里。”[3]嘉庆《四川通志》：“虎溪镇，在县西北四十里，旧设巡司，遗址尚存。”[4]光绪《梁山县志》：“西北四十里之虎溪镇，旧设巡司今废。”[5]今无考。

2. 铜角镇

正德《夔州府志》：“铜角镇，在县北四十里。”[6]今无考。

3. 杏市镇

正德《夔州府志》：“杏市镇，在县西南四十里。”[7]嘉庆《四川通志》：“杏市镇，在县西南二十里。”[8]光绪《梁山县志》：“县西南二十里之杏市镇。”[9]今无考。

4. 罗市镇

正德《夔州府志》：“罗市镇，在县东北四十里。”[10]今无考。

（五）开县

该县有7里。正德《夔州府志》：“编户七里，盛山、临江上、临江下、新浦上、新浦下、汉高东、汉高西。”[11]

1. 盛山里

见正德《夔州府志》。在今重庆市开县县城及其附近。明代盛山里得名于县北盛山，其县城北门亦名盛山。《蜀中名胜记》：“县西北一里，有盛山，以唐刺史韦处厚著名。”[12]正德《夔州府志》：“盛山，在县北三里，突出高耸，为县主山……上有盛

---

[1] 正德《夔州府志》卷一《沿革·梁山县》。
[2] 光绪《梁山县志》卷四《户赋》。
[3] 正德《夔州府志》卷二《街坊市镇·梁山县》。
[4] 嘉庆《四川通志》卷三十《关隘·梁山县》。
[5] 光绪《梁山县志》卷三《场镇》。
[6] 正德《夔州府志》卷二《街坊市镇·梁山县》。
[7] 正德《夔州府志》卷二《街坊市镇·梁山县》。
[8] 嘉庆《四川通志》卷三十《关隘·梁山县》。
[9] 光绪《梁山县志》卷三《场镇》。
[10] 正德《夔州府志》卷二《街坊市镇·梁山县》。
[11] 正德《夔州府志》卷一《沿革·开县》。
[12] [明]曹学佺：《蜀中名胜记》卷二三《下川东道·开县》。

山堂。”[1]正德《夔州府志》：“盛山堂，在县后，圃太守柳公绰建。”[2]嘉庆《四川通志》：“大觉寺，在县北二里盛山。”[3]咸丰《开县志》：“《府志》：盛山在县北三里。”[4]正德《四川志》：“石城，成化二十三年砌……门四，曰望仙、留阳、瑞石、盛山。”[5]咸丰《开县志》：“旧筑土城，明成化二十三年……四门增砌益高，东曰望仙，南曰瑞石，西曰留阳，北曰盛山。”[6]新中国成立后曾设盛山区，以境内盛山得名，驻地在今开县镇东街道，该区辖地属明代盛山里，故明代盛山里应该包括今县城及其附近区域。

2. 临江上、下里

见正德《夔州府志》。在今重庆市开县临江镇。清初由于战乱后人口减少，故全县里甲缩编，临江上、下里编为江里，以濒临大江故名。咸丰《开县志》：“《旧志》：明洪武六年……编户七里，盛山里、临江上里、临江下里、新浦上里、新浦下里、汉高东里、汉高西里。国朝因之编户三里，曰东里曰江里曰浦里。”[7]明代设临江铺，由于交通便利，遂成为集市贸易场所，在开县西部。正德《夔州府志》：“临江铺，县西六十里。”[8]正德《四川志》：“临江，在乡，山环水迎，人烟成市，一邑之重镇。”[9]清代临江不断扩大，成为江里的政治经济中心，称临江市，亦在开县西部。嘉庆《四川通志》：“临江市，在县西六十里。”[10]嘉庆《四川通志》：“临江铺，在县西五十里。”[11]咸丰《开县志》：“江里……临江市，离城六十里。”[12]咸丰《开县志》：“临江洞口渡，在县西六十里。”[13]民国后称临江镇，即今县境西南之临江镇。临江镇得名于古临江，即今开县南河，南河古名临江，后又以其流域属清代江里而名江里河。故明代临江里应以今临江镇为中心，范围包括今开县西南的南河流域。

3. 新浦上、下里

见正德《夔州府志》。在今重庆市开县南门镇新浦村。清代将明代新浦上、下里缩编为浦里。咸丰《开县志》：“《旧志》：明洪武六年……编户七里，盛山里、临江上里、临江下里、新浦上里、新浦下里、汉高东里、汉高西里。国朝因之编户三里，曰东

[1] 正德《夔州府志》卷三《山川·开县》。
[2] 正德《夔州府志》卷七《宫室·开县》。
[3] 嘉庆《四川通志》卷四十《寺观·夔州府开县》。
[4] 咸丰《开县志》卷四《山川》。
[5] 正德《四川志》卷十七《夔州府·城池·开县》。
[6] 咸丰《开县志》卷五《城池》。
[7] 咸丰《开县志》卷二《建置》。
[8] 正德《夔州府志》卷二《邮驿·开县》。
[9] 正德《四川志》卷十七《夔州府·山川·开县》。
[10] 嘉庆《四川通志》卷二八《关隘·夔州府开县》。
[11] 嘉庆《四川通志》卷八九《铺递·夔州府开县》。
[12] 咸丰《开县志》卷三《疆域场市》。
[13] 咸丰《开县志》卷四《津梁》。

里曰江里曰浦里。”[1]明代新浦上、下里为废新浦县，其地在开县西南。正德《夔州府志》：“废新浦县，在县，刘宋置，后周以县置周安郡，隋郡废，唐属开州，宋省入开江县。”[2]嘉庆《重修一统志》：“新浦废县，在开县西南九十里。”[3]咸丰《开县志》：“新浦废县，在县西南九十里。”[4]废新浦县治在今开县南部，咸丰《开县志》：“旧县城，一名岫岘城，在县南一百二十里，新浦县曾治此，壁立江浦，四围峭削，纵横里许。”[5]其地即今开县南门镇新浦村徐家坝，古为新浦县县治，在开县西南52公里。浦里河流经该地，清代以其流域属浦里，故名浦里河，此河古名垫江，古垫江流经废新浦县。嘉庆《重修一统志》：“垫江水，在开县南。《寰宇记》：新浦县垫江水，源自高梁山，东北流至县南入常渠水。《旧志》：在县南三十里，源出青岗山，东流五十里入开江。”[6]故废新浦县地即清代浦里，驻今南门镇新浦村，范围大致在今浦里河流域。

4. 汉高东、西里

见正德《夔州府志》。清代将明代汉高东、西里缩编为东里。咸丰《开县志》：“《旧志》：明洪武六年……编户七里，盛山里、临江上里、临江下里、新浦上里、新浦下里、汉高东里、汉高西里。国朝因之编户三里，曰东里曰江里曰浦里。”[7]今开县东河，清代以其流域属东里，名东里河，简称东河，故东里的范围大致在今开县东河流域。

（六）巫山县

该县有4里。正德《夔州府志》：“皇明编户四里，市郭上、市郭下、跳石、新兴。”[8]

1. 市郭上、下里

见正德《夔州府志》。推测应在今巫山县县治及附近，即今巫山县巫峡镇及其附近。

2. 跳石里

见正德《夔州府志》。在今重庆市巫山县巫峡镇跳石村。明代跳石里得名于境内一跳石，在县境东南长江边，有滩名跳石滩。雍正《巫山县志》：“跳石，治东南十里大江边。”[9]光绪《巫山县志》卷六《山川》：“跳石，县东南十里大江边”。雍正《巫山县志》：“跳石滩，治东南十里。”[10]光绪《巫山县乡土志》：“跳石滩，南岸，在江下

[1] 咸丰《开县志》卷二《建置》。
[2] 正德《夔州府志》卷七《古迹·开县》。
[3] 嘉庆《重修一统志》卷三九八《夔州府二·古迹》。
[4] 咸丰《开县志》卷二《建置》。
[5] 咸丰《开县志》卷二一《寨洞》。
[6] 嘉庆《重修一统志》卷三九七《夔州府一·山川》。
[7] 咸丰《开县志》卷二《建置》。
[8] 正德《夔州府志》卷一《沿革·巫山县》。
[9] 雍正《巫山县志》之《山川·巫山县·石》。
[10] 雍正《巫山县志》之《山川·巫山县·滩》。

游，离城二十里。”[1]光绪《巫山县志》：“跳石滩，县东南十五里，相传旧江北，山顶有石跳落南岸，至今险阻，一作掉石。”[2]嘉庆《四川通志》：“跳石滩，在县东南十五里。”[3]后来由于人口聚集而形成村镇。雍正《巫山县志》：“跳石村，治东南十里，今废。”[4]嘉庆《四川通志》：“跳石镇，在县东南十五里，亦曰跳石乡。”[5]光绪《巫山县志》：“跳石村，县东南十里。”[6]今巫山县巫峡镇跳石村即其地。

3. 新兴里

见正德《夔州府志》。雍正《巫山县志》：“新兴堡，治东。”[7]今无考。

（七）大昌县

该县有2里。正德《夔州府志》：“皇明编户二里，永田、仁善。”[8]

1. 永田里

见正德《夔州府志》。明代永田里设有永田铺，在大昌县西。正德《夔州府志》：“永田铺，县西三十五里。”[9]康熙九年大吕县并入巫山县。光绪《巫山县志》：“皇清因之，康熙九年裁去大昌并入巫山县。”[10]光绪《巫山县志》：“历代建治处凡六……一曰大昌故城，在县北百二十里。”[11]今巫山县北大昌镇，即古大昌县地。故永田里应在今巫山县大昌镇境内，具体不可考。

2. 仁善里

见正德《夔州府志》。与永田里同，亦应在今巫山县大昌镇境内，具体不可考。

（八）大宁县

该县有3里。正德《夔州府志》：“编户三里，通城、石门、羊乔。”[12]

1. 通城里

见正德《夔州府志》。在今重庆市巫溪县通城乡。明代大宁县编户三里，通城、石门、羊乔。通城里因通城坝得名。正德《夔州府志》：“编户三里，通城、石门、羊

[1] 光绪《巫山县乡土志》卷二《水》。
[2] 光绪《巫山县志》卷六《山川》。
[3] 嘉庆《四川通志》卷十四《舆地山川》。
[4] 雍正《巫山县志》之《疆界·巫山县·村》。
[5] 嘉庆《四川通志》卷十四《舆地关隘》。
[6] 光绪《巫山县志》卷三《疆域》。
[7] 雍正《巫山县志》之《疆界·大昌县·堡》。
[8] 正德《夔州府志》卷一《沿革·大昌县》。
[9] 正德《夔州府志》卷二《邮驿·大昌县》。
[10] 光绪《巫山县志》卷二《沿革》。
[11] 光绪《巫山县志》卷二《沿革》。
[12] 正德《夔州府志》卷一《沿革·大宁县》。

乔。”[1]清代沿袭明代，亦编户通城、石门、羊乔三里。光绪《大宁县志》：“治分三里，曰通城曰石门曰羊乔，编十六甲分系之。”[2]清代通城坝在大宁县东四十里。光绪《大宁县志》：“通城坝，距县四十里。”[3]民国后大宁县改名为巫溪县，其地在今巫溪县通城乡，通城乡位于县城东部18公里处，以境内通城坝得名，明代通城里即在该地。

2. 石门里

见正德《夔州府志》。在今重庆市巫溪县北下堡镇石门村。明代石门里因石门山得名，清代仍曰石门里，在县境东北。光绪《大宁县志》：“石门山，在县东北，两石相对如门，七八九甲均以此编为石门里。”[4]今巫溪县北下堡镇石门村，以境内石壁对峙如门得名，其地即明代石门里。

3. 羊乔里

见正德《夔州府志》。在今重庆市巫溪县上磺镇羊桥村。明代羊乔里因境内羊乔坝得名，清代仍曰羊乔里，羊乔坝在县境南部。嘉庆《四川通志》：“羊乔铺，在县南六十五里。”[5]光绪《大宁县志》：“羊乔坝，距县六十里。”[6]今巫溪县西南上磺镇羊桥村，以境内羊桥坝得名，其地即明清之羊乔里。

三、荆州府

（一）夷陵州

该州有10乡。弘治《夷陵州志》：“境上东乡……仙寿南乡……东西乡……西下乡……安福南乡……东上乡……新兴乡……新安乡……抚安乡……抚治乡。”[7]

乡

1. 境上东乡

见弘治《夷陵州志》。明代夷陵州设有境上东乡，弘治《夷陵州志》：“境上东乡，在州西北。”[8]清代升夷陵州为宜昌府，并将原夷陵县改置东湖县，境上东乡大致在东湖县西北的菓园铺一带。同治《东湖县志》：“曰境上，江右上流菓园一带是。”[9]同治《东湖县志》：“果园铺，跨大江左右，水路去城一百里，东连袁家社林，西连纸坊

[1] 正德《夔州府志》卷一《沿革·大宁县》。
[2] 光绪《大宁县志》卷一《地理疆域》。
[3] 光绪《大宁县志》卷一《地理疆域》。
[4] 光绪《大宁县志》卷一《地理疆域》。
[5] 嘉庆《四川通志》卷八九《武备铺递》。
[6] 光绪《大宁县志》卷一《地理疆域》。
[7] 弘治《夷陵州志》卷三《坊乡·本州》。
[8] 弘治《夷陵州志》卷三《坊乡·本州》。
[9] 同治《东湖县志》卷四《疆域上·乡里》。

三溪，南连黄牛三斗一，北连纸坊。”[1]同治《东湖县志·疆域上》：“黄家冲，在果园铺，城西北一百里。”同治《东湖县志》：“云雾山二，一在果园距城九十里”；“罗佃溪，在果园铺，去城西北八十里……经黄家冲、袁家坪、渔阳溪入江”；“板仓河，在果园铺，去城北一百七十里……出罗佃溪入江”；“天鹅池，在果园铺”[2]。黄家冲即今宜昌市西北部夷陵区太平溪镇黄家冲村；云雾山即今宜昌市北部夷陵区小溪塔街道柏木坪村云雾山；罗佃溪，今名乐天溪，在宜昌市西北长江北岸夷陵区乐天溪镇；天鹅池在今宜昌市北部夷陵区分乡镇天鹅池村。故清代果园铺应该在包括今夷陵区太平溪镇黄家冲村、小溪塔街道柏木坪村、乐天溪镇、分乡镇天鹅池村在内的宜昌市北部及西北部部分地区，明代夷陵州境上东乡亦在以上地区。

2. 仙寿南乡、安福南乡

见弘治《夷陵州志》。明代夷陵州设有仙寿南乡与安福南乡，弘治《夷陵州志》：“安福南乡，在州东”；“仙寿南乡，在州西南”[3]。清代两乡的位置大致在东湖县东南部临江铺至界岭铺一带。同治《东湖县志》之《疆域上·乡里》：“曰安福曰仙寿，江左临江一带及界岭是。”同治《东湖县志》：“临江铺，去城南三十里，东连九溪，南连高升，西抵大江，北抵青草”；“界岭铺，分前后铺，去城东南一百二十里，东连当阳，南连宜都，北连当阳，西连宜都，东南连枝江界”[4]。今宜昌市伍家岗区伍家岗街道临江溪，在宜昌市东南长江北岸，古名临江河，临江铺以此得名，同治《东湖县志》：“临江渡，在临江河内，为东南铺递通津。”[5]该地附近有洋坝，同治《东湖县志》：“阳坝，在临江铺江岸”[6]，故临江溪当为清代临江铺。清代界岭铺在城东南与当阳、宜都、枝江接壤，鸦雀岭场在其境内，同治《东湖县志》：“鸦雀岭场，在界岭铺，城东一百二十里。”[7]鸦雀岭场即今夷陵区鸦雀岭镇，位于宜昌市东南，与当阳、宜都、枝江接壤。故明代夷陵州仙寿南乡、安福南乡应该在包括今伍家岗区临江溪至夷陵区鸦雀岭镇在内的宜昌市东南地区。

3. 东上乡

见弘治《夷陵州志》。明代夷陵州设有东上乡，弘治《夷陵州志》：“东上乡，在州北”；“兴贤坊，在州东上乡。”[8]清代东上乡的位置大致在东湖县东北的咸池铺、普溪铺及院庄铺一带。同治《东湖县志》：“曰东上，咸池、普溪及院庄一带是。”[9]同治

[1] 同治《东湖县志》卷四《疆域上·铺分》。
[2] 同治《东湖县志》卷六《山川志》。
[3] 弘治《夷陵州志》卷三《坊乡·本州》。
[4] 同治《东湖县志》卷四《疆域上·铺分》。
[5] 同治《东湖县志》卷六《山川志》。
[6] 同治《东湖县志》卷四《疆域上》。
[7] 同治《东湖县志》卷四《疆域上》。
[8] 弘治《夷陵州志》卷三《坊乡·本　州》。
[9] 同治《东湖县志》卷四《疆域上·乡里》。

《东湖县志》："咸池铺，去城东北五十里，东连双泉，南连大溪，西连下坪，北连普溪"；"普溪铺，去城东北七十里，东连双泉，南连咸池，西连下平，北连罗惹"；"院庄铺，去城东北一百二十里，东北接远安界，南抵大王，西抵三隅"[1]。今宜昌市夷陵区黄花乡大坪村，位于宜昌东北，有地名咸池口，其地即清代咸池铺；普溪铺即今宜昌市东北夷陵区分乡镇普溪河村；院庄铺即今宜昌市东北夷陵区分乡镇院庄村。故明代夷陵州东上乡应该在包括今夷陵区黄花乡大坪村、分乡镇普溪河村、分乡镇院庄村在内的宜昌市东北地区。

4. 新兴乡、新安乡

见弘治《夷陵州志》。明代夷陵州设有新兴乡、新安乡，弘治《夷陵州志》："新兴乡，在州东南"；"新安乡，在州东。"[2]清代两乡的位置大致在东湖县长江南岸的五陇铺、乌石铺等地。同治《东湖县志》："曰新兴曰新安，江右五陇乌石等铺是。"[3]五陇铺与乌石铺均在东湖县城西南，滨长江南岸。同治《东湖县志》："五陇铺，去城西南三十里，东连大江，南连长阳，西连河西，北连河西"；"乌石铺，去城西南四十里，东抵大江，南连宜都，西连五陇，北抵大江。"[4]今湖北省宜昌市点军区五龙村，在宜昌市区西南，长江南岸，其地即清代东湖县五陇铺。今宜昌市点军区联彭乡境内有执笏山、荆门山、石门洞等，而清代执笏山、荆门山在乌石铺境内，石门洞在五陇铺境内。同治《东湖县志》："执笏山，在乌石铺，县南三十里……上有元帝观"；"荆门山，在乌石铺，县南五十里，与虎牙斜迤相对，上下相合"；"石门洞，在五陇铺，去城西南四十里……一名龙王洞又曰灵洞"[5]。故明代夷陵州新兴乡、新安乡应该在长江南岸包括今点军区五龙村、联彭乡在内的宜昌市西南地区。

5. 东西乡、西下乡、抚安乡、抚治乡

见弘治《夷陵州志》。明代夷陵州设东西乡、西下乡、抚安乡、抚治乡，东西、西下两乡为原设乡里，在州境东北，抚安、抚治两乡由新户凑成。弘治《夷陵州志》："东西乡，在州东北"；"西下乡，在州东北"；"抚安乡、抚治乡俱新编"[6]。同治《东湖县志》："曰东西曰西下曰抚安曰抚治，则新户畸零凑成二里。"[7]今无考。

（二）归州

该州编户4里半，有5镇。嘉靖《归州全志》："在市里……龙池乡……龙城乡……归

[1] 同治《东湖县志》卷四《疆域上・铺分》。
[2] 弘治《夷陵州志》卷三《坊乡・本州》。
[3] 同治《东湖县志》卷四《疆域上・乡里》。
[4] 同治《东湖县志》卷四《疆域上・铺分》。
[5] 同治《东湖县志》卷六《山川志》。
[6] 弘治《夷陵州志》卷三《坊乡・本州》。
[7] 同治《东湖县志》卷四《疆域上・乡里》。

化乡……归仁乡。”嘉靖《归州全志》卷上《坊市·归州》：“拽滩镇……新滩镇……沙城溪镇……叱溪镇……香溪镇。”[1]

乡里

1. 在市里

见嘉靖《归州全志》。在今湖北省宜昌市秭归县归州镇。明代归州在市里为归州附郭，嘉靖《归州全志》卷上《乡都·归州》：“在市里，附郭。”清代称在市乡，在归州治所，同治《归州志》：“坊厢一，曰在市乡。”[2]秭归县原治归州镇，后迁移到今茅坪镇，故明代归州在市里应在今宜昌市秭归县归州镇。

2. 龙池乡

见嘉靖《归州全志》。嘉靖《归州全志》：“龙池乡，州北。”[3]今无考。

3. 龙城乡

见嘉靖《归州全志》。嘉靖《归州全志》卷上《乡都·归州》：“龙城乡，州南。”万历《归州志》：“沙镇溪渡，沙镇溪通龙城乡，渡者甚众……万历三十七年，州守张尚儒设官船以渡民，颇便之。”[4]同治《归州志》：“前龙城乡，距城正西七十里，北界大江，左与童庄、苍坪、后龙城交界，右与前归仁、后归仁交界”；“后龙城乡，距城正西南百五十里，北界前龙城，左与苍坪、上东阳交界，右与后归仁、巴东交界”[5]。据以上资料可知，明代归州龙城乡应该位于长江南岸，大致在今宜昌市秭归县西南部分地区，具体不可考。

4. 归化乡

见嘉靖《归州全志》。明代归州归化乡在和睦溪流域，和睦溪在长江南岸，北流至沙镇入江。嘉靖《归州全志》：“归化乡，在和睦溪。”[6]嘉靖《归州全志》：“和睦溪，州西五十里。”[7]万历《归州志》：“沙镇溪，州西十一里；茅香溪，州西三十里；和睦溪，州西五十里，皆发源于清江河，总会于沙镇入江。”[8]康熙《归州志》：“和睦寺，在和睦溪内，离州七十里，今存旧址。”[9]沙镇即今秭归县沙镇溪镇，在长江南岸、归州镇西部。故明代归州归化乡应该位于长江南岸，大致在今宜昌市秭归县西部部分地区，具体不可考。

---

[1] 嘉靖《归州全志》卷上《乡都·归州》。
[2] 同治《归州志》卷二《乡镇》。
[3] 嘉靖《归州全志》卷上《乡都·归州》。
[4] 万历《归州志》卷三《津要》。
[5] 同治《归州志》卷二《乡镇》。
[6] 嘉靖《归州全志》卷上《乡都·归州》。
[7] 嘉靖《归州全志》卷上《山川·归州》。
[8] 万历《归州志》卷一。
[9] 康熙《归州志》之《舆地志·寺观》。

5. 归仁乡

见嘉靖《归州全志》。在今湖北省宜昌市秭归县郭家坝镇楚王井村。明代归州归仁乡在旧州城西的社坛坪。嘉靖《归州全志》卷上《乡都・归州》：“归仁乡，在社坛坪。”嘉靖《归州志・山川・归州坪类》：“社坛坪，旧州城西一里。”楚台山在旧州城内、长江南岸，故旧州城在长江南岸，又名楚王城。万历《归州志》：“楚台山，在旧州城内，颇宽平，距今治东五里许。”[1]同治《归州志》：“楚台山，在大江南岸，楚襄王建台山上，今为长宁千户所治。”[2]同治《归州志》：“楚台烟蹬，州治大江南岸，昔襄王建台之处。”[3]今秭归县郭家坝镇楚王井村，位于长江南岸、归州镇东南，该地为楚王城遗址，当为归州旧州城，则明代归州归仁乡应该在今秭归县郭家坝镇楚王井村附近。

镇

1. 拽滩镇

见嘉靖《归州全志》。在今湖北省宜昌市秭归县泄滩乡。明代归州拽滩镇以拽滩得名，在归州西部长江边。嘉靖《归州全志》卷上《坊市・归州》：“拽滩镇，州西三十里。”嘉靖《归州全志》卷上《山川・归州》：“拽滩，州西北三十里”。万历《归州志》：“拽滩，州西三十里，谚云：‘有拽滩便无新滩’，盖新滩险于涸，而拽滩险于盈也。”[4]拽滩在清代名泄滩，亦在归州西部长江边，其地为泄滩乡。同治《归州志》：“泄滩，州西二十里……土人云‘有泄无新，有新无泄’，盖言新泄二滩，水涨则泄险，水涸则新险耳。”[5]同治《归州志》：“泄滩乡，距城西北四十里，南界大江，左与前归仁（乡）、右与茅坝（乡）交界。”[6]今湖北省宜昌市秭归县泄滩乡，位于长江北岸、秭归县西北部，即清代泄滩乡，故明代归州拽滩镇应在今秭归县泄滩乡。

2. 新滩镇

见嘉靖《归州全志》。在今湖北省宜昌市秭归县屈原镇新滩。明代归州新滩镇因地处长江著名险滩——新滩岸边，镇以滩命名，在归州东部。嘉靖《归州全志》：“新滩镇，州东十五里。”[7]嘉靖《归州全志》：“新滩，州东十五里。”[8]万历《归州志》卷一《山川》：“白狗峡，在州东二十里，新滩之上。”万历《归州志》：“诸镇唯新滩颇为喧嚣，有南岸北岸上沱下沱之别，每年春冬水涸滩险，舟行上下必搬运行李财货，空载而后可行，附近民多立牙行为之雇直，夏秋水泛，舟不停而众亦散而归农矣。”[9]清代新

[1] 万历《归州志》卷一《山川》。
[2] 同治《归州志》卷一《山川》。
[3] 同治《归州志》卷一《八景》。
[4] 万历《归州志》卷一《山川》。
[5] 同治《归州志》卷一《险隘》。
[6] 同治《归州志》卷二《乡镇》。
[7] 嘉靖《归州全志》卷上《坊市・归州》。
[8] 嘉靖《归州全志》卷上《山川・归州》。
[9] 万历《归州志》卷三《津要》。

滩曾为归州八景之“新滩寒雪”。同治《归州志》：“新滩寒雪，州东三十里，为三峡最险处。”[1]其地在今宜昌市秭归县屈原镇新滩。

3. 沙城溪镇

见嘉靖《归州全志》。在今湖北省宜昌市秭归县沙镇溪镇。明代归州沙城溪镇因位于沙城溪入江口处，故镇以溪命名，沙城溪又作沙镇溪，在归州西部。嘉靖《归州全志》：“沙城溪镇，州西北十五里。”[2]嘉靖《归州全志》：“沙城溪，州西二十里。”[3]嘉靖《归州志·山川·归州溪类》：“沙镇溪，州西十里。”万历《归州志》：“沙镇溪，州西十里；茅香溪，州西三十里；和睦溪，州西五十里，皆发源于清江河，总会于沙镇入江。”[4]同治《归州志》：“沙镇溪，州西十里。”[5]今沙镇溪镇位于秭归县归州镇西5.5公里处，地处长江南岸，在清江河同长江汇合处，其地即明代归州沙城溪镇。

4. 吒溪镇

见嘉靖《归州全志》。在今湖北省宜昌市秭归县归州镇吒滩附近。明代归州有吒溪镇，以吒溪得名，在归州北部。嘉靖《归州全志》：“吒溪镇，州北十里。”[6]嘉靖《归州全志》：“吒溪，州北十里。”[7]嘉靖《归州全志》：“吒溪铺，西北往巴东路。”[8]清代吒溪还作为归州八景之“吒溪夜月”。同治《归州志》：“吒溪夜月，州西。”[9]同治《归州志》：“吒滩，在州西二里。”[10]今吒溪河发源于兴山县，流经秭归县水田坝乡全境后在归州镇吒滩注入长江，故明代归州吒溪镇应该在今秭归县归州镇吒滩附近。

5. 香溪镇

见嘉靖《归州全志》。在今湖北省宜昌市秭归县归州镇香溪村。明代归州香溪镇，因地处香溪河与长江交汇处，交通便利，镇以香溪河命名，在归州东部。嘉靖《归州全志》：“香溪镇，州东十里。”[11]嘉靖《归州全志》卷上《山川·归州》：“香溪，州东十里”。嘉靖《归州全志》卷上《驿传·归州》：“香溪铺，东北往兴山路。”清代香溪镇在归州东北部香溪河畔，南临长江。同治《归州志》：“香溪，州东北二十里，源出兴山县，南流入江，其入江处谓之香溪口，一名昭君溪。”[12]同治《归州志》：“东北曰香溪”、“香溪乡，距城东北六十里，南界大江，左与茅坝、琚坪兴山交界，右与北岸、三

---

[1] 同治《归州志》卷一《八景》。
[2] 嘉靖《归州全志》卷上《坊市·归州》。
[3] 嘉靖《归州全志》卷上《山川·归州》。
[4] 万历《归州志》卷一《山川》。
[5] 同治《归州志》卷一《山川》。
[6] 嘉靖《归州全志》卷上《坊市·归州》。
[7] 嘉靖《归州全志》卷上《山川·归州》。
[8] 嘉靖《归州全志》卷上《驿传·归州》。
[9] 同治《归州志》卷一《八景》。
[10] 同治《归州志》卷一《险隘》。
[11] 嘉靖《归州全志》卷上《坊市·归州》。
[12] 同治《归州志》卷一《山川》。

间、兴山交界”[1]。今香溪河在秭归县归州镇境内，其入江口为香溪村，其地当是明代归州香溪镇。

（三）巴东县

该县编户9里，有2镇。嘉靖《归州全志》：“在市……长丰乡……青平乡……安居乡……前一都……前二都……后一都……后二都……新兴里。”[2]嘉靖《归州全志》卷上《坊市·巴东》：“东瀼镇、西瀼镇。”

乡里

1. 在市里

见嘉靖《归州全志》。明代巴东县在市里，为巴东县附郭，即在巴东县治附近。嘉靖《归州全志》卷上《乡都·巴东》：“在市，附郭。”清代在市里为巴东县前里四八甲。同治《巴东县志》：“编户八里，前四里曰在市、长丰、青坪、安居……寇平之后陆续招抚人民，百未存一，前四里减为一里名曰前里，大略以在市里为四八甲。”[3]东瀼在其境内，同治《巴东县志》卷二《里甲》：“在市里，东瀼。”东瀼即今巴东县东瀼口镇东瀼口。又据同治《巴东县志》《在市里图》所示，大江即长江横穿境内，其地在大江南北，包括东瀼溪与西瀼溪两河流域及长江南岸部分地区，东与归州、西与巫山交界，东瀼溪在今巴东县东瀼口镇，西瀼溪今名龙船河在官渡口镇，故明代巴东县在市里大致应该在今巴东县驻地信陵镇及东瀼口镇、官渡口镇等地区。

2. 长丰乡

见嘉靖《归州全志》。明代长丰乡以长丰山命名，在巴东县西北。嘉靖《归州全志》卷上《乡都·巴东》：“长丰乡，县西北。”嘉靖《归州全志》：“长丰山，县西北一百里，悬崖有蜂课蜜，居人用索悬攀取之。”[4]嘉靖《巴东县志》：“长丰乡，在治西北六十里许。”[5]同治《巴东县志》：“长丰山，县西北长丰里。”[6]清代长丰乡为巴东县前里一三五十甲。同治《巴东县志》：“编户八里，前四里曰在市、长丰、青坪、安居……寇平之后陆续招抚人民，百未存一，前四里减为一里名曰前里……长丰为一三五十甲。”[7]其境内有茅坪、元渡河、平阳坝等地名。同治《巴东县志》之《里甲》：“长风里，茅坪……元渡河……平阳中坝、平阳下坝。”茅坪在今巴东县沿渡河镇茅坪村，元渡河即今沿渡河镇，平阳坝在今溪丘湾乡平阳坝村。又据同治《巴东县志》《长丰里图》所

[1] 同治《归州志》卷二《乡镇》。
[2] 嘉靖《归州全志》卷上《乡都·巴东》。
[3] 同治《巴东县志》卷二《里甲》。
[4] 嘉靖《归州全志》卷上《山川·巴东》。
[5] 嘉靖《巴东县志》之《乡都》。
[6] 同治《巴东县志》卷二《山川》。
[7] 同治《巴东县志》卷二《里甲》。

示，其地在东瀼溪与西瀼溪以北，东与兴山、长阳、归州交界，西与大昌、巫山交界，故推断明代长丰乡大致应在今巴东县县北沿渡河镇及溪丘湾乡一带。

3. 青平乡

见嘉靖《归州全志》。明代青平乡在县治西南。嘉靖《归州全志》："青平乡，县西南。"[1]嘉靖《巴东县志》："青平乡，在县西南五十里许。"[2]清代青平乡为巴东县前里七九甲。同治《巴东县志》："编户八里，前四里曰在市、长丰、青坪、安居……寇平之后陆续招抚人民，百未存一，前四里减为一里名曰前里……青坪为七九甲。"[3]又据同治《巴东县志》《青坪里图》所示，青坪里在县治西南、长江南岸，西与巫山交界，西南与建始交界，其地大致在今巴东县茶店子镇与绿葱坡乡西部同巫山县、建始县交界的部分地区。

4. 安居乡

见嘉靖《归州全志》。明代安居乡在县治东南。嘉靖《归州全志》："安居乡，县东南。"[4]嘉靖《巴东县志》之《乡都》："在县后五十里许。"清代安居乡为巴东县前里二六甲。同治《巴东县志》："编户八里，前四里曰在市、长丰、青坪、安居……寇平之后陆续招抚人民，百未存一，前四里减为一里名曰前里……安居为二六甲。"[5]据同治《巴东县志》《安居前里图》所示，其地在两河之间，东流至归州界合流，东部、东南部与归州交界，境内有地名安居中路，即今茶店子镇安居村；又据同治《巴东县志》《安居后里图》所示，其境内有响板溪、黄连坪、响洞坪等地名，以上三地均在今巴东县野三关东北部，故明代巴东县安居乡应在今巴东县南茶店子镇东部庙坪河与归坪河之间与归州交界的地区，以及野三关镇东北部分地区。

5. 前一都

见嘉靖《归州全志》。明代前一都在巴东县南一百里许，县后即县南。嘉靖《归州全志》："前一都，县后一百里。"[6]清代前一都为巴东县后里一三五七甲。同治《巴东县志》："编户八里，后四里曰前一都、前二都、后一都、后二都……寇平之后陆续招抚人民，百未存一……后四里减为一里，名曰后里，大略以前一都为一三五七甲。"[7]其境内有地名"龙门头"，同治《巴东县志》卷二《里甲》："前一都……龙门头。"龙门头在今巴东县南大支坪镇龙头门村。又据同治《巴东县志》《前一都图》所示，其地在巴东县南，大致为今巴东县南大支坪镇辖地。

[1] 嘉靖《归州全志》卷上《乡都·巴东》。
[2] 嘉靖《巴东县志》之《乡都》。
[3] 同治《巴东县志》卷二《里甲》。
[4] 嘉靖《归州全志》卷上《乡都·巴东》。
[5] 同治《巴东县志》卷二《里甲》。
[6] 嘉靖《归州全志》卷上《乡都·巴东》。
[7] 同治《巴东县志》卷二《里甲》。

6. 前二都

见嘉靖《归州全志》。明代前二都在巴东县南二百里许。嘉靖《归州全志》："前二都，县后二百里。"[1]清代前二都为巴东县后里九甲。同治《巴东县志》："编户八里，后四里曰前一都、前二都、后一都、后二都……寇平之后陆续招抚人民，百未存一……后四里减为一里，名曰后里……前二都为九甲。"[2]据同治《巴东县志》《前二都图》所示，其地在清江以北，东与建始交界，境内有地名"下村坪"，即今清太坪镇下村坪村。今巴东县清太坪镇在清江以北，东与建始县交界，且境内有地名下村坪，故推断明代巴东县前二都大致应在今巴东县南清太坪镇。

7. 后一都

见嘉靖《归州全志》。明代后一都在巴东县南三百里许。嘉靖《归州全志》："后一都，县后三百里。"[3]清代后一都为巴东县后里二四六八甲。同治《巴东县志》："编户八里，后四里曰前一都、前二都、后一都、后二都……寇平之后陆续招抚人民，百未存一……后四里减为一里，名曰后里……后一都为二四六八甲。"[4]据同治《巴东县志》《后一都图》所示，其境内自北向南有谭家村、猫儿坪、白沙、苦竹溪等地名，谭家村、猫儿坪即今野三关镇谭家村、猫儿坪村，白沙即今清太坪镇白沙坪村，苦竹溪即今水布垭镇苦竹溪村，故推断明代巴东县后一都大致应该在今巴东县水布垭镇，包括今清太坪镇东北及野三关镇南部部分地区。

8. 后二都

见嘉靖《归州全志》。明代后二都在巴东县南五百里许。嘉靖《归州全志》卷上《乡都·巴东》："后二都，县后五百里。"清代后二都为巴东县后里十甲。同治《巴东县志》："编户八里，后四里曰前一都、前二都、后一都、后二都……寇平之后陆续招抚人民，百未存一……后四里减为一里，名曰后里……后二都为十甲。"[5]其境内有地名桃李溪、四井水。同治《巴东县志》之《里甲》："后二都……桃李溪……四井水。"桃李溪、四井水均在今巴东县金果坪乡境内，为桃李溪村、泗井水村。又据同治《巴东县志》《后二都图》所示，清江在其北部，其西部、南部与建始县交界。今巴东县南金果坪乡在清江以南，西部、南部与建始县交界，故明代巴东县后二都大致应该在今巴东县南金果坪乡。

9. 新兴里

见嘉靖《归州全志》。嘉靖《归州全志》："新兴里，各乡附籍新民杂居。"[6]今无考。

---

[1] 嘉靖《归州全志》卷上《乡都·巴东》。
[2] 同治《巴东县志》卷二《里甲》。
[3] 嘉靖《归州全志》卷上《乡都·巴东》。
[4] 同治《巴东县志》卷二《里甲》。
[5] 同治《巴东县志》卷二《里甲》。
[6] 嘉靖《归州全志》卷上《乡都·巴东》。

镇

1. 东瀼镇

见嘉靖《归州全志》。在今湖北省恩施州巴东县东瀼口镇。明代巴东县东瀼镇，因镇在东瀼溪边，故镇以溪名。“东瀼”因在旧县城东而名。嘉靖《归州全志》卷上《坊市·巴东》：“东瀼镇，县西十里。”嘉靖《归州全志》卷上《山川·巴东》：“东瀼溪，县北五里。”嘉靖《巴东县志》：“东瀼，治西沿江十里许，通兴山路……按二瀼在旧县东西故名。”[1]同治《巴东县志》卷二《津梁》：“东瀼渡，在治西北五里大江中。”[2]今巴东县东瀼口镇，以东瀼口得名，位于东瀼河入长江口，往西一里有一地名旧县坪，南宋以前曾为县城所在地，故明代巴东县东瀼镇即在今巴东县东瀼口镇东瀼口。

2. 西瀼镇

见嘉靖《归州全志》。在今湖北省恩施州巴东县官渡河镇西瀼口。明代巴东县西瀼镇，因镇在西瀼溪而得名。“西瀼”因在旧县城西而名。嘉靖《归州全志》卷上《坊市·巴东》：“西瀼镇，县西三十里。”嘉靖《归州全志》：“西瀼溪，县西二十里，《旧志》云唐杜甫常居此，今草堂基址尚存。”[3]嘉靖《归州全志》：“西瀼铺，西二十里。”[4]嘉靖《归州全志》：“杜召陵祠，西瀼铺右。”[5]嘉靖《巴东县志》：“西瀼，治西三十里许，通县长丰等乡，并往巫夔水路，大路即杜甫自赤甲迁瀼西处……按：二瀼在旧县东西故名。”[6]清代西瀼位置未变，仍在巴东县城西，大江边。同治《巴东县志》：“西瀼渡，在治西北二十里大江。”[7]同治《巴东县志》：“西瀼，县西二十里，明万历时檄指挥练屯于此。”[8]同治《巴东县志》：“西瀼铺，在治西二十里，明末废。”[9]今巴东县官渡口镇西瀼口，处于旧县坪以西，在龙船河与长江汇合口处，其地即明代巴东县西瀼镇。

（四）兴山县

该县编户5里，有1镇。嘉靖《归州全志》：“昭君乡、青石乡、南阳乡、宁都乡、扶长乡，以上皆旧县名，并入本州今俱废；公平乡、永安乡旧编，长安乡、长和乡、长顺乡新编。”[10]嘉靖《归州志·城池·兴山》：“冷家坪镇。”

---

[1] 嘉靖《巴东县志》之《城市》。
[2] 同治《巴东县志》卷二《津梁》。
[3] 嘉靖《归州全志》卷上《山川·巴东》。
[4] 嘉靖《归州全志》卷上《驿传·巴东》。
[5] 嘉靖《归州全志》之《坛迹·巴东》。
[6] 嘉靖《巴东县志》之《城市》。
[7] 同治《巴东县志》卷二《津梁》。
[8] 同治《巴东县志》卷二《关隘》。
[9] 同治《巴东县志》卷三《铺递》。
[10] 嘉靖《归州全志》卷上《乡都·兴山》。

乡里

1. 昭君乡

见嘉靖《归州全志》。在今湖北省宜昌市兴山县高阳镇境内。明代兴山县昭君乡以昭君台、昭君村得名。嘉靖《归州全志》："昭君台，治南一里"；"昭君村，治南一里"[1]。清代昭君台、昭君村在永安里三甲。同治《兴山县志》："永安三甲析为二，一曰大里溪，县南十里为滨县河地，山曰妃台山，其下有昭君村……又有昭君台、昭君宅、昭君院、昭君庙诸遗迹。"[2]今昭君台位于兴山县高阳镇西南妃台山的东端，清代被毁，后重建，昭君村也在高阳镇境内，故明代昭君乡应该在今兴山县高阳镇境内。

2. 青石乡

见嘉靖《归州全志》。嘉靖《归州志》："青石岭，县北二十里。"[3]今无考。

3. 南阳乡

见嘉靖《归州全志》。在今湖北省宜昌市兴山县南阳镇。明代兴山县南阳乡以境内南阳溪得名，南阳溪即南阳河，又名南阳峡，在兴山县西北部。嘉靖《归州全志》："南阳溪，县北三十里，自房县至深度河河流入江。"[4]同治《兴山县志》："县西北往房县第四路……南阳河，三十五里，一名南阳峡，路险隘，设有塘兵。"[5]今兴山县南阳镇，在兴山县原县城高阳镇西北部，以驻地南阳河得名，其地有高阳峡，故明代兴山县南阳乡应该在今兴山县南阳镇。

此外，宁都乡、扶长乡、公平乡、永安乡、长安乡、长和乡、长顺乡，见嘉靖《归州全志》，今皆无考。

镇

冷家坪镇

嘉靖《归州志·城池·兴山》："冷家坪镇，县西五里。"今无考。

---

[1] 嘉靖《归州全志》卷上《古迹》。
[2] 同治《兴山县志》卷十八《乡甲志》。
[3] 嘉靖《归州志》《兴山·岭类》。
[4] 嘉靖《归州全志》卷上《山川》。
[5] 同治《兴山县志》卷二《疆域志》。

附表：

明代长江三峡地区古今地名对照表

区域	古代地名	今地	地名出处
重庆府			
巴县	虎峰里	重庆市沙坪坝区曾家镇虎峰山村	万历重庆府志
	含谷里	重庆市九龙坡区含谷镇	万历重庆府志
	虎溪里	重庆市沙坪坝区虎溪镇	万历重庆府志
	茶店里	重庆市沙坪坝区西永镇茶店桥	万历重庆府志
	高滩里	重庆市九龙坡区石板镇高滩	万历重庆府志
	封文里	重庆市沙坪坝区陈家桥镇丰文山村	万历重庆府志
	新市里	重庆市璧山县八塘镇	万历重庆府志
	刘市里	重庆市渝北区龙安镇紫金村	万历重庆府志
	乐碛里	重庆市渝北区洛碛镇	万历重庆府志
	大城里	重庆市渝北区明月镇大城村	万历重庆府志
	大洪里	重庆市渝北区太洪镇	万历重庆府志
	沙平里	重庆市渝北区双凤桥街道沙坪社区	万历重庆府志
	宝轮里	重庆市沙坪坝区磁器口	万历重庆府志
	清溪里	重庆市渝北区悦来镇清溪口	万历重庆府志
	云篆里	重庆市巴南区鱼洞街道办云篆山村	万历重庆府志
	固城里	重庆市巴南区界石镇云峰村	万历重庆府志
	龙门里	重庆市巴南区鱼洞街道	万历重庆府志
	金子里	重庆市南岸区迎龙镇	万历重庆府志
	木洞里	重庆市巴南区木洞镇	万历重庆府志
	甓坝里	重庆市九龙坡区西彭镇泥壁沱	万历重庆府志
	石洞里	重庆市江北区江北城梁沱	万历重庆府志
	龟停里	重庆市大渡口区跳澄镇小南海村	万历重庆府志
	鸳鸯里	重庆市渝北区鸳鸯街道	万历重庆府志
	石城里	重庆市渝北区沙坪镇玉皇村	万历重庆府志
	石虎里	重庆市北碚区蔡家岗镇石龙村	万历重庆府志
	江北里	重庆市江北区江北城	万历重庆府志
	石桥里	重庆市九龙坡区石桥铺街道	万历重庆府志
	白市里	重庆市九龙坡区白市驿镇	万历重庆府志
	凤山里	重庆市九龙坡区金凤镇	万历重庆府志

续表：

	双山里	重庆市大渡口区八桥镇双山村	万历重庆府志
	梁滩里	重庆市沙坪坝区回龙坝镇梁滩桥	万历重庆府志
	东阳里	重庆市北碚区东阳镇	万历重庆府志
	云台里	重庆市北碚区蔡家岗镇云台村	万历重庆府志
	井口里	重庆市沙坪坝区井口镇	万历重庆府志
	土沱里	重庆市北碚区水土镇	万历重庆府志
	来凤乡	重庆市壁山县来凤镇	万历重庆府志
	白崖乡	重庆市沙坪坝区磁器口	万历重庆府志
	广阳乡	重庆市南岸区广阳镇	万历重庆府志
	龟停乡	重庆市大渡口区跳蹬镇小南海	万历重庆府志
	江北乡	重庆市江北区江北城	万历重庆府志
	卧龙乡	重庆市长寿区江南镇龙山寨	万历重庆府志
	江北镇	重庆市江北区江北城	万历重庆府志
	北崖镇	重庆市沙坪坝区磁器口	万历重庆府志
	葶溪镇	重庆市北碚区水土镇狮子口	万历重庆府志
	乐碛镇	重庆市渝北区洛碛镇	万历重庆府志
	井口镇	重庆市沙坪坝区井口镇	万历重庆府志
	新市镇	重庆市壁山县八塘镇	万历重庆府志
	木洞镇	重庆市巴南区木洞镇	万历重庆府志
长寿县	杜周里	重庆市长寿区渡舟镇	万历重庆府志
	纳溪里	重庆市长寿区新市镇纳溪桥附近	万历重庆府志
	沙溪里	重庆市长寿区晏家街道沙溪村	万历重庆府志
	菩提里	重庆市长寿区渡舟镇菩提村	万历重庆府志
	碛溪里	重庆市长寿区晏家街道十字村	万历重庆府志
	龙山里	重庆市长寿区江南镇龙山寨村	万历重庆府志
	安乐里	重庆市长寿区东部	万历重庆府志
	龙合里	重庆市长寿区龙河镇境内	万历重庆府志
	葛南里	重庆市长寿区葛兰镇	万历重庆府志
	玉溪里	重庆市长寿区万顺镇	万历重庆府志
	三台里	重庆市长寿区云台镇境内	万历重庆府志
	太平里	重庆市长寿区石堰镇境内	万历重庆府志
	何市里	重庆市长寿区新市镇境内	万历重庆府志
	明月里	重庆市长寿区双龙镇罗围境内	万历重庆府志
	麻堆乡	重庆市长寿区江南镇千佛乡寨沟村	万历重庆府志

续表：

	隆安乡	重庆市长寿区万顺镇	万历重庆府志
	巾子乡	重庆市长寿区海棠镇	万历重庆府志
	河镇	重庆市长寿区八颗镇梓潼村	万历重庆府志
	桃源镇	重庆市长寿区凤城街道桃花社区	万历重庆府志
綦江县	思滩里	重庆市綦江县古南镇思南村	万历重庆府志
	附郭里	重庆市綦江县北部和西北部	万历重庆府志
	永兴里	重庆市綦江县永城镇	万历重庆府志
	安稳里	重庆市綦江县安稳镇	万历重庆府志
	遵化里	重庆市綦江县南部	万历重庆府志
	明月镇	重庆市綦江县古南镇新街子居委会	万历重庆府志
	盐仓镇	重庆市綦江县古南镇北渡场	万历重庆府志
	三溪镇	重庆市綦江县三江镇	万历重庆府志
	石角镇	重庆市綦江县石角镇	万历重庆府志
	石桥镇	重庆市綦江县新盛镇石桥村	万历重庆府志
	赶水镇	重庆市綦江县赶水镇	万历重庆府志
	鹿鸣镇	重庆市綦江县古南镇石佛岗居委会	万历重庆府志
南川县	白土里	重庆市南川区大观镇境内	万历重庆府志
	福禄里	重庆市南川区大观镇	万历重庆府志
	罗秀里	重庆市南川区东城街道永生居委会境内	万历重庆府志
	丰隆里	重庆市南川区兴隆镇金花村	万历重庆府志
	明新里	重庆市南川区石溪乡	万历重庆府志
忠州	在城里	重庆市忠县忠州镇	万历重庆府志
	大滃里	重庆市忠县甘井镇	万历重庆府志
	塗滃里	重庆市忠县涂井乡	万历重庆府志
	毛店里	重庆市忠县永丰镇	万历重庆府志
	新立里	重庆市忠县新立镇	万历重庆府志
丰都县	市郭里	重庆市丰都县名山镇附近	万历重庆府志
	南宾里	重庆市石柱县南宾镇	万历重庆府志
	丰乐上里	重庆市彭水县郁山镇	万历重庆府志
垫江县	新兴里	重庆市垫江县沙坪镇	万历重庆府志
	永丰里	重庆市垫江县永安镇境内	万历重庆府志
	永安里	重庆市垫江县黄沙乡	万历重庆府志
	新庙里	重庆市垫江县五洞镇	万历重庆府志
	万安里	重庆市垫江县沙坪镇境内	万历重庆府志

续表：

	太平里	重庆市垫江县太平镇	万历重庆府志
	八庄里	重庆市垫江县澄溪镇境内	万历重庆府志
	市城里	重庆市垫江县桂溪镇	万历重庆府志
涪州	黑石里	重庆市垫江县鹤游镇境内	万历重庆府志
	白石里	重庆市武隆县白马镇	万历重庆府志
	通济里	重庆市武隆县巷口镇境内	万历重庆府志
	石龙里	重庆市涪陵区石龙乡	万历重庆府志
	李渡里	重庆市涪陵区李渡镇	万历重庆府志
	长滩里	重庆市彭水县长滩乡	万历重庆府志
	罗云里	重庆市涪陵区罗云乡	万历重庆府志
	附州里	重庆市涪陵区市区及周围地区	万历重庆府志
	韩市里	重庆市涪陵区石沱镇团结村	万历重庆府志
	蔺市里	重庆市涪陵区蔺市镇	万历重庆府志
	谢市里	重庆市涪陵区李渡镇谢石村	万历重庆府志
	李渡镇	重庆市涪陵区李渡镇	万历重庆府志
	蔺市镇	重庆市涪陵区蔺市镇	万历重庆府志
	韩市镇	重庆市涪陵区石沱镇团结村	万历重庆府志
	新市镇	重庆市长寿区长寿湖镇紫竹村	万历重庆府志
夔州府			
奉节县	龙喷街镇	重庆市奉节县永安镇境内	正德夔州府志
云阳县	路阳里	重庆市云阳县路阳镇	正德夔州府志
	高阳里	重庆市云阳县高阳镇	正德夔州府志
	从善里	重庆市万州区恒合土家族自治乡	正德夔州府志
	新军镇	重庆市云阳县新津乡	正德夔州府志
	洞口镇	重庆市云阳县云阳镇硐村社区	正德夔州府志
	安渡镇	重庆市云阳县云阳镇境内	正德夔州府志
	古灵镇	重庆市云阳县故陵镇	正德夔州府志
	江口镇	重庆市云阳县江口镇	正德夔州府志
	南阳镇	重庆市云阳县南溪镇南阳村	正德夔州府志
万县	大周里	重庆市万州区大周镇	正德夔州府志
	三真里	重庆市万州区分水镇三正村	正德夔州府志
	市郭里	重庆市万州区长江南岸的东南部地区	正德夔州府志
	巴南里	重庆市万州区罗田镇马头社区在内的长江南岸部分地区	正德夔州府志

续表：

梁山县	桂溪里	重庆市梁平县西南高滩河流域	正德夔州府志
	虎城里	重庆市梁平县虎城镇	正德夔州府志
	川西里	重庆市梁平县礼让镇川西村	正德夔州府志
	市郭里	重庆市梁平县梁山镇周围	正德夔州府志
	乐胜里	重庆市梁平县龙门镇乐胜村	正德夔州府志
	福德里	重庆市梁平县梁山镇福德铺	正德夔州府志
	永安里	重庆市梁平县屏锦镇腰塘村周围	正德夔州府志
	安乐里	重庆市梁平县大观镇安乐村	正德夔州府志
	清平乡	重庆市梁平县碧山镇清坪村	正德夔州府志
	万安乡	重庆市梁平县和林镇万安村	正德夔州府志
开县	盛山里	重庆市开县县城及附近区域	正德夔州府志
	临江上、下里	重庆市开县临江镇为中心的南河流域	正德夔州府志
	新浦上、下里	重庆市开县南门镇新浦村为中心的浦里河流域	正德夔州府志
	汉高东、西里	重庆市开县东河流域	正德夔州府志
巫山县	市郭上、下里	重庆市巫山县巫峡镇及其附近	正德夔州府志
	跳石里	重庆市巫山县巫峡镇跳石村	正德夔州府志
大宁县	通城里	重庆市巫溪县通城乡	正德夔州府志
	石门里	重庆市巫溪县北下堡镇石门村	正德夔州府志
	羊乔里	重庆市巫溪县上磺镇羊桥村	正德夔州府志
荆州府			
夷陵州	境上东乡	湖北省宜昌市夷陵区太平溪镇黄家冲村、小溪塔街道柏木坪村、乐天溪镇、分乡镇天鹅池村在内的宜昌市北部和西北部部分地区	弘治夷陵州志
	仙寿南乡、安福南乡	湖北省宜昌市伍家岗区临江溪至夷陵区鸦雀岭镇在内的宜昌市东南地区	弘治夷陵州志
	东上乡	湖北省宜昌市夷陵区黄花乡大坪村、分乡镇普溪河村、分乡镇院庄村在内的宜昌市东北地区	弘治夷陵州志
	新兴乡、新安乡	湖北省宜昌市长江南岸点军区五龙村、联彭乡在内的宜昌市西南地区	弘治夷陵州志
归州	在市里	湖北省宜昌市秭归县归州镇	嘉靖归州全志
	归仁乡	湖北省宜昌市秭归县郭家坝镇楚王井村	嘉靖归州全志
	拽滩镇	湖北省宜昌市秭归县泄滩乡	嘉靖归州全志

续表：

	新滩镇	湖北省宜昌市秭归县屈原镇新滩	嘉靖归州全志
	沙城溪镇	湖北省宜昌市秭归县沙镇溪镇	嘉靖归州全志
	叱溪镇	湖北省宜昌市秭归县归州镇叱滩附近	嘉靖归州全志
	香溪镇	湖北省宜昌市秭归县归州镇香溪村	嘉靖归州全志
巴东县	在市里	湖北省恩施州巴东县信陵镇及东瀼口镇、官渡河镇等地区	嘉靖归州全志
	长丰乡	湖北省恩施州巴东县县北沿渡河镇及溪丘湾乡	嘉靖归州全志
	青平乡	湖北省恩施州巴东县茶店子镇与绿葱坡乡西部同巫山县、建始县交界的部分地区	嘉靖归州全志
	安居乡	湖北省恩施州巴东县县南茶店子镇东部庙坪河与归坪河之间与归州交界的地区，以及野三关镇东北部分地区	嘉靖归州全志
	前一都	湖北省恩施州巴东县县南大支坪镇辖地	嘉靖归州全志
	前二都	湖北省恩施州巴东县南清太坪镇	嘉靖归州全志
	后一都	湖北省恩施州巴东县清太坪镇东北及野三关镇南部分地区	嘉靖归州全志
	后二都	湖北省恩施州巴东县县南金果坪乡	嘉靖归州全志
	东瀼镇	湖北省恩施州巴东县东瀼口镇	嘉靖归州全志
	西瀼镇	湖北省恩施州巴东县官渡河镇西瀼口	嘉靖归州全志
兴山县	昭君乡	湖北省宜昌市兴山县高阳镇境内	嘉靖归州全志
	南阳乡	湖北省宜昌市兴山县南阳镇	嘉靖归州全志

参考文献

一、历史文献

1.（东汉）班固. 汉书. 北京：中华书局，1962.
2.（南朝宋）范晔. 后汉书. 北京：中华书局，1965.
3.（后晋）刘昫等. 旧唐书. 北京：中华书局，1975.
4.（明）曹学佺. 蜀中名胜记. 重庆：重庆出版社，1984.
5. 正德《四川志》. 四川省图书馆据四川大学图书馆依原刻钞本影钞，1964.
6. 万历《四川总志》. 四库全书存目丛书. 史部第200册. 济南：齐鲁书社，1996.
7. 万历《湖广总志》. 四库全书存目丛书. 史部第195–196册. 济南：齐鲁书社，1996.
8. 雍正《湖广通志》. 影印文渊阁四库全书. 第531–534册. 台北：商务印书馆，1983.
9. 事物纪原. 影印文渊阁四库全书. 第920册. 台北：商务印书馆，1983.

10. 明一统志. 影印文渊阁四库全书. 第472–473册. 台北：商务印书馆，1983.

11. 嘉靖《四川总志》. 北京图书馆古籍珍本丛刊. 第42册. 北京：书目文献出版社，1996.

12. 嘉靖《云阳县志》. 天一阁藏明代方志选刊. 第20册. 台北：新文丰出版公司，1985.

13. 正德《夔州府志》. 天一阁藏明代方志选刊. 第20册. 台北：新文丰出版公司，1985.

14. 正德《顺昌邑志》. 天一阁藏明代方志选刊续编. 第37册. 上海：上海书店，1990.

15. 习嘉靖《长泰县志》. 天一阁藏明代方志选刊续编. 第38册. 上海：上海书店，1990.

16. 嘉靖《重修如皋县志》. 天一阁藏明代方志选刊续编. 第10册. 上海：上海书店，1990.

17. 弘治《夷陵州志》. 天一阁藏明代方志选刊续编. 第62册. 上海：上海书店，1990.

18. 嘉靖《归州志》. 天一阁藏明代方志选刊续编. 第62册. 上海：上海书店，1990.

19. 嘉靖《归州全志》. 天一阁藏明代方志选刊续编. 第62册. 上海：上海书店，1990.

20. 嘉靖《巴东县志》. 天一阁藏明代方志选刊续编. 第62册. 上海：上海书店，1990.

21. 同治《重修涪州志》. 中国地方志集成 · 四川府县志辑. 第46册. 成都：巴蜀书社，1992.

22. 道光《綦江县志》. 中国地方志集成 · 四川府县志辑. 第7册. 成都：巴蜀书社，1992.

23. 道光《江北厅志》. 中国地方志集成 · 四川府县志辑. 第5册. 成都：巴蜀书社，1992.

24. 道光《重庆府志》. 中国地方志集成 · 四川府县志辑. 第5册. 成都：巴蜀书社，1992.

25. 光绪《垫江县志》. 中国地方志集成 · 四川府县志辑. 第47册. 成都：巴蜀书社，1992.

26. 同治《宜昌府志》. 中国地方志集成 · 湖北府县志辑. 第49–50册. 南京：江苏古籍出版社，2001.

27. 光绪《归州志》. 中国地方志集成 · 湖北府县志辑. 第53册. 南京：江苏古籍出版社，2001.

28. 光绪《兴山县志》. 中国地方志集成 · 湖北府县志辑. 第54册. 南京：江苏古籍出版社，2001.

29. 同治《巴东县志》. 中国地方志集成 · 湖北府县志辑. 第56册. 南京：江苏古籍出版社，2001.

30.（明）刘芳声. 合州志. 万历七年原刊. 西南稀见方志文献. 第十八卷. 兰州：兰州大学出版社，2003.

31.（明）江朝宗. 重庆府志. 明成化间刻本.

32.（明）张文耀. 重庆府志. 明万历三十四年刻本.

33.（明）李光前. 巴东县志. 明万历三十四年抄本.

34.（明）张尚儒. 归州志. 明万历三十七年刻本.

35.（清）曹熙衡. 归州志书. 清康熙四年抄本.

36.（清）鲍孜. 夷陵州志. 康熙十年刻本.

37.（清）吴美秀. 夔州府志. 清康熙二十五年刻本.

38.（清）王廷献. 酆都县志. 清康熙四十九年刻本.

39.（清）丁涟. 垫江县志. 清乾隆十一年刻本.

40.（清）张永熙. 长寿县志. 光绪元年重修刻本.

41.（清）周宪斌. 巫山县乡土志. 光绪三十二年抄本.

42.（清）佚名. 巫山县志. 中国书店1963年抄本.

43.（清）元宗敕撰. 嘉庆重修一统志. 第23册. 据商务印书馆1934年版重印. 上海：上海书局，1984.

44. 江北厅乡土志. 乡土志抄稿本选编. 12. 北京：线装书局，2002.

45.（清）张廷玉等. 明史. 北京：中华书局，1974.

46.（清）常明，杨芳灿等. 四川通志. 成都：巴蜀书社，1984.

47.（清）李肇奎等. 开县志. 台北：成文出版社，1976.

48.（清）朱言诗等. 梁山县志. 台北：成文出版社，1976.

49.（清）张琴. 万县志. 台北：成文出版社，1976.

50.（清）余思训. 归州志. 台北：成文出版社，1975.

51. 柳琅声等. 南川县志. 台北：成文出版社，1976.

52. 汤化培. 长寿县志. 台北：成文出版社，1976.

53. 卢起勋等. 长寿县志. 台北：成文出版社，1976.

54.（清）戴纶喆. 綦江县续志. 台北：学生书局，1968.

55.（清）吴友篪. 忠州直隶州志. 台北：学生书局，1971.

56.（清）高维岳. 大宁县志. 台北：学生书局，1971.

57.（清）曾秀翘. 奉节县志. 台北：学生书局，1971.

58. 王监清. 巴县志. 台北：学生书局，1967.

59. 郎承锐、余树堂. 丰都县志. 台北：学生书局，1968.

60. 刘湘修、施纪云. 涪陵续修涪州志. 台北：学生书局，1971.

61. 朱世镛. 云阳县志. 台北：学生书局，1968.

二、现代文献

（一）著作

1. 李敬洵. 四川通史. 成都：四川大学出版社，1993.
2. 赵秀玲. 中国乡里制度. 北京：社会科学文献出版社，2002.
3. 马戎等. 中国乡镇组织变迁研究. 北京：华夏出版社，2000.
4. 柏桦. 明代州县政治体制研究. 北京：中国社会科学出版社，2003.
5. 何朝晖. 明代县政研究. 北京：北京大学出版社，2006.
6. 栾成显. 明代黄册研究. 北京：中国社会科学出版社，2007.
7. 韩湘亭. 历代郡县地名考. 北京：北京图书馆出版社，2002.
8. 蒲孝荣. 四川政区沿革与治地今释. 成都：四川人民出版社，1986.
9. 韦庆远. 明代黄册制度. 北京：中华书局，1961.
10. 蓝勇. 长江三峡历史地理. 成都：四川人民出版社，2003.
11. 四川省地图集. 四川省测绘局，1981.
12. 四川省巴县地名录. 四川省巴县地名领导小组，1983.
13. 四川省涪陵县地名录. 四川省涪陵县地名领导小组，1985.
14. 四川省綦县地名录. 四川省綦江县地名领导小组，1986.
15. 四川省江北县地名录. 四川省江北县地名领导小组，1985.
16. 四川省长寿县地名录. 四川省长寿县地名领导小组，1983.
17. 四川省丰都县地名录. 四川省丰都县地名领导小组，1984.
18. 四川省忠县地名录. 四川省忠县地名领导小组，1982.
19. 四川省万县地名录. 四川省万县地名领导小组，1982.
20. 四川省云阳县地名录. 四川省云阳县地名领导小组，1982.
21. 四川省南川县地名录. 四川省南川县地名领导小组，1983.
22. 四川省垫江地名录. 四川省垫江县地名领导小组，1983.
23. 四川省巫山县地名录. 四川省巫山县地名领导小组，1983.
24. 四川省开县地名录. 四川省开县地名领导小组，1987.
25. 四川省梁平县地名录. 四川省梁平县地名领导小组，1981.
26. 四川省奉节县地名录. 四川省奉节县地名领导小组，1982.
27. 四川省重庆市地名录. 四川省重庆市地名领导小组，1984.
28. 四川省重庆市沙坪坝区地名录. 重庆市沙坪坝区地名领导小组，1984.
29. 四川省重庆市南岸区地名录. 重庆市南岸区地名领导小组，1982.
30. 四川省重庆市市中区地名录. 重庆市市中区地名领导小组，1985.

31. 四川省重庆市大渡口区地名录. 重庆市大渡口区地名领导小组，1984.
32. 四川省重庆市九龙坡区地名录. 重庆市九龙坡区地名领导小组，1983.
33. 四川省重庆市江北区地名录. 重庆市江北区地名领导小组，1982.
34. 湖北省宜昌市地名志. 湖北省宜吕市地名委员会，1984.
35. 湖北省宜昌县地目录. 湖北省宜昌县地名领导小组，1982.
36. 兴山县地目录. 湖北省兴山县地名领导小组，1982.
37. 湖北省巴东县地名志. 巴东县地名领导小组，1983.
38. 湖北省秭归县地名志. 秭归县地名领导小组，1982.

（二）论文

1. 张学君等. 长江上游市镇的历史考查. 社会科学研究，2006（5）.
2. 赵秀玲. 中国乡里制度研究及展望 .历史研究，1998（4）.
3. 唐文基. 试论明代里甲制度. 社会科学战线，1987（4）.
4. 李文治. 明代宗法制的体现形式及在基层政权中的作用. 中国经济史研究，1988（1）.
5. 战继发. 明代里甲制浅论. 大庆社会科学，1992（3）.
6. 王日根. 明清基层社会管理组织系统论纲. 清史研究，1997（2）.
7. 夏维中等. 明代乡村地域单位的主要类型及其作用考述. 江苏社会科学，2002（5）.
8. 王昊. 明代乡、都、图、里及其关系考辨. 史学集刊，1991（2）.
9. 黄忠怀. 明代县以下区划的层级结构及其功能. 史学月刊，2003（4）.
10. 余清良. 明代福建地区基层乡治组织研究. 厦门大学硕士论文，2001.
11. 蒲国树，陈世松. 宋末涪州治所——三台寨考察. 四川文物，1987（3）.
12. 曾立人. 涪陵——巴国首府小考. 西华师范大学学报：哲社版，1993（1）.
13. 蓝勇. 三峡历史地理考证三则. 重庆师范学院学报，1995（4）.
14. 熊炜. 忠州镇巴王庙略考. 古建园林技术，1996（2）.
15. 乔富政. 大昌古城踏勘综考. 四川文物，1999（5）.
16. 杨光华. 宋代大昌县治考. 中国历史地理论丛，1999（4）.
17. 马雪芹. 唐代三峡述略. 西南师范大学学报：哲社版，1999（2）.
18. 杨光华. 晋宋齐涪陵郡废置及属州考. 西南师范大学学报：人文社会科学版，1999（4）.
19. 中国雪. 古万州景观纪略. 中国三峡建设，2001（4）.
20. 杭侃. 重庆忠州城址调查. 四川文物，2001（4）.
21. 杨光华. 北周隋朝乐乡县治地今释. 中国历史地理论丛，2001（3）.
22. 杨光华. 两晋南北朝涪陵郡置废、州属、领县杂考. 中国历史地理论丛，2006（3）.

23. 杨光华. 楚国设置巴郡考. 中国历史地理论丛，2007（4）.
24. 杨铭. 巫山得名、诸多地望及其历史内涵考. 中华文化论坛，2007（1）.
25. 刘刚. 巫山考——宋玉辞赋地名考之三. 社会科学辑刊，2007（2）.

区县论坛

QUXIANLUNTAN

汉晋卑水县治考

邓沛

（四川宜宾县二中　宜宾　644600）

西汉元光五年（前130），汉武帝派司马相如出使西南夷，在原来秦朝设置的邛都县（古邛都国，今四川西昌市）一带设置了越嶲郡。其郡共辖十五个县，卑水县即其一。三国时，蜀汉建兴三年（224），诸葛亮南征攻越嶲，曾在今凉山彝族自治州东部“军卑水”，目的是将高定元部众引至卑水聚歼。此后两晋也沿用此县名。由于年代久远，史载不详，卑水县究竟在何处？或云在四川宁南[1]；或说在原四川凉山彝族自治州的昭觉[2]；或认为在凉山彝族自治州美姑县[3]。甚至还有雷波[4]、会理、布拖、普格等地说[5]。而清代修纂的《古今图书集成》则记载：“去司治东二百里，元为北社县，属建昌路（唐中期在今凉山彝族自治州首府西昌设立建昌府）。明初之后，改碧舍县。”按卑水县、北社县、碧舍县皆彝语汉异译，指同一地方行政建制。那么，汉晋卑水县究竟在何处呢？

据晋人常璩《华阳国志·蜀志·越嶲郡》载：“卑水县，去郡三百里，水流通马湖。”由此可知，卑水县之得名，盖因其地有卑水之故。马湖既为汉晋时的县名，亦为江名，即今四川凉山彝族自治州东部金阳、雷波至宜宾市一带的金沙江[6]。北魏郦道元《水经注·若水》条下说：“涂水（今滇东北牛栏江）……西北流至越嶲入绳水（按：绳水即金沙江）。绳水又迳越嶲郡之马湖县，谓之马湖江。又左合卑水，水出卑水而东南注马湖也。”据此可知，卑水当指今位于凉山州东部，在牛栏江之后注入金沙江的美姑河。并知汉晋时期的卑水县位于卑水上游地区，而卑水下游则属马湖县，地当卑水县东南，紧邻马湖江。

又据《三国志·蜀志·诸葛亮传》记载：“建兴三年（224）春，亮率众南征。”

[1] 蓝勇：《古代交通生态研究与实地考察》，四川人民出版社，1999年，第376页。《云南各族古代史略》，云南人民出版社，1977年，第410页。

[2] 方国瑜：《诸葛亮南征路线考说》，《思想战线》1980年第2期。朱圣钟：《历史时期凉山彝族地区经济开发与环境变迁》，重庆出版社，2007年，第55-56页。

[3] 谭其骧主编：《中国历史地图集·三国鼎峙图》。

[4] 蒙文通等：《论诸葛亮南征》，《攀枝花市文物考古历史民族研究资料选集》第2辑，1989年。

[5] 陈柯依：《从昭觉县古墓葬、古遗址谈“卑水”》，《四川文物》1999年第4期。

[6] 邓沛：《关于“马湖蛮”的几个问题》，《青海师专学报》2004年第3期。

“自安上（今四川省宜宾市属之屏山县）由水路入越嶲……军卑水。”[1]今凉山彝族自治州昭觉县境内的四开、附城、竹核、俄尔均属平坝和沟坝地区，三湾河、坝觉河汇成西溪河流入金沙江。这些地区海拔约2200米左右，气候温和，土壤肥沃，雨量充沛，物产丰富，是宜农宜牧的好地方。古代人们在这里生息繁衍，特别是汉代以后人们在这里的活动尤其频繁。1976年以后，四川省民委、四川大学、四川省博物馆、四川省文物考古研究所、凉山州文化局联合组成考古工作队，在昭觉县四开区境内发现了汉砖墓群、岩墓群、石板墓群，发现的古遗址则有四开区抵颇尺的兵屯遗址和1983年发现的好谷石阙。这些考古发现，对确定汉晋卑水县治大有裨益。

汉砖墓。在竹核区竹核乡、尔古乡的平坝地区，四开区好谷乡、四开乡、二五乡、大坝乡的平坝地区，附城区南坪乡、城北乡、古曲乡的平坝地区，俄尔区光明乡的平坝地区，都密布着汉砖墓群。这些汉砖墓很像山峰，有大有小。大的座底周长达40米左右，高度达5米左右，小的座底周长约10多米，高度达3米左右。从葬式来看，附城区城北乡尔合惹的汉墓不仅构筑精致而且发现排葬。汉砖墓使用的砖火候不一，有的呈现黑灰色，有的是淡黄色和灰白色。花纹多数系几何纹和五铢钱纹。除此而外，也发现了少数画像砖，甚至有的明确地刻着“建武三年”的字样。砖的形状、大小各异，有的是长方形，有的呈正方形，正方形多用底板。墓顶墓门多数用子母砖浆砌。墓内出现的殉葬品有鸡俑、人俑、铜器（包括铜印）、陶器、五铢钱等。这些汉砖墓密度最大的在四开区的好谷、大坝、二五、四开乡境内，墓内的殉葬品反映出这一带地区曾经有过的农、牧、商业繁荣状况。“文化大革命”期间，当地彝族人民为了献铜献铁，在这些汉砖墓内挖铜找铁，挖出来的砖用作砌围墙、修厕所，甚至用来修粮站。

岩墓。目前已发现的岩墓仍分布在四开区的四开、好谷乡境内。这些岩墓的大小结构和形状与其他岩墓一样，出土的器物有剪边五铢钱、铜箭头、铁箭头和陶器，战争的痕迹依稀可见。发掘和清理的情况表明，这些岩墓仍不超出汉代，具体说来不超出东汉。

石板墓。这种墓葬分布在昭觉县竹核区特布洛乡，四开区的四开、大坝、二五、好谷乡，附城区的南坪乡境内，多数形成墓群。与其他墓葬不同，这种墓的两侧一般是用大约2米高、3米长的原始石板竖立，上下各用一块石板作挡板，底板仍用石板作成墓。经过重点发掘的情况表明，这种墓多数为一人一墓，但有少数墓葬从牙齿和骨胳可以明显地看出重叠埋葬的情况。墓内殉葬品的特点比较突出，以新石器时代石器居多，也有陶器和少量铜器。石器中有各种石斧（包括玉石石斧）、石凿、石铲、石箭簇、石镰以及玉石发饰和耳饰。陶器有黑红两种颜色的单、双耳罐和喇叭形陶罐等。这些陶器的共同特点是体积小，便于携带。死者身上一般用一条草绳捆着，殉葬品一般放在人的头部和腿部两侧。这种墓葬的形式和出土的器物都表明与西汉时期密切相关。

---

[1] 邓沛：《诸葛亮“七擒孟获”说考辩》，《军事历史》2002年第2期。

好谷石阙。好谷石阙所在地，彝族人称为“神地”。传说神人支格阿洛在云南昭通取不同地点发射了三支箭，命三个儿子寻落箭地安居，其中一个儿子在好谷石阙所在地安了家，因此，当地彝族人称此地为“昭通木古神地”。1977年，四川大学、四川省博物馆等单位组成的文物普查和考古工作队，根据当地彝族人提供的线索曾在这里发现经过人工打凿后竖立起的各种石板和条石柱。1983年底，当地彝族人在改土中挖出刻有文字的石碍和有麒麟的石建，经中国历史博物馆史树清教授认定为石阙。目前，我国发现的石阙还不多，在凉山彝族自治州昭觉县彝族聚居区发现石阙，对于研究彝族历史、考察汉代对凉山地区的统治情况极为重要。该石阙的碑文字迹有些模糊，尚待进一步考证，但“光和四年”的字样是比较清楚的。光和四年即公元181年，因此，该石阙属东汉时期是无疑的。

兵屯遗址。四开底波此古遗址是1977年文物普查时发现的。这个古遗址有九个较大的用人工垒起来的山峰，每个山峰面向四开区附近的一个平坝，山峰间有个直径约100米长的平坝，平坝周围的断面有墙基痕迹和汉代使用的各种陶罐和陶瓦碎片，裸露在外面的器物有铜、铁质箭头和剪边五铢钱。根据这些情况，有人认为这个遗址就是个“古城”，也有人认为是“衙门”。另外，有人认为九个用人工垒起来的山峰好似我国北方的古墓，因此，说它是“古墓群”。当地彝族人称此地为“濮苏乌乌”居住的地方。也有人根据民间传说和遗址的状况，认为是兵屯遗址[1]。1978年7月，文物普查和考古工作队对人工垒起来的这些山峰，选择了一大一小作重点发掘。经过发掘，首先证实这九个山峰全是用填土架夯起来的房屋，屋内架全被烧毁成木炭，20个柱基石排成4排，每排5个，石板上面被烧毁后的柱基残迹看起来非常清楚。这就首先排除了“古墓”、“衙门”的可能性。从出土的器物不但可以断代，而且可以证实该处是兵屯遗址，因为出土的器物除有各种陶罐和陶瓦外，还有东汉时期的剪边五铢钱、铜箭头、铜带钩以及用弩发射的各种铁质箭头。1985年，这一带又发现了汉代铜印“军司马印”一枚、“军彻司马”印十三枚、“军彻侯印”三枚。因此，汉朝曾在四开之地开垦土地、屯兵驻守是十分肯定的。

再据文献记载，两汉时期，由成都至越嶲郡的交通主要是通过司马相如开凿的“西夷道”，也就是后来的“牦牛道”[2]。但到了东汉末年，此道便闭塞不通了。如《三国志·蜀志·张嶷传》记载：“自牦牛绝道，已百余年，更由安上。”故蜀汉诸葛亮南征只得绕道由安上（今四川宜宾屏山县）溯马湖江（金沙江）入越嶲郡，而卑水县正好是由安上水路入越嶲郡的咽喉要道。所以诸葛亮在建兴三年“军卑水”，也是在情理中的事了。又，至今由宜宾市到西昌市的公路也是从屏山穿美姑，经昭觉、过四开而达西昌，可资佐证。而前述在今昭觉县四开区出土的大量汉晋文物，与史籍上记载的东汉末年以来“牦牛道”封闭，“更由安上”之路兴起的史实相互印证，并据《水经注·若水》条关于卑水“水出卑水而东南注马湖江”的记载，可知美姑河（又名“溜筒河”）汇入金沙江（即古

[1] 王家祐：《昭觉县四开区考古见闻记》，《凉山彝族奴隶制研究》1979年第1期。
[2] 蓝勇：《南方丝绸之路》，重庆大学出版社，1992年。

之“马湖江”）处的下游地区即为马湖县所在，其范围大致包括今四川凉山彝族自治州雷波、金阳及美姑县东南部。美姑河上游则属卑水县，在古之马湖县西北，地域当包括今昭觉及美姑西部、北部。这样，马湖及卑水二县的管辖范围才不致于发生冲突，且与文献记载相符。从地理位置来看，今凉山彝族自治州昭觉县四开区正在古卑水县境内，就古迹遗址而言，四开区兵屯遗址的发现与古时彝族称四开、好谷之地为“柄日孟格地”（彝语“鬼妖会集之地”）即彝汉战乱之地的说法相吻合[1]。而蜀汉建兴三年诸葛亮南征攻越嶲的目的是平定叛乱，收复郡治（今西昌），不可能在远离郡治的雷波、宁南、会理、布拖、普格作战或屯兵驻扎，而叛军高定元、雍凯、孟获等亦不可能置郡治不顾，远离郡治作战。相反，在今昭觉县四开区一带（包括附城、俄尔、竹核等沟坝或平坝地区）屯兵争战对交战双方都较为有利，四开兵屯遗址的发现完全证明了这一点。

综上所述，汉晋时期的卑水县治在今四川凉山彝族自治州昭觉县四开区及其附近地区，而非他处。这就是本文的结论。

[1] 尔日别依：《昭觉县四开区汉代军屯遗址发现的重大意义》，《凉山文史资料选辑》第8期，1988年。

扑朔迷离的故道与陈仓道

郭荣章

（陕西省汉中市博物馆　汉中　723000）

由于地理因素的制约，自关中到汉中，必然要穿越秦岭，而莽莽秦岭不是可任意择道的。先民们沿着河谷行进，经过长时的探索，逐步找到了一些通道，即自西而东的故道、褒斜道、傥骆道和子午道。汉以降，这些通道在朝廷和地方当局的参与下，成为秦岭山地的交通要道。其中的褒斜道，因相互对应的褒水与斜水而成道，故有其名。《史记·河渠书》对此记之甚确。傥骆道大体沿傥水与骆水的谷道而成。傥水在今洋县北，骆水在今周至县南。《元和郡县志·关内道二》，《周至县·骆谷道》云："骆谷道，汉、魏旧道也，南通蜀汉。魏少帝正始四年，曹爽伐蜀，诸军入骆谷三百余里，不得前进，牛马驴骡以转运，死者略尽。"汉《石门颂》中有"更随围谷，复通堂光"之语，初不详所在，经考订，此语所云即指傥骆道的前身[1]。考其面世，当在《石门颂》勒石之前。子午道即《史记·高祖本纪》所称"汉王至国，由杜南入蚀中"之道。《汉书·王莽传》称："元始五年（前34年），莽以皇后有子孙瑞，通子午道。"即谓此。《石门颂》中的"道由子午"之语，亦指此而言。其北在长安县正南，其南先至西城（今安康市），后改道至洋县龙亭。这几条道的来龙去脉，古今论者已基本取得共识。惟独故道与陈仓道迄今论说纷纭，如黄盛璋先生称"故道者，嘉陵道也"，即沿嘉陵江上源之一的故道水河谷而分布的道路[2]。又如严耕望先生称故道为"散关凤兴汉中道"[3]，即经大散关、凤州、兴州（略阳）到达汉中的道路。《辞海》1979年版称："故道，古道路名。又名陈仓道。起自陈仓（今宝鸡市东），西南行出散关沿故道水谷道至今凤县折东南入褒谷，出抵汉中。公元前206年刘邦自汉中由故道出陈仓还定三秦，《史记·河渠书》'抵蜀从故道，故道多阪，回远'，即此。"仅举此数例，不难看出学界在故道和陈仓道的问题上颇有歧见，令人莫衷一是。无怪乎《元和郡县志》、《太平寰宇记》、《读史方舆纪要》诸书，虽备述其他各道却不言故道与陈仓道。然而，见之于史的故道和陈仓道，毕竟本有其实。对其称谓、走向、变迁、沿途经地等情，自应求其了然。本此，笔者不揣浅陋而试陈拙见，以就教于方

---

[1] 详见拙作：《也谈"围谷"、"堂光"之道》，《中国历史地理论丛》1994年第2辑。
[2] 黄盛璋：《川陕通道的历史发展》，《地理学报》24期，1957年11月。
[3] 严耕望：《汉唐褒斜道考》，《新亚学报》1967年2月。

家与同好。

一、关于故道的名称

大凡交通要道，常以起止地而冠名，但呼其名即知其起止之地。在多数情况下，古今皆然。也有例外者，如秦惠王以“石牛粪金”诱使蜀王所开的石牛道，一名金牛道；曹操征张鲁，鲁兵败，南奔巴中之道，因翻越米仓山，故称米仓道；还有唐代为杨贵妃运送荔枝之道，姑称荔枝道。如此等等，不一而足。至于故道，也是未详起止的另一特例。或有论者以为，“故道最早称呼为周道……见于《散氏盘》铭文。据王国维先生考证，《散氏盘》上的‘周道’就是汉时人们所说的故道”[1]。是否如此？自应予以考究。《散氏盘》系古时盛水之器，传为清乾隆时出土于陕西凤翔。青铜铸造，圆形，高20.6厘米，径54.6厘米，重20公斤。浅腹，双耳，高圈足。内底铸有铭文，计19行，350字。记述周厉王时将眉、井两处邑田分割给散氏的史实，合于“三分壤土，著之盘盂”之制。王国维曾有《散氏盘跋》一文[2]，云：“顾此器出土已逾百年，世绝无知其渊源者……嗣后读《克鼎铭》……知此盘出土之地距克鼎出土之地必不远……克鼎出处在宝县南之渭水南岸……因知散氏者，即《水经·渭水注》大散关、大散岭之散。又铭文中之周道，即周道谷……”由于铭文中有关古地名的文字十分冷僻，诸家向无所释，王氏所云或可视为一家之言，自非定论。而且王氏从未将周道释为故道，所谓“据王国维先生考证，《散氏盘》上的‘周道’就是汉时人们所说的故道”之语，显然不足为信。

《史记·高祖本纪》云：汉元年“八月，汉王用韩信之计，从故道还，袭雍王章邯”，注引集解云：“《地理志》武都有故道县。”可知这里的“故道”，原系县级的地名。《史记·河渠书》记载，汉武帝时，有人上书欲通褒斜道及漕事，其理由是：“抵蜀从故道，故道回远，多阪。今穿褒斜道，少阪，近四百里；而褒水通沔，斜水通渭，皆可以行船漕。”这里所说的“故道”，才是道路之名。曹参还定三秦即由此道进军。

二、关于故道的走向及其沿途经地

梳理有关文献可知，终汉至三国之世的故道，似应自陈仓南越散关，经故道、河池至下辨（今甘肃成县），再由下辨经沮县（今陕西略阳县）至沔阳（今勉县）。汉初，曹参自沔阳出军，先攻下辨，再攻故道的行军之道当为明证。此外，还有其他史料可证，兹列举如后：

《后汉书·顺阳怀侯嘉传》揭示，顺阳怀侯刘嘉，被更始帝（刘玄）立为汉中王，都南郑，拥兵数十万。建武二年，叛将延岑攻入汉中，嘉兵败，岑追至武都（即下辨），

[1] 高景明、林剑鸣：《关中与汉中古代交通试探》，《成都大学学报》1998年第1期。
[2]《王国维遗书》第三册，《观堂集林》卷十八，中华书局，1959年。

被更始柱功侯李宝击败。岑走天水，公孙述遣将侯丹攻取南郑。刘嘉收散卒数万人，自武都击侯丹，不克，又还军下辨、河池。这时，延岑自天水回军，与嘉接战，失利，北入散关，至陈仓，被嘉兵追破之。从中不仅可以窥见下辨为故道所必经，而且自汉中到陈仓的故道全程，皆可得以了然。

又，《后汉书·公孙述传》："建武八年，帝使诸将攻魏嚣，述遣李育将万人救魏嚣。嚣败，并没其军，蜀地闻之恐动……俄而嚣将王元降，述以为将军。明年，使（王）元与领军环安距河池"，以拒汉军。然而，汉军攻势强大，终久难以抵挡。《后汉书·光武帝纪》：建武"十一年六月，中郎将来歙率杨武将军马成，破公孙述将王元、环安于下辨"。可见下辨系两军必争之地，亦系故道沿线的必经之地。

又，《后汉书·虞诩传》："先是运道艰险，舟车不通，驴马负载，僦五致一。诩乃自将吏士，案行川谷，自沮至下辨，数十里中，皆烧石翦木，开漕船道。"李贤注引《续汉书》云："下辨东三十余里有峡，中当泉水，生大石，障塞水流……诩乃使人烧石，以水灌之，石皆坼裂，因镌去石，遂无汜溺之患。"李贤又注："沮，今兴州顺政县也（略阳）；下辨，今成州同谷县（成县）也。"按：虞诩为武都太守约在顺帝之前（公元126年前），其时，下辨至略阳已有道可通。此道沿成县东青泥河顺流而下，至略阳白水江，再南折沿嘉陵江至略阳。经虞诩修治之后，可水陆并进，是汉中略阳与甘肃成县之间的重要通道。

又，《三国志·魏书·杨阜传》云："转拜武都太守……会刘备遣张飞、马超从沮道趣下辨。"这里的沮道，即成县与略阳之间的道路。又云："及刘备取汉中以逼下辨，太祖以武都孤远，欲移之。"可见汉中与下辨之间在交通方面的紧密联系。

汉献帝建安二十年（215），曹操征张鲁，自陈仓出散关，至河池，与氐人交战，又与张鲁弟战于阳平关，皆大破之，遂入南郑。《三国志·魏书·武帝纪》记之虽详，但未云自河池经何地到阳平（沔县）。以情理度之，曹操此行，仍必经下辨无疑。这是因为河池与下辨，同属一马平川的山间小平原，他自河池移师下辨易如反掌。而且下辨为武都郡治，曹操不会置此于不顾，此为其一；自下辨沿青泥河而下至略阳，有水陆两道可通，经虞诩修治之后，此道更为方便，此为其二；自河池到沮县（略阳），沿嘉陵江而下，虽较近捷，但两岸绝壁凌空，当时尚无道可通，此为其三。仅此三者，作为曹操必经下辨之情由谅无可疑。

大概因途经下辨比较绕道，所以后来由河池直通沮县，其间要越过青泥岭，十分险峻难行。北宋至和二年（1055），新修白水路，"废青泥一驿，除邮兵驿马一百五十六人骑"；且"减旧路三十三里"。有《新修白水路记》石碑为之记。当代史家多以此为故道之中段，其北至陈仓、南至沔县为故道之全程。而对早期的故道必经下辨，则罕有论及。

三、陈仓道的源起及其通达

新版《辞海》云："故道又名陈仓道。"时下皆以为然。但一经考究，此二者似各有所指。故道之原委，前已述及。陈仓道原于刘邦北定三秦出袭陈仓之事。对此，笔者已有专文论及[1]，在此仅将大意述后。

1. 元以降学界眼中的陈仓道

历代涉猎陈仓道的学者，如元熊梦祥，明王士性、黄汴，清顾祖禹等，皆以为自沔县百丈坡（林口子）而入，穿过云雾山，至凤县陈仓口（又名桑林铺或桑平铺，即今连云寺村），再经凤县北行，越秦岭，抵宝鸡（陈仓），即刘邦北定三秦的陈仓道。明嘉靖《汉中府志》、清嘉庆《汉中府志》、清光绪九年《沔县新志》所记，皆与此类同。北魏《石门铭》云：正始三年（506），梁秦二州刺史羊祉，"以天险南升，转输难阻，表求自回车以南开创旧路"。回车是陈仓道与褒斜道的联接点，至回车便可直抵陈仓。如果没有这一因素，"表求自回车以南开创旧路"则失去意义。这就为陈仓道的存在提供了又一实证。

2. 汉初的知情人，向刘邦献策所云的进军之道

《史记·高祖功臣侯者年表》云：贞侯赵衍"以谒者汉王元年初起汉中，雍军塞陈，谒上，上计欲还，衍言从他道，道通……功侯，千四百户"。《汉书·高惠高后文功臣表》亦云："须昌贞侯赵衍，以谒者汉王元年初从起汉中，雍军塞渭上，上计欲还，衍言从他道，道通……功侯，千四百户。"这两处记载大同小异，《史记》云"汉王元年初起汉中"，《汉书》在"初"后加一"从"字，言赵衍其人，是从汉中开始作为汉王麾下掌管引进拜见者之官。也许他是地道的汉中人，对汉中地情较熟悉，故能在进军道路问题上向汉王献策。《史记》和《汉书》所云"雍军塞陈"，或"雍军塞渭上"，皆指章邯军的布防情状。"上计欲还"，谓汉王欲还定三秦。"衍言从他道，道通"，这里的"他道"，即汉王所率主力的进军之道。既云"他道"，自然有别于曹参军的攻战之道。只是这条道尚不知名，故有"他道"之称。大军果然取此道逼进陈仓并打败章邯。后世遂称此道为陈仓道。由于陈仓是汉军北定三秦的突破口，陈仓之役的胜利，使汉军主力跨入三秦地界，赵衍因其献策有功而被封侯。

---

[1] 见拙作：《刘邦北定三秦用韩信之计考》，《陕西历史博物馆2010年馆刊》。

3. 否定陈仓道之说难以立足

今有论者断然否定陈仓道的存在，以为刘邦与韩信大军是由曹参军的行进之道而抵陈仓的。其核心论据便是《史记·曹相国世家》所云："从还定三秦，初攻下辨、故道、雍、斄……"等语，且云曹参"初攻"之"初"字，即"先锋"之意。曹参既为先锋，汉军主力当随先锋而进。

依照这一说法，曹参既为先锋，当为主力开道首冲敌阵。而汉王与雍王两军主力先战于陈仓，再战于好畤（乾县东），最后决战于废丘（今兴平东南）。作为汉军主力攻打陈仓之役的参战者并无曹参。曹参军继攻下辨、故道之后，再攻雍（凤翔）、斄（武功东）两地。而且自故道去雍，必经陈仓，曹参何以能径越陈仓而攻雍？只能说明在此前陈仓之役已结束；也说明曹参军并非先锋。《史记·曹相国世家》所云"从还定三秦……"其"从"字已将主、从关系说清了；"初攻"之"初"，即最先之意，解作"先锋"有误。"下辨、故道、雍、斄"，系曹参依次所攻战之地。这个时空关系太史公记之甚明，似不宜随意混淆。说明刘邦北定三秦由陈仓道进军之说，是无可厚非的。

4. 汉以后陈仓道通达的实证

陈仓道以其荒僻之故鲜为人知，但民间往来从未绝迹，南北分治时，尤为兵家所倚重。继刘邦之后，还可举出数例以证之。

例一：西魏大统十七年达奚武伐南郑曾取此道。

《周书·文帝纪》："魏大统十七年（551）十月，遣大将军达奚武出散关伐南郑。"达奚武伐南郑事，《周书·达奚武传》、《周书·王悦传》、《南史·梁宗室下·萧修传》等，皆曾记之。其大意云，大统十七年，诏武率兵三万经略汉川。时梁州刺史宜丰侯萧循（或是萧修）固守南郑。褒斜道南段必有梁军把守，武乃挥军经回车戍以向白马（沔县）。武令其部将王悦分别向白马和武兴城主将梁深、杨贤晓以利害，梁深以白马降，杨贤以武兴降，武分兵守其城。遂由东线进逼南郑。武围之数旬，会梁武陵王萧纪遣其将杨乾运等，将兵万余人救循，循于是据城不出。武恐援军之至，表里受敌，乃简精骑三千，逆击乾运于白马，大破之。乾运退走，武乃陈蜀军俘级于城下。循知援军被破，乃降。率所部三万人入朝，自剑阁以北悉平。

从上述记载得知，达奚武伐南郑，白马城系两军征战之中心。无怪乎唐李吉甫《元和郡县志》二十二《凤州梁泉县》云："回车戍在县西北六十里。梁太清五年，西魏雍州刺史达奚武为大都督及行台杨宽，率众七万，由陈仓路取回车戍，入斜谷关，出白马道，谓此也。"宋乐史《太平寰宇记》一三四亦援引此文，惟云"回车戍在县西南一百六十里”。以地望言之，回车戍当在凤县西南，所云“西北者”，误。当时，南郑之北的褒斜道属梁军之防区，魏军由回车戍直抵白马道，乃在所必然。

例二：唐僖宗两次至兴元，取陈仓道至沔县。

唐代晚期乃多事之秋，广明元年（880）十二月，黄巢占领长安，唐僖宗慌忙出逃，先至汉中，再至成都，历时四年之久。光启元年（885）三月，僖宗返京，当年十二月，又因晋兵犯京师，西奔至凤翔，次年三月到汉中。《新五代史》卷六三《前蜀世家第三·王建传》对此记之甚详。其文云：“光启元年，河中王重荣与田令梓争盐池。重荣召晋兵犯京师，僖宗幸凤翔。二年三月，移幸兴元，以建为清道史，负玉玺以从。行至当徒驿，李昌符焚栈道，栈道几断，建控僖宗马，冒烟焰中过，宿坂下，僖宗枕建膝寝。既觉，涕泣，解御衣赐之。”《御批历代通鉴辑览》卷六一三亦曾记之：“朱玫、李昌符进逼车驾……神策军使王建，以长剑五百，前驱奋击，乘舆乃得前，上以传国宝授建，使负之以从。登大散岭，李昌符焚阁道丈余，将摧折矣，王建挟上自烟焰中过。夜宿坂下。比明，车驾才入散关。玫至，攻不能克。嗣襄王煴以疾留遵徒驿（即当徒驿，位于今宝鸡县东南，散关之北），为玫所得。”

又，《通鉴》卷二五六《僖宗光启二年》云：“朱玫、李昌符使山南西道节度使石君涉栅绝险要，烧邮驿，上由他道以进；山谷崎岖，邠军(朱玫之军)迫其后，危殆者数四，仅得达山南……山南西道冯翊、严遵美迎上于西县（沔县）。”

由上文得知，唐僖宗曾两度避乱南奔，第一次经汉中至成都，第二次直抵汉中。途中险阻异常，特别是第二次，竟首尾受敌。先是在大散岭之北，李昌符焚阁道；既而，山南节度使石君涉栅绝险要，烧邮驿，上由他道以进。由下文“山南西道冯翊、严遵美迎上于西县”推知，这里的“他道”，自非陈仓道无疑。

例三：自北魏至后唐，都在陈仓道出入口置戍，亦系陈仓道上要隘之证。

《通鉴》卷二七九《后唐纪八·潞王清泰元年（934）》记曰：“帝之起凤翔也，召兴州刺史刘遂清，迟疑不至。闻帝入洛，乃悉集三泉、西县、金牛、桑林戍兵以归，自散关以南城镇悉弃之，皆为蜀人所有。”这里的桑林戍，一名桑林铺，在凤县南。《读史方舆纪要》引《舆程记》所云“由凤县南桑林铺而入……为古陈仓道”者，即此。北魏在此置回车戍，后唐又在此置桑林戍，凡褒凤与沔凤间往来皆为其控。自可作为陈仓道通达之又一佐证。

总之，故道一词，或是地名，或是水名，或是道路之名，本已扑朔迷离。作为穿越秦岭的一条道路而言，它不像褒斜道那样，因南北对应的褒斜二谷而成。它的得名及其路线多系历史因素所促成。至于陈仓道，其特定的走向及沿途经地，是韩信之“计”使然。正史但称这一“计”字，而对其详情从略。上引诸多资料，是对这个“计”的初步阐释。由于故道与陈仓道的起点与终点相同，所以故道又名陈仓道。实则，二者的路线及沿途经地迥然有别。

书评
SHUPING

华夏边缘之于西南“族类”
——读温春来《从“异域”到“旧疆”：宋至清贵州西北部地区的制度、开发与认同》

李鹏

（西南大学历史地理所 重庆 400715）

作为陈春声教授主编的“历史·田野”丛书第二辑之一部分，温春来的这本《从“异域”到“旧疆”：宋至清贵州西北部地区的制度、开发与认同》可以算得上是一部在历史人类学或者区域社会史影响下的西南民族史地作品[1]。从书中所透露的问题意识、理论前提、研究方法、资料分析等诸环节看，作者都是学有所本的，也表现了一个史学工作者具有方向感的学术追求。特别是弥散于该书中的“田野”意识，更突出地表现了当代史学注重“走向历史现场”的集体诉求[2]。从某种意义上讲，这本既有理论深度又有细密研究的作品堪称近年来有关西南民族史地与西南区域社会史研究的杰出之作。

从该书研究切入的角度看，作者聚焦于贵州西北部彝族地区（黔西北）这个在传统意义上被视作“华夏边缘”[3]的民族地区是怎样进入王朝体系，进而整合进传统中国“大一统”结构并形成高度认同的历史过程。依照这样的学术视角，“黔西北的所谓‘典型性’主要体现在当地‘族类’[4]建立政权的传统以及这一传统的演变、消亡在文献中有迹可寻上，从中所揭示出来的从‘异域’到‘旧疆’的模式，对于理解大一统中国在南方边远

[1] 温春来：《从“异域”到“旧疆”：宋至清贵州西北部地区的制度、开发与认同》（以下简称“该书”），生活·读书·新知三联书店，2008年，第15页。

[2] 对“田野考察”与“走向历史现场”之于历史学的重要性，可参阅陈春声：《历史·田野总序：走向历史现场》；蓝勇：《既要读万卷书，更要行万里路——<中国人文田野>卷首语》；赵世瑜：《叙说：作为方法论的区域社会史研究》，收入氏著《“大历史”与“小历史”：区域社会史的理念、方法与实践》；行龙：《走向田野与社会》等。

[3] 此概念借鉴王明珂：《华夏边缘：历史记忆与族群认同》一书，即是指涉地理上、族群上、文化上游离于传统中央王朝正规控制之外的地区与族群，抑或可以理解为“化外之区”或“内地的边缘”，可参见鲁西奇：《内地的边缘——传统中国内部的“化外之区”》，《学术月刊》2010年第5期。

[4] 作者认为不论“民族”与“族群”（这两个概念都是基于西方学术语境中的产物）都不能准确对应中国古文献中出现的“族类”，故书中直接使用“族类”一词作为分析工具。可参见该书第16页。具体讨论可参见斯蒂文·郝瑞（美）：《从“族群”到“民族”？——中国彝族的认同》，收入氏著《田野中的族群关系与族群认同：中国西南彝族社区考察研究》；温春来：《“族别界限”与“族类互变”——黔西北彝族之族类界限考察》，《历史人类学学刊》（香港）第2卷第1期，2004年4月；《彝、汉文献中所见之彝族认同问题——兼与斯蒂文·郝瑞商榷》，《民族研究》2007年第5期。

地区的拓展有着特别的意义”[1]。换言之，作者是想通过“黔西北”这一极具区域特色的个案来探索中央王朝对南方族类（特别是西南地区）有效拓展统治范围、建立统治秩序的另一种模式。以往在研究中就此问题的阐述，学术界往往套用“华—夷”、“内—外”、“中国—非中国”、“化内—化外”等二元对立的概念，然而这种观念一方面模糊了中央王朝与各“蛮夷”间亲疏有别的关系，以及前者对后者的强弱不同的关系；另一方面，也忽视了从当地“族类”自身对此历史过程的态度与表达。这种分析模式的缺失源自学者往往笼统地认同王朝拓展有助于当地族类自身的发展，故未能摆脱“一点四方”分析模式的偏见。在该书中，作者重新审视以上理论话语在运用上的诸多局限，转而发掘、利用诸如“异域”、“羁縻”、“新疆”、“旧疆”等一套传统中国自身的话语来概括黔西北彝族地区这个具有典型性的非汉族社会，在制度、经济、文化、认同等方面逐渐与内地紧密整合在一起的复杂历程[2]。

从全书的框架结构上看，全书有导言、正文、结语三大部分。

第一部分为“导言”，是全书的理论框架与方法。作者首先批判了沈松侨等人所倡导的“中华国族建构论”[3]，认为早在国族主义兴起之前，中国社会、政治、文化、认同、经济等方面已经具有高度整合的一面。那么，传统中国社会高度整合的情形及其内在机制又是什么呢？西方学者如Redfreld(雷德菲尔德)、Barbara E.Ward（华德英）、G.W.Skinner（施坚雅）[4]都提出了各自的解释模式，但是以上诸种解释大致从结构和共时态的方面展开论述[5]，从而缺乏历时性的时空纵深感。因此，要解决上述研究的缺陷，就必须系统考察“大一统”中国的制度、文化与礼仪在具体时空领域的推行过程，以及不同地域社会是在何时、以何种方式表达并维持自己对国家的认同[6]。换言之，在该书中，作者试图围绕大一统中国的特质与形成问题，在元明清中央王朝开拓西南地区的宏观背景中，通过探讨黔西北彝族族类与中央王朝的双向互动，在具体研究中反思、回应土司制度等王朝边政等

[1] 参见该书第9页。

[2] 对传统方法在学术界的实践，可参见何芳川：《“华夷秩序”论》，《北京大学学报》（哲学社会科学版）1998年第6期；罗志田：《先秦的“五服制”与古代的天下中国观》，《学人》，第10辑，江苏文艺出版社，1996年；黎小龙、徐难于：《“五方之民”格局与大一统国家民族观的形成》，《民族研究》2008年第6期等。对“华夷”秩序的反思可参见童书业：《夷蛮戎狄与东南西北》，收入氏著《中国古代地理考证论文集》；王明珂：《羌在汉藏之间》，联经出版事业股份有限公司，2003年。另可参见该书第3、310页。

[3] 对“国族实体论”与“国族建构论”在研究理路上的差异，可参见李亦园：《族群关系脉络的反思——序王明珂<羌在汉藏之间>》，《广西民族学院学报》（哲学社会科学版）2004年第1期；王明珂：《羌在汉藏之间》前言，联经出版事业股份有限公司，2003年，第6、7页。

[4] 特别是施坚雅基于中心地理论而得出的结论，认为传统中国社会的整合是依靠区域市场体系来完成的。可参见任放、杜七红：《施坚雅模式与中国传统市镇研究》，《浙江社会科学》2000年第9期。

[5] 参见该书第4页。

[6] 这种研究理路明显受到“华南研究”的影响。作者在书中也叙述了华南学派诸如陈春声、刘志伟、萧凤霞（Hellen Siu）、科大卫（David Faure）等人从文化认同的角度以及对历时性的关注，超越了施坚雅模式的局限，在方法论上重新思考了“国家”与“地方”的关系问题。对“华南研究”所做的概括及其研究理路可参见赵世瑜、邓庆平：《20世纪中国社会史研究的思考》，《历史研究》2001年第6期；麻国庆：《作为方法的华南：中心与周边的时空转换》，《思想战线》2006年第4期。

重要议题。

第二部分为“正文”，分为上、下两编。

其中，上编题为：从“异域”到“羁縻”——宋至清初改土归流前的黔西北社会。黔西北地区从“异域”到“羁縻”的历史展现出了汉威渗透、彝威变迁的矛盾过程，然而这种变迁仅限于黔西北地区的上层社会，以彝制为主的地方传统在黔西北社会的影响还远未崩溃。这种情况一直延续到清初，在黔西北地区真正纳入王朝“版图”成为“新疆”后才真正加以改变。下编在上编的基础上展开论述，题为：从“新疆”到“旧疆”——改土归流后黔西北地方社会的变化。作者着重阐释了改土归流后作为王朝“新疆”的黔西北地区在观念上和实践上都演变为“内地”抑或“旧疆”的复杂过程，而社会礼俗的变迁则是促成这一转变的最终标志。

第三部分为“结语”。作者在此总结道：黔西北的故事展现了一副从“异域”到“旧疆”的完整过程。这一过程并非特例，中国西南许多地区的历史都与此地相似。从历史文献中挖掘出的这些词语，以及黔西北地区作为王朝在“华夏边缘”地区秩序建构一部分的历史过程，对于我们深入理解大一统中国的形成过程与机制具有相当重要的意义。

从该书所彰显的学术价值看，其在诸多层面都具有十分积极的意义。特别是在学术脉络的整理，研究视角的转移，研究论点的提炼，学术话语的发掘，研究方法的创新，资料解读的审慎等方面都值得我们进一步总结。

（1）在学术脉络的整理上，作者系统总结了华南“历史人类学”研究的理论内核，认为：与植根于西方学术语境中的“历史人类学”相比，华南研究在研究理念、学术源流上具有自身的独特之处。这种研究风格一方面植根于中国既有的学术传统（以梁方仲、傅衣凌为代表的中国经济社会史研究传统），另一方面也是与西方学术界积极对话的结果[1]。华南研究的积极意义，就在于其在坚持历史学本位的同时，将历史学在历时性分析、文献分析、国家制度研究上的学术优势与人类学关注田野考察、结构性分析、基层社会研究的学术传统相互结合，以达到“重回历史现场”的学术境界[2]。而温春来的这部《从“异域”到“旧疆”》就是华南研究传统在西南民族史研究中的最新实践与较好运用，无论从其学术理论的切入还是从已经达到的学术成就来看，该书都达到了一定的高度，这对日后西南民族史研究的进一步深入无疑打下了良好的基础，对相关学科的研究（如西南历史民族地理）也具有重要的借鉴意义。

（2）在研究视角的转移上，作者在书中一再强调要“自下而上”、“由边缘看中心”[3]，以突破原有研究中往往过分强调“上层”、“中心”的局限性。尽量从黔西北彝

[1] 参见该书第13页。亦可参见黄国信、吴滔、温春来：《历史人类学与近代区域史研究》，《近代史研究》2006年第5期。

[2] 可参见陈春声：《历史·田野总序：走向历史现场》；张小军：《历史学的人类学化与人类学的历史化——兼论被史学“抢注”的历史人类学》，《历史人类学学刊》第1卷第1期，2003年。

[3] 这种视角是笔者从阅读该书的过程中提炼而出，而非作者的自身总结。或为误读。

族“族类”自身的视角出发，通过梳理宋至清特别是改土归流前后区域社会自身发展的脉络，来解读“地方”在与“国家”的互动中所展现的主动性[1]。过去在研究民间社会或者民族史的时候，研究者往往站在“国家”的角度，从而忽视了少数族裔与底层民众自身的身份表达与文化实践；突出的是“国家”无所不包的正统性，“地方”特别是少数民族地区只是被动地接受国家制度的投射。然而，作者在该书中所彰显的“自下而上”、“从边缘看中心”的学术品格却是笔者所钦佩的，只有对“民众”、“族类”多一份理解，才能体味到地方、边缘社会自身发展脉络的精微之处。从某种意义上讲，这种研究视角的转换也促使研究者去除“一点四方”的惯制思维[2]，通过重新矫正视角来达到对历史“了解之同情”，而不是用自身的标准去简单地评价、肢解历史。

（3）就研究论点的提炼而言，笔者认为这是全书最值得称道之处。作者在书中一开始就强调：（将）围绕大一统中国的特质与形成问题，在元明清中央王朝开拓西南地区的宏观背景中，通过探讨黔西北彝族族类与中央王朝的双向互动，来思考周边族类整合进“大一统”中国的动力因素。换言之，问题的症结在于：是什么原因促使王朝版图的扩张？作者通过考察黔西北彝族地区“异域”到“旧疆”过程，认为这种扩张不单是王朝武力征服和儒家文化渗透的结果，恰恰相反的是：周边族类内部竞争使得其自身具有能动性来促使王朝扩张。“在这种扩张中，有时王朝并没有介入——至少没有明显的介入，形成一种（王朝）未出场的扩张。”[3]当然，作者也认识到这种“边缘地区内部竞争导致王朝力量扩张”的模式具有局限性，不能简单地将其运用到其他民族地区的研究中。但书中所谈及的论点却值得我们深思：既然这种“未出场的扩张”，主要动力在于地方社会各种势力的相互竞争，从而更多的人希望得到王朝对自己身份、权威的“象征性”认可。然而让笔者疑惑的是，何种原因使得其内部具有竞争性，又如何确定王朝力量可以帮助其获得竞争优势，王朝介入有没有自己利益的考虑？作者在书中的解释显然阐之未尽。当然，作者提出的“内部竞争引导说”对于以往研究对“地方”层面的忽略有较好的纠偏作用，而这一机制的存在，却可以提示研究者在思考周边族类与王朝之间的关系时，必须持一种复杂和辩证的态度。我想作者提出此说的最佳含义也即是此处，而这种积极意义远不是一个新论点所能包含的。

（4）在学术话语的发掘上，作者也颇费功夫。对诸如“族类”、“异域”、“旧疆”、“新疆”、“额以赋税”、“彝威”、“彝荣”等颇具本土色彩的学术话语的运用颇值得学界称道。这种学术词汇的提炼有助于破除西方学术话语霸权，促使我们重新思考这

[1] 这种对“地方”重要性的强调本身就是历史人类学（抑或区域社会史）研究理念的集中体现。参见赵世瑜、邓庆平：《20世纪中国社会史研究的思考》，《历史研究》2001年第6期。另可参见氏著《“大历史”与“小历史”：区域社会史的理念、方法与实践》，生活·读书·新知三联书店，2006年。

[2] 在西南研究中，已经有学者认识到这种局限。要摆脱“一点四方”的分析模式，就必须从“西南”自身的发展脉络去重新审视中原与西南的关系问题。可参见“西南研究”书系。

[3] 参见该书第315、316页。

些产生于中国本土语境的话语与中国地域社会自身发展脉络的关系。尽管他们缺乏现代学术意义上的精确性，却更能贴近古人的心态。特别是作者在书中对作为族类标签的“夷”与“彝”字含义的梳理，极具学术意义，也启示笔者在研究西南“族类”时，要注意“自称”与“他称”的区别，不仅如此，还要结合历史语境追溯其变迁过程。作者在书中亦指出：如同“苗”、“蛮”等词汇一样，“夷”字的指涉对象具有很大的模糊性[1]。而从“夷”到“彝”的转变所展现的却是西南彝族族类逐渐走向民族国家体系的复杂过程。换言之，我们必须考量古人与今人具有不同的认同意识与族类概念，只有从本土历史文献中概括出的某些话语与词句，才能更好地建立解读中国传统社会的方法体系与阐释工具。

（5）在研究方法的创新上，作者在书中的表现也颇多可圈点之处。

首先，该书所展现的“区域史”研究方法具有启示意义。区域史研究的困难之处在于如何在充分展现地方性特色的同时，对大历史有所启示。要糅合“大历史”与“小历史”，就必须视“区域”为一个动态的历史性构建，因此不能用自然和行政的线条来界定区域研究的“疆界”。在这样的基础上，“区域”的范围可大可小，随研究的主题和人的活动而变化[2]。笔者十分赞同作者的这一研究思路，但不能同意作者的以下论述：不存在所谓“跨区域”的问题。当然，“区域”的界限可以由研究者本人来定义，但是一旦这样的界限确定，就必然存在“界内”与“界外”，而这种论述显然具有逻辑上的悖论。就目前学术界对区域史研究的局限性反思来看[3]，区域史研究的意义不仅在于思考“地方”与“国家”的关系问题，更重要的是要注意不同时期区域之间以及跨区域的交流问题。进一步说，即使研究者可以随意确定研究区域的范围，也必须考虑到区域界定的自然、行政、人文等不同要素。其次，作者在书中对田野研究工作的强调以及口述史料的大规模运用也是值得称道的。田野考察作为一项重要的研究方法，其含义不在于“进村找庙”抑或“到此一游”，而是在历史现场重新解读文献，进而通过田野调查来佐证文献资料，从而深化历史研究的问题意识[4]。除此之外，田野工作尚有其他方面的意义，这种方式可以使得研究者对历史有更加深切的认知，并能引发在书斋之外的另一重思考，尤其是可以近距离了解历史与现实之间的延续。这对于我们初涉史学研究的年轻人来说无疑是经验之谈，颇值得进一步学习。

（6）在文献资料的解读上，作者持一种极为审慎的态度。特别值得注意的是，在该

[1] 这种思路与王明珂对羌族的反思具有相似之处，“羌”在本质上只是古代华夏族人对西部族类的泛称。以上可参见该书第16—23页。

[2] 参见该书第11页。

[3] 就学术界对区域社会史研究应该“跨越疆域的界限”，可参见唐力行：《从区域史研究走向区域比较研究》，《上海师范大学学报》（哲学社会科学版）2008年第1期；《跨越地域的疆界：有关区域与区域比较研究的若干思考》，《史林》2008年第6期；吴宏岐：《历史地理学视野下的中国近代社会史研究》，《学术月刊》2006年第3期；杨念群：《地方性知识、地方感与“跨区域研究”的前景》，《天津社会科学》2004年第6期。

[4] 此处对“田野考察”所蕴涵的学术意义的总结，系笔者结合华南研究与西南大学史地学派的相关理念整合而成。可参见西南大学历史地理所编：《中国人文田野》第1、2、3辑。

书中作者视历史文献为不同文本，既重视它们表达了什么，更重视它们为何如此表达。这种对文献的审慎态度尤其表现在作者对大量彝族文献的考辨上。由于彝文献往往未标明作者及其著作时代，因此在运用时必须做出合理性说明。特别是在将其与汉族文献对应时，要考察人名与地名是否一样，不能简单地使用对音的方法。在汉文献的使用上也是如此，由于我们能利用的文献资料仅仅是官员与文人士大夫的片面之辞，因此要特别注意理解其话语背后的含义。从某种程度上说，文献资料是史学的根本所在，但是毫无理由地运用史料可能会陷入古人的“谎言”之中，而作者对文献的审慎态度表明一个史学工作者应具的审慎态度与学术良心。

另外，书中关于西南土司制度的反思也极具学术价值，特别是作者指出：鉴于以往学术界的研究仅考虑制度条文考辨以及笼统概括[1]，对土司制度等王朝边政的理解似应采取区域社会史的视角。任何一种制度在不同的地区都有不同的内涵与表现形式，只有在“地方”语境中深入思考其不同的面相与影响，才能更好地理解中央王朝与地方社会的复杂互动，以及地方社会变革的动态过程[2]。不仅如此，在西南民族史地研究中也应该增加历史人类学或者区域社会史的视角，从周边“族类”自身社会发展的脉络出发，结合少数民族自身的“传统”，才能真正将西南民族史地研究建立在比较可靠的科学基础之上。

总体而言，相比以往西南民族史地研究大而化之的宏大叙述，温春来的《从“异域”到“旧疆”》分析精当，论述详细，资料翔实，思路清晰，研究细密，可谓“超乎前贤”，允为佳作。作者在书中所显现的研究理路也使笔者获益良多。但是进一步思考全书的问题架构，笔者颇觉其对有些问题的论述或失之偏颇，或过于简略，或需要引申，值得我们进一步探讨。

首先，大一统中国形成的动因到底何在？在书中作者谈到：由于地方社会自身的动力促使了王朝力量的进一步扩张，而不单是传统意义上认为的武力征服与文治教化。但令笔者心生疑惑的是地方社会为何会有动力来寻求王朝的庇护？难道仅仅是因为黔西北地方头目之间的权力之争？问题的答案恐怕不是单单一个“地方动乱”或者“权力之争”就能涵盖的。“地方”主动要求加入王朝体系，恐怕是相比自身独立发展的资源困境，“地方”可以通过“国家”支持得到更多的利益，而这种“工具”论的解释恰恰是作者所未能阐释清楚的。进一步说，作者在书中并未考虑到黔西北彝族社会自身的生态变迁过程，也没有系统探讨汉族移民进入后的生态后果，即使有些章节有所涉及却语焉未详。笔者认为：正是由于生态压力导致黔西北地方社会濒于崩溃，而黔西北中下层社会与普通民众无法通过现有资源调节体系来维持自身利益，故而诉诸王朝的权威。正如王明珂在《华夏边缘：历史记忆与族群认同中》所言：“华夏边缘的形成是生态变迁与资源竞争的产物。”从历史

[1] 此种研究思路可参见龚荫：《中国土司制度》，云南民族出版社，1992年。
[2] 参见该书第318页。

地理学的角度看，大一统中国的形成从根本上说是生态变迁的历史产物[1]，在综合考虑制度、经济、文化、认同等因素对中国大一统局面的形成发生作用的同时，必须进一步考量地理环境变迁及由人地矛盾所产生的生态压力对中国历史进程的影响，笔者认为，唯有如此才能从根本上解释大一统中国形成的背后动因。

其次，如何重新评价民族史研究中的“汉化”模式。传统历史学的解释往往认为：周边民族在历史发展进程中逐渐接受汉族文化的影响，最终构成中华民族的“多元一体”格局[2]；尽管中国历史不时有异族政权的出现，但从本质上认同于作为核心的汉族文化。在该书中，作者虽然回避了对此问题的讨论，但从其理论预设与文本叙述中可以看出其对“汉化”模式的不满。笔者认为其对黔西北彝族地区的研究即是对“汉化”模式局限性的回应。当然，笔者赞同作者的判断：在“汉化”的解释之外，应注意“异域”社会自身传统的延续性及其在塑造新秩序中的作用[3]。“汉化”模式的缺陷就在于其忽视了少数民族自身的文化实践与身份表达，也武断地认为边缘社会在历史发展进程中是被动的，已有学者明确指出民族史研究“汉化”模式的局限性[4]。但是依笔者看来，从单一的“汉化”解释模式转向注意少数民族自身的身份表达，似乎是从一个极端走向另一个极端。毕竟汉族作为核心文化的话语权力是不容忽视的，我们似乎应该在“汉化”与“少数民族化”之间找到一个平衡点，或者说应从中国境内不同族群与不同文化之间的多元互动（或许用“涵化”一词更贴切）来思考民族史研究的新途径。

再次，如何思考历史上族群认同、地域认同、统治认同的关系问题。作者在该书的研究表明：黔西北彝族族类的族群认同在改土归流后并未发生改变，尽管出现了诸如“彝变汉”的传说，但这种族群认同与统治认同之间虽有分歧却并行不悖。显然在此处作者仅考察了认同变迁中汉、彝两种文化的交织，却未考虑区域认同的存在。但是，如果我们考察的是多族群混居的区域，那么单一考量主导族群，而不去考察多族群互动所形成的区域认同，显然是一种缺失。因此，应该重新思考族群认同、地域认同与统治认同的多维关系[5]，而不是只考虑族群与统治认同间的双向互动。除此之外，仍需考察统治者的治理技术对主观认同形成的制约作用[6]，不能一味强调文化认同的有效性。

最后，如何思考诸多“西南族类”在中国历史上的作用。以往在边疆史地研究中，

[1] 已有学者提出相同论点，参见黄志繁：《“贼”、“民”之间：12——18世纪的赣南地域社会》，生活·读书·新知三联书店，2006年。从历史地理学的角度研究生态环境变迁与彝族社会经济变迁的相互作用，参见朱圣钟：《历史时期凉山彝族地区经济开发与环境变迁》，重庆出版社，2007年。对地理环境在中国历史发展进程之作用分析，可参见蓝勇：《中国历史地理学》第一章，高等教育出版社，2002年。

[2] 参见费孝通：《中华民族多元一体格局》，中央民族出版社，1999年。

[3] 参见该书第317页。

[4] 可参见蓝勇在2004年“西部大开发与西南民族史研究”学术座谈会上的讲话。原文主旨见王兴刚：《“西部大开发与西南民族史”学术研讨会研究综述》，《民族研究》2004年第3期。

[5] 已有学者提出历史研究应注意不同民族、地域、阶层之间多维认同体系的关系。参见常建华：《“国家认同”：清史研究的新视角》，《清史研究》2010年第4期。

[6] 杨念群：《我看“大一统”历史观》，《读书》2009年第4期。

学界往往重西北轻西南，重对中央王朝形成威胁的北方族类而忽视与之和谐相处的南方族类。如陶晋生在《边疆民族在中国历史上的重要性》一文中大量讨论西北、北方、东北的游牧民族对中国历史发展的重要性，却对南方民族特别是西南地区众多族群只字未题，不能不说是一种偏见。笔者认为西南“族类”对中国历史的重要性是不容忽视的。从王明珂对羌族、温春来对彝族的研究看，西南“族类”在中国历史上恰恰是中华民族不同族群之间的“粘合剂”，诸多西南少数民族的存在是建构大一统中国的积极推动力量，不能因为其在历史上没有在中原建立王朝就忽视其重要影响。反过来说，正因为作为华夏边缘的西南“族类”的长期存在，才最终形成了华夏的西南内陆边疆。而考察华夏边缘之于西南“族类”的重要影响，不仅关系西南少数民族对自身历史的理解，更关乎中华民族多族群文化的和谐共处，其积极意义自不待言。我想温春来《从“异域”到“旧疆”》这本书背后所蕴涵的积极意义，就在于重新理解作为华夏边缘的西南“族类”在中国历史上的重要地位，相信这对西南民族史研究的发展来说必能起到“抛砖引玉”的作用。

图书在版编目（CIP）数据

西南史地·第二辑 / 重庆市地理学会历史地理专业委员会，西南大学历史地理研究所编. — 成都：巴蜀书社，2013.5

ISBN 978-7-5531-0225-2

Ⅰ.西… Ⅱ.①重…②西… Ⅲ.历史地理-西南地区-期刊 Ⅳ.①K927-55

中国版本图书馆CIP数据核字（2013）第057575号

XINAN SHIDI DIERJI

西南史地·第二辑

重庆市地理学会历史地理专业委员会
西南大学历史地理研究所 编

责任编辑 谭晓红
封面设计 经典记忆
出版发行 四川出版集团 巴蜀书社
成都市槐树街2号 邮编：610031
总编室电话：（028）86259397
发行科电话：（028）86259422 86259423
网 址 http://www.bsbook.com
经 销 新华书店
制 版 四川经典记忆文化传播有限公司
印 刷 成都蜀通印务有限责任公司
成品尺寸 185mm×260mm 1/16
印 张 21.75
字 数 460千
版 次 2013年5月第1版
印 次 2013年5月第1次印刷
书 号 ISBN 978-7-5531-0225-2
定 价 60.00元